本书由国家社会科学基金教育学青年课题"场馆境脉中家庭教育发生机制与优化策略研究"（课题批准号：CAA190240）、陕西师范大学优秀著作出版基金资助出版

场馆中家庭教育的
发生考察与机制优化

王乐 著

中国社会科学出版社

图书在版编目（CIP）数据

场馆中家庭教育的发生考察与机制优化 / 王乐著. —北京：中国社会科学出版社，2023.3
ISBN 978-7-5227-1474-5

Ⅰ. ①场… Ⅱ. ①王… Ⅲ. ①家庭教育 Ⅳ. ①G78

中国国家版本馆 CIP 数据核字（2023）第 031501 号

出 版 人	赵剑英
责任编辑	高　歌
责任校对	李　琳
责任印制	戴　宽

出　　版	中国社会科学出版社
社　　址	北京鼓楼西大街甲 158 号
邮　　编	100720
网　　址	http://www.csspw.cn
发 行 部	010-84083685
门 市 部	010-84029450
经　　销	新华书店及其他书店
印　　刷	北京明恒达印务有限公司
装　　订	廊坊市广阳区广增装订厂
版　　次	2023 年 3 月第 1 版
印　　次	2023 年 3 月第 1 次印刷
开　　本	710×1000　1/16
印　　张	23.25
插　　页	2
字　　数	361 千字
定　　价	119.00 元

凡购买中国社会科学出版社图书，如有质量问题请与本社营销中心联系调换
电话：010-84083683
版权所有　侵权必究

序

过去25年间，作为场馆教育领域的一名学者，我见证了世界范围内场馆教育实践方面的诸多变革，尤其是中国的智慧和努力。然而，"亘古不变"的是场馆对如何更好服务公众和社区的思考和探求。家庭无疑是其中最为特殊和重要的服务对象，因为场馆中家庭的规模和占比与日俱增。在此背景下，王乐博士推出了他的新作——《场馆中家庭教育的发生考察与机制优化》。这本书是对场馆境脉中家庭教育的理论剖析和实践探索，它的应时性对场馆教育的发展具有重要的启示和意义。此外，作者希望传达的关键信息在于，所有教育者都应当重视和珍视场馆作为学习空间的教育价值，同时家庭群体也应当认识到场馆承载的社会化功能及其背后的历史、艺术和科学价值。

阅读过程中，本书反复在提醒我一个容易被忽视的事实，即教育是场馆的根本任务和使命。场馆首先是一处教育空间，教育功能应当被放在所有场馆活动的核心位置。而且，收藏、保存和展览的价值离开不了人的意义，它们的内涵需要向公众解释和敞开，这一教育过程恰恰是人们视若珍馐的。本书对家庭群体及其学习经历的专注也是在重新解释和强调场馆存在的教育初衷。

本书共分为六章，围绕场馆教育、家庭教育以及两者之间的关系，探讨了一系列关键议题。第一章从场馆教育的本体论和发展史着眼，分析了它的现代性理解和价值；第二章介绍了家庭教育的意涵，并揭示出家庭存在一种向外寻求教育资源的动向；第三章讨论了家庭与场馆相遇的动机、方式、内容和意义；第四章从身份与关系、亲子话语、场馆干预和场馆教育者的中加比较四个方面，呈现场馆中家庭教育的现状；第五章通过讲述五组家庭的教育故事，勾勒出一幅宏大、完整、真实的教育图像；第六章则试图构建出一种行之有效的家庭与场馆的教育合作机制。

  本书将为场馆教育者、教师、学者和研究生提供重要的学习资料。总得来说，它针对一个非常复杂但不易为人察觉的学习现象进行了连贯且一致的探索，而该现象对场馆和整个社会都至关重要。我真诚地向诸位推荐这本书，因为对于将教育作为志业和兴趣的人来说，这是一本既能激发理论思考又能提供实践指导的著作。

大卫·安德森教授
英属哥伦比亚大学课程与教学系

目 录

前 言 ……………………………………………………………(1)

第一章 场馆：教育的应许之地 ………………………………(1)
 第一节 场馆与教育的时空相遇 …………………………(1)
  一 作为一种空间概念的场馆 …………………………(2)
  二 空间时域下的场馆教育 ……………………………(7)
  三 场馆历史中的教育寻踪 ……………………………(13)
 第二节 不同立场的场馆教育理解 ………………………(19)
  一 场馆教育理解的理论立场 …………………………(19)
  二 场馆教育理解的学科立场 …………………………(24)
  三 场馆教育理解的主体立场 …………………………(30)
  四 不同立场的场馆教育理解调和 ……………………(34)
 第三节 场馆教育的现代性价值 …………………………(37)
  一 "保值"教育时间 ……………………………………(37)
  二 "增值"教育空间 ……………………………………(43)
  三 "赋值"教育成长 ……………………………………(47)

第二章 家庭：教育的启蒙之所 ………………………………(53)
 第一节 家庭与教育的天然遇见 …………………………(53)
  一 作为教育共同体的家庭 ……………………………(54)

· 1 ·

二　家庭教育的本质规定性 …………………………………（59）
　　三　家庭教育的思想演进 …………………………………（65）
第二节　家庭教育的时代际遇 ………………………………（73）
　　一　家庭教育的时代意义 …………………………………（73）
　　二　家庭教育的时代机遇 …………………………………（77）
　　三　家庭教育的时代挑战 …………………………………（80）
第三节　家庭教育"内—外"空间的二重性 …………………（85）
　　一　私人领域：家庭在内部空间的教育表征 ……………（86）
　　二　公共领域：家庭在外部空间的教育表征 ……………（90）
　　三　潜在风险：家庭教育在"内—外"空间中的
　　　　习惯性错位 ………………………………………………（94）
　　四　公私兼济：家庭教育在"内—外"空间中的
　　　　意义调和 …………………………………………………（99）

第三章　"相遇"：家庭教育的场馆选择 ……………………（104）
第一节　家庭与场馆"相遇"的教育动机 …………………（105）
　　一　家庭的教育动机 ………………………………………（105）
　　二　场馆的教育动机 ………………………………………（112）
第二节　家庭与场馆"相遇"的教育方式 …………………（118）
　　一　视觉主导的"相遇" ……………………………………（120）
　　二　言语主导的"相遇" ……………………………………（121）
　　三　行动主导的"相遇" ……………………………………（123）
　　四　技术主导的"相遇" ……………………………………（125）
　　五　项目主导的"相遇" ……………………………………（127）
第三节　家庭与场馆"相遇"的教育内容 …………………（129）
　　一　生态知识 ………………………………………………（129）
　　二　科学知识 ………………………………………………（132）
　　三　艺术知识 ………………………………………………（134）
　　四　历史知识 ………………………………………………（136）

第四节　家庭与场馆"相遇"的教育意义 ……………………… (138)
　　一　家庭的教育惊异：闲暇的公共面向 ………………………… (139)
　　二　场馆的教育惊异：资源的服务面向 ………………………… (143)
　　三　社会的教育惊异：教育的全时空面向 ……………………… (146)

第四章　窥视：场馆中家庭教育的现实考察 ………………………… (150)
第一节　隐匿的身份与关系 ………………………………………… (150)
　　一　文献回顾与述评 ……………………………………………… (151)
　　二　研究方法与设计 ……………………………………………… (154)
　　三　调查结果与分析 ……………………………………………… (156)
第二节　亲子教育的话语分析 ……………………………………… (170)
　　一　文献回顾与述评 ……………………………………………… (171)
　　二　研究方法与设计 ……………………………………………… (174)
　　三　调查结果与分析 ……………………………………………… (175)
第三节　家庭学习的场馆干预 ……………………………………… (188)
　　一　文献回顾与述评 ……………………………………………… (188)
　　二　研究方法与设计 ……………………………………………… (191)
　　三　调查结果与分析 ……………………………………………… (192)
第四节　场馆教育者视角下的家庭教育比较 ……………………… (202)
　　一　文献回顾与述评 ……………………………………………… (203)
　　二　研究方法与设计 ……………………………………………… (205)
　　三　调查结果与分析 ……………………………………………… (206)

第五章　深描：场馆境脉中家庭故事的教育画图 …………………… (217)
第一节　"失语"的童年与"诧异"的家庭 ……………………… (217)
　　一　教育发生画图 ………………………………………………… (218)
　　二　教育现象深描 ………………………………………………… (221)
第二节　叛逆的童年与严格的家庭 ………………………………… (226)
　　一　教育发生画图 ………………………………………………… (226)

二　教育现象深描 …………………………………………（229）
　第三节　好知的童年与无力的家庭 ……………………………（233）
　　一　教育发生画图 …………………………………………（234）
　　二　教育现象深描 …………………………………………（236）
　第四节　放任的童年与"佛系"的家庭 ………………………（240）
　　一　教育发生画图 …………………………………………（241）
　　二　教育现象深描 …………………………………………（243）
　第五节　懂事的童年与用心的家庭 ……………………………（248）
　　一　教育发生画图 …………………………………………（248）
　　二　教育现象深描 …………………………………………（251）
　第六节　教育叙事的"概念化"反思 …………………………（255）
　　一　家庭与场馆相遇的影响因素 …………………………（255）
　　二　家庭与场馆相遇的现实挑战 …………………………（261）

第六章　展望：场馆中家庭教育的发展与优化 …………………（268）
　第一节　家庭与场馆教育合作的现实努力 ……………………（268）
　　一　深化家庭教育参与 ……………………………………（269）
　　二　挖掘场馆教育价值 ……………………………………（272）
　　三　保持教育理念统一 ……………………………………（275）
　　四　推动制度落地见效 ……………………………………（278）
　第二节　家庭与场馆教育合作的未来向度 ……………………（281）
　　一　从"偶然相遇"走向"持续相遇" ……………………（281）
　　二　从"遥远相遇"走向"近地相遇" ……………………（285）
　　三　从"现实相遇"走向"虚拟相遇" ……………………（287）
　　四　从"公共相遇"走向"定制相遇" ……………………（291）
　第三节　家庭与场馆教育合作的机制优化 ……………………（293）
　　一　动机：教育合作的发起优化 …………………………（295）
　　二　过程：教育合作的参与优化 …………………………（301）
　　三　结果：教育合作的反馈优化 …………………………（305）

四　协同：教育合作的关系优化 ………………………………（311）
　　五　保障：教育合作的条件优化 ………………………………（315）
　第四节　家庭与场馆教育合作的案例展演与启示 ………………（318）
　　一　"稚趣博物馆" ………………………………………………（319）
　　二　"文物动物园" ………………………………………………（324）
　　三　"野孩子的实用家长手册" …………………………………（329）

结　语 ……………………………………………………………………（335）

参考文献 …………………………………………………………………（337）

附　录 ……………………………………………………………………（350）
　附录一　家长访谈提纲 ……………………………………………（350）
　附录二　孩子访谈提纲 ……………………………………………（351）
　附录三　国内场馆教育者访谈提纲 ………………………………（351）
　附录四　加拿大场馆教育者访谈提纲 ……………………………（352）
　附录五　观察记录表 ………………………………………………（353）
　附录六　个人意涵图 ………………………………………………（355）

后　记 ……………………………………………………………………（356）

前　　言

  男孩一手牵着爸爸，一手牵着妈妈进入展厅。妈妈用手搅着孩子在前面走，父亲在一旁跟着。展柜前人多时，他们会径直离开，人少时，则会稍作逗留。一个展柜前聚集了很多人，孩子想停下来看看，被妈妈强行拽走。爸爸对不愿离开的孩子说："人这么多，大家都跟着人流走。你就不能消停点吗？"男孩问："那个是陶壶么？"爸爸答："对，那个就是陶壶。"当男孩把手掌扶在玻璃展柜上，妈妈将其挪开，他又改成一根手指支撑。男孩指着"四足调色器"说："妈妈，这个长得好像骆驼啊！"妈妈蹲下身，将展品说明读了一遍。爸爸一直游离在人群之外，四处闲逛，全程由妈妈带领孩子参观。

——摘自观察记录

  走进场馆，环顾四周，总会看见一些家庭徜徉在展品之间，观察记录中的场景也会时不时闪现。如此普通的画面可能已经在当事人的记忆中消退，抑或虚化为背景在旁观者的视线中模糊。很少有人会对这种再普通不过的活动投入学术兴趣。当一种"普通"普通到可以被无视，我们很容易急匆匆将其冠之以"没有研究价值"的定论，这好像已经成为人文社会科学领域的默契。问题的关键在于，这份"普通"是外界想当然的价值标记，而非发之于内的价值自觉。那么，究竟是什么造就了它的"普通"？我想大概可以归结为以下四种原因：其一，场馆之于家庭的价值未被清晰认识，抑或被认识的价值无法兑换人们趋之若鹜的筹码和资质；其二，一生一次、数年一次甚至此生不及的场馆体验确实不值得投之以精力和热情，因为抽象出的概念、规律和结论只具有一次性的启发意义，很可能无以在家庭群体中附着；其三，纵观整个社会的教育空间，场馆只占其中狭小一隅，加上家庭作为对象对场馆视界的进一步分隔，热衷于主流（学校）教育深耕的学者根本无暇或不屑他顾；其四，场馆将家庭与普通观众等闲视之，鲜有专项教育服务以及投之努力的倾向，行动与观念的匮乏让研究目光很难透过围墙看进来。

当家庭与场馆的相遇成为"普通"事件，这又意味着什么？对这一"小众事件"的漠视让我们错过了探知教育秘密的机会和感知教育魅力的窗口。首先，家庭教育是被居所遮蔽起来的私密活动，未经许可（即便获得许可）外界很难窥见真容。场馆则将私人生活曝光在公共视野下，让人们能够看见家庭教育的真实样态。作为屈指可数能够接纳并展示家庭教育的公共空间，对其视而不见让我们很难再寻得另一处空间揭示家庭教育的秘密。如此一来，家庭教育的魅力只能以结果的形式显现，其内在培育机制将继续被锁在房门以内。其次，一直以来，场馆都存在一种根深蒂固的刻板印象，即摆好展品，等观众来访。这一误识将场馆的教育表达狭隘化为被动的视觉观览，忽略了场馆赋予展品"说话能力"的智慧和努力。场馆的秘密在于隐藏在展品背后的教育意蕴以及将之"公之于众"的多元设计。家庭的进入恰恰向我们展示了场馆之于群体教育影响的独特魅力。反之，一再的回避很可能将场馆的秘密和魅力永远封存在没有生命的展品当中，教育也会重新退缩为最原始的观览样态。最后，家庭教育与场馆教育都属于"从摇篮到坟墓"的教育生态，两种教育系统的碰撞将激起对终身教育的深刻反思。终身教育的最大魅力在于对时间和空间的超越，而正是这一魅力掩盖了实体化表达不具体的秘密。家庭与场馆的相遇让我们看到终身教育实体化的不同形式、内容、目的和结构，以及子系统之间的合作可能和意义。无论魅力，还是秘密，都需要深入教育现场去体悟和揭示。否则，终身教育依然是停留于理念的美好想象。

由此可见，家庭与场馆的"普通"相遇并不普通，除了对于教育秘密与魅力的错过，在"以小见大"的镜像逻辑中，我们还可以窥察宏观教育结构的身影。其一，家庭与场馆的相遇表征着生活话语与专业话语的教育对话。生活话语是身体中自然生长出的话语体系，而专业话语则是基于知识、学科、组织、文化等逻辑科学编辑的话语体系。教育成长是两种话语体系的持续对话，是携带生活话语的身体对专业话语的学习、反思、适应和挑战。生活话语需要读懂专业话语，专业话语需要包容生活话语。两种话语很难自然达成平衡，某种形式的准备和操练是必不可少的，这也是家庭与场馆相遇的意义。其二，家庭与场馆的相遇表征着私人领域与公共领域的教育对话。人总是往返于私人领域和公共领域之间，而两者的教育逻辑又是完全相异的。它们专注符合各自属性和特色的教育指向，共同完成自然人与社会人培养的融通。私人领域与公共领域的边界是清晰的，如何寻找跨越边界的桥梁，以及以怎样的身份在异质空间行动，都需要一种极其顺畅的机缘去反思。家庭对场馆的选择正是最好的机缘。其三，家庭与场馆的相遇表征着家庭教育与社会教育的对话。家庭教育、学校教育和社会教育共同构成教育的三大系统，建立健全家庭学校社会协同育人机制是新时代教育发展的必然趋势。由于家庭教育与社会教育的松散性、流动性和多样性，协同育人机制中家庭与社会教育合作的难度最大。家庭与场馆的相遇让我们看到构建协同育人机制的可操作性路径。

家庭与场馆的教育合作是指向未来的事业，是构建一体化教育生态的重要构成，是推动教育现代化的关键要素。2022年1月1日，《中华人民共和国家庭教育促进法》正式颁布实施，其中明确规定，"图书馆、博物馆、文化馆、纪念馆、美术馆、科技馆、体育场馆、青少年宫、儿童活动中心等公共文化服务机构和爱国主义教育基地每年应当定期开展公益性家庭教育宣传、家庭教育指导服务和实践活动，开发家庭教育类公共文化服务产品。"至此，家庭与场馆的教育合作正式迈入崭新的历史阶段。

构建家庭与场馆教育合作的前提是对场馆境脉中家庭教育发生机制的剖析，只有知道家庭在场馆中的行为动机、方式、关系、内容、意义等，才能确定教育合作的用力方向。这也是研究立意的初心。基于这一考虑，全书共分为六章。

第一章，场馆：教育的应许之地。自人类出现以来，教育从未停下寻找"应许之地"的努力。作为缪斯的居所，场馆为教育撒播着最生动的灵感，为人们许诺一处美好的教育空间。场馆是一种突破组织身份和时间规限的空间性存在，是由身体和社会关系共同组成的"第三空间"。空间视域下，场馆教育是终身性的教育形态、实地化的教育生态以及具身性的教育姿态。尽管场馆的教育功能是新近的产物，但场馆与教育的相遇却早早发端于中西场馆的演进史，并为未来发展提供灵感和智慧。然而，人们对场馆教育的理解却依然莫衷一是，不同理论、学科和主体基于各自立场言说着不同的教育概念、逻辑、话语和意义。这种教育理解的多元性让我们有机会从不同视角窥探场馆教育的全貌，从而构建更为全面、深刻和融通的教育理解。在教育现代化的时代背景下，场馆教育也被赋予崭新的现代性价值，包括"保值"教育时间、"增值"教育空间和"赋值"教育成长。

第二章，家庭：教育的启蒙之所。家庭是人之育养的发端，是生命成长的终身照护。家庭与教育相伴而生，如影随形。在漫长的历史演进中，家庭教育从来没有停下思考的脚步，经过一代代人的努力，无数家庭积累了丰富的教育智慧。以共同体为基础的家庭教育逐渐发展成一种独立、系统和成熟的教育形态。家庭是连接个人与社会的桥梁，家庭教育的时代意义主要表现为促进个体成长和推动社会发展。当人类以变革的姿态迈入崭新的时代，整个社会都处于激流勇进的潮头。家庭教育也将迎来有史以来最强烈的冲击和最难得的机遇。机遇与挑战并存，家庭教育的挑战来自时代发展要求与家庭教育水平之间的不协和，其又可以理解为机遇的视角切换。此外，家庭在"内—外"空间的教育表达和形态是相异的，房门的开合表征了私人领域和公共领域的不同教育表征。家庭教育应积极挖掘私人领域和公共领域之于人的教育意义，并努力达成一种协和的教育状态。

第三章，"相遇"：家庭教育的场馆选择。家庭是场馆境脉中规模最大、活跃度最高、结构最独特的教育资源享用者。随着家庭教育观念日趋开放、多元、科学和专注，越来越多的家庭选择走进场馆。家庭与场馆的相遇看似一场闲暇的机缘，但是让双方真正走近的动力来自他们对教育的共同期许。家庭期待场馆能给予孩子某种教育改变，包括学习、视野、娱乐和陪伴；场馆期待家庭能迎合公共服务的教育责任，包括经济营收、传承文化、社区服务、休闲娱乐和教化育人。家庭与场馆的"相遇"方式主要表现为视觉主导、言语主导、行动主导、技术主导和项目主导五种类型。从场馆的教育表达和家庭的教育理解上，家庭与场馆"相遇"的教育内容可概括为生态知识、科学知识、艺术知识和历史知识四个方面。家庭与场馆在"相遇"中释放了一种纯粹的教育惊异，这是家庭在闲暇的公共面向中的惊异，也是场馆在资源的服务面向中的惊异，更是社会在全时空面向中的惊异。

第四章，窥视：场馆中家庭教育的现实考察。本章主要从四个方面考察家庭教育的发生。首先，亲子身份与关系是在家庭行为表象之下的心理取向，它通过主体意识决定家庭行为的目的、内容和方式，也表征着家庭与场馆对教育的理解、投入和反思。其次，对话是场馆中最普遍、最频繁的学习行为，是亲子寻求理解与建构意义的基本途径。话语分析是行动层面揭示亲子关系建构过程与表现形式的关键，以及理论层面透视亲子教育发生机制与逻辑结构的抓手。再者，场馆境脉中家庭学习不是在"真空环境"中"跟着感觉走"，而是受到诸多因素的干预。亲子是家庭学习中场馆干预的直接对象和效果的具身体验者，基于亲子视角对场馆干预的考察将揭示家庭在场馆中获得的教育支持及其影响。最后，从"馆内"场馆教育者的视角出发，考察中国和加拿大的场馆开展家庭教育的现状，通过比较两种文化场境的异同，寻求跨文化的经验借鉴和启示。

第五章，深描：场馆境脉中家庭故事的教育画图。为了呈现家庭教育发生的完整脉络，场馆中家庭教育的画面需要被更为直接且全面的深描。为此，我们选择五组具有代表性的家庭，通过真实的故事讲述教育发生的点点滴滴，展示家庭究竟如何与场馆相遇及其所面临的惊喜和挑战，具体包括"失语"的童年与"诧异"的家庭、叛逆的童年与严格的家庭、好知的童年与无力的家庭、放任的童年与"佛性"的家庭以及懂事的童年与用心的家庭。五组家庭叙事的教育画图勾勒出五幅不同的场馆教育群像，它们共同拼接成一幅宏大、完整、真实的教育现实图景。通过"概念化"的理论抽象，我们发现家庭与场馆的相遇受到空间、时间、经济、文化和诱导因素的影响，同时也面临着"无场""学业"和"内卷"的挑战。

第六章，展望：场馆中家庭教育的发展与优化。家庭与场馆走向彼此的过程中不可避免会出现碰撞。在多种张力的互涉中，双方需要投注扎根现实的教育努力，包括深化家庭教育参与、挖掘场馆教育价值、保持教育理念统一和推动制度落地见效。随着社会的发展和教育的进步，家庭与场馆相遇的教育意义势必更加充盈，它也将为适应新的时代要求做出积极调整，具体表现为从"偶然相遇"走向"持续相遇"、从"遥远相遇"走向"近地相遇"、从"现实相遇"走向"虚拟相遇"和从"公共相遇"走向"定制相遇"。家庭与场馆相遇面临的最大问题即缺少教育机制的保驾护航，双方在盲目试错中摸索着前进。因此，本书尝试从动机、过程、结果、协同和保障五个方面构建家庭与场馆的教育合作机制，从发起、参与、反馈、关系和条件五个环节完善机制的运行。理论构型主要基于理想化的教育想象，实践反思则指向有血有肉的教育启示。最后，我们选择了"稚趣博物馆""文物动物园"和"野孩子的实用家长手册"三个成功案例，旨在从亲子课程方案、策展人手记和项目开发说明中提炼可供推介的启示。

第一章

场馆：教育的应许之地

> 空间一直是各种力量的武器库，是施展策略的场所，但是现在它已远不止是行动的剧场、冷漠的舞台或背景……空间是一个媒质、一个环境、一个中介吗？毫无疑问，它都是！它的中性特点越来越少，能动性越来越强，它既是工具又是目标，既是手段又是目的。将空间仅仅限制在"媒质"的范畴内，必然是不适当和令人悲哀的。
>
> ——列斐伏尔《一点困顿的刺激》

自人类出现以来，教育从未停下寻找"应许之地"的努力。人们幻想着这个"流淌着牛奶与蜜"的地方能够在育养子嗣上表现最大的善意。从家庭的教育领悟到学校的教育智慧，它们让世人见证了血脉相承和天下体系。随着社会的发展和生活的富足，"牛奶与蜜"从家庭与学校溢出，流向更大的场域，甚至人们可以时时处处享受这种"欢愉"。作为"缪斯的居所"[①]，场馆为教育撒播着最生动的灵感，为人们许诺一处美好的教育空间。

第一节 场馆与教育的时空相遇

一直以来，人们都困顿于场馆是什么和场馆用来做什么两大根本问题。认识论的模糊进一步导致场馆外延的不清晰和场馆与人的关系及其

---

① "Museum"一词缘于希腊语"mouseion"，原指"供奉缪斯及其从事研究的处所，其主要涉及诗歌、舞蹈、音乐、美术、科学等领域"。

表达的不辨，如此也引发了学习论、功能论、活动论等观点的争论。此外，场馆还存在一种根深蒂固的刻板印象，即"摆好展品，等观众来访"，其背后的表达习惯是展品在指定空间被动等待主体"破译"既定"物的密码"。它所构建的是缺乏生命气息和对话意义的以"物"为中心的封闭资源库。两种误读缘于场馆作为空间概念的本体论阐释的缺失，忽略了场馆既是一种空间存在，又以空间为媒介而生成意义。

一　作为一种空间概念的场馆

场馆是面向大众开放并为社会及其发展服务的永久性非营利机构，它基于教育、研究和欣赏的目的，征集、保护、研究、传播、展出人类及其生存环境的有形和无形遗产。① 场馆通常划分为艺术、历史、科学和特殊四种类型：艺术场馆包括绘画、雕刻、装饰艺术、实用艺术、工业艺术、古物、民俗和原始艺术等类型；历史场馆包括国家历史、文化历史、考古遗址、历史名胜等；科学场馆涉及天体、植物、动物、矿物、自然科学、实用科学和技术科学；特殊场馆则包括露天场馆、儿童场馆和乡土场馆，内容涉及自然、历史、艺术等。然而，生活中人们更习惯使用"博物馆"的称谓，这也大大窄化了场馆的外延，因为它往往将动植物园、画廊、艺术馆、海洋馆等排除在外。雷哈德和克罗雷认为，将所有场馆都贴上博物馆的标签是政治和经济利益的强迫，而非文化上的归类。② 归根结底，这种误读缘于场馆长期被理解为一种组织概念、文化概念，而忽视了其本质意义上作为空间概念的必要和价值。

（一）场馆是一种空间性的存在形态

提到空间，人们首先想到的是一个空的区域。亚里士多德认为，"空间是像容器之类的东西"，③ 接纳和安置外部的到访者（人和物）。它具

---

① ICOM, Museum Definition, https：//icom.museum/en/resources/standards-guidelines/museum-definition.

② Gaea Leinhardt and Kevin Crowley, *Museum Learning As Conversational Elaboration: A Proposal to Capture, Code, and Analyze Talk in Museums*, Learning Research & Development Center University of Pittsburgh, 1998, p.4.

③ 亚里士多德：《物理学》，张竹明译，商务印书馆1982年版，第96页。

有很强的指示作用，标记着位置、面积、容量等信息。所以，空间通常被理解为地理和物理意义上的存在形态。这也是列斐伏尔所说的"空间实践"。然而，进入20世纪之后，空间出现了重要的哲学转向，列斐伏尔、福柯、索杰等将空间上升为一种哲学立场，用以解构或重构社会中的常识，包括城市、医院、监狱等。空间的意蕴开始超越地理学和物理学的规限变得愈发充盈，除了作为物质性存在，它还是文化、政治和心理的多义现象。[①] 当空间作为媒介的中间属性被延扩，隐匿其间的价值自然而然凸显了出来。人生产着空间，也被空间生产着。说到底，空间转向的是关系的意义，是人如何被空间形塑、表征、规训和实现，以及人如何创造、装点、使用和理解空间。在此意义上，空间建立的逻辑是对时间的反抗。时间是线性的、有刻度的、权力支配的，而空间旨在张扬质料的耗散性、包容性和开放性。我们能够清晰地看到人在空间中的形象，却不会被他的历史所蒙蔽。索杰也指出，突出空间而非时间、突出空间性而非历史性具有划时代的意义。[②] 随着这种意义的显现越来越频繁，空间成为建构世界的重要逻辑和立场。当把空间视角引入场馆，关于场馆的传统理解也将面临重构的必要。

一方面，空间打破了场馆的组织性身份，赋予其更丰富的内涵和外延。如果将场馆定义为一种组织概念，那么其身份只能经由制度授权，需要准入资质、运行体制、结构框架等一系列的条件予以保障。如此一来，主题、属性、特色、资源等必然作为变量将场馆划分为边界清晰的不同类型，它们又会依循各自的逻辑"自成其事"，彼此难以对话、不能通约。甚至，组织型定义还会将一些"弱场馆性"的"场馆"排除在外，因为它们未获得制度性授权，抑或不符合"标准场馆"的条件。空间是对场馆组织身份的"祛魅"，不再将其视为制度概念，而强调生活化的功能理解。也就是说，空间是从发生论意义上定义场馆的，它更关心在相似的场域中空间集合（应该）共同演绎什么，而非演绎所指向的

---

① 苏尚锋：《学校空间论》，教育科学出版社2012年版，第36页。
② [美] 爱德华·索杰：《第三空间：去往洛杉矶和其他真实想象地方的旅程》，陆扬等译，上海教育出版社2005年版，第201页。

对象特殊性。与此同时，这也弱化了演绎所需要的质料及其差异，降低了不同场馆间的藩篱，用空间统摄主题和类型。因此，空间视域下的场馆是包容的，愿意接纳任何同质性的属类，无论是藏品为主，还是活动为主，甚至"空白"的体验场地。在此情况下，场馆的内涵得到极大丰富，从展出、收藏、教育、研究扩充到娱乐、消费、盈利、生态保护等；外延上也破除了横亘在不同场馆间的隔阂，其作为上位概念（覆盖历史博物馆、科技馆、艺术馆、天文馆、动植物园等）的合法性将自然确立。在某种意义上，空间成了场馆的本质规定性，资源只是空间的表达方式。

另一方面，空间克服了场馆的历史性教条，使其在纵向的逻辑结构中经历重建。一直以来，时间都是场馆的主导线索，包括展品的时间线、展出过程的时间线等，甚至场馆本身也被作为时间在自然生命演进和人类文明发展中的见证。时间的线性逻辑使场馆习惯采用单一维度的资源铺陈，强调从始至终的逻辑走向，而且这种叙事的立场往往基于展品的自有逻辑，即展品内在时间的自然展开。其囿限也是显而易见的，僵化的结构不仅限制了展品的表达，也束缚了场馆中"人"的想象。空间的出场正是对此的矫枉，恰如列斐伏尔不断重申的，空间是对时间的补偿。与时间的横向逻辑不同，空间视域下的场馆采用以"点"突破"线"的模式，每个空间单元都是独立的中心，每个中心也都拥有独立的叙事。场馆的整体空间被拆解成许多独立的"隔段"或"截面"。尽管，某种宏大的时间线依然可见，但空间的"膨胀"让时间线上的每个节点都有完整的价值。因此，空间重构带来的是场馆属性从"空间的资源"到"资源的空间"的转向，前者强调"物"在物理世界的排列组合，后者强调"物"在人文世界的价值彰显。其本质上即"新博物馆学运动"所推崇的"由物到人"的转向。

（二）场馆是再现的"第三空间"

列斐伏尔提出，空间是一种"三元组合概念"，包括空间实践、空间表象和表征性空间，[1]其分别对应感知的空间（第一空间）、构想的空

---

[1] ［法］亨利·列斐伏尔：《空间的生产》，刘怀玉等译，商务印书馆2021年版，第51页。

间（第二空间）和实践的空间（第三空间）。索杰进一步拓展了列斐伏尔的空间观，提出第一种是自然的空间，偏重客观性和物质性，力求建立关于空间的形式科学；第二种是言说和书写的空间，是对第一空间封闭和强制的反动，用艺术对抗科学，用精神对抗物质，用主体对抗客体；第三种是体验的空间，是对前两者的解构和重构。① 在他看来，第三空间更符合现代空间的本真属性，它既是生活空间又是想象空间，是作为经验或感知空间的第一空间和表征意识形态或乌托邦空间的第二空间的本体论前提。② 在第三空间里，一切都汇聚在一起：主体性与客体性、抽象与具象、真实与想象、可知与不可知、重复与差异、精神与肉体、意识与无意识、学科与跨学科，等等。③ 可见，第三空间是一种包容性极强且具有无限可能的"杂多"存在。而场馆是"第三空间"最典型的表征。

第一，场馆是休闲的空间。作为一种自由生存状态，休闲是全部人生的惟一本原④，是"走向自由王国"的必要条件。人的自由而全面发展只有在休闲时空才能真正实现。列斐伏尔进一步指出，在休闲空间中，并且通过休闲空间，一种空间和时间的教学法开始形成。而且，休闲空间倾向于超越各种分离，例如日常与不寻常时间的分离。⑤ 在某种意义上，休闲完成了他在"第三空间"中试图构建的时间与空间的统一。此外，休闲并非一定要心无羁绊，更不是摆脱羁绊，而是一种我们乐于放弃自我意识而投入的"参与"，需要被一些心甘情愿而又有意义的事情所羁绊。⑥

---

① ［美］爱德华·索杰:《第三空间：去往洛杉矶和其他真实想象地方的旅程》，陆扬等译，上海教育出版社 2005 年版，第 12—13 页。
② ［美］爱德华·索杰:《第三空间：去往洛杉矶和其他真实想象地方的旅程》，陆扬等译，上海教育出版社 2005 年版，第 9 页。
③ ［美］爱德华·索杰:《第三空间：去往洛杉矶和其他真实想象地方的旅程》，陆扬等译，上海教育出版社 2005 年版，第 13 页。
④ ［古希腊］亚里士多德:《政治学》，颜一等译，中国人民大学出版社 2003 年版，第 269 页。
⑤ ［法］亨利·列斐伏尔:《空间的生产》，刘怀玉等译，商务印书馆 2021 年版，第 566 页。
⑥ ［美］杰弗瑞·戈比:《你生命中的休闲》，康筝译，云南人民出版社 2000 年版，第 10—11 页。

第二,场馆是关系的空间。海德格尔认为"空间并不是人的对立面,它既不是外在的对象,也不是内在的经验",人们"在栖居之际根据他们在物和位置那里的逗留而经受着诸空间""人与位置的关联,以及通过位置而达到的人与诸空间的关联,乃基于栖居之中,人与空间的关系无非是从根本得到思考的栖居"①。可见,人与空间是相互融入的,栖居的本质也定义了空间的关系属性。列斐伏尔同样指出,将空间称为"关系性的"似乎更合乎情理。② 在此意义上,空间的本质是人与位置构成的关系整体,因为只有位置才能为一个场所设置空间,空间也只有从位置那里才能获得本质。③ 作为空间概念的场馆首先是一种关系存在,而这种关系同样由人与位置构成。在海德格尔看来,位置既是物,也是地点。场馆中的关系正是基于展品及其背后的场地生成的。人们走进场馆,通过与展品建立关系,探索场地深处的故事、文化、身份等。归根结底,场馆构建的关系是一种社会关系,其背后必然嵌入某种社会结构,无论是人与人的关系,还是人与物或种群的关系,即便空间中只"站立"着一个人,他/她也在接受社会关系的改造。此外,现代社会让空间处于"同质化"和"碎片化"的张力之中,并表征为全球化和地方化的矛盾。④ 场馆同时将它们收纳在展厅当中,引导人们低头观察脚下的土地,抬头眺望遥远的符号,进而筑造近地与远方交叠的时空。

第三,场馆是身体的空间。空间首先是我的身体,然后是我的身体的对应物或"他者"。⑤ 空间始于身体并回到身体。梅洛·庞蒂说:"身体的空间性不是如同外部物体的空间性或'空间感觉'的空间性那样的一种位置的空间性,而是一种处境的空间性。"⑥ 场馆提供了安置身体的"处境",身体是"空间生产"的核心。场馆之所以存在在于其之于人的

---

① 孙周兴:《海德格尔选集》,上海三联出版社1996年版,第1199—1200页。
② [法]亨利·列斐伏尔:《空间的生产》,刘怀玉等译,商务印书馆2021年版,第534页。
③ 孙周兴:《海德格尔选集》,上海三联出版社1996年版,第1197页。
④ [法]亨利·列斐伏尔:《空间的生产》,刘怀玉等译,商务印书馆2021年版,第523页。
⑤ [法]亨利·列斐伏尔:《空间的生产》,刘怀玉等译,商务印书馆2021年版,第271页。
⑥ [法]莫里斯·梅洛-庞蒂:《知觉现象学》,姜志辉译,商务印书馆2001年版,第137—138页。

意义，而意义阐发的发端即对身体的关注。这也是场馆从"物"向"人"转向的理论前提。人居于场馆的中心，他/她通过身体构建周围的一切"事物"并使之有意义。所谓身体的空间又包括两层涵义——可见的身体空间和不可见的身体空间。前者指物理的空间及其对身体的接纳，包括场地、灯光、位置、布局等，主要关心身体在空间中的生物感受性。后者指精神的空间，即场馆资源对精神生活的填充程度，主要关注如何让身体与空间中的质料建立联系。可见的身体空间是第一空间的感知表征，不可见的身体空间是第二空间的构想演绎，两者的交叠互构打开了第三空间实践体验的窗口——探知身体可以承载的无限可能。由此可见，身体的空间实质上是空间的人本化，无论是具身意义的生理照护，还是在地意义的心灵慰藉，抑或抽象意义的沉思体悟，一切都汇聚在身体（物质和精神）的自由之中。

二 空间时域下的场馆教育

教育是场馆的核心功能，其与公共博物馆相伴而生，肇始于启蒙精神感召下场馆对"人类精神发展""心灵进步"和"平等学习机会"的追求，① 以藏品从库房取出进入陈列室成为展品为标志。② 米切尔（Mitchell）说："场馆教育是利用场馆资源引起参观者学习行为的活动。"③ 约翰逊等人将之界定为"任何促进公众知识或体验的场馆活动"。④ 细察之，上述定义是教育发生意义上的描述型阐释，尚未触及场馆教育的本质属性和价值内核。当空间完成对场馆存在形态和功能的重构，它作为一种视域将更清晰地透视场馆教育的内在机理。其实，空间本身已经点出了场馆教育的核心要义（接纳），并提示了教育的运行逻辑（展示）。在结构上，空间可以被拆解为宏观、中观和微观三个层面，

---

① Eilean Hooper-Greenhill, *Museum and Gallery Education*, Leicester: Leicester University Press, 1999, p. viii.
② 苏东海：《博物馆演变史纲》，《中国博物馆》1988年第1期。
③ Sue Mitchell, *Object Lessons: The Role of Museums in Education*, Edinburgh: HMSO, 1996, p. 1.
④ Anna Johnson et al, *The Museum Educator's Manual*, Lanham: Altamira Press, 2009, p. 8.

每个层面又会观照场馆教育的对应存续状态。空间的宏观面纵览场馆教育的终身形态；空间的中观面审阅场馆教育的实地生态；空间的微观面考察场馆教育的具身姿态。三个层面既是基于不同立场的教育理解，又是同种教育实体的结构划分。

（一）第一层空间：终身性的教育形态

1972年，联合国教科文组织在《学会生存——教育世界的今天和明天》中提出，"教育正在越出历史悠久的传统教育所规定的界限，它正逐渐在时间上和空间上扩展到它的真正领域——整个人的各个方面"，"教育正在日益包括整个社会和个人终身的方向发展"。[①] 1996年，《教育——财富蕴藏其中》再次强调，终身教育的概念是迈入21世纪的一把钥匙，它超越了启蒙教育和继续教育之间的传统区别。[②] 2015年，《反思教育：向"全球共同利益"的理念转变?》进一步表明新的全球学习格式正在形成，并成为一种"共同利益"。[③] 三份国际文本清晰地呈现了学习型社会形成的脉络，并展现了终身教育的全球背景和趋势。同时，技术更新迭代的速度将所有人都抛进终身学习的潮流，逆势而为的代价很可能导致生存境遇的窘迫。终身学习的时代已经悄然降临。作为社会教育的重要组成，场馆成为学习型社会链条中不可或缺的教育形态。在此，场馆教育的终身形态又可分为横向和纵向两个方面。

横向的终身性是对人群身份的全员覆盖。场馆是面向公众的公共空间，任何到访者都公平地享受着其中的教育资源，无论年龄、性别、职业、种族、地域等。场馆被正式归入阿伦特和哈贝马斯口中的"公共领域"，走进场馆成为所有人的权力和义务。消极意义上，场馆的公共属性反对教育机会的剥夺和资源占有的不平等。不加区分地接纳所有人是公

[①] 联合国教科文组织编：《学会生存——教育世界的今天和明天》，华东师范大学比较教育研究所译，教育科学出版社1996年版，第200页。

[②] 联合国教科文组织编：《教育：财富蕴藏其中》，联合国教科文组织总部中文科译，教育科学出版社2014年版，第8页。

[③] 联合国教科文组织编：《反思教育：向"全球共同利益"的理念转变?》，联合国教科文组织总部中文科译，教育科学出版社2017年版，第8页。

共空间向公众的关键允诺,所以场馆无权随意将来访者拒之门外。此外,对场馆空间及其资源的占有和使用不能侵占他人同等的权力。积极意义上,走进公共空间是实现人的社会化的重要环节,所以场馆主动向社会敞开怀抱,竭尽全力吸引更多人到访,将最优质的教育资源和服务推送给公众,在"公共戏景"中强化公共意识。当然,这不仅是场馆对人的选择,更是人对场馆的选择。诺尔斯(Knowles)认为,社会系统内的所有因素都是学习资源,这些因素之间是一种"综合的统一关系"。在这个交互系统内,所有人都应当主动利用它们,以实现自我发展。[1]

纵向的终身性是对人群年龄的全员覆盖。这是个体在教育逻辑上的终身演绎。结构意义上,不同年龄段的人群都能在场馆中找到属于自己的教育"惊异",例如婴幼儿的陪伴、儿童的玩耍、青少年的探知、中青年的专研、老年的感悟等;发生意义上,场馆能够伴随并服务于人在不同阶段的成长,任何时候的到访都能激发新的教育灵感。两种教育状态同时观照了人之生存的当下和人之成长的未来。可见,场馆是对生命样态的终生照护,它像一口永不枯竭的老井,源源不断地为人们提供教育给养。胡伯-格林希尔(Hooper-Greenhill)甚至将其描述为"从摇篮到坟墓的教育"。[2] 此外,场馆教育是影响人全面发展的整全教育,它能够满足不同维度的需求,并导向不同向度的成长。所以,终身性的教育形态是可以被学习者自由写入的,写入的方式、内容、诉求等因人而异,由个人定义教育最本真的成长意涵——自由而全面的发展。

(二) 第二层空间:实地化的教育生态

世界即不同的场地。[3] 人是属地的,场地育养着人的生命,形塑着

---

[1] Malcolm Knowles, "The Future of Lifelong Learning", in Zipporah W. Collins, eds. *Museums, Adults and the Humanities: A Guide for Educational Programming*, Washington DC: AAM, 1981, pp. 135 – 136.

[2] Hooper-Greenhill Eilean, "A Museum Educator's Perspective", in Alan Chadwick and Annette Stannett, eds. *Museums and the Education of Adults*, Leicester: Rexam Digital Imaging Ltd, 1995, p. 49.

[3] David Gruenewald, "The Best of Both Worlds: A Critical Pedagogy of Place", *Educational Researcher*, Vol. 32, No. 4, 2003, pp. 3 – 12.

人的身份，安置着人的行动。然而，纵观20世纪以前的学术史，从希腊三哲到康德、黑格尔、马克思，鲜有人愿意将形而上的"空间"沾上"地方"的泥土气息。直到实用主义和多元文化主义的出现，地方的意义才初露端倪。经过列斐伏尔、苏贾等人对空间哲学的推动，索贝尔、格林伍德等开始将地方还给教育空间。凯西（Casey）强调："生存是地方化的，理解始于生活的场域。"[1] 场馆是场地的记录者，收集着来自不同地方的自然和文化符号，以实物的形式讲述土地上的故事。所以，实地化（Place-based）是场馆的重要属性。然而，此处的"地方"又非完全以场馆所处的地理空间为指涉，还包括以展品记忆为线索的异域空间，例如动物园中来自世界各地的动物。在此意义上，实地化是场馆资源及其背后所蕴含地方意涵的二次表征。

格林伍德认为，最具基础意义的知识是关于人们自身生存场域的特定知识，对这一知识的漠视是最大的无知。[2] 实地化教育（Place-based education）正是为了克服对"地方"的无知，将教育拉回到"街坊邻里"，[3] 回归地方性传统和叙事。所以，古德拉德和莱昂纳德（Goodlad & Leonard）将其称为"再生性"的教学方法，[4] 即地方身份、文化和责任的代际传承。而场馆教育是实地化教育的主要表现形式，强调近身资源的教育价值，鼓励学习者与周围的人、事、物及其生存场域和常识的联系。实地化的场馆教育是一种"健康的"教育生态，一方面使人们理解生活的空间及其负载的文化；另一方面让人们在扎根的土壤中出长出地方认同、文化认同和身份认同。所以，"健康"所蕴含的是人与生存环境的和谐关系以及本我与超我的价值统一。

---

[1] Edward Casey, *The fate of place: A Philosophical History*, Berkeley: University of California Press, 1997, p. 18.

[2] David Gruenewald, "Foundations of Place: A Multidisciplinary Framework for Place-Conscious Education", *American Educational Research Journal*, Vol. 40, No. 3, 2003, pp. 619 – 654.

[3] David Sobel, *Place-Based Education: Connecting Classroom & Communities*, MA: The Orion Society, 2004, pp. 3 – 4.

[4] Karen Goodlad and Anne Leonard, "Place-Based Learning across the Disciplines: A Living Laboratory Approach to Pedagogy", *In Sight: A Journal of Scholarly Teaching*, Vol. 13, 2018, pp. 150 – 164.

当前，对实地化质疑的声音不绝于耳，身处无以回避的全球化浪潮，固守本土何以立身，又如何回应全球化的挑战。有学者反驳道："当我们越深入场地，越能看见全球化的身影。"① 其实，本土场地能够为生成可信赖的全球知识提供特定的环境。② 本土不仅是全球化的一部分，它也是全球化的缩影。透过小小的本土"玻璃球"，可以见识大大的世界。因此，场馆教育既是地理空间上本土的传承，又是通过异域空间的二次表征对外部世界的窥探。场馆旨在坚守本土阵地，适时向世界敞开，理解世界在本土上的在地化形象，以本土身份介入世界，或者基于世界知识介入本土。③ 这也是索贝尔所说的"向邻里、社区、区域以及更大场地的扩展"。④ 一言以蔽之，场馆是本土符号和世界影像的结合，是兼具本土化和全球化教育意识的实地化生态。

（三）第三层空间：具身性的教育姿态

一直以来，代表心智最高发展阶段的抽象思维同身体的构造和身体的感觉运动系统之间似乎是一种离散关系。⑤ 正如柏拉图所坚信的，"我们除非万不得已，得尽量不和肉体交往，不沾染肉体的情欲，保持自身的纯洁，直等到上天解脱我们。我们脱离了肉体的愚昧，自身是纯洁的了，就能和纯洁的东西在一起，体会一切纯洁的东西——也许，这就是求得真实了。"⑥ 直到文艺复兴时期，人文主义者才勇敢地将"美感"赋

---

① David Chang, "Diminishing Footprints: Exploring the Local and Global Challenges to Place-based Environmental Education", *Environmental Education Research*, Vol. 23, No. 5, 2017, pp. 722–732.

② David Greenwood, "A Critical Theory of Place-conscious Education", in Robert Stevenson, Michael Brody, Justin Dillon and Arjen Wals, eds. *International Handbook of Research on Environmental Education*, New York: Routledge, 2013, p. 94.

③ Margaret Somerville, "Place Literacies", *Australian Journal of Language and Literacy*, Vol. 30, No. 2, 2007, pp. 149–164.

④ David Sobel, *Beyond Ecophobia: Reclaiming the Heart in Nature Education*, MA: The Orion Society and The Myrin Institute, 1996, p. 19.

⑤ 叶浩生：《身体与学习：具身认知及其对传统教育观的挑战》，《教育研究》2015年第4期。

⑥ ［古希腊］柏拉图：《斐多：柏拉图对话录之一》，杨绛译，辽宁人民出版社2000年版，第17—18页。

予身体。随后，尽管洛克、卢梭等倡导教育应遵循身体的自然规律，但在与意志的博弈中，身体丝毫没有占到上风。20世纪真正是身体觉醒的时代，透过对身体欲望和快感极致追求的社会运动，可以看到身体哲学在背后的推波助澜。梅洛-庞蒂首先提出"我是我的身体"，身体是"知性和感性的原初母体"，人们通过"身体图式"将"身体"与"处境"在空间中统一起来。① 这种以身体为出发点的介入世界的方式（具身认知），引导人们通过具身存在、具身互动、具身情感和具身思维与世界分享身体的姿态。

场馆是身体的空间，是真实且论证的身体，即穿梭于场馆内的真实身体以及在社会方面铭记于空间与实践行为的身体。② 场馆教育是对真实身体的影响以及对记忆身体的阐发，通过记忆身体中教育资源的挖掘满足真实身体的成长需要。但是，身体与空间又非二分的，两者统一为"身体图式"去感知外部事物的"位置"。正如梅洛-庞蒂所说，我们甚至不能说身体在空间中，身体空间是不能分割的整体。③ 所以，场馆教育不仅要安置到访者的身体，还要观照身体空间的"移动"，因为身体的空间性"是在活动中实现的"。由此，场馆教育的具身表达更为直接，它需要妥善对待人们的身体，使其获得情感上的愉悦，还要让身体与实物产生直观性互动，用身体去感知环境。而且，场馆教育的重心不是记忆的身体，而是真实的身体，是"人"之于"物"的超越。

另外，具身姿态又表征为场馆境脉中对"身体"体验的专注，强调身体、环境和神经系统的频繁交互。梅洛-庞蒂说："感官在向物体敞开时在它们之间建立了联系。"④ 所以，身体、认知和环境是一体的。身体

---

① ［法］莫里斯·梅洛-庞蒂：《知觉现象学》，姜志辉译，商务印书馆2001年版，第137—138页。

② 王思怡：《多感官博物馆学：具身与博物馆现象的认知与传播》，博士学位论文，浙江大学，2019年，第178页。

③ 张尧均：《隐喻的身体：梅洛-庞蒂身体现象学研究》，中国美术学院出版社2006年版，第63页。

④ ［法］莫里斯·梅洛-庞蒂：《知觉现象学》，姜志辉译，商务印书馆2001年版，第293页。

既包括身体形态、感觉和运动系统,也包括身体与世界的互动,[1] 而后者作为认知的发端构成了一体化的核心。神经系统的认知机制需要身体与环境的积极交互才能激活,身体"作为拥有世界的一般方式"[2] 应更主动地走向世界。场馆通过空间布置和实物展示巧妙地将认知、身体和环境融入体验当中,用感觉唤醒身体的参与度和活跃度。所以,场馆教育的体验性旨在帮助学习者建立与环境的深度神经联结。而一个成功的场馆教育设计可以引领身体在空间中漫游、参与、交流、解读和想象。这也正是场馆教育的具身姿态。

三 场馆历史中的教育寻踪

尽管场馆的"可享用性"到近代以后才出现,场馆的教育功能也是新近的产物,[3] 但是场馆与教育的相遇却早已发生。发端的启蒙意义是连续的和超前的,它不仅可以提供奠基性的回眸,而且能为未来发展提供灵感和智慧。因此,回溯历史就成为认识当下的深刻必要。

(一) 中国场馆的教育寻踪与溯源

尽管中国在近代以前没有明确的场馆概念,收藏文化以及具有收藏功能的场馆雏形却在华夏大地上源远流长。早在 3600 多年前的商朝,皇族和贵族们已经开始搜集珍品古物存放于王室和宗庙,所谓"国之大事,在祀与戎"。神圣的宗庙里陈设着祭享祖先、天地鬼神的青铜器和玉器等,它们被视为国之重器,象征着政权的兴衰。随着铸造技术日臻娴熟,周朝的收藏活动进一步发展,铭文中所谓的"子子孙孙永宝用享"熔铸的正是"福禄永照"的愿望。据《周礼·春官》记载,周天子的"玉镇

---

[1] Björn Koning and Huib Tabbers, "Facilitating Understanding of Movements in Dynamic Visualization: An Embodied Perspective", *Educational Psychological Review*, Vol. 23, No. 4, 2011, pp. 501–521.

[2] [法] 莫里斯·梅洛-庞蒂:《知觉现象学》,姜志辉译,商务印书馆 2001 年版,第 194 页。

[3] [加] 大卫·安德森、王乐:《场馆教育的前沿问题与热点探讨——访英属哥伦比亚大学大卫·安德森教授》,《自然科学博物馆研究》2020 年第 5 期。

大宝"""金玉玩好"以及盟书、典籍等均设有专门史官和天府保密。①

中国场馆文化的真正发端始于公元前478年，孔子卒后两年，鲁哀公命祭祀孔子，以其所居之堂设庙，"藏孔子衣冠琴车书"，"岁时奉祠"。孔庙内不仅保存着与孔子相关的各类实物，而且是历代纪念仪式、研习经典和参观瞻仰的重要场所。由此看来，孔庙不仅标志着中国场馆的肇始，而且已经显现了教育的基本特征和功能。亦可言，场馆与教育的相遇早在孔庙中露出端倪。

秦汉以降，保存战利品、纪念品和古物的"武库"开始出现，也建立了专门收藏艺术珍品、图书文物的"天禄""石渠"和"兰台"。② 汉武帝时建造的上林苑，养殖天下奇兽珍禽、名花异卉；并设令置尉，专事管理，动物皆登录在册，成为中国较早具有动植物园性质的皇家园林。③ 此后，历朝宫廷王室都开始建立集藏文物珍品的专门场所。隋炀帝在洛阳设"妙楷台"和"宝迹台"，收藏魏晋以来的书法名画。盛唐之时，收藏之风日胜，私藏文化初露端倪。两宋时期，金石渐热，私藏遍及士大夫和商人阶层。元明官藏与私藏活动亦盛，由贵族到各级官吏，乃至地方名流和宦官都热衷此事。清代是中国封建王朝内府收藏最丰富、最集中的时期，藏品规模、质量和成果均非先前诸代可以匹及。④ 由此可见，中国早期收藏活动主要集中于"庙堂之上"，民间收藏较少，"场馆"只向特权阶级开放，平民百姓囿于零散集藏，未具场馆之实。"场馆"的教育意义成为一种身份符号，象征权力、学识和地位。

鸦片战争前后，国内许多有识之士开始了"睁眼看世界"的政治和文化启蒙，对西方场馆的关注和移介也自此时始。1848年，徐继畬在《瀛环志略》中对普鲁士、西班牙和葡萄牙等国建立的相当于军事博物馆和历史博物馆的"军器库""军工厂"和"古玩库"进行了详细介绍。随后，关于场馆的介绍经常见诸出国访问和留学人员的游记和随笔。例

---

① 马继贤：《博物馆学通论》，四川大学出版社1994年版，第18—19页。
② 严建强：《博物馆的理论与实践》，浙江教育出版社1998年版，第72页。
③ 马继贤：《博物馆学通论》，四川大学出版社1994年版，第20页。
④ 马继贤：《博物馆学通论》，四川大学出版社1994年版，第25页。

如，林铖的《西海纪游草》、斌春的《乘槎笔记》、张德彝的《航海述奇》、郭嵩焘的《使西纪程》等。① 这些文字打开了国人"看世界"的窗户，也唤醒了建馆立学的文化自觉。

1868年，法国传教士韩伯禄在上海创立徐家汇博物馆，收藏动植物标本，旨在通过开展科学活动推动和促进传教事业。这是中国最早的具有现代教育意义的场馆。中国人自己创办场馆的尝试始于19世纪70年代，例如1876年京师同文馆首先开设博物馆，1877年上海格致书院建"铁嵌玻璃房"博物馆。尽管它们对我国场馆事业的初创起到一定的推动作用，但其尚且不具备近代场馆的特征。1895年，上海强学会成立，将"开博物馆"列为"重要四事"，主张"大陈各种仪器，开博物院，以助试验"。1898年6月11日，光绪帝颁布《明定国是诏》，推行变法新政，其中就包括支持并奖励建立博物馆。随着维新变法的失败，这些政策也随之流产。

1905年，张謇建立了中国本土第一座具有现代意义的场馆——南通博物苑，苑内分中南西北四馆，陈列着自然、历史、美术、教育四个主题的文物与标本。场馆设立的初衷即"教化诸民，复兴中华"。他直言"大而都畿，小而州邑，莫不高阁广场，罗列物品，古今咸备，纵人观览"，可"使承学之彦，有所参考，有所实验，得以综合古今，搜讨而言论之"，"以公于国人"，"与众共守"。② 南通博物苑的建立，开创了中国场馆事业的新纪元，在场馆教育发展史上具有里程碑式的意义。

1912年，南京临时政府成立，蔡元培任教育总长，他积极筹办社会教育，推动了中国场馆教育事业的蓬勃发展。蔡元培指出，"教育并不专在学校，学校以外，还有许多机关，例如研究所、博物院、展览会、音乐会等"。他将场馆归入社会教育系统，强调场馆是普及科学知识和开展学术研究的重要部门。行政上，场馆划归社会教育司，其教育身份和地位得到明确，同时委任鲁迅主管博物馆、图书馆、美术馆等事宜。实践

---

① 姜涛、俄军：《博物馆学概论》，兰州大学出版社2013年版，第80页。
② 张謇研究中心、南通市图书馆编：《张謇全集》（第四卷），江苏古籍出版社1994年版，第280页。

上，在北京国子监成立中国第一座国立历史博物馆，向公众开放，致力于"搜集历史文物，增进社会教育"。① 自此，中国的场馆和教育正式相遇，而后就再没有分开过，两者之间的关系也愈发科学、系统和紧密。

（二）西方场馆的教育寻踪与溯源

公元前4世纪，亚历山大大帝在建立马其顿帝国的长期征战中，把搜集和掠夺来的珍贵艺术品和稀有古物运往首都，供亚里士多德研究与教学之用。个人行为背后若隐若现的场馆身影在亚历山大去世后，变得清晰起来。公元前284年，托勒密·索托建立新王朝，他在亚历山大城创建了一座专门收藏文化珍品的缪斯神庙，以学术研究为重心，包括动物园、植物园、共和厅和讲演室诸部。这座缪斯神庙就是人类历史上最早的场馆。"Museum"一词也缘于希腊语"mouseion"，意指"供奉缪斯及其从事研究的处所，其主要涉及诗歌、舞蹈、音乐、美术、科学等领域"②。当时，无数人慕名前来观摩和学习，其中包括欧几里得、阿基米德等知名人士，场馆很快成为城市的教育与研究中心。可见，在这座缪斯神庙，教育早早显现出萌芽。

公元前2世纪，在王朝继替过程中，罗马人承续了古希腊收藏与缪斯崇拜的传统，征战凯旋的将军常向缪斯神庙献礼。收藏范围不再限于皇室，达官显贵们争相搜罗各类奇珍异宝。学者贝金曾说："尽管当时罗马还没有博物馆，然而，整个罗马城就是一座博物馆。"③ 公元前27年，为纪念奥古斯都大帝打败安东尼和克里奥帕特拉，阿格里帕在古罗马城主持修建万神庙（Pantheon），主要供奉天主教的圣人。万神庙也被认为是西方最早的人物纪念馆，至今欧洲一些国家仍以"Pantheon"泛指该类场馆。④ 由此可见，场馆和收藏文化已经繁荣于古希腊和古罗马时期，成为当时社会生活的重要组成，但教育权依然掌握在贵族手中。

进入中世纪黑暗统治时期，僧侣垄断了文化和教育，科学成为神学

---

① 秦素银：《蔡元培的博物馆理论与实践》，《中国博物馆》2007年第4期。
② 王宏钧：《中国博物馆学基础》，上海古籍出版社2001年版，第36页。
③ 姜涛、俄军：《博物馆学概论》，兰州大学出版社2013年版，第56页。
④ 姜涛、俄军：《博物馆学概论》，兰州大学出版社2013年版，第57页。

的婢女，文化艺术也窄化为宣传教义的工具。教堂、修道院以及教会学校成为收藏陈列法器、圣像、教主遗物和世俗文物珍品的主要场所。欧洲各国的教堂收藏着古罗马以来各种珍贵的手稿、抄本、雕刻、绘画作品。此时的收藏文化虽然笼罩在宗教蒙昧主义和神秘主义的雾障下，但场馆规模与收藏范围有了进一步扩大，[①] 教育权也出现了下移趋势。

文艺复兴时期，为摆脱宗教禁锢，人们开始问寻历史和求证自然，从生命本身为宗教改革提供佐证，具有收藏功能的场馆在其中扮演了不可或缺的角色。在复兴古典文化的旗帜下，社会上掀起了收藏古希腊古罗马钱币、书籍、雕像、画作等艺术品的热潮。他们发誓要"让死去的东西复活"。而且，这种文化复古行为从王室、教会、学者普及到一般的民众和爱好者。

随着15世纪航海技术的提高和新航线的发现，欧洲探险家和商人从海外搜罗各种新奇的工艺品、自然标本，满足了人们对未知事物的好奇，再次为整个社会的收藏热情加柴添薪。例如，自然历史研究之父阿尔德罗万迪和现代动物学的开拓者格斯纳正因沉浸于大量的动植物收藏，才使得他们拨开自然科学研究的第一缕曙光。当时，德国出现一种"wunderkammer"，指存放各种有价值物品的储藏间，为激发灵感与好奇，展示世界图景之用。它正是现代"场馆"的原型。这一时期，收藏范围不断扩大，藏品数量急剧增加，对物品的整理与归类也渐渐表现出"博物学"的科学性和系统性。1594年，弗朗西斯·培根对场馆的内涵和功能进行了理性探讨，他将场馆分为图书馆、动植物馆、博物馆和收藏馆四类。图书馆以书籍启迪智慧；动植物馆以自然探寻生命；博物馆以艺术发现美与灵魂；收藏馆以生活反思生活。他率先明确场馆"博物通识"的教育本质。

文艺复兴运动之后，欧洲掀起了声势浩大的思想启蒙运动。第一次工业革命也在此时爆发。它们共同推动了西方民主化与科学化的进程。在"知识就是力量"的号召下，科学技术在天文学、数学、物理、化

---

① 姚安：《博物馆12讲》，科学出版社2011年版，第3页。

学、生物等领域取得突破性发展，场馆走入"启蒙与科学"的新时期。由于思想文化的大变革，收藏内容也脱离"搜珍猎奇"的"嗜好"，扩展到历史文物、艺术品以及动植物等自然科学标本的"博物"旨趣。17世纪，英国出现了世界第一座现代意义的场馆，即1683年向公众开放的阿什利莫尔艺术和考古博物馆。阿什利·莫尔公爵将其收藏的货币、徽章、武器、服饰、艺术品、出土文物和各种动植物、矿物标本等，全数赠予牛津大学，建立世界上第一座公共博物馆，也是第一座私人收藏公之于世的大学博物馆。① 由私人收藏发展到公共开放，是场馆早期教育等级化向近代教育民主化迈出的具有决定意义的一步。

1789年，法国大革命的爆发彻底唤醒了整个欧洲的自由民主意识，有力推动了法国乃至世界场馆事业的发展。大革命结束前夕，共和政府决定将收归国有的王室收藏集中在卢浮宫展出，向公众开放。这一划时代的举措开创了法国公共博物馆的先河，也加速了法国乃至欧洲场馆教育社会化和大众化的进程。此外，在文化和科学领域，场馆承担起了广泛搜集科研资料、系统展示科学成果的任务，构建了以观察实物和实践操作为基础的教育体系。② 体系化建设的教育萌芽在场馆中逐渐显露出来。

19世纪又被誉为"历史的世纪"，场馆如雨后春笋般繁荣发展。1874年，时代周刊的一篇文章写道："女王陛下可以为工人阶级做的最伟大的事，就是为我们建立场馆，在其中可以学习过去和现在的历史。"③ 英国的场馆开始将自己形容为"自我教育的高级学校"，德国的场馆则直接向学生、教师和学校免费开放。1881年，柏林国立工艺博物馆为一所工业和装饰艺术学校提供实物标本，开创了场馆为学校服务的先河。④ 到维多利亚时期，欧美的场馆开始强调教育的实用性，旨在提

---

① 姚安：《博物馆12讲》，科学出版社2011年版，第58页。
② 北京博物馆学会：《博物馆社会教育》，燕山出版社2006年版，第2页。
③ Kenneth Hudson, *A Social History of Museums: What the Visitors Thought*, London: The Macmillan Press, 1975, p.69.
④ 周婧景：《博物馆儿童教育：儿童展览与教育项目的双重视角》，浙江大学出版社2017年版，第25页。

高工人阶级的工作能力、满足公众对知识的需求以及形成民族意识并团结各阶层民众。杰里内克（Jelinek）说："回溯场馆的发展历程，你会发现只有场馆真正致力于当前的社会现实和问题，它的意义和潜能才会真正体现，这也是它存在的基础和前提。"[①] 至此，场馆教育开始走向专业化和职能化的道路。

第二节 不同立场的场馆教育理解

随着学习型社会的倡建，场馆的教育责任日渐凸显，其重要性也获得广泛共识。然而，人们对场馆教育的理解却依然莫衷一是，不同理论、学科和主体基于各自立场言说着不同的教育概念、逻辑、话语和意义。这种教育理解的多元性也让我们有机会从不同视角窥探场馆教育的全貌（优势和局限），从而构建更为全面、深刻和融通的教育理解。

一 场馆教育理解的理论立场

20世纪60年代之前，场馆教育理论一直处于无序和肆意引申阶段，直到90年代以后，才形成自身独特的教育理论模式。[②] 纵观历史发展，很多理论都在场馆中留下足迹，包括实用主义、多元智能理论、现象学、阐释主义、后现代主义等。当前，场馆教育身陷"以物为本""以人为本"和"技术导向"的争论，它们分别表征了行为主义、建构主义和技术主义理论在场馆中的博弈。

（一）行为主义的场馆教育理解

行为主义将学习看作刺激与反应的联结，将教育定义为行为的塑造。个人成长是一种外部强化干预下的操作行为，其中记忆与训练是生成积极经验和个人意义的主要方式。所以，行为主义对场馆教育的理解重视展品和策展环境的建设，鼓励学习者在预设情境中接受既定"刺激"完

---

① Kenneth Hudson, *Museums of Influence*, London: Cambridge University Press, 1987, p. 172.
② 宋娴：《西方场馆教育研究的主要趋势分析》，《全球教育展望》2015年第9期。

成学习任务。这种理解又表现在"物性"和"物的表达方式"两个方面。

所谓"物性"即"实物性",强调"物"是场馆存在的基础、功能发生的根据以及价值的源泉,有什么样的物就有什么样的场馆。[①] 在此逻辑下,"物性"成为场馆的本质属性和核心特征。场馆的教育、研究和欣赏功能只有与"物"结合才能发挥作用,场馆本身也方能"名实相符"。正如苏东海所说,物的收藏是第一职能,科研是第二职能,教育是作为第三职能出现的,教育是一种围绕着物化的教育。[②] 所以,教育是"物"的延伸属性和功能,抑或说教育是"物性"实现之后的一种选择。当前,许多场馆有意或无意地践行着"物性"的教育理解,专注"物"的收藏、开发和展出,教育是在"过程之后"的重新寻找或牵强解读。

"物的表达方式"是指"物"如何向学习者显现自己。在行为主义看来,"物"是在自有逻辑中揭示内在意义的,主体只能被动地接受"教育的外在强化",而无法参与意义的构建。所以,场馆中"物"的表达是场馆基于"物"的逻辑的自我理解和预设,其表达方式是"物"在指定的空间内被动地等待主体"破译"既定的"物的密码"。知识论上,场馆知识是一种从事实出发,得到"物"的确证并为人所相信的特有的知识模式;认识论上,"物"的认识模式符合感性到理性的逻辑过程,是一种由具体上升到抽象再由抽象上升到具体的不断深化的认识过程。[③]

然而,行为主义否定意识对客观世界的反映,将知识和价值从真实生活剥离出去。这也导致其教育理解过于偏重"物"的逻辑,忽视了学习者的主体能动性,遮蔽了动机、经验、情感、价值观等主观因素在展品意义阐释中的作用。它所构建的教育世界是缺乏生命气息的由"物"组成的静态封闭空间,人就像大观园里的"刘姥姥"一样湮没在浩若烟海的展品中,惊慌失措地盲目解读着身边的信息,兴奋、迷茫、混乱、困惑等情绪不断交织。因此,行为主义的教育理解表现为四种特征:展

---

① 苏东海:《博物馆物论》,《中国博物馆》2005年第1期。
② 苏东海:《中国博物馆的哲学》,《中国博物馆》1994年第4期。
③ 苏东海:《博物馆物论》,《中国博物馆》2005年第1期。

览是有序的和有界的,存在明确的开始与结束节点;学习内容是被说教型因素(展品说明等)表征的;由简单到复杂的等级排列;展品内容决定教育项目和目标。①

(二)建构主义的场馆教育理解

尽管建构主义是一个广泛而模糊的术语,②且存在不同倾向或派别,其核心思想却是不变的,即强调个体阐释环境和生成意义的积极能动性。1993年,海因(Hein)率先将建构主义引入场馆教育,③这一理论融合迅速席卷世界各地。

建构主义场馆教育的核心在于个体意义构建的互动性和开放性。互动性是学习发生的条件,强调学习者与外在因素(情境、展品、活动、他人等)之间的交互作用。场馆教育不仅受展品和展出方式影响,学习者的文化、经验、情绪、状态等也参与其中。因此,场馆需要最大限度地提高展示过程的"透明度"和"参与度"。一方面拓展与周围环境的密切关联,展品不仅要生动、形象和有趣,更要有教育意义;另一方面丰富个人的多层意义理解,增强主体参与叙事的带入感。开放性指主体对内部经验的主动构建和对外部世界的积极敞开,是外而内的心理开放与内而外的资源开放的综合体。它不仅重视先前经验和当下理解的教育意义,而且强调后续经验在更广泛生活或学习情境中的知识转换。④ 在此意义上,场馆创设的空间是动态的、有活力的,学习行为是自主的、自由的,意义生长的可能是多元的、无限的。总而言之,建构主义推动了场馆教育走出行为主义范式的规约,在"全新"的理论视角和认知框架下,积极倡导"由物到人"的转向,而这也成为当前许多场馆的核心理念。

在建构主义思潮的影响下,场馆教育出现了由"教"向"学"的范

---

① George Hein, *Learning in the Museum*, New York: Routledge, 1998, pp. 27–35.
② 皮连生:《教育心理学》,上海教育出版社2004年版,第40页。
③ George Hein and Kimberly McCray, *Museum Education*, New York: Oxford University Press, 2020, p. 10.
④ David Anderson, Keith Lucas and Ian Ginns, "Theoretical Perspectives on Learning in an Informal Setting", *Journal of Research in Science Teaching*, Vol. 40, No. 2, 2003, pp. 177–199.

式转变。胡伯-格林希尔（Hooper-Greenhill）认为，从"教育"到"学习"的概念变化表征了场馆教育哲学观的转变，说明人们开始从对场馆及其教育输出的重视转向对学习者学习过程和结果的重视。① 于之而言，场馆学习代表了更具包容性的"以学习者为本位"的价值取向，场馆教育则被冠以"机械灌输"的保守身份。然而，这种教育的"学习化"（learnification）现象②却是值得质疑的。一方面，它隐藏着学习是教育唯一目的的预设。教育并不必然也无必要带来学习，它不是作为学习的前提而存在的。因为学习强调的是"过程"和"过程的结果"，对目的、内容和关系相对开放和贫乏，③而且"以人为中心"的价值取向很容易将世界"对象化"。教育最本真的目的是帮助人与世界相遇，让人渴望"以成长的方式"生存在世界上，④学习只是教育中的一种目的和表征方式。⑤另一方面，它遮蔽了"教育共同体"的价值。教育比学习的内涵和外延更宽泛，它涉及人们对场馆资源的广义思维方式，学习则偏向学习者的"单维"行动。场馆教育是一种能够同时容纳教和学多元主体，并且超越一维而达致多维的互动过程，⑥场馆学习无法观照整个教育共同体。总之，场馆学习是伴随场馆教育行为而发生的，它必须在教育的范畴内进行讨论，而不能对场馆教育作任何意义上的置换。⑦

（三）技术主义的场馆教育理解

何克抗指出，建构主义的不足需要混合学习来完善，⑧而后者正是技术主义的表征。技术主义并非身份和边界明晰的理论，而是一种认识

---

① Eilean Hooper-Greenhill, *Museums and Education: Purpose, Pedagogy, Performance*, London: Routledge, 2007, p. 4.
② Gert Biesta, *The Rediscovery of Teaching*, New York: Routledge, 2017, p. 23.
③ Gert Biesta, *The Rediscovery of Teaching*, New York: Routledge, 2017, p. 28.
④ Gert Biesta, *The Rediscovery of Teaching*, New York: Routledge, 2017, p. 82.
⑤ Gert Biesta, *The Rediscovery of Teaching*, New York: Routledge, 2017, p. 38.
⑥ [加] 大卫·安德森、王乐：《场馆教育的前沿问题与热点探讨——访英属哥伦比亚大学大卫·安德森教授》，《自然科学博物馆研究》2020年第5期。
⑦ 王乐、涂艳国：《场馆教育引论》，《教育研究》2015年第4期。
⑧ 何克抗：《21世纪以来教育技术理论与实践的新发展》，《现代教育技术》2009年第10期。

世界和改造世界的理念，但是它所蕴含的"技术理性"在这个被技术所环绕的社会确实催生了"以技术为导向"的场馆教育理解。所以，在某种意义上它是一种"弱理论"。其核心思想即"技术让教育更美好"。从发展史上分析，教育技术与场馆保持着密切合作，早期的学校博物馆陆续转型为视听教学部门，成为教育技术的重要发端。① 随着数字化的创新应用，技术不仅极大拓展了场馆的教育功能，而且为非正式学习提供了环境、空间和人工制品（展品）等共享知识库，使学习更加灵活、无缝联结、深层交互，进而助推技术领域的深度学习和宽度学习。②

技术主义场馆教育的着力点表现为资源的数字化和设备的便捷化两个方面。数字化技术为场馆提供了可达性的平台，③ 展示空间开始突破传统展览对实体场馆的依赖，逐渐向WEB网站、虚拟演播厅、虚拟空间等方向发展，展示内容也以文本、图像、音频、视频等制式进行升级。在此过程中，场馆教育摆脱了时间和空间的限制，教育场地和教育对象无限扩展，个性化教育服务纷纷创建。数字化为学习者提供了终身学习的便利平台，保障了深层次的学习需求，使之拥有更多的学习自主权。④ 设备的便捷性是对场馆中展示技术的升级改造。大量新型科技产品、增强现实技术等被开发出来，沃克（Walker）认为这些手段有利于学习者主动标记和概念化展品，并在反思、编码和共享的基础上完成结构化知识的构建。⑤ 海因（Hein）直言，科技诠释已经成为场馆教育的重要特征，极大推进了"自主选择的学习"。⑥

技术主义场馆教育主要基于技术学的立场探讨如何设计与开发各种

---

① 郑旭东、孟丹：《教育技术学视野中的场馆学习：回顾与展望》，《现代教育技术》2015年第1期。
② 郑旭东、李志茹：《新兴信息技术在场馆学习中的创新应用：现状、趋势与挑战》，《现代教育技术》2015年第6期。
③ 杨丹丹：《"互联网+博物馆教育"的新思考》，《东南文化》2017年第5期。
④ 王乐：《馆校合作的理论与实践》，科学出版社2018年版，第185页。
⑤ Leslie Atkins, "Digital Technologies and the Museum Experience: Handheld Guides and other Media", *Science Education*, Vol. 93, No. 6, 2009, pp. 1149–1151.
⑥ George Hein, "John Dewey and Museum Education", *Curator: The Museum Journal*, Vol. 47, No. 4, 2004, pp. 413–427.

干预措施,借助前沿技术"让教育变得更美好"。其关注的核心问题包括如何利用信息技术研发展品,如何基于教学与学习理论设计与创建数字化环境,如何利用媒体技术为场馆学习中的交互提供技术支持,等等。① 然而,它却走向了与行为主义相反的另一个极端,忽视了场馆赖以存在的"物性"及其之于人的具身影响。大卫·安德森说:"我更相信真实藏品的力量,通过屏幕观看《蒙娜丽莎》的感受和体验是无法和站在卢浮宫的真品面前同日而语的,我们无法回避实物最具魅力的影响。"② 归根结底,技术主义主张一种"从展品走向人"的逻辑,偏重人与展品关系及其构建方式的技术性探索。与此同时,它也错过了"从人走向展品"的选择,这是阐释主义视角下从我出发经由"世界"再回到我的过程,即对主体赋予世界意义的凸显和对生命整全性(身体、情感、理性、价值、态度等)的观照。

二 场馆教育理解的学科立场

场馆是多学科交叉的空间,其开放性允许不同学科从各自的视角进入,基于学科专属的逻辑、观念和切入点构建特殊的教育理解。其中,教育学、博物馆学和策展主题学科最为普遍。

(一)教育学的场馆教育理解

教育学对场馆的关注具有扎实的历史传统,杜威的实用主义教育哲学为20世纪的场馆教育确立了经验自然主义的价值取向,时至今日仍然发挥着巨大影响。③ 教育学是一门以教育活动为研究对象的学科,它的核心问题是引导、培育和规范人的发展,是解决培养什么人和怎样培养人的问题。④ 教育的本质规定性是有目的地培养人的社会活动。所以,

---

① 郑旭东、孟丹:《教育技术学视野中的场馆学习:回顾与展望》,《现代教育技术》2015年第1期。

② [加]大卫·安德森、王乐:《场馆教育的前沿问题与热点探讨——访英属哥伦比亚大学大卫·安德森教授》,《自然科学博物馆研究》2020年第5期。

③ George Hein, "John Dewey and Museum Education", *Curator: The Museum Journal*, Vol. 47, No. 4, 2004, pp. 413–427.

④ 王道俊、郭文安:《教育学》,人民教育出版社2016年版,第1页。

教育学视角下的场馆实质上是一种培养人的空间，它与其他教育空间在质的规定性上并无二致。这也解释了为何教育学领域的学者更倾向采用"场馆"概念，因为他们是将"场馆"作为教育活动发生场域的某一属类进行的功能性阐释，其所关注的是空间的教育功能是什么及其如何实现，而非空间本身的属性和表现形式。与其他空间相比，场馆教育的特殊性主要表现在对"培养人"的不同解读和表达。

教育学对场馆"培养什么人"的理解是开放的，它是在终身教育和学习型社会的视角下对人成长状态和方向的整体观察。与其说它关注"获得哪方面的成长"，不如说它更强调"有没有表现出成长的状态和态势"。这又可以从不确定性和协同性两个方面来理解。场馆作为一种特殊的教育空间，最大的优势在于向所有民众开放，而且不同受众获得的成长是因人而异的。场馆可以基于某个主题施以影响，却无法决定这种干预会在何种程度或者哪些方面产生关联，这也是与学校教育最大的区别。在此逻辑下，由于空间是开放的，观众是动态的，所以场馆教育必然是不确定的。当然，这种模糊性中存在着成长与否的价值判断，这也是场馆教育真正的切入点。例如，作为世界最大且最具影响力的场馆教育和研究联合体，史密森机构的角色旨在服务广大公众，坚守负责、开放、公平和多元的态度。[1] 此外，协同性是指终身教育框架下场馆的角色定位和功能表达。场馆教育是宏观教育系统的重要组成部分，与家庭、学校、企事业单位等共同构成"大写的教育"。从结构功能主义的角度来看，场馆与其他教育系统相互协调、彼此补充，共同服务于终身教育目标，在实践意义上它又致力于培养人们终身学习的能力和习惯。

诚然，教育学对场馆"如何培养人"的教育理解与其他学科差异不大，它们都强调资源的直观性、活动的具身性和经验的叙事性，但是教育学更习惯将场馆作为教育空间，而非资源空间。甚至，美国自然历史

---

[1] 尹凯：《博物馆教育性格的养成——从〈美国博物馆：创新者和先驱〉一书谈起》，《东南文化》2016年第6期。

博物馆馆长奥斯本（Osborn）也认为场馆的首要宗旨是教育而不是收藏，并将场馆"作为一股进步的教育力量"。[①] 所以，场馆"培养人的方式"首先要具备教育属性，符合教育规则。场馆中的一切活动都应放入教育的范畴予以讨论，以"教育之眼"审视其合法性和有效性，例如以教育三要素（教育者、受教育者和教育中介系统）判定其合法性、[②] 以"学习者为中心"考察其有效性等。在此情况下，"如何培养人"的准确表述已经转化为"如何以教育的逻辑（而不是其他任何逻辑）培养人"。

如此一来，教育学的场馆教育理解很容易陷入"教育万能论"的逻辑陷阱。在其看来，一切场馆资源（有形或无形、实物或活动等）都具有教育价值，并且都能且只能以教育的形式实现。它不仅忽视了场馆资源的其他价值，例如娱乐、文化、收藏、研究等，而且将场馆路径的开放性和多元性窄化为教育一种可能。有限性是教育的重要属性之一，它有能为与不能为的边界，教育不是场馆的唯一功能，更不是实现场馆价值的唯一途径。否则，教育难堪其重，场馆也难受其轻。

（二）博物馆学的场馆教育理解

博物馆学是一种关于博物馆的历史背景、社会作用，博物馆的研究、保护、教育和组织，博物馆与自然环境的关系以及不同博物馆分类的研究。[③] 它的研究对象是作为专门机构的博物馆本身及其社会关系，其本质上是一种自我研究，是对自我（学科）身份的本体论阐释，具体包括什么是博物馆（学）、它（们）的发展、它（们）的意义等等。正是由于学科范畴和研究视域的规限和坚持，博物馆学才理性地坚持着"博物馆"的狭义表述，而拒绝"场馆"的广义表达。胡伯-格林希尔（Hooper-Greenhill）就将博物馆、图书馆、美术馆、文献资料馆等进行了明确区分。[④]

[①] ［美］爱德华·亚历山大：《美国博物馆：创新者和先驱》，陈双双译，译林出版社2016年版，第12页。
[②] 王乐、涂艳国：《场馆教育引论》，《教育研究》2015年第4期。
[③] 王宏钧：《中国博物馆学基础》，上海古籍出版社2001年版，第2页。
[④] Eilean Hooper-Greenhill, *Museums and Education: Purpose, Pedagogy, Performance*, London: Routledge, 2007, p. 15.

第一章 场馆：教育的应许之地

对于博物馆学而言，教育是场馆的重要功能之一，例如陈端志的三大效能说、杨钟健的三使命说、曾昭燏的四大功能说以及我国长期坚持的"三性二务"说等。但是，教育并不是场馆的本质属性。苏东海说："我画了一个同心圆，圆心是物的收藏，内圆是科研，外圆是教育。科研是收藏的延伸，教育是收藏及科研的延伸。"[①] 在此意义上，场馆教育的发展经历了展览与研究分割，教育与展览分割以及教育更加多元的演进过程。其又对应于收藏珍品的原始形态阶段，收藏珍品、科学研究的复合形态阶段，收藏珍品、科学研究、社会教育的三职能复合形态阶段以及当代多职能复合形态等"文化史四阶段"[②]。由此可见，在博物馆学的发展系谱中教育正努力走向自觉。甚至有学者提出，博物馆应该有自己的教育学。[③]

然而，与教育学的"大时空"逻辑不同，博物馆学的教育理解是围绕展品构建起来的，教育是展品的一种表达方式。前者是将展品放入"大教育"的视域进行考察，后者则是从"小展品"中挖掘教育的意义。这也产生了一种博物馆学特有的本体立场，即为场馆及其资源的教育表达寻找意义和途径。例如，大部分学者认为，博物馆教育是根据博物馆的藏品和陈列展览以及相关材料，运用多种手段和方法，直接形象地对观众进行的科学文化教育。[④] 这是以展品为中心的"小教育观"，是在场馆的有限情境内对特定教育内涵的深度诠释，场馆资源的潜在价值在专业逻辑的指导下体现得淋漓尽致。此外，结合对身份自觉的强烈渴望，博物馆学的教育理解也不可避免地表现出对教育目标确定性的坚持。例如胡肇椿认为场馆教育目标包括"增加知识和分布智识及乐趣"[⑤]；曾昭燏总结为某一方面知识、陶冶性情和启发人民国家爱民族之心[⑥]；安德

---

① 苏东海：《博物馆物论》，《中国博物馆》2005年第1期。
② 苏东海：《博物馆演变史纲》，《中国博物馆》1988年第1期。
③ 苏东海：《什么是博物馆——与业内人员谈博物馆》，《中国国家博物馆馆刊》2011年第1期。
④ 李云鹏：《近七十年来中国博物馆教育研究述评》，《安阳工学院学报》2010年第5期。
⑤ 李淑萍、宋伯胤：《博物馆历史文选》，陕西人民出版社2000年版，第137—140页。
⑥ 曾昭燏：《曾昭燏文集·博物馆卷》，文物出版社2009年版，第9页。

森（Anderson）则从三个方面（场馆、公众和社会）将其划分为十二个目标。①

尽管确定性显化了教育的角色，却可能对教育的本真价值产生误导。杜威认为，教育除其自身以外别无其他目的，教育的目的即生长。因为博物馆学不是大众知识，而是行业知识，② 其专业化的视角很可能剥夺场馆教育对生长的想象。教育有多重面向，生长更有无限可能。博物馆学的教育理解表现出明显的结构主义倾向，后者因其机械性和对生命的简化已经在教育学领域广受批判，所以它很难回应教育与生长的开放诉求。进一步分析，博物馆学构建的教育理解是对一类行为的描述，它更关注行为是否属于教育，而不关注教育本身的合理性。这也导致博物馆学领域对教育理论的盲目移借，缺少对理论本身的深入考察，对这种理论是否真正符合场馆教育的规律和特点更是不置可否，例如场馆教育"学习化"的广受推崇。

（三）策展主题学科的场馆教育理解

陈列展览是场馆的核心工作，是实现其社会功能的实体依托。策展通过创建专业的话语空间，将展览品放置在符合某种叙事逻辑和空间秩序的场地。由于策展主题和内容是学科指向的，策展的逻辑和秩序也体现了与策展主题相关的学科立场，例如，科学场馆展陈中隐藏的化学、物理学、生物学、地理学等学科脉络；历史和艺术类博物馆策展时遵循的历史学、艺术学、考古学等学科线索；动植物园布展时参照的动物学、植物学等学科区划。任何主题策展都有意或无意地嵌入了一种或几种学科逻辑，而这些学科逻辑又因其知识范畴和言说方式的特殊性，流露出教育理解的专业化和个体化倾向。

一方面，策展主题学科的教育理解是以学科的专业性为基础的，包括艺术视角、研究立场、学术意识、知识分类等。专业性既是为保证展览内容与形式的合目的、合结构，也是为契合主题内置的学科身份。所

---

① David Anderson, *A Common Wealth: Museum in the Learning Age*, Norwich: Her Majesty's Stationery Office, 1999, pp. 3-6.
② 陈红京：《博物馆学概论》，高等教育出版社2019年版，第3页。

以，策展构建出一个具有明显学科边界的受限的对话场域和教育表达方式，参与教育对话和建立教育关系均需要一定的资质。例如，美术馆绘画展侧重绘画的技法、笔法、章法、画派等美术学层面的研究，其知识生产和文化传播也倾向于"艺术学"和"审美教育"，[①] 观众只有对绘画的创作理念、空间叙事、用笔着色等有所了解才能真正参与对话。由此可见，在策展主题学科的视界，展陈的学科规范应首先得到保证，教育功能则表现出明显的学科依附，甚至有些场馆配备"释展人"（interpretive planner），负责将专业化、学术化的语言或文字转换为观众能够理解的语言。[②]

另一方面，策展主题学科又表现出强烈的个性化教育理解。策展人是藏品研究与展示的权威，[③] 陈列展览是策展人向公众传递信息的个性化行为，其职责包括构思展览，拟定主题，撰写、修改、完善、实施策划大纲，甄选展品，与设计人员合作，出版研究成果，等等。[④] 或可说，展陈是策展人的观念镜像。当前，"强策展"已经成为各类场馆的运营理念，推崇策展人的个人观念、价值判断和主体表达。有学者指出，展览是属于策展人的"个人化"的艺术史，是其"创作"出的一件带有强烈个人价值观的"艺术批评作品"。[⑤] 所以，策展的教育理念、主题、内容、表达等完全依赖策展人的个人教育理解。再加上策展人是某一领域的专家，例如历史学家、艺术家、生物学家、科学家等，他们个人化的教育理解就与专业性保持了统一，或者说在排他性上达成了"共谋"。

由此可见，策展主题学科的教育理解忽视了教育的本质规定性。策

[①] 陈同乐：《知识生产和文化传播使命下的绘画展强策展趋势——基于美术馆与博物馆的对比研究》，《东南文化》2020年第2期。

[②] 沈辰、何鉴菲：《"释展"和"释展人"——博物馆展览的文化阐释和公共体验》，《博物院》2017年第3期。

[③] 沈辰、毛颖：《西方博物馆展览策划的理念与实践：从策展人谈起——以皇家安大略博物馆为例专访沈辰先生》，《东南文化》2017年第2期。

[④] 屈志仁、毛颖：《博物馆策展人：学者、艺术鉴赏家、展览组织者——屈志仁先生专访》，《东南文化》2011年第1期。

[⑤] 陈同乐：《知识生产和文化传播使命下的绘画展强策展趋势——基于美术馆与博物馆的对比研究》，《东南文化》2020年第2期。

展的学科立场回避了对展陈与观众之间教育关系可行性和有效性的论证，展品的演绎方式也缺少"教育何以发生"的逻辑，整个价值预设更像是策展人的自我对话和自我实现。这也导致了普通观众"进不去""看不懂""待不久""学不透"，而只有具备与策展人相同知识背景和经历的人才能得到"教育机会"。这也与教育的全民性原则背向而驰。此外，策展过于依赖具有专业学科背景的策展人的个人理解，教育功能的发挥表现出较高的不确定性。他们是否具备教育融入的意愿和能力都是存疑的。有学者已经指出，策展人常常忽视、低估教育工作者的贡献，觉得他们缺乏与主题、内容相关的知识和技能。[①]

三 场馆教育理解的主体立场

从空间上看，场馆教育理解存在馆内与馆外两种视角，所处位置决定了出发点、视界范围、落脚点的不同。史蒂芬·威尔（Stephen Weil）将其称为"博物馆对社会大众的期望"和"社会大众对博物馆的期望"。[②] 所以，馆内与馆外的二元空间形塑了场馆与观众的二元教育理解。

（一）场馆的教育理解

1880年，詹金斯在《博物馆之功能》一书中率先提出，场馆应成为普通人的教育之地。[③] 1905年，张謇创办中国第一座现代意义的场馆——南通博物苑，"为学校之后盾，使承学之彦，有所参考，有所实验，得以综合古今，搜讨而研论之耳"，[④] 明确了"设苑为教育"的目的。[⑤] 1992年，美国博物馆协会推出《卓越与平等：场馆教育与公共面

---

① 郑奕：《论教育工作者在博物馆策展团队中的作用》，《东南文化》2013年第5期。
② [美]史蒂芬·威尔：《博物馆重要的事》，张誉腾译，台北：五观艺术2015年版，第29页。
③ 段勇：《当代美国博物馆》，科学出版社2003年版，第97页。
④ 李明勋、尤世玮：《张謇全集》，上海辞书出版社2012年版，第113页。
⑤ 李淑萍、宋伯胤：《博物馆历史文选》，陕西人民出版社2000年版，第165页。

相》，鼓励场馆将"教育"放在公共服务的中心。① 由此可见，场馆一直以来就十分重视自身的教育功能和身份。爱德华·亚历山大直言，他撰写《美国博物馆》的目的就是为了回顾场馆界的领导者如何把"重视公众的教育和娱乐"当作首要宗旨，并将其置于"为学者和专家的研究而收集藏品"之上的。② 所以，我们惯于听到的对"场馆教育式微"的指摘并非缘于观念或意识，而是教育解读方式的分歧。

20 世纪 80 年代，随着"新博物馆学运动"的兴起，场馆教育开始了由"物"到"人"的转向，其实质是"以公众为中心"的动态教育参与对"以藏品为中心"的静态教育阐释的解读方式置换。受建构主义学习理论影响，前者又进一步演化为"以服务为导向"的教育体验，而"寓教育于服务之中"也成为场馆的重要理念和特征。南京博物院院长龚良认为，从教育到服务是博物馆发展到现阶段，社会和公众向我们提出的明确要求。③ 而且，南京博物院也率先将"社会教育部"更名为"社会服务部"。服务的实践方式即向观众提供"有意义的体验"，使其能深度参与展品（显现的或隐匿的）互动。当前，场馆正在为观众提供原汁原味、未经加工的体验，使他们与展品、文字说明、同伴、工作人员等进行互动。④ 郑奕将观众体验作为场馆教育的本质，⑤ 史吉祥则认为体验正悄然替代学习。⑥ 所以，对场馆而言，如何为观众提供丰富多彩、贴心高效的体验服务已经成为最重要的教育准则。而且，这一准则也是基于教育学、心理学、博物馆学、传播学等

---

① ［美］休·吉诺威、琳恩·爱尔兰：《博物馆行政》，林洁盈译，台北：五观艺术管理有限公司 2007 年版，第 337—338 页。
② ［美］爱德华·亚历山大：《美国博物馆：创新者和先驱》，陈双双译，译林出版社 2016 年版，第 13 页。
③ 龚良：《从社会教育到社会服务——南京博物院提升公共服务的实践与启示》，《东南文化》2017 年第 3 期。
④ 郑旭东、李洁：《经验、教育与博物馆：走近杜威的博物馆教育思想》，《现代远程教育研究》2019 年第 1 期。
⑤ 郑奕：《论教育工作者在博物馆策展团队中的作用》，《东南文化》2013 年第 5 期。
⑥ 史吉祥：《博物馆观众研究是博物馆教育研究的基本点——对博物馆观众定义的新探讨》，《东南文化》2009 年第 6 期。

多学科立场的规范性说明,表现出结构性、程序性、系统性等特征。

然而,场馆教育的"服务化"趋势存在着过分迁就或盲目迎合公众的嫌疑,很可能导致场馆的视角、特点和意义被忽视。① 而且,场馆提供的服务并不一定是观众真正想要或需要的,其本质依然是有条件的他者逻辑的被动"给予"。观众的体验是基于服务结果的现场互动,而不是基于服务过程和前提的完整参与,在发生逻辑上一个是"之后",一个是"之中"和"之前"。此外,场馆的教育理解又是一种规范性的狭义立场,它并没有准确地定位休闲、娱乐、社交等功能的意义。例如,有学者认为,博物馆本身不能说是一个娱乐机构。② 但是,如果观众只想来喝杯咖啡,场馆又有什么权力剥夺他们眼中休闲场所的正当性呢?正如大卫·安德森所说:"人们是无法将全部精力都专注于展品、教育者或学习项目上的,他们还需要其他不同的经验,包括放松、分享、享受、购物、吃东西等,而真正作用于学习的正是这些整全经验。"③

(二)观众的教育理解

观众是场馆教育的主要面向,在交互关系中它们互构着对彼此的理解。由于信息化和终身学习的合力助澜,人们愈发意识到场馆的教育价值,并形成一种忽明忽暗的教育期待。2019 年,《文化和旅游发展统计公报》指出,全国美术馆参观人数 4136 万人次,各类文物机构接待观众 134215 万人次,其中未成年人 31654 万人次。④ 可见,场馆是全民性的,观众是多样化的。那么,观众的教育理解自然是多元的、动态的和开放的。

在经验的交互形塑中,观众的教育理解会激活继发性的动机形成,而动机又表征着教育理解。1996 年,哈兰德(Harland)等人向教育研究

---

① Eilean Hooper-Greenhill, *Museums and Education*: *Purpose*, *Pedagogy*, *Performance*, London: Routledge, 2007, p.19.

② 苏东海:《博物馆演变史纲》,《中国博物馆》1988 年第 1 期。

③ [加] 大卫·安德森、王乐:《场馆教育的前沿问题与热点探讨——访英属哥伦比亚大学大卫·安德森教授》,《自然科学博物馆研究》2020 年第 5 期。

④ 《中华人民共和国文化和旅游部 2019 年文化和旅游发展统计公报》,2020 年 6 月 20 日,https://www.mct.gov.cn/whzx/ggtz/202006/t20200620_872735.htm。

第一章 场馆：教育的应许之地

基金会呈交的一份报告指出，人们选择场馆有九种动机——娱乐、任务导向技能和求知、社会化、满足他人、地位寻求、舒适性、自我认同、心理治愈和审美。[1] 派瑞（Perry）进一步将观众学习动机分为：希望与场馆进行一场成功的对话（交流）；感到惊喜并有兴趣（好奇）；感到安全与聪明（自信）；被挑战且能获得新的思想（挑战）；对经验的控制、可自由选择想做什么以及去哪（控制）；可获得快乐（娱乐）。[2] 透过形形色色的动机可以发现，观众对场馆教育的理解是经验性的、非规范的，表现出强烈的生活感和实践性。在某种意义上，观众的立场与逻辑是功利性的，他们渴望从场馆获得最直接的、可察觉的认知、技能和情感回馈，例如懂得、学会、满足、快乐等。所以，从观众行动的状态与结果来看，场馆教育的内涵是广义的、开阔的，场馆中获得的任何体验在全面发展维度上都能划归教育范畴，尽管他们在观念上可能是无意识的。许多观众言说着"我只是来玩"，其行为本身却已经拓展了教育的理解，而且"玩"也是教育的内涵之一。胡德（Hood）甚至认为，场馆更适合社会交流、参与活动和娱乐，而不是学习。[3] 在此意义上，观众的场馆教育理解是个性化的、广义的和全面的。抑或说，观众的主观理解让我们看到了场馆教育更多的可能和面向。

然而，因人而异的理解势必弱化场馆教育的目的性和规范性。多元化、个性化的动机具有强烈的情境依赖，难以确定某种清晰的教育目的，从而导致教育理解过于随意、泛化，甚至出现无目的行为。"我只是来玩"也可能是"我随意逛逛"的同义语。宋向光教授指出，"寓教于乐"不是简单地将学习过程游戏化，而是让学习者感受到学习过程中"豁然

---

[1] Harland et al., *Attitudes to Participation in the Arts, Heritage, Broadcasting and Sport: A Review of Recent Research*, A Report for the Department of National Heritage from the National Foundation for Educational Research, 1996, p.16.

[2] Deborah Perry, *What Makes Learning Fun*, Plymouth: Rowman & Littlefield Publishers, 2012, p.40.

[3] Hood Marilyn, "Leisure Criteria of Family Participation and Non-participation in Museums", Butler Barbara and Sussman Marvin, eds. *Museum Visits and Activities for Family Life Enrichment*, London: The Haworth Press, 1989, pp.151–167.

开朗"的快乐。① 另外，场馆教育内涵的无限扩大使得观众对如何在场馆中更好学习缺乏规范性认识，也会对自身行为产生纵容。海因（Hein）直言："观众并不会遵循展品设计者的预设，而是完全根据个人兴趣随意互动。"② 个性化行为使他们在面对无法理解的展品时，直接选择跳过。③ 这也导致观众行动缺少"章法和规矩"，看不到理论在实践中留下的指导痕迹，一切看起来都太过草率。

四　不同立场的场馆教育理解调和

胡伯-格林希尔认为，我们正在进入一个"后场馆时代"，其首要特征即关于文化、沟通、学习和身份交互关系的深度理解。④ 场馆教育理解的不同立场形构了理解教育的不同视域、表达、期待、优势和局限。所以，深度理解需要一种"边界渗透"⑤，能够选择合适的切入点建立不同立场的对话和融通。罗恩·阿什克纳斯（Ron Ashkenas）指出，边界是存在于不同组织之间的障碍，如果不能采取有效措施"跨越"这些障碍就会导致组织反应迟钝、不灵活、缺乏创新。⑥

（一）理论立场的教育调和

20世纪中后期以来，文化和社会的新理念不断推动场馆进行目的反思、行动阐释和教学重建，其背后的演进逻辑遵循新旧继替的规律，陈旧哲学遭到摒弃，常规行动接受重估，场馆教育重新自我定位。⑦ "先进"理论不断涌现和"过时"理论纷纷淘汰已经成为社会科学研究的"大势所

---

① 宋向光：《愉民育民不辱使命》，《中国文物报》2008年4月25日第6版。
② George Hein, *Learning in the Museum*, New York: Routledge, 1998, p. 142.
③ Beverly Serrell, *Exhibit Labels, An Interpretive Approach (Second Edition)*, Rowman & Littlefield, 2015, p. 50.
④ Eilean Hooper-Greenhill, *Museums and Education: Purpose, Pedagogy, Performance*, London: Routledge, 2007, p. 1.
⑤ 刘旭东、马丽：《提升边界的渗透度：教育的实践性诉求》，《教育研究》2012年第6期。
⑥ ［美］罗恩·阿什克纳斯：《无边界组织》，姜文波译，机械工业出版社2005年版，第12页。
⑦ Eilean Hooper-Greenhill, *Museums and Education: Purpose, Pedagogy, Performance*, London: Routledge, 2007, p. 1.

趋",然而这种趋势却回避了对"先进"的局限性和"过时"的合理性的深入探讨。每个理论都有其现实存在的时代价值和囿限,趋之若鹜的仅仅是历史逻辑下时间冲刷的新奇感,而非理论的本真价值。因此,理论立场的差异所需要调和的正是理论更迭过程中局限性和合理性的批判性认识。诚如,行为主义的"物化"逻辑中"实物性"与"物中心"的对立;建构主义的"经验"逻辑中"意义化"与"学习化"的悖论;技术主义的"技术"逻辑中"工具理性"与"价值理性"的冲突。

场馆教育是由种种片断组成的教育事件,其中每个片断都是独立的叙事单元。所以,理论立场教育调和的切入点即不同理论对每个叙事单元的独立观照,尽量避开完整事件的机械指导。换言之,不同理论的教育理解是基于某一类型或时间段叙事单元的独立阐发,例如行为主义之于观览、建构主义之于活动、技术主义之于智慧学习等。相反,若在场馆教育前冠以某种单独理论难免陷入以偏概全的逻辑悖谬,因为它不具备对整个教育事件的解释力。所以,我们需要抛开对理论的"一刀切"式价值判断和移借,选择指向具体问题或片断的理论介入立场,用理论去指导和解释具体的叙事单元。需要补充的是,在某些特定的叙事单元,某两种理论可以同时在场,但仅限于作为"弱理论"的技术主义,例如数字环境中技术主义与其他理论的融合。如此一来,不同理论的场馆教育理解才能真正彼此调和、扬长避短、互通有无。

(二)学科立场的教育调和

场馆是一个向多学科敞开的开放系统,不同学科习惯带着各自的"学科逻辑"进入教育空间。然而,学科之间核心知识、话语体系、价值诉求等方面的差异使得"学科逻辑"观照的视域具有明显的学科特征,教育学、博物馆学和策展主题学科分别从功能、身份和需求视角选择了对场馆教育的价值、本体和心理侧重。由于漫长的学科分化传统和不断细化的知识分类体系,学科意识正强烈地弥漫在教学和科研领域,以致学科之间不愿、不想甚至不能对话,更有甚者相互攻讦、贬损。诚然,"学科逻辑"确实可以突显专业优势,却也增加了限定视域下"一叶障目"的风险,例如教育学滋生"教育万能"、博物馆学催生"教育简化"、策展主题学科产生"教育缺失"等。所以,学科立场的差异所需要调和的是学科之间的专业壁垒以及"学科逻辑"的武断和专制。

在此基础上,学科立场教育调和的思路应当"回到问题发生的地方",将切入口放到场馆多学科融入的开放性上,转换进入场馆的方式以代替"学科逻辑"。所以,跨学科立场自然成为调和学科差异的首要选择。在场馆的话语空间,我们可以以学科身份进入,但不能以之言说,而应不断切换学科视角寻找教育话语的最佳表达方式。在某种意义上,跨学科立场也可以理解为"无学科"立场,进入场馆之前不应预设某种学科身份,学科视角是在考察教育问题或现象的过程中基于对象反思形成的。如此一来,才能保证教育视域不会再次落入"学科逻辑"的窠臼。跨学科立场要求"进入者"具备学科对话的态度和能力,尊重并学习彼此的专业知识,交换前沿教育观念,协力探讨共同论题。其关键在于摒弃学科成见和掌握学科对话能力,在态度与行动上推动场馆进入方式的转变,以期整合学科优势,例如"教育学"对人的理解、"博物馆学"对物的阐释、"策展主题学科"对展出的构建等。

(三)主体立场的教育调和

场馆与观众是一种准市场化的"供—需"关系,彼此角色相对固定。所以,与理论、学科不同,主体立场教育理解的差异是机制性的和结构化的。而且,正是"供—需"双方的拉扯和博弈才推动了场馆教育的发展。在此意义上,主体差异既具有积极意义,又无法根本消除。那么,调和就不能以"一致性"作为行为标准,它甚至不应归于折中论。确切而言,调和所指向的问题不是差异本身,而是差异何以发生,即它的发生机制。

场馆对观众的爱好、心理动机、背景、群体构成、期望与需求等缺乏了解[①],而观众对场馆的理解又过于随意和泛化。所以,场馆与观众的理解差异主要缘于彼此之间的"不求甚解",而这又可归咎为对话及对话渠

---

① 辛儒:《休闲经济背景下博物馆的经营与管理》,《河北大学学报》(哲学社会科学版)2006年第11期。

道的缺失。那么，主体立场的差异调和就聚焦在两者如何更好地获知对方的理解、走进对方的立场。值得庆幸的是，当前场馆由"物"到"人"的服务转向以及节节攀升的入馆率都说明双方存在探知彼此的需求与渴望，而这也成为差异调和的重要切入口。然而，差异调和的作用力又非双向的，场馆才是调和的核心推动和落脚点，观众的理解矫正也依凭场馆的努力。一方面，场馆应加强观众研究，了解他们的特点、惯习、兴趣、需要等，拓展教育理解的视域，丰富教育内涵；另一方面，场馆应为观众提供开放的交流平台，主动向他们敞开，使其能够了解场馆的教育逻辑和努力，激活主体自觉的反思和调整。在此情况下，我们所希望达到的调和状态不再是场馆与观众达成某种共识，而是寻求一种持续商谈的态势。只有不断向彼此敞开、走进，双方对教育的理解才能更加全面、深刻，和而不同的观念才能日渐形成，场馆教育也才能获得充分发展。

第三节 场馆教育的现代性价值

当前，没有人会否认场馆教育的价值，它的重要性正在获得越来越多关注。这在陆续颁布的文化和教育政策、场馆工作方向调整、公众日常交流内容等方面可以找到充分佐证。然而，当继续追问场馆教育有哪些具体价值时，不同立场（制度、专家、公众等）的答案却莫衷一是，甚至模棱两可。例如，有参观者说："我知道很重要，具体怎么重要，我可能说不上来。"在教育现代化的时代背景下，场馆教育也被赋予崭新的现代性价值。为了保证场馆教育未来发展的规范性、系统性和可持续性，其现代性价值需要被清晰地表达出来。

一 "保值"教育时间

人的生命时间是有限的。时间的供需没有价格可资调节，无法绘制边际效用曲线，它是最短缺的，也没有代替品。[①] 但是，在终身教育

---

① ［美］德鲁克：《卓有成效的管理者》，许是祥译，机械工业出版社2009年版，第25页。

视角下，有限时间的教育意义是无限的，人生任何时段都有教育的可能与必要。问题在于人们真正投入教育的实然时间与需要投入教育的应然时间存在巨大的落差，这也造成了教育时间的极大浪费。而场馆教育恰恰可以收集起生命所有时段的零散时间，在长度与宽度上让教育时间"保值"。

（一）增加时间长度：服务终身学习

人们常说，时间的供给是定量的，更无法贮存。然而，生命在时间里进展和延续，① 人的融入让时间的内涵不再那么冰冷和僵硬，多了份诗性的浪漫和乐观。而现代性正是代表着这种新的时间观念和时代精神。② 有学者指出，现代性从三个方面改变了人类的时间观念：一是古代和中世纪的世界与人的图像中的"永恒"之维的崩塌；二是随之而来的用现代科学的量化计时方法来量度时间，由此强化时间的社会意义；三是随着对永恒秩序的信仰衰退，时间越来越多地在人类历史的语境、序列和方向中被体验到。③ 可见，现代性的时间是从"神的恩典"经由"科学"最终回到"人的手中"。这也让时间获得了人的意义。

教育的发生是时间性的，而且个体生命时间是教育的唯一尺度。④ 所以，时间是教育王国的资本，教育需要时间，它可能而且确实是发生在时间任何一个瞬间的过程。⑤ 当现代性改变了时间的属性，教育时间必然也要经历重塑。有学者提出，现代性教育时间具有指向性、嵌入性、同步性和区隔性等特点。⑥ 但是，这种结构性的区分回避了极其重要的整体视角，即时间在个体意义上浪漫的终身性。人永远是一个"未完成"的动物，教育是保障每个人一生发展的"精神食粮"。而且，在不断变化的社会里，没有人能出现认识上的片刻停顿；在一生发展的过程

---

① ［法］昂利·柏格森：《创造进化论》，肖聿译，华夏出版社1999年版，第48页。
② 胡振京：《论现代性教育时间构建》，《教育研究》2014年第8期。
③ Hans Meyerhoff, *Time In Literature*, California：University of California, 1968, p. 82.
④ 谭维智：《互联网时代教育的时间逻辑》，《教育研究》2017年第8期。
⑤ 中央教育科学研究所：《简明国际教育百科全书·教学》（上），教育科学出版社1990年版，第405页。
⑥ 胡振京：《论现代性教育时间构建》，《教育研究》2014年第8期。

中，也没有人可以拒绝履行不同生命阶段的发展任务。① 人的一生都是学习时间，每一类知识都能影响和丰富其他知识。② 教育是终身性的，教育时间自然成为终生时间。③ 如果学习包括一个人的整个一生（既指它的时间长度，也指它的各个方面），而且也包括全部的社会（既包括它的教育资源，也包括它的社会和经济资源），那么我们除了对"教育体系"进行必要检修之外，还要继续前进，达到一个学习化社会的境界。④

学习化社会实质上即社会整体学习时长的增加，让教育渗透到尽可能多的生活的分分秒秒。在此意义上，最理想的学习化社会是每个人都处于终身学习的状态。那么，仅仅将精力投入学校教育就与学习化社会的理念相抵牾，因为学校最大的特点是阶段性和有界性。因此，在一个空间要求教育的时代，人们所需要的不是体系，而是"无体系"。⑤ 只有无体系才能真正释放时间中隐藏的无限教育能量，而场馆则是这种"无体系"链中不可或缺的组成部分。

场馆是面向社会所有成员开放的，所以它所接纳的"教育时间"也是没有限制的，任何年龄段的人都可以享受场馆教育。从群体结构的角度看，场馆教育将学习者串联成覆盖终生成长不同阶段的人生图谱。也就是说，它让每个人都能在场馆中找到终生学习的位置，而场馆则成为一个人完整一生的陪伴者。全国各地见证一代又一代人成长的场馆不在少数，很多人记忆中的场馆还依然熠熠生辉。

如果任何人走进场馆都是一次终身教育的邂逅，那么个人和社会的

---

① 高志敏：《关于终身教育、终身学习与学习化社会理念的思考》，《教育研究》2003年第1期。
② 联合国教科文组织编：《教育：财富蕴藏其中》，联合国教科文组织总部中文科译，教育科学出版社2014年版，第61页。
③ 联合国教科文组织编：《教育：财富蕴藏其中》，联合国教科文组织总部中文科译，教育科学出版社2014年版，第66页。
④ 联合国教科文组织编：《学会生存——教育世界的今天和明天》，华东师范大学比较教育研究所译，教育科学出版社1996年版，第16页。
⑤ 联合国教科文组织编：《学会生存——教育世界的今天和明天》，华东师范大学比较教育研究所译，教育科学出版社1996年版，第200页。

教育时间都将被拉长。场馆教育对于时间的影响又非学校化的系统规训，而是对不同人群以及人生不同阶段零散时间的积极收集。这种影响往往是自愿的、潜移默化的、愉悦的，因为场馆会想方设法吸引更多的人前来或反复回来。所以，场馆所创建的教育时间是以人为中心的，服务于人的终生学习。这也解释了为什么多数人在场馆中的记忆是美好的。在某种意义上，场馆本身的时间是静止的，无论是无生命的展品，还是有生命的生物，只有当人到来之后，时间才具有教育意义，否则它们只是作为"他者"被遗弃在关系之外的"绝对静止物"。

另外，教育时间的改变也是直观意义上教育投入的增加。受教育空间、内容、方式等因素的影响，人们在场馆中需要停留较长时间才能完成教育活动，而且时间越久，教育效果越好。正因如此，当前场馆纷纷努力利用策展、导览技术、讲解员、体验活动等多种多样的形式让学习者逗留更久，鼓励其将更多时间投入到教育当中。此外，置身学习化社会，人们也越来越愿意走进场馆，不再仅仅将其作为旅游或游玩的场所，而且可以接受在其中接受教育洗礼的安排和暗示。这一点在日渐增长的参观热情中能够窥见一斑。2020 年，虽然受新冠肺炎疫情影响，全国各类文物机构依然共举办陈列展览 29347 个，基本陈列 16682 个，接待群众 61631.70 万人次，美术馆举办展览 5988 次，参观人数 2186.76 万人次。①诚然，个人和社会时间总量不变，但教育在其中的整体占比正在日益增高。

（二）扩大时间宽度：安置闲暇精力

时间的宽度是指单位时间的容纳能力，其可用于衡量自由时间的支配状态。宽度越大，可自由支配的时间越多，反之亦然。自由时间是个体摆脱外在（必要与非必要）束缚所处的自由状态。马克思认为，人类存在三种生存状态，即劳动生存状态、生理生存状态和自由生存状态。其中，自由时间不能被生产劳动所吸收，是用于娱乐和休息，为自由活

---

① 《中华人民共和国文化和旅游部 2020 年文化和旅游发展统计公报》，2021 年 7 月 5 日，http://zwgk.mct.gov.cn/zfxxgkml/tjxx/202107/t20210705_ 926206. html.

动和发展服务的。"自由王国"只有在由必需和外在目的规定要做的劳动终止的地方才开始。① 所以,自由时间是"走向自由王国"的必要条件。20 世纪 80 年代初,学术界多使用"自由时间",80 年代中后期至今,普遍使用"闲暇"一词。而且,闲暇也被界定为人们摆脱生产劳动后的自由时间和自由活动。②

闲暇是人们在劳动之外,除去满足生理需要和家务劳动等生活必要支出之后剩下来可自由支配的精力。随着生产生活方式的现代化升级,人们的闲暇精力被大量释放,可自由支配的时间越来越多。正所谓"闲生是非",过度闲暇很可能造成个人的生命浪费和社会的不安全。因此,对闲暇精力的合理安置需要极大的智慧和意志。人莫乐于闲,非无所事事之谓也(《幽梦影》)。真正意义的心无羁绊并不存在,而且闲暇不一定要心无羁绊,更不是摆脱羁绊,而是一种我们乐于放弃自我意识而投入的"参与",需要被一些心甘情愿而又有意义的事情所羁绊。③联合国教科文组织也指出,空余时间增加后,应随之增加接受教育的时间。④ 在此情况下,场馆通过创设具有吸引力的教育空间,为人们提供了心甘情愿且有意义的"教育羁绊"。与对社会、自然和自己产生不健康影响的"恶闲"相比,场馆教育是一种在文化精神层面高雅且有品位的"雅闲",其妥善安置了被现代化解放出来的"多余精力"。

闲暇是一种能力,"是一种投入于真实世界听闻、观看及沉思默想的能力"⑤。场馆不仅提供了"把自己释放出去,达到忘情地步"⑥ 的空间,而且通过教育帮助人们获得合理闲暇的能力。《国际教育百科全书》将闲暇教育解释为"让学习者利用闲暇时间获得某种变化。这些变化会表

---

① 《马克思恩格斯全集》(第二十五卷),中共中央马克思恩格斯列宁斯大林著作编译局编译,人民出版社 2001 年版,第 926 页。
② 孙林叶:《休闲理论与实践》,知识产权出版社 2009 年版,第 14 页。
③ [美] 杰弗瑞·戈比:《你生命中的休闲》,康筝译,云南人民出版社 2000 年版,第 10—11 页。
④ 联合国教科文组织编:《教育:财富蕴藏其中》,联合国教科文组织总部中文科译,教育科学出版社 2014 年版,第 66 页。
⑤ [德] 约瑟夫·皮珀:《闲暇:文化的基础》,刘森尧译,新星出版社 2005 年版,第 41 页。
⑥ [德] 约瑟夫·皮珀:《闲暇:文化的基础》,刘森尧译,新星出版社 2005 年版,第 42 页。

现在信念、情感、态度、知识、技能和行为方面,并且它通常发生在儿童、青年和成人的正式与非正式的教育环境或娱乐环境之中"①。在自由时间的视角下,场馆教育即属于闲暇教育。通过场馆教育,人们能够学会与自己和谐相处,同时和整个世界及其所代表的意义保持一致。此外,他/她还将以更宽广的眼光去看待整个世界,继而借此实现自己并将自己导向一种整体性存在。阿德勒(Adler)指出,闲暇可以使我们获得更多的幸福感,保持内心的安宁。②场馆教育则致力于帮助人们寻找内心的幸福和安宁,例如人们在"摆脱必需劳动"的自由时空中消除体力疲劳并获得精神慰藉。

柏拉图认为,闲暇是"一种自我控制的自由状态"③;亚里士多德说:"合理利用休闲是一生做自由人的基础"④;在马克思看来,闲暇即自由生存的状态⑤;凯利(Kelly)指出,闲暇是一种"自由感"⑥。可见,自由定义了闲暇的属性与价值,闲暇表征了自由的形式与样态。场馆教育的"主体"是自由的,"方式"是自由的,"选择"是自由的,"变化"也是自由。它准确诠释了闲暇的自由本质,并被其自由价值融入教育的整个结构,包括教育目的、内容、方法、结果等。在此意义上,场馆教育缓解了教育对人的压迫感和紧迫感,让人们以一种更加自然和本然的状态接受教育。毕竟,只有在闲暇中,人类的目的才能真正体现。⑦

人的自由而全面发展只有在闲暇时空才能真正实现。亚里士多德说:

---

① 李维、丁廷森:《国际教育百科全书》(第5卷),贵州教育出版社1990年版,第654页。
② 孙林叶:《休闲理论与实践》,知识产权出版社2009年版,第16页。
③ 冯建军、万亚平:《闲暇及闲暇教育》,《教育研究》2000年第9期。
④ [美]曼蒂、奥杜姆:《闲暇教育理论与实践》,叶京等译,春秋出版社1989年版,第19页。
⑤ 《马克思恩格斯全集》(第四十六卷),中共中央马克思恩格斯列宁斯大林著作编译局编译,人民出版社2003年版,第225页。
⑥ [美]约翰·凯利:《走向自由——休闲社会学新论》,赵冉译,云南人民出版社2000年版,第31页。
⑦ [美]托马斯·古德尔、杰弗瑞·戈比:《人类思想史中的休闲》,成素梅等译,云南人民出版社2000年版,第282页。

"闲暇是全部人生的唯一本原。"① 苏霍姆林斯基提出，离开自由去谈论全面发展，谈论素质、爱好、天赋、才能，只不过是空话而已。② 由此可见，场馆教育扩大的时间宽度所容纳的是学习者更充分的发展可能。换言之，如果要实现发展的充分性，只有在自由且充分的时间中才能完成。而场馆教育最大的优势恰恰在于赋予学习者充分的自由。当然，正是由于这种自由性，场馆教育所（能）做的只是条件的满足，"人类的目的"达成与否则相对开放。此外，场馆教育的自由也非绝对的，因为闲暇自由定然不是毫无约束的开放，它是在生活规范内做决定的自由空间，③ 每座场馆都有需要共同遵守的规则。

二 "增值"教育空间

与时间不同，空间并非恒定的，而是可以伸缩的。纵观历史发展，教育空间一直处于扩张状态——从家庭到学校再到全社会。在此过程中，教育空间的性质、话语、场域、结构、功能等都在变化，空间的负载价值也在变化，场馆教育价值同样被赋予崭新的空间意涵。

（一）延伸空间广度：拓展教育边界

身处"知识大爆炸"的数字化时代，几乎没人敢擅自停止"学习"的脚步，否则很容易与社会脱轨，甚至丧失现代生活的某项技能。这就要求人们保持时时处处学习的状态，而整个社会也应为维持这种状态提供便利。如此一来，教育就成为所有人的权利和义务，全体公民都是教育的参与者（施教与受教）。任意空间都可能因为人的到来而具有教育意义，每个人也都能够随时随处因为学习冲动被点燃而获得或推动某种成长。《德洛尔报告》强调，教育已成为社会的经常性生产任务，全社

---

① [古希腊]亚里士多德：《政治学》，颜一等译，中国人民大学出版社2003年版，第269页。
② [苏]苏霍姆林斯基：《帕夫雷什中学》，赵玮等译，教育科学出版社1983年版，第179页。
③ [美]约翰·凯利：《走向自由——休闲社会学新论》，赵冉译，云南人民出版社2000年版，第20页。

会都应对教育负责。[①] 因此，我们越来越不能说，社会的教育功能是学校的特权，所有部门都必须参与教育工作。[②] 可见，教育的边界正在不断扩张，其试图将"教育的旗帜"插上所有"领地"。场馆的出现正是对教育"领地"的扩张，为人们提供一处可以享用"牛奶与蜜"的自由空间。

一方面，场馆扩大了教育空间的整体覆盖面。随着各类教育空间的不断涌现，教育场域的整体覆盖面正逐渐扩大。场馆基于藏品、活动和研究为人类打开了一片充盈着教育意蕴的特殊空间，让人们寻求教育成长时多一处选择。反之，每一座场馆的拔地而起又代表着"垃圾空间"的坍缩，后者是由美食街、休息室、歌舞厅等构成的贫瘠的、宏大的、配备空调的场所。[③] 它让原本打算迈入"垃圾空间"的人群转向一种健康的教育生活。2020 年末，全国共有艺术表演场馆 2770 个，比上年末增加 54 个；美术馆 618 个，比上年末增加 59 个；文物机构 11314 个，比上年末增加 752 个；[④] 动物园 240 座；植物园 234 座。[⑤] 当国家积极投入场馆建设，社会的总体教育面积得到充分扩张，教育内在空间的广度也被大大拉伸。在此意义上，空间广度即人们在场馆中累积的教育面积。如果每个城市都有几座场馆，那么每位市民的教育生活就多了几个去处，其积累的教育面积也更大。所以，对场馆的选择实质上就是用脚步丈量个人教育生活的覆盖面。可选择性越多，频次就越高，教育面积也就越大。如果越来越多人涌向场馆，势必大大提高学习型社会的空间建设（教育的终身性和泛在性）。

另一方面，场馆提高了社会空间的教育作用力。《中国大百科全书》

[①] 联合国教科文组织编：《教育：财富蕴藏其中》，联合国教科文组织总部中文科译，教育科学出版社 2014 年版，第 72 页。

[②] 联合国教科文组织编：《学会生存——教育世界的今天和明天》，华东师范大学比较教育研究所译，教育科学出版社 1996 年版，第 201 页。

[③] Rem Koolhaas, "Junkspace", *October*, No. 100, 2002, pp. 175 – 190.

[④] 《中华人民共和国文化和旅游部 2020 年文化和旅游发展统计公报》，2021 年 7 月 5 日，http：//www.gov.cn/fufu/2021 – 07/05/content_ 5622568. htm.

[⑤] 《关于印发〈中国生物多样性保护战略与行动计划〉（2011—2030 年）的通知》，2021 年 10 月 1 日，http：//www.mee.gov.cn/gkml/hbb/bwj/201009/t20100921_ 194841. htm.

将广义的社会教育定义为，一切社会生活影响于个人身心发展的教育。①按照这一概念，社会中的一切事物、行为、场域等都具有教育意义，学习型社会的逻辑也建基于此。但是，问题在于它没有区分社会教育的组织型影响和非组织型影响的差异。叶澜将其划分为由教育系统内正规和非正规开展的教育活动所生成的"教育作用力"，以及教育系统外其他各类社会系统进行活动所内含的"教育影响力"。②教育作用力强调"作用"发生于主动施教，在预定轨道中对受教育者实施积极影响，其影响效果更强烈且更易于规范化引导。教育影响力的强弱往往是不可测度的，可能醍醐灌顶，也可能泥牛入海；影响力的方向也是不可控的，或积极或消极，这主要取决于当时当地的环境与心态。场馆教育则属于教育作用力的范畴，它是一种目的明确、形式规范、具有一定教育理念支撑的教育力量。与非组织型教育影响相比，场馆教育能够基于社会需要和个人特点设计教育方案，并且针对性调整施教者与受教者之间的隐形教育张力。这也是场馆教育的最大亮点，避免重复学校教育积弊的同时保留正规教育的系统优势。简言之，场馆教育规范了学习空间的无序性、随意性和无目的性，最大限度地凝聚了空间中的教育能量。

（二）挖掘空间深度：强化文化记忆

空间的意义是被建构出来的，而记忆恰恰制造了意义。空间并非"空"的场域，所有发生其间的"故事"都会留下痕迹，而这些记录的载体（文字、传说、物件、生灵等）都值得被珍藏，以守护"曾经"的文化记忆。因为文化记忆让人成之为人、让家成之为家、让国成之为国，所以每一个人、每一个家庭和每一个国家都需要"对过去有一定的了解"③。然而，在时间的洗礼中，有些痕迹依然清晰，有些可能已然难以辨识。因此，我们需要努力走进空间深处，挖掘文化记忆，重新赋予

---

① 中国大百科全书出版社编辑部：《中国大百科全书·教育卷》，中国大百科全书出版社1985年版，第313页。
② 叶澜：《社会教育力：概念、现状与未来指向》，《课程·教材·教法》2016年第10期。
③ ［德］阿莱达·阿斯曼：《回忆空间：文化记忆的形式和变迁》，潘璐译，北京大学出版社2016年版，第142页。

"故事"鲜活的生命。

然而,重拾文化记忆并不是目的,文化记忆的最终归宿在于文化认同。阿斯曼在20世纪90年代首次提出文化记忆的概念,主要回答的正是与"我们是谁""我们从哪里来"等密切相关的文化认同问题。[①] 尼采也认为,文化记忆的核心功能是身份认同,或者称为推动力和塑造性的自我画像。[②] 文化记忆形塑文化认同,文化认同依赖文化记忆。

文化认同是人们对所属群体或身份的尊重和认可。文化是人类在生产生活中积累的经验,生存场域不同,经验也不尽相同。文化有区域之分,文化认同自然也有区域之别。然而,小区域又归属某一大区域,地方认同从属于国家认同,国家认同也不排斥地方认同。因此,人们应将自己形塑为国家和本土文化的"知情者"和"局内人",避免被外部世界裹挟为"旁观者"和"局外人"。他们需要了解生存环境所编织的"意义之网",并体悟"意义生成"的积极或消极影响。费孝通称之为"文化自觉",即"保持文化认同"。[③] 概言之,人们能够成为国家和本土文化的"文化获得者"、喜欢国家和本土文化的"文化欣赏者"以及宣传国家和本土文化的"文化自豪者"。

文化认同离不开"记忆场"。"记忆场"是一个符号系统,它使生活在这个传统中的个体能够找到归属感,即意识到自己成为一个社会群体成员的潜力,并在这个群体中学习、记忆、共享一种文化。[④] 场馆正是这样一个"记忆场",担负着保存、储藏、开发、循环文化知识的任务,抵御日常记忆中不自觉地对过去的遗忘。[⑤] 通过对过去历史的想象和当下生活的认识以及两者碰撞激起的灵感,场馆教育为人们提供了"梦想、

---

① [德] 阿莱达·阿斯曼:《回忆空间:文化记忆的形式和变迁》,潘璐译,北京大学出版社2016年版,第14页。
② [德] 阿莱达·阿斯曼:《回忆空间:文化记忆的形式和变迁》,潘璐译,北京大学出版社2016年版,第143页。
③ 费孝通:《文化自觉的思想来源与现实意义》,《文史哲》2003年第3期。
④ [德] 扬·阿斯曼、陈国战:《什么是"文化记忆"?》,《国外理论动态》2016年第6期。
⑤ 孙权:《北京都市空间与历史文化记忆——数字时代的首都博物馆》,《华南师范大学学报》(社会科学版)2019年第2期。

幻象、行为、思维模式和身份认同的原材料"[1]。这也难怪有学者直言，在文化记忆方面，任何机构都不能超越场馆的重要性。[2]

作为文化记忆的记录者，场馆是国家和地方的符号和象征。一个社会最诚挚的信仰与价值在场馆中闪现，一个国家和民族最自信的身份在场馆中铭刻。馆中之物构造出一个由事件与叙述组成的富有教育意义的世界，向公众展示着身份所属族群的最绚丽的物质和精神文化。正如德国人类学家戈尔古斯（Gorgus）所说："所谓国家的概念，是内化的和道德上的概念，包含土地及人类。因此，场馆之责是从生活环境和氛围之中，让参观者培养内视能力，用以捉住并了解土地、人与经济活动之间内化的关系。"[3] 可见，场馆就像一张镌刻满国家记忆的唱片，只等听众按下播放键。除了国家记忆，场馆还要担承赓续地方记忆的责任。在空间上，场馆是地方的符号，汇聚着众多近域资源。人首先是地方性的存在，文化身份也由"家园"和"故乡"形塑。场馆收藏着公众的家园记忆和故乡情怀，人们可以从中认识脚下的土地，理解土地上生长的故事，找到扎根地方的文化归属感。在此意义上，场馆教育旨在将"周围的世界"重新介绍给这片土地上的民众，从而重现地方文化记忆，重塑地方文化认同。

三 "赋值"教育成长

教育是关于人的事业，场馆教育的落脚点自然也是人的成长。马克思认为，教育的目的是"人的全面而自由的发展"。场馆教育所赋值的成长内涵与之保持一致。不同的是，场馆教育对"人的全面而自由的发展"的解读方式和实现路径的特殊性——开放成长方向和鼓励成长自觉。此外，自由发展是全面发展的动力，全面发展是自由发展的诉求，两者

---

[1] [美]道格拉斯·凯尔纳：《媒介奇观：当代美国社会文化透视》，史安斌译，清华大学出版社2003年版，第1页。

[2] Carol Duncan, Alan Wallach, "The Universal Survey Museum", *Art History*, Val. 3, No. 4, pp. 448–469.

[3] 周佳桦：《"生态博物馆"概念于法国源起之探源》，《博物馆学季刊》2014年第1期。

相互支持、彼此融通。马克思也强调,要使"自由个性"成为可能,"能力的发展就要达到一定的程度和全面性"。①

(一) 开放成长方向:促进全面发展

联合国教科文组织在《学会生存》中指出,教育的目的就其同就业和经济进展的关系而言,不应培养青年人和成年人从事一种特定的、终身不变的职业,而应培养他们有能力在各种专业中尽可能多地流动并永远刺激他们自我学习和培养自己的欲望。② 因此,教育所要培养的是每个人的全面发展,即身心、智力、敏感性、审美意识、个人责任感、精神价值等方面的发展。③ 回溯历史可见,人的全面发展并不是新近的产物,而是一种源自生命本然的教育共识。例如,希腊人所理解的人,不仅是心灵美,而且人体也美,心灵美和身体美的统一才真正体现了和谐。④ 从希腊三哲到文艺复兴再到启蒙运动时期,不同哲人和流派都衷守于此。回首当下,它已然成为各国教育共同追求的价值旨归。

马克思认为,人的全面发展"不以旧有的尺度来衡量的人类全部力量的全面发展成为目的本身","人不是在某一种规定性上再生产自己,而是生产出他的全面性;不是力求停留在某种已经变成的东西上,而是处在变易的绝对运动之中"⑤。也就是说,人全面地发展自己的一切能力,即全面发展自己的体力和智力、自然力和社会力、潜力和现实能力等,并在实践活动中发挥他的全部才能和力量。⑥ 具体分析,人的全面发展首先指人的"完整发展",即人的各种最基本或最基础的素质必须得到完整发展;其次指人的"和谐发展",即人的各种基本素质必须获

---

① 《马克思恩格斯全集》(第四十六卷),中共中央马克思恩格斯列宁斯大林著作编译局编译,人民出版社2003年版,第103—104页。
② 联合国教科文组织编:《学会生存——教育世界的今天和明天》,华东师范大学比较教育研究所译,教育科学出版社1996年版,第14页。
③ 联合国教科文组织编:《教育——财富蕴藏其中》,联合国教科文组织部中文科译,教育科学出版社1996年版,第85页。
④ 滕大春:《外国教育通史》(第1卷),山东教育出版社1989年版,第135页。
⑤ 《马克思恩格斯全集》(第四十六卷),中共中央马克思恩格斯列宁斯大林著作编译局编译,人民出版社2003年版,第486页。
⑥ 吴向东:《论马克思人的全面发展理论》,《马克思主义研究》2005年第1期。

得协调的发展;最后指"多方面发展",即人的各种基本素质中的具体能力在主客观条件允许的范围内力求尽可能多方面的发展。① 所以,教育使人获得能够真正像一个人一样生活的丰富的精神世界,在人的积极活动中使德、智、体、美、劳诸方面的需要和兴趣得以全面发展,并逐渐证明"我是一个真正的人"。

另外,人的全面发展不具有绝对意义,它是一种理想的追求、方向和力求不断接近的目标。在此意义上,全面发展就与终身教育达成了统一,终身教育的目的即促进人的全面发展。《学会生存》中写道:"终身教育涉及整个教育活动范围内发展个性的各个方面,即智力的、情绪的、美感的、社会的和政治的修养……从个人和社会的观点来看,它已经包括整个教育过程了。"②《教育——财富蕴藏其中》提出教育的四大支柱,即学会认知、学会做事、学会共同生活、学会生存,"这四种'知识支柱'中每一种都应得到同等重视,使教育成为受教育者个人和社会成员在认识和实践方面的一种全面的、终生持续不断的经历"③。所以,人的全面发展只能在终身教育的语境下才能实现,因为这是一场未竟的终身事业。

人,不是抽象的纯生物的个体,而是一定社会的具体成员。人的体力、智力、知识、才能、兴趣、爱好和意识倾向、行为习惯等,都是由他们所处的生产关系和生产方式决定的。人们所生活于其中的各种社会关系,如民族的、阶级的、家庭的,这些社会关系实际上决定一个人能够发展的程度。由此可见,个体的全面发展是有条件的。个体自身具备的多种发展可能以及环境中蕴含的个体发展所必须的条件与对象,虽然都是个体发展的必要条件,然而两者相加还不是个体发展的充分条件,它们只提供了个体发展的可能,而且这种可能是潜在的,不会自动转化

---

① 扈中平:《"人的全面发展"内涵新析》,《教育研究》2005 年第 5 期。
② 联合国教科文组织编:《学会生存——教育世界的今天和明天》,华东师范大学比较教育研究所译,教育科学出版社 1996 年版,第 180 页。
③ 联合国教科文组织编:《教育:财富蕴藏其中》,联合国教科文组织总部中文科译,教育科学出版社 2014 年版,第 49 页。

为发展的现实。① 场馆教育的意义正是在于让全面发展的可能以一种更为从容的方式在个体身上充分兑现。

场馆是由琳琅满目的展品构成的实物空间。不同于四墙之围内"笔墨言传"的教室，场馆为人们提供的是"活生生"的生物、历史和文化。这些展品诉说的是一段段真实深刻的故事，呈现的是生动鲜活的生命。你不仅可以直观感受视觉的震撼，还可以跟随叙事和体验参与其中，聆听历史与时代的旋律。走进场馆，人们获得的是全面的"洗礼"，包括知识、想象、反思、合作、情感、专注、交往等等。走进场馆既是历史文化的汲取、科学知识的习得，也是审美感知历程和多层次的美的沐浴，② 更是高尚情趣的培养、道德情感的熏陶。而且，这一过程是可以重复的、持续的、任意时段发起的、有感染力的。

在操作意义上，场馆教育尊重人的多元智能的发展向度，在精心设计的无权力渗透的平等氛围中，鼓励学习者通过整合性的教育活动，获得全方位的发展。教育目的不是增长某一领域的知识或培养某一方面的技能，它需要学习者在主题项目中投入多种精力（知情意行），整合主体各个维度的生存准备和发展可能。③ 这也意味着，所有的可能在场馆中都是可以接受的，这种开放的勇气真正让人的成长具有全面价值，让人成为"真正的人"。

（二）鼓励成长自觉：加强主体意识

主体意识是作为认识和实践活动主体的人对于自身的主体地位、主体能力和主体价值的自觉意识，是主体的自主性、能动性和创造性的观念表现。④ 生命的自然展开实质上即主体意识走向自觉的过程。教育旨在推动主体自觉的实现，培养具有主体性的人。在马克思看来，人的自由自觉是主体性的核心。他明确提出，自由个性是"个人全面发展和他

---

① 叶澜：《教育概论》，人民教育出版社 2006 年版，第 211 页。
② 王文建：《新世纪博物馆为人民服务之我见》，《中国博物馆》2000 年第 3 期。
③ 王乐：《馆校合作的理论与实践》，科学出版社 2018 年版，第 81 页。
④ 张天宝：《试论主体性教育的基本理念》，《教育研究》2000 年第 8 期。

们共同的社会生产能力"①的基础，而且每个人的自由发展是一切人自由发展的条件。如果教育致力于培养自由而全面发展的人，那么教育本身也应符合自由而全面的条件。

场馆教育努力赋予"人"的成长自觉（自由意志），积极凸显"人"的主体意识（以人为本）。进入场馆后，人们的路线选择、时间分配、观赏方式以及交流内容不会受外部因素的过多侵扰。即使存在某些隐性的（积极或消极）干预，学习者也有选择和停止的权利。人们拥有极大的能动性，以自己偏好的方式与场馆资源开展互动。此外，场馆创设的互动空间是广域的，不像教室内桌椅圈定的封闭空间，人们可以在馆内随意走动、停留。自由意志不仅作为行动原则贯穿场馆教育始终，而且在自由的教育环境中被潜移默化地写入人的成长内容。每个展品都是一个"文本"或"故事"，我们在"读""看""触""感""想"的过程中，构建属于个人的理解以及"它"之于我的意义。经历过"由物到人"的教育转向，场馆将"人"与展品的关系作为教育工作推进的重心。固定标准很难监测这种关系，它只能由当事者自己去审视，而整个体验与沉思的过程就是主体意识的觉醒。

然而，主体意识的觉醒也激起了人的无限欲望，竭尽所能掠取资源。所以，人类应当从盲目张扬自身的主体性，进入高一层次反省主体的阶段，即"类主体性"②。类主体性是在人的全面而自由发展基础上，实现的人与自然、人与社会、人与他人和谐共生的自觉状态。2021年11月，联合国教科文组织发布《学会融入世界：为了未来生存的教育》报告，提出教育要从根本上改变人类在世界中的地位和作用，从了解世界到采取行动，再到与周围世界融为一体，实现教育范式的根本转变。我们要摆脱主客体二元论，打破人类中心主义，寻求生态正义，认识到人类与地球上人类以外的他者关系的价值，采用一种全新的道德模式——从倡导人文主义到践行生态意识；从争取社会正义到争取生态正义；从学习

---

① 《马克思恩格斯全集》（第四十六卷），中共中央马克思恩格斯列宁斯大林著作编译局编译，人民出版社2003年版，第104页。

② 高清海：《主体呼唤的历史根据和时代内涵》，《中国社会科学》1994年第4期。

如何更好管理、控制或拯救世界到学习如何融入世界。

场馆是培养"类主体意识"的绝佳平台。多样的生物样态让人学会与自然相处，走向生态正义；多元的文化样态让人学会与他人相处，融入世界；多变的技术样态让人学会与社会相处，与时俱进；多彩的艺术样态让人学会与自我相处，认识自己……场馆教育是一种包容性的教育体系，它"教会"人们悦纳自然、他人、社会和自我，获具"融入"更大生态世界的技术和情感，让成长以温和、友好的节奏在主体自觉中悄然发生。

第二章

家庭：教育的启蒙之所

> 吾见世间，无教而有爱，每不能然；饮食运为，恣其所欲，宜诫翻奖，应呵反笑，至有识知，谓法当尔。骄慢已习，方复制之，捶挞至死而无威，忿怒日隆而增怨，逮于成长，终为败德。孔子云："少成若天性，习惯如自然"是也。俗谚曰："教妇初来，教儿婴孩。"诚哉斯语！
>
> ——颜之推《颜氏家训》

家庭是人之育养的发端，是生命成长的终身照护。作为人生的"第一所学校""第一堂课"，家庭的前途命运同国家和民族紧密相连，正所谓"家齐而后国治"。家庭的责任与使命又肇始和仰赖于教育，家庭教育奠定了人之成长的基础，决定着未来发展的可能。《颜氏家训》中写道："人生小幼，精神专利，长成以后，思虑散逸，固须早教，勿失机也。"家庭教育是人类经历的第一种教育形式，通常以父母温柔的爱抚和亲切的呼唤开始；家庭教育也可能是人类接受的最后一次教育，以长辈深情的嘱托和殷切的期盼结束。家庭是启蒙之所，决定着人之发展可能；也是自省吾身的港湾，呵护着人的不断成长与完善。

第一节 家庭与教育的天然遇见

家庭结构的出现很大程度是为了稳定的子嗣繁衍，而代际的生生不息又仰赖于薪火相传的教育。在此意义上，家庭与教育相伴而生，并且如影随形。在漫长的历史演进中，家庭教育从来没有停下思考的脚步，经过一代代人的努力，无数家庭积累了丰富的教育智慧。家庭教育逐渐发展成一种独立、系统和成熟的教育形态。

一 作为教育共同体的家庭

家庭是由婚姻、血缘或收养关系组成的社会生活的基本单位。婚姻是家庭的基础，继而衍生到血缘或收养关系。夫妻自愿让渡一部分权利和感情赋予对方组建新的家庭，而子女在非自愿的情况下进入家庭并成为新的权利与感情分享点。家庭形成以后，其会以整体形象面对外部世界，话语中的我往往被"我们""我家"置换，一个人或一处居所无法完成"家"的定义。费孝通也指出，家庭本身就是父母子女组成的团体。①

1887年，滕尼斯率先提出"共同体"概念，意为礼俗社群，旨在强调人与人之间的紧密关系、共同的精神意识以及对社区的归属感和认同感。② 迈克尔·泰勒认为，共同体具有三种特性：其一，共同的信仰与价值观；其二，直接且多元的联系；其三，不经过精密计算的共享、贡献和互助。③ 毫无疑问，家庭是最基本、最自然的共同体，它衍生于生育结构的"天然状态"，并构成"人的意志完善的统一体"。④ 对子代而言，家庭并非一种自愿的选择。婚姻和生育虽然是自愿的，但是孩子来到这个世界上并不包含任何的自由意志。他们不能选择是否来到这个世界，不能选择自己的父母、种族、国家等。这也决定了父母抚育孩子不仅仅是一种权利，而且必须是一种义务。在此意义上，有学者将家庭界

---

① 费孝通：《生育制度》，天津人民出版社1981年版，第70页。
② 冯锐、金婧：《学习共同体的思想形成与发展》，《电化教育研究》2007年第3期。
③ Michael Taylor, *Community, Anarchy and Liberty*, Cambridge: Cambridge University Press, 1982, pp. 25–33.
④ [德]斐迪南·滕尼斯：《共同体与社会》，林荣远译，商务印书馆1999年版，第58页。

定为一种基于共同人身所有权的命运共同体。①

在这个命运共同体当中，家庭的一切活动都在共同体的框架内进行，并表现出共同体的运行特征，教育也概不能外。家庭教育是指为提升家庭生活质量而实施的教育，②既包括家庭成员之间自觉或非自觉的、经验的或意识的、有形的或无形的多重水平上的影响，也包括家庭环境对其成员产生的无主体影响。③教育让家庭共同体具有更强的黏合性，同时为共同体铺设了特殊的教育轨道。这也意味着，家庭会有意或无意地以教育为主题构建专属共同体（教育共同体），并将其作为重要的教育责任和使命。

（一）家庭教育以共同体形式开展

滕尼斯说："共同体是持久和真正的共同生活，社会不过是一种暂时的和表面的共同生活。因此，共同体本身应该被理解为一种生机勃勃的有机体，而社会应该被理解为一种机械的聚合和人工制品。"④正是血脉相承、朝夕相处让家庭共同体拥有勃勃生机，甚至"生死浪漫"。《颜氏家训》中写道："妇之于夫，终身攸托，甘苦同之，安危与共，故曰'得意一人，失意一人'。"共同体也将这种生机和浪漫赋予了家庭教育，使其具有了超越"甘苦"和"得意"的深远意蕴，例如断杼择邻、寸草春晖，等等。当仔细剖析家庭教育共同体的运行机制，我们会发现共同体的运作是多线程的，是由情感、伦理和学习共同构成的有机体。此外，在家庭教育共同体的构建中，家庭成员共同制定教育目标是基础，共同承担家庭教育责任是关键，平等协商获得共识是黏合剂，共同分享家庭教育成果是动力。⑤

---

① 李风华：《何以为家：一种基于共同人身所有权的命运共同体》，《探索与争鸣》2019年第12期。
② 吴航：《家庭教育学基础》，华中师范大学出版社2010年版，第20页。
③ 陈元晖：《教育与心理辞典》，福建教育出版社1988年版，第229—230页。
④ ［德］斐迪南·滕尼斯：《共同体与社会》，林荣远译，商务印书馆1999年版，第54页。
⑤ 任荣：《家庭命运共同体的构建与家庭教育目标的实现》，《湖南社会科学》2019年第1期。

首先，情感共同体提供家庭教育的动力。家庭共同体的核心是互爱、同情和理解以及成员间的友谊。① 情感是维系以血缘为基础的家庭共同体的主要介质。② 日本学者森冈清美认为，家庭是以夫妇、亲子、兄弟等少数近亲者为主要成员，由成员间浓厚的相互感情联系结成的、最初的社会福利之间的集团。③ 在教育过程中，家庭的情感是统一的，所有人保持着同种情感特质，"同一频率"的情感合力也内化为共同体运行的核心动力。"父母之所爱亦爱之，父母之所敬亦敬之"（《礼记·内则》）。教育行为的发生主要源于情感的释放，发自本心地希望对方"变得更好"。也就是说，教育共同体是以情感为纽带的，其实质即情感的给予和满足的过程。然而，家庭中的情感又非无节制的，它被教育的理性所规范和疏导。《颜氏家训》中也提到："父子之严，不可以狎；骨肉之爱，不可以简。简则慈孝不接，狎则怠慢生矣。"

其次，伦理共同体形塑家庭教育的规矩。伦理始于家庭，源自对血缘、婚姻、族群关系的社会性思考。家庭是伦理的实体，伦理定义着家庭的身份、责任和规矩。中国自古以来都在努力将伦理和血脉合为一处，试图明晰家庭内部的伦理关系，例如三纲、五伦、四维、八德等，这也形成了特殊的纯粹道德逻辑（蒙以养正）的家庭教育传统，包括以道德为内容（经书）、以道德为方法（修德敬身）、以道德为标准（纲常）和以道德为最终诉求（圣贤）。伦理是一种道德关系，而家庭则是道德关系的重要表征。在家庭的伦理实体中，个人不是作为具有独立人格的人出现的，而是作为家庭成员出现的，在这里，没有个体与特殊，没有个别意志，只有家庭这一普遍整体及其意志。④ 在此意义上，家庭教育成为了一种伦理共同体，伦理定义了家庭教育的内容、方法、标准和诉求。例如，《礼记》关于孝的教导，"乐其心不违其志，乐其耳目，安其寝

---

① ［美］马克·赫特尔：《变动中的家庭——跨文化的透视》，宋践、李茹等译，浙江人民出版社1988年版，第32页。
② 张军：《共同体意识下的家国情怀论》，《伦理学研究》2019年第3期。
③ 转引自［日］望月嵩《家庭社会学入门》，牛黎涛译，中国大百科全书出版社2002年版，第15页。
④ 高兆明：《黑格尔〈法哲学原理〉导读》，商务印书馆2010年版，第396页。

处……"。而且，教育共同体的构建原则也是伦理的，正所谓"父慈而教，子孝而箴……礼之善物也"（《家范》）。因此，家庭教育的主体身份、责任、关系等都具有强烈的道德意蕴，在家庭伦理搭建的完整框架内工作。

最后，学习共同体构成家庭教育的内核。置身学习型社会，个人需要终身成长，家庭也离不开终身学习。无论是家庭组建之初的婚姻经营，还是初为父母的子女照护，又或知命之年的代际理解，这些不断涌现的全新面向均需要家庭去探知、去感悟、去习得。家庭自"成之为家"始就迈入了学习的情境，随着每个人的成长，家庭的结构和任务也变得日益复杂。家庭教育的长期性和亲密性进而使之成为最为稳定的学习共同体。1995年，厄内斯特·博耶首次提出"学习共同体"概念。它是指每个人都在学习的文化氛围中，每个人都是一个完整的个体，每个参与者都为学习和共同受益而负责的地方。[①] 学习共同体没有中心，所有人都享有相同的权利，它营造的是积极学习的氛围，构建的是携手成长的教育共识。环顾四周，学习已然成为萦绕在亲子生活中最频繁的话语和行动，结合情感与伦理的加持，共同体的运行逻辑深深嵌入了家庭教育结构，亲子将最纯粹的专注共同投向学习。学习共同体的知识建构是通过共同体成员围绕着共同关心的问题展开的动态行动形成的，包括讲故事、谈话、争辩、讨论、评点及开展实践活动等，并在这一持续过程中衍生出新的问题。[②] 所以，融入生活是家庭教育作为学习共同体的重要特征，通过细致入微的日常生活和反思常识的问题意识，保证共同体的正常运转和教育共识的达成。佐滕学也认为，学习共同体意味着由叙事、言词与祈愿的情节构成的富于想象力的共同体。[③]

（二）共同体诠释了家庭教育的责任与使命

血缘共同体作为行为的统一体发展为和分离为地缘共同体，地缘共

[①] 冯锐、金婧：《学习共同体的思想形成与发展》，《电化教育研究》2007年第3期。
[②] 冯锐、金婧：《学习共同体的思想形成与发展》，《电化教育研究》2007年第3期。
[③] ［日］佐藤学：《学校的挑战：创建学习共同体》，钟启泉译，华东师范大学出版社2010年版，第214页。

同体直接表现为居住在一起，而地缘共同体又发展为精神共同体，作为在相同的方向上和相同的意向上纯粹的相互作用。① 所以，共同体是基于共同的价值观念和道德情感的一种社会意识，蕴含着和谐、持久、合作、互助、共赢、共享的价值理念。② 在此意义上，共同体不仅是一种家庭的实然结构，还指向家庭教育所致力的应然状态。这种应然状态在教育行动中主要表现为共同体意识，通过内外两个维度诠释家庭教育的责任和使命。

一方面，共同体诠释了家庭教育内在的凝聚力。家庭的共同体意识不会自然维系，其依然需要家庭教育予以观照，引导家庭成员享受作为共同体的家庭生活，形成具有共同愿景的家庭凝聚力。这就是所谓的"家庭生活第一"（Family Life First）原则。它要求家庭安排全家在一起的时间，优先考虑家庭活动而不是孩子的课外活动，并在总体上把群体需要放在个人需要之上。③ 在某种意义上，家庭共同生活的意义要远高于其他任何方面，因为家庭本身就是一种集体生活，如若集体形式不复存在，那么家的意义也将无以附着。这也解释了当下所推崇的"陪伴"教育的重要价值。在此过程中，家庭教育不仅要采用"陪伴"的形式，也要传递"陪伴"的理念，即家庭成员都愿意为陪伴彼此而付出努力。彼得·圣吉提出的"学习型组织"就是这样一种共同体。他认为"学习型组织"应当具备五项修炼：第一项修炼，自我超越；第二项修炼，改善心智模式；第三项修炼，建立共同愿景；第四项修炼，团队学习；第五项修炼，系统思考。这五项修炼对于家庭教育的意义在于，它构建了一个"心往一处想，力往一处使"的有机体。正如他所说："如果没有共同愿景，就不会有学习型组织。"④ 简言之，家庭教育的共同体意识是

---

① ［德］斐迪南·滕尼斯：《共同体与社会》，林荣远译，商务印书馆1999年版，第65页。
② 张军：《共同体意识下的家国情怀论》，《伦理学研究》2019年第3期。
③ ［美］安妮特·拉鲁：《不平等的童年：阶级、种族和家庭生活》，宋爽、张旭译，北京大学出版社2018年版，第303页。
④ ［美］彼得·圣吉：《第五项修炼——学习型组织的艺术与实务》，郭进隆译，三联书店2001年版，第242页。

"合二为一"的精神表征。

另一方面，共同体诠释了家庭教育外在的家国情怀。家庭教育的共同体意识不应止步于"齐家"，还要"明明德于天下"。家庭作为"小共同体"的集合构成了社区的"大共同体"，进而构成社会"更大的共同体"。家庭是社区、社会、国家的组织细胞和维系力量，"个体—家庭—社区—社会"形成一个环环相扣、层层扩张的发展序列。[1]"家是最小国，国是千万家"。伦理学上的家国情怀是个人对于小至自己家庭，大至自己所属国家的一种积极的思想意识，它包含了人们对于家庭、社会、国家的情感认同和自觉担当的意愿，反映的是个体与群体之间交织交融、休戚与共的关系，是对天下苍生的仁爱之心，是对共同文化的认同，也是对普遍价值观念的坚守与践行。[2]这也形成一条清晰的从家庭共同体到国家共同体再到人类命运共同体的脉络。共同体意识的最高阶段是天下意识，也就是人类命运共同体意识。家庭教育的视野开始走出居所、走出地方、走出人类中心主义，将更广阔的生态系统纳入共同体的范畴。上述思路的逻辑是宏大的，也是通畅的，因为共同体意识和家国情怀具有同一性，家国情怀本身即属于共同体意识，而共同体又具有极强的包容性。也就是说，家庭教育在营建共同体式生存环境的同时，也给予人们一种宏大的共同体视野，使之愿意投入到构建人类命运共同体的努力当中。

共同体的两种向度彼此补充、相互融通，共同构建了家庭教育的逻辑体系。它通过"亲其亲"向内生长出"差序格局"的家族体系，向外延伸出"天下平"的世界体系。前者阐明了家庭教育的本体立场，基于血脉相承履行开枝散叶、光耀门楣的家族责任；后者确立了家庭教育的价值立场，基于"家国一体"完成海纳百川、改善人类福祉的世界责任。

二 家庭教育的本质规定性

家庭是家庭教育质的规定性，也是家庭教育存在的物质、文化和人

---

[1] 缪建东：《家庭教育》，北京师范大学出版社2015年版，第5页。
[2] 张军：《共同体意识下的家国情怀论》，《伦理学研究》2019年第3期。

文基础。① 家庭定义着家庭教育的属性、特点、功能和范围。有什么样的家庭，就会有什么样的家庭教育。由于家庭及其生活方式的特殊性，家庭教育的本质规定性也表现出独特的"家"属性。

（一）时空的无限性

在个体生命维度上，家庭教育是"从摇篮到坟墓"的教育形态；在社会发展维度上，家庭教育是人类代际传承的无限循环的教育形态。只要人类保持以家为单位的生存方式，家庭教育在时空上的无限性就将延续下去。当我们走出家门的时候，必然（另）有一扇门在等着我们回来（推开）。

时间上，家庭教育的无限性表现为教育时效的终身性。每个人都出生在某个家庭，每个家庭，每对夫妻，但凡生理和心理是健康的，只要有了子女，都要承担教育子女的责任；每个有家庭的孩子，都要或多或少地、直接或间接地接受家庭的教育和影响。② 家庭是人生的第一所"学校"，很可能也是最后一所"学校"，个体终生以家为中心活动（在家、成家、回家、寻家），人们一辈子有意或无意间都在扮演着教育者或受教育者的角色。在家庭的"学校"里，教育每时每刻都可能发生，母亲对腹中孩子的呢喃低语、父母对犯错孩童的批评教化、老父亲临终前的谆谆教导，等等。家庭教育自生命孕育之初开始，伴随人的成长，一直延续到生命的结束。而且，这一过程是周而复始的，旧的家庭被新的家庭扩展、吸收或替代，就像一棵大树，新芽换旧枝，落叶归根，循环往复。

空间上，家庭教育的无限性表现为教育行为的泛在性。居所并非家庭教育发生的必要条件，它只是教育场域的空间标识。我们无法根据居所内外的属性来定义家庭教育。在一定意义上，家庭教育不受场域限制，它具有空间的连续性，只要满足"家长"和"孩子"两类主体在场条

---

① 高书国：《中国家庭教育研究的理论缺失与自信重构》，《教育发展研究》2020年第2期。
② 赵忠心：《家庭教育学：教育子女的科学与艺术》，人民教育出版社2017年版，第87页。

件，教育行为即可发生。"柳枝为笔，沙地练字"，教育可以在任何地方被家庭成员相互激活。现代科技的发展也极大拓展了家庭教育的活动空间。曾经，家庭教育的活动范围受制于交通方式，只能囿限在以"家"为中心、以原始交通为半径的方圆之内。当前，"家"已经失去作为圆心的必要性，便捷交通几乎可以覆盖任何空间，甚至跨境研学也进入普通家庭的教育选项。此外，数字化移动终端的普及进一步让空间距离不再是教育障碍，亲子可以随时定位彼此的位置，并传递某种信息或指令。这种颇具争议的现代化"监控"方式也是泛在空间中家庭教育的一部分。

（二）关系的亲密性

"还有什么比父母心中蕴藏着的情感更为神圣呢？父母的心，是最仁慈的法官，是最贴心的朋友，是爱的太阳，它的光焰照耀着我们心灵深处的意向！"人与人之间的感情越亲密，相互之间的教育影响就越强。正所谓，亲其师，信其道。颜之推早就有言："夫同言而信，信其所亲；同命而行，行其所服。禁单子之暴谑，则师友之诫不如傅婢之指挥；止凡人之斗阋，则尧舜之道不如寡妻之诲谕。"

家庭教育的参与者是具有血缘和情感关系的家庭成员，生活中的亲密性不会因为教育行为的发生而中止，这种"永恒性"赋予家庭教育更深切的情感张力。亲密性的本质在于由爱生发出的殷切期望和彼此关心，"人之情性莫爱于父母"。一方面，它能够为家庭教育带来真诚的情感助力和权威感召。亲密关系构建了更为轻松、舒适的教育氛围，提供了顺畅、直接的沟通渠道，增强了"亲其师，信其道"的教育效果。而且，血缘相连的亲密性让家庭教育的关系更为牢固，无论遇到什么困难，情感都会为"失去耐心"的亲子再次充满能量。另一方面，它也会干扰教育的适恰性和科学性。情感的非理性特点很可能破坏教育的理性逻辑。"为人母者，不患不慈，患于知爱而不知教也。古之有言曰：'慈母败子'。爱而不教，使沦于不屑，陷入大恶……"当情感战胜理性，家庭教育不仅会失效，甚至会产生负面效应，宠溺、骄纵、妥协、放任等问题在很多家庭肆意发展。

关系的亲密性又表现为教育行为的个性化和私人化。一方面，每个家庭对教育的理解不同，其所持有的教育理念，选择的教育内容和方式都具有强烈的个性化特点；另一方面，家庭教育也表现出"关起门来打孩子"的私密性，不愿他人参与家庭内部的事务，而且每个家庭的言语和行动符号都经过经验编码，只有家庭成员才能解读。亲密性是被房门遮蔽起来的，是在房间内自由释放的。它不会主动向外部世界显现，外部世界未经允许也无权探知。在此意义上，亲密性为家庭教育蒙上了一层面纱，外界看不清家庭内部，甚至很难对之进行直接干预。

（三）影响的全面性

家庭是个体呱呱坠地的开始，也是走向坟墓的结束。人的成长浸润在家庭无微不至的关心当中，无时无刻不在发生作用。在漫长的朝夕相处中，家庭教育对人的影响是全面的、立体的，包括语言、行为、交往、情感、健康、生存，等等。家庭是教育的启蒙之所，是对人之发展的全面呵护，身体的育养、道德的内化、技能的训练等都蕴含其中。家庭教育环境——物理环境、文化环境和心理环境，所包含的各个因素，如家庭的居住条件、家庭的文化氛围以及父母素质等，对青少年的身体发育、心理发展、学习进步、道德品质养成等都具有重要作用。[1] 也有学者将这种作用概括为参照作用、熏染作用、强化作用和筛选作用。[2] 深入分析可见，家庭教育的全面性又存在两种维度。

一种维度是个体成长的全面性。家庭对人的培养从来都不应是偏颇的，因为健康成人并不接受偏颇的育儿理念，无论当事者赞同与否、觉识与否。在家庭生活中，孩子的身体、认知、品德、个性等方面的发展潜能不仅被充分激活，而且它们作为具体的教育目标也获得切切实实的阶段性进益。我们在家庭中收获的远远大于所能意识到的，所以个体成长的全面性往往处于潜意识状态，甚至不需要上升到意识层面，只能在行动中被证明。此外，家庭教育是为了培养合格的社会成员，而一个合

---

[1] 黄河清：《家庭教育学》，华东师范大学出版社 2014 年版，第 79 页。
[2] 吴奇程、袁元：《家庭教育学》，广东高等教育出版社 2002 年版，第 67—68 页。

格的社会成员必须接受全面的教育，无论是身体、智力、品德，家庭都有责任使其向社会所需要的方向发展，这既是社会提出的要求，也是新一代发展的需要。① 诚然，在此过程中，每个家庭的侧重不一，但是孩子的成长势能却无较大差异，而正是对成长势能的认知和利用决定了后天的发展方向和层次。所以，建立正确认知、探索科学路径才是促进全面成长的关键。

另一种维度是教育环境的全面性。家庭教育发生于与家庭密切关联的环境当中，这一环境又非结构性的和组织性的，而家庭之于人的影响恰恰作用于环境的不确定性。家庭中的任何因素都会对人的成长产生直接或间接的影响，包括有形的成员、物体、事件等和无形的文化、情感、氛围等。墨子说："染于苍而苍，染于黄则黄。"家庭对于其成员的教育影响往往是分散的、偶然的和潜在的。家庭的文化氛围、环境条件、成员关系、社会结构等都可能成为影响教育的因素。马卡连柯认为，"在生活的每时每刻，甚至你们不在场的时候，也在教育着儿童"②。当孩子成年后走入社会，很多人还是生活在父母身边，与父母保持着十分紧密的联系，父母对其就业、婚姻、生育、为人处世、社会交往等都有重要影响。③ 此外，因为"未有先学养子而后嫁者"，所以教育环境的全面影响既有积极影响，也有消极影响，例如家庭成员之间的矛盾、争吵，家长在生活上、言行上的失范，等等。正如《荀子·劝说》中所说："蓬生麻中，不扶而直；白沙在涅，与之俱黑。"

（四）发展的条件性

家庭教育缺乏严格的规范化程式，每个家庭的教养方式不尽相同，不同教育智慧产生的教育效果也大相径庭。影响家庭教育的因素是复杂的，包括经济水平、文化资本、投入程度、家风家传等，而这些因素又构成家庭成员发展的重要条件。

经济水平是家庭教育的基础性条件。仓廪实而知礼节，衣食足而知

---

① 孙俊三、邓身先：《家庭教育学基础》，教育科学出版社1991年版，第13页。
② 《马卡连柯全集》（第三卷），文颖译，人民教育出版社1957年版，第400页。
③ 孙俊三、邓身先：《家庭教育学基础》，教育科学出版社1991年版，第14页。

荣辱。经济水平较高的家庭更有能力为孩子提供充足、优质的教育资源，反之，工人阶级和贫困家庭只能将更多精力投入到工作和生存当中。① 当有些家庭只能从屏幕上欣赏其他家庭给孩子设计的"研学课程"时，差距就已经出现了，毋宁说资源、服务、陪伴等方面。家庭教育是经济基础决定上层建筑最原始的体现。

文化资本是家庭教育的隐藏性条件。布迪厄认为，家庭的文化资本存在"再生产"的趋势，② 家长的受教育程度、社会关系等都会间接影响子女未来的发展。拉鲁发现，中产阶级采用的"协作培养"（concerted cultivation）方式更容易将孩子送进大学，而工人阶级和贫困家庭采用的"成就自然成长"（accomplishment of natural growth）方式则很难做到。③ 保罗·威利斯甚至强调，工人阶级子弟无法挣脱"子承父业"的命运。④ 这也是"龙生龙，凤生凤，老鼠生儿会打洞"的生动写照。

投入程度是家庭教育的选择性条件。由于每个家庭对教育的理解存在差异，所以家庭对教育的投入程度也是不同的，而且这种差异或多或少受到经济水平和文化资本影响。有的家庭愿意投入更多时间与孩子相处，有的家庭则将孩子交给其他人或机构；有的家庭会认真学习如何成为合格父母，有的家庭则不愿做此努力；有的家庭会和子女进行"有意义"的互动，有的家庭则懒于回应。而且，投入程度具有强烈的主观性和变化性，因人而异、因时而异。

家风家传是家庭教育的情境性条件。马卡连柯说："亲爱的父母们，家庭风气是由你们自己的生活和你们自己的操行创造出来的。如果你们生活上的一般作风不好，即使最正确、最合理，并且是精心研究出来的

---

① ［美］安妮特·拉鲁：《不平等的童年：阶级、种族和家庭生活》，宋爽、张旭译，北京大学出版社2018年版，第303页。
② ［法］布尔迪约、帕斯隆：《再生产——一种教育系统理论的要点》，邢克超译，商务印书馆2002年版，第169—170页。
③ ［美］安妮特·拉鲁：《不平等的童年：阶级、种族和家庭生活》，宋爽、张旭译，北京大学出版社2018年版，第3页。
④ ［英］保罗·威利斯：《学做工——工人阶级子弟为何继承父业》，秘舒、凌旻华译，南京：译林出版社2013年版，第2页。

教育方法，也将是没有用的，相反，只有正当的家庭作风，才能给你们提供对待孩子的正确方法。"① 家风影响着一个人的品质和行为。家风好，就能家道兴盛、和顺美满；家风差，难免殃及子孙、贻害社会。好的家庭教育离不开好的家风，好的家风又离不开一代代家人的用心经营。

三 家庭教育的思想演进

自古以来，"聚生群处，知母不知父，无亲戚、兄弟、夫妻、男女之别，无上下长幼之道"（《吕氏春秋·恃君览》），而"有夫有妇然后有家"。家之所存，教之所在。教育是家庭存续的关键成因，家庭是教育肇始的原初场域。家庭教育表征着人类最真实的生存智慧以及最厚重的人伦沉思。伴随着人类社会的发展，家庭教育的思想也在不断演进，并在文明发展史上留下浓墨重彩的一笔。

（一）中国家庭教育的思想演进

中国早期家庭教育造端于生产劳动知识和原始科学技术的传授，天文学和农学的家业世传是其主要形式。② 《史记·历书·集解》中早有记载："家业世世相传为畴。律，年二十三，传之畴官，各从其父学。"夏商时期，家庭教育首次出现专业化征象，但仅限于王公贵族。帝王家庭设有"孺子室"，由专人、专职负责太子、世子的教育，例如"三公"（太师、太傅、太保）、"三少"（少师、少傅、少保）、"三母"（子师、慈母、保母）等。到了西周，原始的家业世传逐渐发展为比较系统的家庭教育，不仅形成了上至帝王将相、下至平民百姓的各层次家庭教育，而且家庭教育内容广泛涉及胎教、儿童教育、政治教育、德育、智育以及劳动教育诸多方面。③

春秋战国时期，家庭教育逐渐从以王室、贵族为主，转向以士阶层

---

① 邓佐君：《家庭教育学》，福建教育出版社1997年版，第153页。
② 邹强：《中国当代家庭教育变迁研究》，博士学位论文，华中师范大学，2008年，第19页。
③ 邹强：《中国当代家庭教育变迁研究》，博士学位论文，华中师范大学，2008年，第20页。

为主，诸子家庭教育思想勃兴，形成"百家争鸣"的格局。① 其中，以孔孟为代表的儒家思想尤其重视家庭教育。孟子认为，"天下之本在国，国之本在家"。孔子主张将"孝道"作为家庭教育的根本内容，要求"弟子入则孝，出则悌，谨而信，泛爱众而亲仁，行有余力，则以学文"。秦统一诸国之后，首次以国家身份介入家庭教育，颁布"行同伦"法令，强制推行家庭伦理，实行父母送惩权制度。② 当然，这种介入还停留于思想统治意义上的朴素行为，也未被后世完整继承。

两汉时期，以贾谊、刘向、王充等人为代表的胎教思想，以班昭为代表的女子教育思想，大大丰富了当时的家庭教育理论。尤其是班昭所著关于女子家庭教育的《女诫》，一直沿用到清朝。《礼记·内则》也记录有"女子十年不出，姆教婉娩听从。执麻枲，治丝茧，织纴组紃，学女事以供衣服。观于祭祀，纳酒浆笾豆菹醢，礼相助奠"。此时，仕宦的家庭教育兴盛，一方面来自求官的动力，另一方面与经术取士的制度有关。③

魏晋南北朝是家庭教育思想最为活跃的时期，以家书教育为盛，例如诸葛亮的《诫子书》、嵇康的《家诫》、长史向郎的《诫子遗言》、姚信的《诫子》等。其中，颜之推所著的《颜氏家训》被誉为"古今家训，以此为祖"，是家庭教育集大成之作，上承汉魏六朝家书遗风，下开唐宋明清家训先河。他第一次对家庭教育理论进行了系统论述，内容涉及婴幼儿教育、道德教育、生存教育和学习论。同时，他也直接道明了家庭教育的重要性，"吾今所以复为此者，非敢轨物范世也。业以整齐门内，提撕子孙。夫同言而信，信其所亲；同命而行，行其所服"④。

唐宋时期以"蒙学"发展为要，正如谓"蒙以养正，圣之功也"。一大批内容丰富、形式多样的蒙学教材被开发出来，例如《急就篇》

---

① 邹强：《中国当代家庭教育变迁研究》，博士学位论文，华中师范大学，2008年，第20页。
② 河清：《家庭教育学》，华东师范大学出版社2014年版，第27页。
③ 毕诚：《中国古代家庭教育》，商务印书馆1997年版，第63页。
④ 王利器：《颜氏家训集解》，上海古籍出版社1980年版，第19页。

《开蒙要训》《三字经》《千字文》等，力求把识字教育、基础知识教育和道德教育结合起来。① 随着科举制度的深度推行，家庭教育与"科考"产生了紧密结合。为此，富贵人家纷纷兴办"家塾"，出现了家庭教育学校化的倾向。② 此外，仕宦之家也继承了魏晋的"家书"形式，提倡"家训"教育，包括司马光的《家范》、赵鼎的《家训笔录》、陆游的《家训》等。其中，宋朝袁采在《袁氏世范》中说，"国家之本，子孙是也""不知教，自弃其家"。

家庭教育在明清时期发展到鼎盛。据《中国丛书综录》记载，中国古代家训类书籍总共有114种，其中明代28种，清代62种，两项总计占古代家训总数的78%以上。③ 例如，曾国藩的教子书深受后世推崇，以"爱之以其道"为核心精神，认为"凡人一家，只有'修德读书'四字可靠"，并提出"勤俭刚明忠恕谦浑"八德教育。此时，封建统治阶级为加强思想控制，把以"修身"为手段的"齐家"与国家政治秩序同社会伦理道德秩序更加牢固地联系在一起，形成了以"存天理，灭人欲"为核心的禁欲主义家庭教育思想。④

纵观中国古代教育史，除秦朝的朴素形式之外，家庭教育从未纳入国家教育体系之中。⑤ 先秦是我国家庭教育的形成和初步发展期，秦汉是家庭教育框架定型期，魏晋南北朝是家庭教育发展的第一个高峰，唐宋家庭教育发展相对平稳，明清家庭教育开始走向繁荣。⑥ 然而，古代家庭教育遵行"家长制"，推崇家长权威，强调"若以父母之非，而直行己志，虽所执皆是，犹为不孝之子"（《家范》）。此外，女性教育在家庭中也没有获得公平对待，她们被捆绑在"三从四德"的宗法传统之上，紧守闺门，难越雷池。

直到近代，家庭教育才真正走上制度化的道路。1840年之后，在

---

① 黄河清：《家庭教育学》，华东师范大学出版社2014年版，第34页。
② 毕诚：《中国古代家庭教育》，商务印书馆1997年版，第88页。
③ 杜成宪、王伦信：《中国幼儿教育史》，上海出版社1998年版，第53页。
④ 毕诚：《中国古代家庭教育》，商务印书馆1997年版，第128页。
⑤ 李天燕：《家庭教育学》，复旦大学出版社2007年版，第45页。
⑥ 马镛：《中国家庭教育史》，湖南教育出版社1997年版，第297页。

"西学东渐"的影响下,我国家庭教育逐步从传统、保守向现代、开放转变。1903年,清政府颁布《蒙养院及家庭教育法》,这是我国近代第一部家庭教育法令,也是中国教育史上第一部有关家庭教育的法令。中国家庭教育在近代社会的改革浪潮里,成功地从朴素的经验型活动变身为充满着科学化、艺术化、人性化的现代教育系统,在策略性汲取西方儿童教育与家庭教育精华的同时,保持中国传统家教中的优秀成分,将形塑现代化国家公民与养育知晓书理之子女逐步地相融与互促。①

民国时期的家庭教育旨在培养具备康健身体、健全人格、独立精神和自立技能的新国民。②谈社会革命者,当毋忘家庭改革的重要,欲想救国,首先要从教育下手,且从教育的根本上下手。③届时,南京国民政府共颁布《中等以下学校推行家庭教育办法》《推行家庭教育办法》《家庭教育讲习班暂行办法》《家庭教育委员会暂行组织通则》等六项关于家庭教育的法令。除了对教育目的、对象、内容等进行说明,还对推行家庭教育的实施组织、管理机构以及推行主体进行了规定。④梁启超、陈鹤琴、陶行知、张宗麟等一大批知识分子的思想也丰富了我国家庭教育理论。1925年,陈鹤琴出版《家庭教育》,这也是我国家庭教育系统化和科学化的重要标志。

中华人民共和国成立之后,家庭教育开始走上一条具有中国特色蓬勃发展的育人道路。尤其是进入"新时代"以来,国家为了发展家庭教育,引导全社会注重家庭、家教、家风,增进家庭幸福与社会和谐,促进未成年人健康成长,颁布实施了一系列的法律法规,例如《教育部关于加强家庭教育工作的指导意见》(2015)、《关于指导推进家庭教育的五年规划(2016—2020年)》(2016)、《关于进一步加强家庭家教家风建设的实施意见》(2021)、《中华人民共和国家庭教育促进法》(2022)

---

① 季瑾:《家庭教育现代化的启动与发展——基于民国家庭教育史的研究》,博士学位论文,南京师范大学,2013年,第20页。
② 季瑾:《家庭教育现代化的启动与发展——基于民国家庭教育史的研究》,博士学位论文,南京师范大学,2013年,第80页。
③ 范桂田:《公教家庭教育》(上),《磐石杂志》1937年第1期。
④ 黄河清:《家庭教育学》,华东师范大学出版社2014年版,第42页。

等。通过培育和践行社会主义核心价值观,积极推进文明家庭建设、科学家教实施和优良家风传承。

(二) 西方家庭教育的思想演进

西方家庭教育思想可追溯到古希腊。斯巴达人的家庭教育由国家统一组织和管理。儿童归国家所有,只有身体健康的婴儿才会交由父母代替国家进行前期抚养。国家要求家长加强儿童的身体保健和锻炼,7岁以后男童被送到国家公共教育场所,培养成为忠实于统治阶级的军人,女童则继续留在家里接受家庭教育。[①] 与斯巴达不同,雅典的家庭教育注重智育、德育、体育、美育等全面和谐的发展。7岁以前,儿童在家庭接受教育,包括唱歌、讲故事、掷骰子、玩球以及行为习惯的培养;7岁以后,男童进入文法学校和琴弦学校,女童则在家庭里读书写字、演奏乐器,以及学习缝纫、手工等家事。[②] 这一时期的先贤也十分重视家庭教育,并积累了丰富的教育智慧。柏拉图认为"一个人从小所受的教育把他往哪里引导,却能决定他后来往哪里走",[③] 所以"儿童从小受到好的教育,节奏与和谐浸入他的心灵深处,在那里牢牢地生了根,他就变得温文有礼"。[④] 亚里士多德则主张优生优育,重视母亲对幼儿的影响,指出孩子的"天性多得之于其母,有如植物得之于土壤","凡在儿童身上可能培养的习惯,应及早开始"。[⑤]

古罗马时期,教育年轻一代的任务主要由家庭承担,家庭既是经济和生产单位,也是教育单位。在"家长制"的监管下,父母掌握着子女的生杀大权。1—7岁的儿童由母亲抚养,7岁之后,女童由母亲负责,男童则交由父亲负责。此时的家庭教育以道德—公民教育为主,包括敬畏神明、孝敬父母、忠邦爱国、遵守法律等。昆体良认为,家

[①] 赵忠心:《家庭教育学:教育子女的科学与艺术》,人民教育出版社2017年版,第53页。
[②] 赵忠心:《家庭教育学:教育子女的科学与艺术》,人民教育出版社2017年版,第54页。
[③] [古希腊]柏拉图:《理想国》,郭德和、张竹明译,商务印书馆1986年版,第140页。
[④] [古希腊]柏拉图:《理想国》,郭德和、张竹明译,商务印书馆1986年版,第108页。
[⑤] 单中惠:《西方教育思想史》,教育科学出版社2007年版,第23页。

庭教育是培养雄辩家德行和知识的基础,"如同新器皿一经染上气味,其味经久不变",① 要求父母和家庭教师重视孩子的兴趣,使学习成为一种娱乐。

中世纪,教会统治各项教育事业,基督教教堂主要承担信徒子女的教育,一切教育形态都奉献于相同的信仰。著名经院主义思想家奥古斯丁十分重视家庭在儿童教育中的作用,他认为通过父母的言行,儿童不仅学会判断和表达,而且也学到了品行。如果家庭是一种虚浮的、奢纵的环境,儿童就不可能得到良好的教育和发展。② 此外,这一时期的家庭教育又体现在世俗封建主实施的"骑士教育",旨在培养身体强壮、情趣高雅、道德高尚、虔信上帝、忠君爱国的武士,教育内容主要是"骑士七技"。骑士教育从7—8岁开始到21岁结束,分为三个阶段,均在家庭(自己家和领主家)中进行,实质上就是一种特殊的家庭教育。女童的家庭教育除纺织、编织与缝纫等家事外,也要学习音乐、舞蹈、读书、识字、唱圣诗等,其目的是培养贤妻良母。

文艺复兴时期,家庭教育开始反抗宗教的束缚,尊重生命天性,注重个性发展,强调培养身心两方面和谐发展的"新人"。人文主义者撰写了大量有关家庭教育的著作,例如威尼斯的《儿童教育论》、伊拉斯谟的《幼儿教育论》等。拉伯雷的《巨人传》就是通过虚构祖孙三代的家庭教育故事,提倡个性解放。1632年,夸美纽斯完成《大教学论》,提出每个家庭就是一所母育学校,母亲是儿童的第一位教师。母育学校的任务是奠定儿童体力、道德和智力发展的基础,通过感觉器官的训练使幼儿认识自然和社会。《幼儿学校》一书则专门论述了学龄前儿童的家庭教育问题。此外,他还率先将家庭教育正式列入国家教育体制。

17—18世纪是"理性启蒙的时代",也是西方家庭教育思想繁荣发展的时代。一大批哲人纷纷将目光投向家庭教育,其中洛克的《教育漫话》、卢梭的《爱弥儿》、裴斯泰洛齐的《葛笃德如何教育她的子女》等

---

① 昆体良:《昆体良教育论著选》,任钟印译,人民教育出版社1989年版,第11页。
② 单中惠:《西方教育思想史》,教育科学出版社2007年版,第50页。

都是对家庭教育的探讨。洛克坚决主张,绅士的培养要通过家庭教育来实现,家庭教育"是达到教育上的主要大目标的最好最安全的办法。"① 卢梭认为:"每个人的心灵都有它自己的形式,必须按它的形式去指导他……先让他性格的种子自由自在地表现出来,不要对它有任何束缚。"② 裴斯泰洛齐一直在寻找"家庭化"的教学艺术,他认为"母亲的影响是引起爱和忠诚的开端的自然途径"③。这一时期,很多富裕和官宦家庭会聘请专职家庭教师教育子女,洛克、卢梭等都曾担任过家庭教师,他们教授内容广泛,包括拉丁文、希腊文、历史、数学、音乐等。普通家庭往往将孩子送到识字的主妇家或具有专门技艺的匠师家里学习,这种特殊的教育活动实质上也属于家庭教育。

19世纪,西方国家教育制度开始确立,近代教育理论体系逐渐形成。新人文主义、主知主义、空想社会主义等教育理论都极大丰富了家庭教育思想。洪堡认为,一切教育都是"普通人的教育","必须只把普通人的教育作为目标"。④ 福禄培尔提出,"人及其教育还是完全被托付给母亲、父亲和家庭",家庭要引导孩子掌握人类的一切知识。⑤ 欧文十分重视良好的家庭教育环境,他认为"许多好的或坏的脾气和性情都是人在2岁以前形成的","人类的过去、现在和未来都始终是他们出生以前和降生以后的周围环境的产物"。⑥

20世纪初,家庭教育与学校教育出现了教育权的博弈。美国政府开始普及初等教育,推动兴学法令实施,鼓励人们接受学校教育。然而,很多家庭认为,教育是家庭的任务,教育子女是父母的权力,国家无权强迫自己的子女入学接受教育。直到俄亥俄州法院声明:"父母虽有亲权,但父母并非是存在子女之上的唯一权威;由于增进下一代

---

① [英] 洛克:《教育漫话》,郎悦洁译,武汉出版社2014年版,第23页。
② [法] 卢梭:《爱弥儿》,李平沤译,商务印书馆1978年版,第91页。
③ 单中惠:《西方教育思想史》,教育科学出版社2007年版,第196页。
④ 单中惠:《西方教育思想史》,教育科学出版社2007年版,第234页。
⑤ [德] 福禄培尔:《人的教育》,孙祖复译,人民教育出版社1991年版,第31页。
⑥ 单中惠:《西方教育思想史》,教育科学出版社2007年版,第314—315页。

人的幸福是至关重要的事,州政府必须有权过问其教育。"① 政府强迫入学使学校教育走向了制度化,学校逐渐取代家庭和教会成为教育未成年人的首要机构。② 其导致的后果是,公共教育的强制推行使很多父母忽视了对子女的家庭教育责任。此外,这一时期,进步主义也对家庭教育产生影响,有些家庭尤其是收入稳定、社会地位较高的中产阶级家庭开始从传统式家庭向朋友式家庭过渡。③ 杜威强调,"儿童是起点,是中心,而且是目的","教育即生活",即促进儿童经验不断改组、改造和转化的过程。④ 克伯屈在杜威"教育即生活"观点的基础上提出"教育是生活的教育,它为了生活,并通过生活;生活是教育的生活,它为了教育"⑤。

20世纪中后期以来,西方家庭教育思想愈加丰富和自由。一方面,国家积极推动家庭教育的制度完善,美国的《生计教育法》、日本的《教育基本法》、法国的《教育指导法》、英国的《把学校办得更好》等政策中都对家庭教育进行了详细阐释。1983年,美国高质量教育委员会发表的《国家处在危险之中:教育改革势在必行》报告中,更是向家长呼吁"你们是你们子女的第一个和最有影响的教师","你们有责任积极参加对孩子的教育"。另一方面,终身教育、去学校化社会、在家上学等思潮大大推动了家庭教育作用和地位的显化。当下,家庭教育已经成为终身教育体系的重要组成部分,保罗·朗格朗说:"教育,不能停止在儿童期和青年期,只要人还活着,就应该是继续的。教育必须以这样的做法,来适应个人和社会的连续性要求。"⑥ 由于学校教育弊病日益凸显,越来越多的家庭选择"逃离"学校,让孩子在家上学,其规模正在不断

---

① 滕大春:《美国教育史》,人民教育出版社2001年版,第346页。
② [美]劳伦斯·克雷明:《公共教育》,宇文利译,中国人民大学出版社2016年版,第27页。
③ 王娟娟:《镀金与进步时代美国的家庭生活》,硕士学位论文,河南大学,2011年,第20页。
④ 单中惠:《西方教育思想史》,教育科学出版社2007年版,第455—459页。
⑤ 单中惠:《西方教育思想史》,教育科学出版社2007年版,第461页。
⑥ [法]保罗·朗格朗:《终身教育引论》,周南照、陈树清译,中国对外翻译出版公司1985年版,第16页。

扩大。据统计，加拿大在家上学的比例已经达到2%。从某种意义上可以说，21世纪是家庭教育在整个教育发展史上最有影响力和创造力的时代，其能为和可为空间达到了前所未有的高度。

第二节 家庭教育的时代际遇

重视家庭教育对于国家发展、民族进步、社会和谐具有至关重要的意义。家庭教育工作开展得如何，关系到孩子的终身发展，关系到千家万户的切身利益，关系到国家和民族的未来。[①]"无论时代如何变化，无论经济社会如何发展，对一个社会来说，家庭的生活依托都不可替代，家庭的社会功能都不可替代，家庭的文明作用都不可替代。"[②] 迈入新的时代，家庭教育也将诠释新的意义，面临新的机遇，迎接新的挑战。

一 家庭教育的时代意义

"其家不可教，而能教人者无之"。（《大学》）家庭是人生的第一所学校，家长要给孩子讲好"人生第一课"，帮助扣好人生第一粒扣子。家庭教育的永恒意义是不会随着时间改变而改变的，但是时间可以赋予其新的内涵，以及为适应新的时代而提出新的要求。因此，我们要持续重视家庭建设，注重家庭、注重家教、注重家风，紧密结合培育和弘扬社会主义核心价值观，发扬光大中华民族传统家庭美德，促进家庭和睦，促进亲人相亲相爱，促进下一代健康成长，促进老年人老有所养，使千千万万个家庭成为国家发展、民族进步、社会和谐的重要基点。家庭是连接个人与社会的桥梁，家庭教育的意义主要集中于促进个体成长和推动社会发展两个方面，这也同前述时代要求保持一致。当然，个体与社会两种意义本就无法割裂，两者相互促进、彼此包容，此处分而述之只

---

① 中华人民共和国教育部：《教育部关于加强家庭教育工作的指导意见》，（2015年10月16日），http://www.moe.gov.cn/srcsite/A06/s7053/201510/t20151020_214366.html.
② 习近平：《在会见第一届全国文明家庭代表时的讲话（2016年12月12日）》，人民出版社2017年版。

为扣其一端而深析。

（一）促进个体的成长：启蒙与养护

人的一生总共生活在五个不同的场所：母亲的子宫、家庭、学校、职场和坟墓。在生命的自然展开过程中，家庭妥善安置了人生每个阶段的不同生命形态，无论是身体的"能量"，还是精神的"气量"。人生从家庭开始，到家庭结束，这是一种血脉的延续、经验的传承、时代的继替。对于孩子而言，家庭是人生当中的第一所学校，家长是其"第一位"教师。孩子们从咿呀学语起就开始接受家庭教育，有什么样的家庭教育，就有什么样的人。人在成年之后，同样离不开家庭的支持，家是身体休憩的港湾，更是寄托情感的灯塔。人们总能从家庭得到足够的力量和智慧，也愿意为家庭献上最纯粹的衷心。这也解释了为何中国传统文化对落叶归根如此执着。在此意义上，家庭教育对个体成长的促进主要表现为生命的启蒙与养护两个维度。

家庭教育之于个体的成长意义首先表现为生命的启蒙。蔡元培说："家庭者，人生最初之学校也。一生之品性，所谓百变不离其宗者，大抵胚胎于家庭之中。"俗话常言，"三岁看老"，学龄前的家庭生活是儿童身体、语言、性格、情感、习惯等发展的关键期。家庭对孩子的教育启蒙不仅为其成长打下基石，而且在一定程度上提示了未来发展的方向与可能。人们是以家庭赋予的身体走向世界，并凭借在家庭中习得的核心素养在与世界的交互过程中走向成人。启蒙是人生迈出的第一步，家庭教育决定了它的步幅、步调和稳定性。此外，启蒙的意义又远非孩童的"开蒙"可以囊括，它是人之一生都需要追寻的"理性之光"和"情感成熟"。在"必返其家"的路途中，家庭教育从来没有停下启蒙的努力，长辈对晚辈的谆谆教诲、子女向父母索取的情感慰藉，等等。家庭在用自己的智慧为人们打开一扇窗户，在真正走向世界之前，赋予其足够的勇气、眼界和准备，能够探出身体识认、了解和感受身边的世界。因此，家庭教育的启蒙意义是持续的，甚至可以伴随人之一生。

家庭教育之于个体的成长意义还表现为生命的养护。当一个鲜活的生命降临到家庭，家庭教育的养护模式自然被开启。家庭有责任为之创设健康、安全的成长环境，满足他/她基本的生理需要和更高层次的情感需要，同时为其遮挡一切可能的危险和伤害。一方面，家庭为人们提供了一种生存底线，其实质上是繁衍和照顾后代的生理本能，这种本能同样出现在动物世界；另一方面，家庭还满足了人们对情感的依恋，个人在家庭中能找到归属感以及爱与被爱的需要，不是作为孤独的个体面对世界，而这是人类特有的本能。总之，人们在家庭及其教育责任中找到了难能可贵的安全感和满足感。反之，有些人缺乏安全感和自信心很大程度是受原生家庭情感匮乏的负面影响。另外，人到了一定年龄会走出家门，走进学校、工作岗位和社会，然而这都是为了回归家庭的蓄力。家庭是人们休养生息、情感交流和反思自我的栖息地，家庭教育是对健康、情感和思考的养护。在此过程中，家庭教育重新给予"伤痕累累"的身心治愈、能量和信心。它让经验在代际间不断传承，也让家庭的情感纽带更加牢固。因此，家庭教育的作用是使人们在每次出走和回归之间拥有持续增进的力量，养护生命自始至终的完善。

（二）推动社会的发展：传承与改造

家是最小国，国是千万家。社会是由无数家庭组建而成，在"家国天下"的逻辑下"家和"方可"天下兴"。家庭是人类文明的政治条件。社会的进步离不开每个家庭的努力和付出，家庭和睦社会才能稳定，家庭富裕社会方可发展，家是社会进步的重要保障。福禄培尔就曾说："国家的命运与其说操纵在掌权者的手中，倒不如说掌握在母亲的手中。"而家庭教育的意义正是为社会源源不断输送符合其规格和需要的成员，将"生命体"转变为"资源体"，并以阿伦特所说的"诞生性"（natality）为基础促进社会的发展和繁荣。在此意义上，家庭教育使社会得以保持最本质的特点，维持社会最熟悉的存续样态。除此之外，使人在成长过程的偶然瞬间迸发创造性，推动社会实现突破式进步。总之，家庭教育在建设稳定后方的同时也在提升社会的整体竞争力。基于这一逻辑，家庭教育对社会发展的意义主要表现在传承和改造两个方面。

一方面，家庭教育在生命和文化传承中为社会发展输送血液。社会是由一个个人组成，群体规模规约着社会的性质，如"小国寡民""大国大业"等。所以,"人"才是社会赖以存在的本质规定性。家是人类繁衍生息的地方,是生命代际延续的摇篮,是为社会"制造"要件的"关键部门"。家庭为社会发展绵绵不绝地供应"人力资源"。而家庭教育的根本目的是呵护孩子健康成人,为人类的生生不息传递火种。在此逻辑下,家庭教育的个体意义与社会意义实现了统一。从社会进化论的角度看,家庭最大的社会贡献即生育和抚养子女。从宏观的社会结构看,它也影响着整个社会人口空间布局的完善,以及人力资源配置的优化。

除自然使命之外,家庭教育还承担着传承社会文化的责任,为社会输出符合其价值和需要的"生源"。人是文化的动物,每个人都属于某种特定的文化系统,例如"十里不同风,百里不同俗"的文化聚落。人们永远生活在由文化编织的网络当中,它将语言、身份、信仰、价值观等早早嵌入人的身体和观念。而个体的文化习得主要在家庭中完成,家庭教育让他们具备某种集体、民族、国家的文化属性,让他们在内心深处种下一颗文化认同的种子,例如我是汉族、我是安徽人、我是中国人……此外,家庭本身也是一种文化单位,家风是其重要表征。家风是社会风气的重要组成,它既"是一个家庭的精神内核,也是一个社会的价值缩影"。家风的熏染即文化的陶冶,是个体文化涵化的重要途径。总而言之,家庭教育使每个人都在文化中找到"根脉",是其所是。

另一方面,家庭教育在传承文化的同时还致力于培养人们超越传承的能力和品质。传承的内在逻辑是人与人之间的因袭,其实质是保护传承物的"原汁原味"。然而,社会的进步需要对知识边界的不断突破,传承只是在界内拾旧,向界外的探索需要超越传承的能力和品质,即改造与创新。在人类的代代更迭过程中,超越的责任最终只能落到"新人"身上,而"新人"的培养又仰仗于家庭。家庭将外部世界介绍给孩子的时候其实已经在积累一种改造的能力,因为新人获取知识的速度和范围要高于上一代人,他们本身就潜藏着创新的能量。这种潜力可以被家庭教育在某个精妙的时间点上点燃,而一旦点燃,他们将成为推进社会进步的重要力量。甚至可以说,家庭生育和抚养孩子本身就积蓄了改造的能量,而且这又非"英雄主义式"的随机偶发事件,它散布在每个孩子的身体里，社会进步正是依靠这一庞大群体。

二 家庭教育的时代机遇

作为最原始的生存样态，家庭在一定程度上具有超越时间的稳定性，传统依然左右着家庭的运作方式。纵观漫长的教育发展史，家庭教育的理念、结构、方式、内容等都延续着较强的惯性，甚至某些传统丝毫没有经历"岁月的洗涤"。然而，当人类以变革的姿态迈入崭新的时代，整个社会都处于激流勇进的潮头。家庭教育将迎来有史以来最强烈的冲击，而这也是最好的机遇。

（一）开放的教育观念唤醒了家庭教育的自我觉识

人们的教育观念主要受信息获取能力和受教育水平影响。2015—2019年数字中国指数的复合增长率已经达到83.4%，截至2020年12月，中国网民规模达到9.89亿，互联网普及率达到70.4%，[1] 中国正式迈入数字化时代。数字化带来的最大红利即获取信息的速度和容量的指数增长。与此同时，人们进入数字空间的资质也在降低，或者说数字化能力的训练方式正在便宜化和生活化。对数字生活的适应表现出最为自然的姿态，甚至成为大多数人都具备的"生存本能"。另外，我国人口受教育水平也在大幅度提升。2020年，劳动年龄人口平均受教育年限达到10.8年，高等教育历史性地进入普及化阶段，毛入学率达到54%。[2] 在数字化和受教育水平的双重影响下，家庭的教育观念日渐开放，对教育的理解也愈加深刻。

首先，开放的教育观念使家庭教育理解更加多元。当教育视野不再固着于某种既定目标和专职场域，转而投向不同的轨道和"地方"（place），家庭对教育的理解势必更加开阔。教育空间从私人领域走向公

---

[1] 《2020 数字中国指数报告》，2020 年 9 月 10 日，http://www.china-cer.com.cn/shuzijingji/202009108241.html.

[2] 中华人民共和国教育部：《我国新增劳动力平均受教育年限人均达13.8年，进入高等教育阶段》，2021 年 3 月 31 日，http://www.moe.gov.cn/jyb_xwfb/moe_2082/2021/2021_zl25/bd/202104/t20210401_523924.html.

共领域；教育内容兼顾文本化、虚拟化和在地化；教育目标生长于孩子的兴趣与特长；教育方式也从权威型向民主型转化。概言之，教育理解的多元化主要包括三层含义：其一，占有资源的多元化；其二，成长空间的多元化；其三，发展方向的多元化。资源多元丰富了占有的教育质料，空间多元拓展了活动的教育场域，方向多元包容了生命的教育想象。

其次，开放的教育观念使家庭教育理解更加科学。当前，越来越多家庭不再单纯依靠代际相承的"家族传统"育养子女，而且这些经验也很难再适应家庭教育的时代需求。大量"育儿书籍"出现在家庭的书架上，各类育儿APP、网络社区、短视频的订阅和点播量居高不下，"家长课程"往往"一票难求"，甚至家长"持证上岗"的呼声也甚嚣尘上。此外，家庭与学校和教育培训机构的联系越来越紧密，拉鲁所说的"协作培养"模式不再陌生。由此可见，家长已经认识到科学育儿的重要性，希望掌握更多、更全面的教育知识，并以更明智的姿态参与到孩子的成长当中。

最后，开放的教育观念使家庭教育理解更加包容。尽管"望子成龙"的家庭期望丝毫没有减弱，但是这种期望变得更加贴近现实，而且向多种可能敞开。一方面，家庭能够从孩子的特点和需求出发，选择与之相契合的期望，同时理性区分自己期待的成功与孩子悦纳的成功，并审慎看待两者之间的差距。另一方面，某一种"成功范式"的刻板印象渐渐淡出家庭的语境，他们愿意接受更广泛的成功定义，尽管这种标准不在日常理解的范畴。甚至，越来越多的家长可以理性包容孩子无法"成龙成凤"的现实。

家庭教育理解的多元、开放和包容将进一步唤醒家庭教育的自觉。其一，家庭教育的观念自觉。人们对家庭教育的重视和投入没有丝毫掩饰，这种共识让家庭保持着极高的教育专注。而且，每个家庭都有自己的教育理解，每种教育理解又存在各自的合理性。其二，家庭教育的行动自觉。家庭是一个自治系统，行动本身就具有高度自觉，同时教育行动的自觉又非盲目的，而是嵌入教育理解和规律的行动自恰，是观念自觉下的行动统一。换言之，家庭具备独立开展教育行动的能力。其三，家庭教育的反思自觉。家庭教育没有脚本和布景，它是在日常生活中自然展开的，所以冲突、争吵、无效、失败等问题可能频繁出现。反思自觉让家庭能够以更积极的心态"以人观己"，以更敏锐的理性"三思吾身"，并让这种反思成为教育生活的一部分。

（二）现代化的生活方式释放出蓬勃的家庭教育活力

现代化是第三次工业革命最显著的标签，生产生活中遗留的机器大工业时代的痕迹正在慢慢褪色。从历史的比较维度看，现代化带来的时代转变是革命性的。空间、时间和时空的教育性是时代变革的三类重要表征。首先，人类的活动空间不断扩张，物理距离在现代化的交通工具和通信手段面前已经不再是难以克服的障碍。这也意味着，空间正在坍缩，而空间之于人的意义则在无限放大。其次，时间是恒定的，但时间的利用率得到极大提升。人们在单位时间内可以承担的"活动量"成倍增长，尤其当数字终端和光纤信号进入日常生活之后，时间的每一帧都在被最大限度的开发和利用。最后，时空的教育性受到前所未有的关注，曾经"空"的场域被"再次载入"全新的教育资源和价值。人们渐渐习惯以"教育之眼"审视时空的意义，并愿意将这种意义在实践中表达出来。现代化的生活方式通过三类表征充分释放着家庭教育的活力。

空间释放了家庭教育的"运动"活力。因为空间在坍缩，家庭教育的运动半径可以超越居所和社区的传统边界，向更大、更远的场域拓展。走近曾经在书本、画册、屏幕上见识的"风景"不再是梦想，跨地区、跨国界旅行对很多家庭而言也非遥不可及，甚至社会的高流动性让部分家庭处于不断迁徙的状态。每一段旅行都是家庭教育的生动实践，每一处空间都是家庭教育的生动资源。家庭的步履覆盖越多空间，家庭教育的"运动机能"就越活跃，生动实践和生动资源的教育意义才更容易实现。也就是说，家庭教育的"运动"活力是被"空间的解放"释放的。当然，家庭需要学会享受空间坍缩的教育红利，而不是将其作为一种风险予以规避。

时间释放了家庭教育的"检索"活力。生命是在不断寻找中消耗的，无论是寻找身边的人和物，还是寻找遥远的理想和意义。而时间速率的提升大大节省了寻找的消耗。家庭可以通过搜索引擎迅速找到某个问题的答案,通过资讯平台及时更新世界信息,通过数据库加深主题理解。"点击"让家庭的教育生活更便捷,也让选择更多元。与"智慧生活"相伴随的是答案、信息、数据等方面的极大丰富,家庭可以在不同界面间随意切换,同时检索多项内容。虽然时间依然无增无减,但它被分解成了数条并行进程。那么,家庭教育的选择不仅面对庞大的"奖池",而且选择过程是多线程的,选择结果也不再具有唯一性。家庭教育与世界连接的触发机制得到了高效升级。

时空的教育性释放了家庭教育的"价值"活力。在"教育之眼"的视域下,整个社会都具有教育意义,几乎没有空间不能被教育嵌入。家庭苦苦寻找教育空间而不得的局面在当下得到极大改善,隐藏在空间深处的教育价值慢慢主动显现。只要具备足够的敏感性、意愿性和技术性,家庭可以为孩子任意划定教育场域。这对于长期将教育空间局限在正规教育机构的家庭而言是巨大进步。此外,闲暇时间的积累也让家庭教育有更多的作为可能,个体的教育想象能够以更自由的形式加载到"进度条"当中,教育具备了有力的时间依托。如果说,空间让家庭看到"处处都可教",时间让家庭意识到"时时皆可学",时空的教育性则让家庭摆脱了教育资源匮乏的状态,可以随时随地进入某个充盈教育价值的"应许之地"。

三 家庭教育的时代挑战

机遇与挑战并存,甚至机遇本身就蕴藏着挑战。当家庭以积极的教育自觉和充沛的教育活力面向全新的时代,时代发展要求和家庭教育水平之间会产生一种清晰可见的张力。如果这种张力无法维持"恰到好处"的均衡,其势必导致两者的不协合状态,从而使家庭教育在适应时代发展时出现紧迫感、迷茫感和无力感。

(一)家庭教育的选择与开发能力难以匹配"资源溢出"状态

人类一直在追求物质生活的极大富足状态,坚信到此阶段可以化解一切难题,却忽视了与之相匹配的精神生活富足,抑或说能够享受物质生活的精神准备。从蒙田到康德再到尼采，他们都更专注精神的"超凡脱俗"。如果没有精神的支撑，物质资源永远只是单纯的消耗品，无法进入人的世界，甚至会将人与人的关系推向崇尚"丛林法则"的"霍布斯深渊"。反观现实，学习型社会提供的充足教育资源并未改变部分家庭的成见，面对随处可见的教育场域，他们依然抱怨缺少教育空间，深陷迷茫、困惑而自怨自艾。过去，资源匮乏的状态没有给予家庭过多选择机会，但是只需考虑"是或否"的局面反而降低了理性参与的程度，在某种意义上帮助他们简化了生活。而当教育资源进入"溢出"阶段，社会必然向"家庭理性"提出更高的要求。问题的关键在于家庭是否具备与教育资源相匹配的选择与开发能力，沿袭旧有惯习又能否实现社会对家庭的教育期待。

首先，家庭未能意识潜在资源的教育价值。据《全国家庭教育状况调查报告（2018）》统计，家庭日常交流很少涉及"做人的道理""安全知识""法律常识""传统文化"等内容；近五成学生指出家长学业参与度低，且主要局限在"检查是否完成作业"和"提醒留出时间做作业"；相当比例的学生（八年级65.4%；四年级33.5%）报告家长"从不或几乎不"进行亲子阅读。[1] 可见，家庭的教育视界具有一定的局限性。究其原因，一方面，我国城乡居民每日可支配的闲暇时间约为3.6个小时，[2] 企业就业人员周平均工作时间为47.8小时，[3] 家庭无暇投入过多精力识别周围资源的教育价值，他们更愿意接受显而易见的，以及被习惯、传统、公众等标记好的教育资源。另一方面，在精致的功利主义影响下，家庭容易被可兑换为学业进步的"专业"教育资源吸引，看不到正规教育（学校、校外培训机构等）以外空间的教育价值。

其次，家庭无法针对性地筛选教育资源。面对纷繁复杂的教育资源，

---

[1] 北京师范大学儿童教育研究中心等：《全国家庭教育状况调查报告》，2018年9月27日，https://cicabeq.bnu.edu.cn/zljc/jcjgbg/84e865474fd642b3b7397ecb8f6c6c66.htm.
[2] 中国社会科学院旅游研究中心等：《中国国民休闲状况调查（2020）》，2020年12月25日，https://baijiahao.baidu.com/s?id=1686118765214986294&wfr=spider&for=pc.
[3] 国家统计局：《2021年国民经济持续恢复 发展预期目标较好完成》，2022年1月17日，http://www.stats.gov.cn/xxgk/sjfb/zxfb2020/202201/t20220117_1826436.html.

家庭究竟基于何种标准选择往往是个性化的。而这种个性化的立场又侧重于家长的理解，包括威权、阅历、责任、想象等。尽管家长主导是嵌入教育本质（培养人）的自觉，但是囿于"孝—敬—序"构成的"家长制"传统，资源选择过程缺失了重要的一环，即子女需要什么、适合什么和擅长什么。如果孩子的话语权被剥夺，那么整个教育过程就异化为弗莱雷所说的"灌输式压迫"。尽管家长"为了孩子好"的善意是毋庸置喙的，但是主体性被压抑的风险要远远高于"单方善意"所承载的良好愿景。这份自我感动的"执念"将自以为"好"的资源一股脑地介绍进家庭，结果只能是徒增烦恼、适得其反。孩子成为父母手中的"提线木偶"，家庭异化为令人窒息的专制空间，教育与锻造毫无异质。

最后，家庭不具备教育资源开发能力。虽然教育资源开发是一项专业技能，但是只要教育生活在发生，家庭就无法回避这项工作，因为社会资源需要教育性改制方能被孩子理解。家长是承担家庭教育资源开发的主体，他们往往没有专业的学习和训练经历，所以教育资源的最终样态只能取决于经验、悟性、投入度等不确定因素。例如，很多家庭进入美术馆之后表现出强烈的畏惧感和茫然感，[1] 除了图像本身，不知如何谈起。一方面，社会没有为家庭提供足够的支持，帮助他们获得这项能力，许多名义上的"家长学校"更专注教育教学管理的配合；[2] 另一方面，家庭自愿放弃这份责任，将其转交给学校、培训机构、社会教育场所、图书出版商等主体。多数家庭所做的只是让孩子与尽可能多的教育资源在本然状态下相遇，至于如何完成教育转制，他们往往无能为力，这也是为何场馆中亲子对话以隔离型缄默和无效对白为主。[3]

（二）家庭教育的边界意识无法满足"跨界合作"需求

人的生活世界的每一个领域的产生、运动和演进都有着本己的、特

---

[1] 刘婉珍：《美术馆的展览教育——无声的对话与沟通》，《博物馆学季刊》1997 年第 1 期。

[2] 张笑予、祁占勇、穆敏娟：《新时代家长学校治理的价值意蕴与实践逻辑》，《当代教育科学》2021 年第 10 期。

[3] 王乐、孙瑞芳、任鹏辉：《场馆境脉中亲子教育的话语分析——扎根×博物馆的质性考察》，《东南文化》2020 年第 5 期。

殊的目的、功能和需要。① 教育系统是一个"分工合作""秩序井然"的领域分化系统，不同领域拥有自己的"权限"和职责，也可以形象地将其描述为由相互独立的面向和领域共同编织成的"拼贴画"。家庭教育遵行专属的原则、标准、规律、路径、价值等，与其他教育系统和行为存在较高程度的区别、分离和分化，具有相对的自律性和自主性。然而，随着时代的发展，学校教育、家庭教育和社会教育之间的界限正变得越来越模糊。《学会生存》中写道："与其他教育形式相比，学校的重要性……不是正在提高，而是正在降低。"② 边界厘定权的"失势"和边界厘定标准的模糊极大程度削弱了家庭教育的地位和话语权。相反，其他教育系统和行为很可能借助"合法化"的"特权"，在制度和文化上形成一种"霸权"，僭越家庭教育自有的逻辑和规律。如此一来，家庭教育的目的、内容和方法都将在"重新编码和开发"中失去特色，并沦为"其他教育"的附庸。这一"越界"行为当前十分普遍，例如将家庭教育理解为"学校教育的辅助、补充和延伸"。

苏霍姆林斯基认为，家庭教育好比植物的根苗，根苗茁壮才能枝繁叶茂，开花结果。良好的学校教育是建立在良好的家庭道德基础上的。③ 然而，当前学校教育在社会中的作用和地位变得越来越重要，这也导致学校对家庭责任的僭越，以及家庭对于教育责任的推诿。家庭将学生成长的所有责任、义务和压力都抛给学校，自己因为懒惰、不自信或寻求免责不愿参与其中，这无疑又助长了学校的霸权。一直以来，学校习惯于将自己封闭在围墙之中，享受与外部世界隔离之后获得的权威感和自由感。学校占据教育话语的制高点，在外部"趾高气扬"，在内部"颐指气使"，教育俨然只剩下学校世界。与此同时，家庭在学校面前"卑微"地献上应有的权利，将孩子完全"托付"给学校，任凭打骂，甚至

---

① 贺来：《边界意识和人的解放》，上海人民出版社2007年版，第118页。
② [美] 菲利普·库姆斯：《世界教育危机》，赵宝恒等译，人民教育出版社2000年版，第19—20页。
③ [俄] 苏霍姆林斯基：《家长教育学》，杜志英等译，中国妇女出版社1983年版，第2—3页。

异化为"不打不骂的教育是不称职的教育",自己则心安理得地当起了"旁观者"。学校责任的扩大非但没有使学生的培养更高效,反而加重了学校的教学负担;非但没有使学校更具责任意识,反而激发了学校的权力欲;非但没减少家庭的负担,反而滋生了他们的不参与。加德纳说,加在学校头上的任务实在是太多了,使得学校无法在任何一个方面获得成功。①

另外,一类与上述情况完全相反对学校不信任的家庭也占到相当比重。这部分群体往往受过良好教育,阅读过一些所谓的"教育博文",对教育有"独到的"见解,并以此形成一套自己深信不疑的育儿哲学。在此情况下,家庭习惯以自己的育儿哲学审视孩子在学校接受的教育,当两者产生冲突时,对学校的不信任会令其踊跃实施干预,迫使学校进行调整,迎合自己的教育理念。在此情况下,学校需要向家庭妥协,积极满足家庭的教育期待。在此过程中,家庭和学校不会主动反思,也很难通过沟通寻找某种共识。如此导致的后果即家庭与学校关系的紧张,进而制约教育合力的形成,这种负面影响又会直接作用于孩子的成长。

教育边界的重心不在边界,而在"边界的渗透度"②,家庭教育不是一个与外界隔绝的"自为系统",它依赖其他系统而存在。在"自我限定性"的规范下,它需要借助"边界跨越",谋求与其他系统的"跨界合作"。家庭与学校应当建立责权明晰的系统边界,避免出现家庭教育"学校化",或者学校教育"家庭化"的现象。当家庭教育的触角伸入学校,抑或学校侵占本应由家庭承担的职责,教育的规范性势必受到破坏。无论家庭对学校的僭越,还是学校对家庭的包办,都是对责权明晰的健康教育系统的破坏。

尽管教育的内容、方式、手段等存在差异,家庭与学校的教育对象却是共同的。受教育者在家庭与学校之间不断地往来和切换,他们需要

---

① [美]内尔·诺丁斯:《学会关心:教育的另一种模式》,于天龙译,教育科学出版社2011年版,第56页。

② 刘旭东、马丽:《提升边界的渗透度:教育的实践性诉求》,《教育研究》2012年第6期。

不停地调整自己以适应两种不同的教育系统。如若家庭与学校的教育理念相互冲突，孩子势必面临两难的局面，在两种价值系统间困惑和摇摆，难以帮助其形成健康、同一的世界观，对于对与错、是与非无法做出正确的判断。在两个断裂的世界之间生活，他们时时处于被撕裂的风险之中。甚至，家庭与学校可能成为彼此的桎梏，双方形成完全相反的教育理念，学校认为家长不会教孩子，家长觉得学校在毁孩子。

第三节 家庭教育"内—外"空间的二重性

家者，居也；庭者，宫也。家庭是以居所（地缘）为中心构筑的亲密空间（血缘）。阿伦特也指出，如果不拥有一幢房屋，一个人就无法参与世界上的事务，因为他在这个世界上没有一个真正属于自己的处所。[1] 此外，教育是在地化的，不同空间的教育理念和逻辑具有各自的特色和重点。所以，家庭在"内—外"空间的教育表达和形态是相异的，房门的开合（家庭内部和家庭外部）表征了家庭向内的封闭性与向外的开放性。

哈贝马斯说："私人从其独有的房间里走出来，就会进入公共领域。"[2] 阿伦特也认为，家庭的四面墙壁，是使我们免于受到世界尤其是世界的公共方面侵害的避风港湾。[3] 在他们看来，家庭的"内—外"空间可分属私人领域和公共领域。私人领域以个体的情意、信念、取向、价值关怀、品格、德性等为内容，它内在于个体的精神世界；公共领域则更多地展现相互交流、共同生活、公开参与等社会交往和社会实践过程。[4] 家庭教育是发生于私人场域中的社会教育，它源于私人生活，又

---

[1] [美]阿伦特：《人的境况》，王寅丽译，上海人民出版社2009年版，第18页。
[2] [德]哈贝马斯：《公共领域的结构转型》，曹卫东等译，学林出版社1999年版，第38—39页。
[3] Hannah Arendt, *Crisis of the Republic*, New York: Harcourt Brace Jovanovich, 1972, p.186.
[4] 杨国荣：《个体之域与公共领域——以成己与成物过程为视域》，《社会科学》2009年第5期。

走向公共领域。① 由此可见，私人和公共领域将为分析"内—外"空间中的家庭教育提供适切的视角。此外，公共领域是形成公共意见、公众舆论的空间场所，它倡导自由结社、公共论辩、理性商谈和协商对话，② 包括咖啡馆、沙龙、各类场馆等。在此意义上，学校并不属于公共领域的范畴，它更偏向于"准公共领域"③。

一　私人领域：家庭在内部空间的教育表征

当走进家门，我们踏入了一个安全、封闭、亲密的私人领域，它是完全属于自己的，是人身体的延伸，甚至人们已经习惯在"家"前面加上我的限定。世界不能侵犯这一领域，④ 它受到法律、道德和传统的保护，只有"敲门"后获得准许方可进入。在家庭当中，人与人的关系靠着情感维系，因循"家文化"的伦理规范，浸淫于朝夕相处的亲密接触。所以，居所内的家庭教育表现出特殊的"家"的规定性。

（一）以爱之名：私密关系中以情为擎

私人领域的意义在于私有财产的四面墙垒为他提供了离开公共世界后唯一可靠的藏身之处，让他不仅可以摆脱发生在公共世界内的一切事情，而且可以摆脱其特有的被他人所见和所听的公开性。⑤ "伤于外者，必返其家。"（《周易·序卦传》）家庭为公共世界（暂时）退出的成员提供了肉体和灵魂的"安乐之土"，他们不再被惊扰，甚至不再显现身形，"理所当然"地将自己隐藏起来。当外界视线无法穿过家庭的墙壁（只能窥探），人们在家庭中所做的一切都成了秘密，它是安全的、自由的，也是遮蔽的、难以管控的。在此场景下，家庭教育的发生只能依凭个人本能和自觉，在本能释放与自觉沉思的持续张力中，教育生活得以

---

① 缪建东：《家庭教育》，北京师范大学出版社2015年版，第5页。
② ［德］哈贝马斯：《在事实与规范之间——关于法律和民主法治国的商谈理论》，童世骏译，生活·读书·新知三联书店2003年版，第447页。
③ 叶飞：《学校空间的"准公共领域"属性及其公民教育意蕴》，《教育科学》2013年第4期。
④ Hannah Arendt, *Crisis of the Republic*, New York: Harcourt Brace Jovanovich, 1972, p.186.
⑤ ［美］阿伦特：《人的境况》，王寅丽译，上海人民出版社2009年版，第47页。

展开。家庭教育常常被理解为私人行为，不需要"他人""指手画脚"，内部教育"智慧"很少主动向外部世界展示，其内化为私密的一部分，成为心得、经验、习惯等，被"居所"封存起来。

朱熹说："父母爱其子，正也。"家庭是一切社会中最古老且唯一自然的形态，家庭的自然特点即父母对子女的天然慈爱。[①] 情感是推动家庭教育运行的核心动力，它维系着本能中情感释放与自觉中情感沉思的张力。与其说家庭教育是责任的履行，不如说是情感的兑现。房门关闭之后，家庭的私密性强化了情感作用机制，每个角落都充盈着爱的气息，而情感的表达方式也变得更加直接，甚至粗放。由于情感"肆无忌惮"的迷漫，家庭中一切行为都会沾染它的痕印，教育初衷也习惯性被冠以"爱的名义"。"以爱之名"稳固了家庭结构，强化了家庭关系，满足了家庭情感需要。有调查证实，支持性、包容性和充满爱的家庭环境更有利于孩子身心健康发展。[②] 这种诗性情感让家庭教育具有了关怀、奉献、牺牲、感恩等诸多浪漫色彩。同时，情感又是非理性的，往往情绪使然、情境使然，"爱的名义"之下也存在情感纵容和情感绑架的风险。爱之无穷，而必欲其如何，则邪矣。情感也可能干扰个体教育自觉，教育的理性认知往往湮没在情感的群体满足当中，为教育而教育让位于为取悦（自己和他人）而教育。

（二）蒙以养正：伦理关系中以"序"为核

夫孝，德之本也，教之所由生也（《孝经·开宗明义章》）。孝是家庭伦理的内核，是家庭教育的重心。孔子曰："身体发肤，受之父母，不敢毁伤，孝之始也；立身行道，扬名于后世，以显父母，孝之终也。""夫孝，始于事亲，终于立身。"（《孝经·开宗明义章》）孟子也说："孩提之童，无不知爱其亲者，及其长也，无不知敬其兄也。亲亲，仁也；敬长，义也。无他，达之天下也。"（《孟子·尽心上》）可见，于孔

[①] ［澳］克里腾登：《父母、国家与教育权》，张东辉译，教育科学出版社2009年版，第44页。
[②] 俞国良、靳娟娟：《新时代"大家庭教育观"：理念和路径》，《教育科学研究》2020年第10期。

孟而言，孝被推重为内修德行，外修德治的初始价值。孝是亲子关系生发的伦理，其必然或显或隐地闪烁在家庭内部的教育关系当中，包括关系的作用方式、关系的表达形态、关系的构形目的，等等。孝悌之道是中国家庭教育最根本的内容，没有人不希望培养出孝顺的孩子。

《孝经集传》进一步阐释道："孝者序也，教即礼。"所谓序，即"无违""取诸阴阳之道""父父，子子，兄兄，弟弟，夫夫，妇妇，而家道正。"（《周易·家人卦》）家庭教育的目的正是为了"持序"——知序、尊序和行序，以序为纲，以序为目。一方面，重视子女知礼和行孝，懂规矩，孝敬长辈；另一方面，强调家长谨守礼法，以御子弟。此外，序又演绎为严，崇尚家长权威。"人之行莫大于孝，孝莫大于严父。"（《孝经·圣至章》）《颜氏家训》中也写道："父母威严而有慈，则子女畏慎而生孝矣。"尽管有"慈训曲全，尊亲斯备"的调和，但家长的权威一直都不容撼动。"棍棒底下出孝子""慈母多败儿"等育儿哲学在家庭生活中依然不绝于耳。

由此可见，在传统伦理的规范下，私人领域内的家庭教育是不自由、不平等，甚至暴力性的。阿伦特认为家庭是"最严格的不平等场所"，自由不存在于家庭领域，只有家庭的统治者是自由的，因为家庭是被人的需要和需求驱动的，即维持生计和延续种族生命。[①] 生养关系的不平等极易产生人格关系的不平等。有身体的成熟强壮、经济的独立能力、生活的照护养育以及伦理的礼法规则的加持，家长在家庭内部的教育关系中往往处于绝对支配地位，他们决定学什么、怎么学，甚至是非的判断，而且整个过程是不容置喙的，例如"不听老人言，吃亏在眼前""我吃过的盐比你吃过的饭都多"等话语的傲慢。因此，蒙以养正既凸显了家庭教育的道德性，也助长了教育关系的不平等。

（三）化于心成：育养关系中以"化"为径

育，养子使作善也。作为家庭最基本的义务，育养意味着血脉的延续、代际的传承和文化的继替。育是社会学意义上的育人，养是生物学

---

① ［美］阿伦特：《人的境况》，王寅丽译，上海人民出版社2009年版，第20页。

意义上的照养，养中有育，育中有养。① 生命始于"自"家庭的育养，终于"对"家庭的养育。所以，育养是家庭教育的行动性表达，而育养关系则是教育过程中形成的自然结构，它嵌入到家庭（教育）生活的每个细节。

私人领域中家庭教育的特殊性在于它与家庭生活融为一体，生活即教育，教育亦生活。抑或说，"生活实在"是其本质属性，包括随机性、日常性、熏染性和耗散性。家庭是"空间的诗学"，对孩子而言，家是其生活的整个世界，他们诞生其中的居所会在身体上留下自然习惯的印记，窗户、门、橱柜等都具有教育意义。② 对家的探索（如翻箱倒柜、拆解玩具等）是孩子最大的好奇，而好奇不断澄清与再生的过程恰恰表征了生命的自然展开。家庭空间中的一切事物和角落都可能成为教育行动的媒介，区别仅仅在于教育故事的阐释意识、方式和程度。许衡认为，"衣服、饮食，克己之事也"。朱熹指出，"古者小学教人以洒扫应对进退之节"。可见，家庭内部的教育总不过一个"化"字，只有化生活于教育，方能"无扞格不胜之患"，进而"习与知长，化与心成"。此外，"化"又包括三层含义。

首先，基于潜移默"化"的熏染教育。孩子的成长是在事件和榜样的教育意义阐发中自然发生的，尽管环境可以被设计（如孟母三迁），教育发生的过程却是隐性的、默会的，而且环境是否以及在多大程度上具有教育意义也是难以量度的。《颜氏家训》也提出，"熏渍陶染，言笑举动，无心于学，潜移默化，自然似之"。另外，家庭中的熏染教育既会通过日常生活的交流、活动、冲突等偶然片断发挥作用，又会建立一种相对固定的教育习惯（家风）施以长时影响。家庭生活的自然演绎本身即表征着教育的展开，人们无时无刻不在接受家庭的教育影响，积极也好，消极也罢，而且这种影响多数时候是无法觉察的模仿、暗示或感悟。

---

① 康丽颖、姬甜甜：《回归教育学视域的家庭教育理论建构》，《教育科学》2021年第1期。

② ［美］内尔·诺丁斯：《批判性课程：学校应该教授哪些知识》，李树培译，教育科学出版社2015年版，第68页。

其次，基于"化"整为零的全面教育。家是生活化的松散空间，它本身即构成完整的教育场域，而居住于其中的人也将接受全面照护。就前者而言，家庭教育的影响因素包罗万象，涉及个体自身生命史、家庭的文化资本和积淀、生活环境和结构以及家庭成员之间的语言和行为交互等方面。此外，家庭中不仅有和谐的教育，也有不和谐的教育，会有争吵、怀疑、胆怯、困难等，这种不和谐同样是成长中不可或缺的组成部分。就后者而言，家庭教育对人的培养向度是面面俱到的，包括身心的成熟、道德的发展、情感的丰富、兴趣的培养、关系的构建、习惯的养成等。朱熹将其概括为"衣服冠履""语言步趋""洒扫涓洁"和"读书写字"。

最后，基于"化"地为书的实地教育。人是地方的栖居者，他/她的根系牢牢地扎在家乡的土地上，他/她的眼睛首先看到的是父母，他/她的记忆首先是被家庭所镌刻。我们总是习惯优先获取近身知识，而家庭正是随手即可攫取知识的教育场域。此外，家庭本身也表现出实地化的运行模式，所有人都是扎根居所的具身存在。那么，化地为书自然内化为家庭教育的工作逻辑。一方面，家庭教育内容是近地的，包括奇趣见闻、生活琐事、传统礼仪、人生经验、个人感悟等。另一方面，家庭教育方式是在地的，包括言传身教、榜样示范、习惯养成等。例如，岩村沿袭多年的"烤火"传统，全家人围坐火堆的物理时空充盈着安全、依恋和亲密的心理氛围，儿童能体验到被接纳、支持、镜映和激励等多种与生命存在相连的感受。[①]

二 公共领域：家庭在外部空间的教育表征

如果我们回避阿伦特的政治意图，那么公共领域就是一个众人相互交流而形成的"社会空间"，[②] 人们可以自由出入和往来。所以，公共领

[①] 王彬、向茂甫：《传统家庭教育空间及其变迁——岩村烤火的田野研究》，《民族教育研究》2019年第2期。

[②] [德]哈贝马斯：《在事实与规范之间——关于法律和民主法治国的商谈理论》，童世骏译，生活·读书·新知三联书店2003年版，第447页。

域是自由、平等、非暴力和公共性的空间，它友好地迎接着所有自愿走来的人群。当家庭推开房门，进入与私人领域完全不同的"嘈杂场域"时，家庭内部的教育惯习势必发生改变，它需要基于外部空间重构一种新的教育逻辑。

（一）知事明理：亲密关系中重视世界面向

家庭进入公共领域后，关系的本体即血浓于水的身份虽不会改变，亲密的表达方式却会随环境自觉调整，甚至亲密程度会被一定程度稀释。因为任何在公共场合出现的东西都能被所有人看到和听到，家庭完全暴露在公众面前，它失去了被庇护的屏障和安全感，从而表现出去私人化和去个人化的特征。[①] 换言之，家庭关系的亲密样态具有情境依赖性，内外空间亲密行为的不同反映出家庭教育从"情感"到"理性"的价值转向。

当家庭成员达成共识，愿意走进公共领域，一种亲密关系的附加效应开始出现，即家庭作为整体面向外部世界的交互意义。亲密关系中内部流动的情感开始向外涌出，它不再固执于家庭成员之间的心理满足。随着外部空间的深入，情感逐渐成为一种动力和中介，作用于教育意义上的世界探知和自我完善。而通过走向世界、探究世界进而发现自我、认识自我和提高自我的过程即知事明理的自然生成。诚然，内部空间的家庭教育不乏理性，但外部空间向家庭呈现的是有生命的实在世界，是"自然人"向"社会人"转化的必要构成。而且，外部世界向家庭的敞开是全面的，包括地理、历史、生物、艺术、传统等，同时又赋予其选择的权利，他们可以自行决定去向。其实，家庭走出家门最真实的原因就是"带孩子出去走走看看"，而走和看恰恰表征了他们对世界的意义构建及其背后的需求。

此外，公共生活的意义在于每个人都从不同位置去看去听。当人们只从一个角度理解世界，抑或只允许世界从一个角度展现自己，公共生活也就走到了尽头。所以，公共领域是一个以意见取代真理，从意见中

---

① ［美］阿伦特：《人的境况》，王寅丽译，上海人民出版社2009年版，第32页。

掌握真理的空间。身处开放、多元、动态和复杂的公共空间，每个人都从自己的视角收集信息、表达意见、理解世界，面对真假难辨的表象，我们需要理性去抉择。笛卡尔也指出，理性是正确判断和辨别真假的能力。① 家庭教育正是要承担知事明理的责任，引导孩子在与世界交互的过程中，逐渐生成理性自觉。而且，公共领域也让孩子体验着与家庭刻意营造的"真空环境"不同的真实世界，在意外、矛盾、惊异、顿悟、沉思等行为的体验中构建整全的世界图景。

如果说走向世界是家庭亲密关系的外部延伸，那么家长对亲密关系的理解以及走进公共领域的能力将决定延伸的方向、范围和深度。孩子并非直接参与世界当中，他们离不开家长的中介作用，包括引导、解释、照护等。当失去了居所的护佑和教管，家长的作用将被大大凸显。因此，家长的意愿、能力以及教育方式将决定着孩子面向世界的可能与深度。

（二）立德修身：伦理关系中强调公共意识

海德格尔说："世界是我和他人共同拥有的，人的自在存在就是共同存在。"② 人是社会的动物，公共生活是每个人都无法回避的必要栖居方式，阿伦特对此推崇备至。公共领域是一种"井然有序的戏景"，它按照公共的逻辑向众人敞开。如果要在公共领域生活，人们需要遵守公共的"游戏规则"（公共秩序和公共伦理）。公共性是公共领域最根本的规则，公共空间的每位到访者都是自由平等的，他们对资源享有相同的占有和使用机会，而且公共性亦是每个人不可剥夺的权利。

进入公共领域之后，家庭成员的自然角色（亲子）开始增扩到社会角色（公共参与者），由于可以被外界观察、聆听、言说、接触，公共生活的参与会影响家庭之外的其他人，反之亦然。在此情况下，家庭的参与方式就需要适应公共生活的规则。人们无法再像家里一样行事，某些行为"关上门"是适切的，但在公共领域就会不合时宜。因此，公共领域的家庭需要具备一种公共意识，使教育符合公共的习惯和规则，例

---

① 北京大学哲学系外国哲学史教研室：《十六—十八世纪西欧各国哲学》，商务印书馆1975年版，第137页。

② ［德］海德格尔：《存在与时间》，陈嘉映、王庆节译，三联书店1987年版，第146页。

如场馆中亲子间的互动方式不能违反参观制度以及妨碍他人。另外，在公共生活中，家庭内部的原有伦理关系也会被公共伦理重构，私人关系转变成了公共关系，内在私"序"需要服从外在公"序"。亲子关系被放置在公共空间接受外界检视，家庭不仅要处理自然关系，还要权衡社会关系。那么，家庭教育的连贯性很可能被异质空间打破，在家教育孩子的习惯不一定会被公共领域接纳。因此，教育从家庭伦理走向了公共伦理，从私人事件变成了公共事件，公共意识被嵌入家庭教育的运行机制。

所谓公共意识是指社会公众在公共领域或公共交往实践中表现出的一种以公共利益或公共秩序为思维取向的认同意识，[①] 是公民参与公共生活而具备的基本道德品质，包含民主、平等、自由、秩序、责任和公共利益等一系列最基本的价值命题。[②] 公共领域中家庭教育的重要目的正是培养孩子的公共意识，使其关心公共事务、参与公共生活、遵守公共秩序，初步形成一种积极的公共身份。简而言之，家庭教育需要指导孩子参与公共世界的建构，使他们意识到哪些事情可以做，哪些事情应该做，具备基本的社会公德，了解自己是作为群体和公民生存于世的。由此可见，家庭教育是在内在的"人与人"的伦理关系公共性重构和外在的"人与世界"的伦理关系公共性建构中，对作为单位的家庭和作为个人的子女进行的"立公德，修公身"的教育。

（三）求知问道：育养关系中侧重积极教育

私人领域的育养关系是在家庭中隐匿起来的，不需要言说，彼此心知肚明，外界也不会过多揣测。公共领域的育养关系往往需要积极地呈现才能被看见和听见，例如身体的亲密接触、身份的反复确认等。也就是说，同在一个屋檐下的家人很容易判断，公共空间中的家人则需要更为细致的"察言观色"。因此，家庭在公共领域通常表现出一种显在的积极性，向外界表明身份和态度，声明"我是谁""我来了"。

---

① 杨淑萍：《公共精神的生发逻辑及青少年公共精神的培育路径》，《教育研究》2018年第3期。

② ［美］罗伯特·帕特南：《使民主运转起来》，江西人民出版社2001年版，第113页。

家庭"走出家门"往往不是盲目和随意的，从想法出现到具体实施整个过程其实已经嵌入积极意志，并表征家庭的确切态度和意愿。无论是去博物馆、动物园的深思熟虑，还是去图书馆、游乐场的临时起意，都是寄予某种教育期许的积极选择。抑或说，出走本身即具有明显的积极性，否则牢牢关上房门更省心省事。即便带着孩子出去玩耍，也不与教育意义抵牾，玩不仅具有多重面向，它也是教育的重要面向之一。

从生物遗传学的角度看，家长不会止步于子嗣繁衍，他们作为子女与世界的中介，会积极地将世界介绍给子女（懂事），或者鼓励子女尽快走向世界（长大）。他们总希望子女"知道得多一些""多明白一些道理""多交一些朋友"……并为此不懈努力，例如有些家长会努力带孩子出去"见见世面"。所以，家长作为物理和精神上的双重引路人，公共领域中的教育参与度和参与需求更强，孩子需要他们在陌生的空间提供智识和情感支持。在此意义上，家长的角色开始向教师转变，致力于引导孩子在世界中求知问道。

另外，求知问道的背后是家长对子女"成龙成凤"的积极期待。他们相信孩子享受的教育资源越多，距离"成龙成凤"的目标就越近。公共领域作为开放的资源库，为家庭提供了充分的教育想象。所以，进入公共领域的家庭存在一种积极世界面向的潜在态势，即能够利用教育资源满足教育想象，诚然每个家庭的想象力及其表达方式不同。由此可见，与阿伦特对公共生活的美好想象相悖，家庭更愿将其视为育养子女的"工具"，它不再是自己的目的，一切服膺于孩子的成长。如此一来，个人需求与公共规则之间难免产生冲突，而从何而善的抉择主要靠家庭权衡。这也增加了积极教育的风险，有可能为了私欲僭越公德，也可能为了公序牺牲私义。

三 潜在风险：家庭教育在"内—外"空间中的习惯性错位

私人领域和公共领域的边界相对清晰，"居所的围墙"直观地横亘其间，它也划定了两种不同的教育发生场域。然而，家庭的生活状态是流动的，它不会永久固守一个领域，而是在两种场域之间穿梭。当身体在两种生活空间不断切换,如何保持各自的教育逻辑就需要极大的清醒。否则,家庭教育很容易在场域转换中出现习惯性的错位风险。

(一) 封闭的私人领域

"读书"在中国传统家庭教育中占据重要地位。颜之推说:"若能常保数百卷书,千载终不为小人也"。家庭语境的"读书"偏重字面意义的静态行为,通常指固定在家庭空间内的学业专注。很多时候家庭将对教育的理解等同于对"读书"的想象,家庭教育的大部分努力投入到按捺孩子走出家门的冲动上,让其全身心沉浸在"书本"当中。这又镜像为"两耳不闻窗外事,一心只读圣贤书"的理想教育群像。

"捂住的双耳"遮蔽的是公共生活的参与和公共意识的自觉。阿伦特认为,独处的贫乏关键在于他人的缺失,我的任何行为对别人都是无足轻重的。[1] 我从他人中被剥离出来,我不是他人中的一员,能看到的仅仅是我自己以及最亲密的伴读者。独处生活意味着被剥夺了真正人类生活所必不可少的东西:来自他人所见所闻的现实性;公共世界作为媒介与别人相联系或相分离的"客观"关系;取得比生命更为永久的业绩的可能性。我在教育中被家庭放逐了,开始离群索居,很难再跟上公共生活的步伐。

"圣贤书"遮蔽的是对真实世界的感知和感受。家庭里的孩子正在被书架和屏幕绑架,生活在由文本和图像构造的抽象空间,他们往往通过文字和画面了解世界,这种求知主要靠推理和想象,缺少嵌入头脑的有生命的素材加工。他们获取的知识是冰冷的,难以唤起身体的感官反应和心灵的情感共鸣,在头脑中勾勒的画面也是模糊的,是由图片、文字等堆砌起来的粗糙拼接画。书本和电子产品隔断了孩子与"街坊邻里"的联系,彼此的房门不再随时敞开,集体和文化的归属感失落在封闭的空间中。最具基础意义的知识是关于人们自身生存场域的特定知识,而对这一知识的漠视是最大的无知。[2] 悖谬的是"书"读得越多,越会

---

[1] [美] 阿伦特:《人的境况》,王寅丽译,上海人民出版社2009年版,第39页。

[2] David Gruenewald, "Foundations of Place: A Multidisciplinary Framework for Place-Conscious Education", *American Educational Research Journal*, Vol. 40, No. 3, 2003, pp. 619–654.

加剧地方性的无知，孩子的现实感越弱。

另外，封闭性也强化了家长的专断威权。关上门，教育就成了私事，家长自然是话语的绝对主导。他们定义着教育的目的、内容、方式等，因为旁观者的缺席，教育成功与否也是自己说了算。而且，封闭本身亦是家长专断的结果，他们将孩子绑定在抽象的知识学习和窒息的情感依恋当中，谨守着"严是爱，松是害"的教育哲学。自由在封闭的教育生活中难觅踪迹。

（二）放任的公共领域

从历史上看，公共领域的兴起极有可能以牺牲家庭和家庭的私人领域为代价。[①] 当家庭从私人领域进入公共领域，家庭教育的亲密性和主动性尤其受到异质空间的冲击，部分家庭甚至选择让渡两种特质，使教育呈现出放任的状态。在此情况下，家长将孩子"抛掷"到公共世界当中，任由其"自娱自乐"，自己则退隐为旁观者，抑或被动的回应者。例如，博物馆中孩子在前面走，父母在后面默默跟着的缄默型家庭；孩子问东问西，父母敷衍了事的独白型家庭等。[②] 这一过程中很难看到家庭成员之间亲密的陪伴和主动的交流，只剩下孩子"孤独的身影"，群体的教育行为也窄化为个体的学习行为。[③]

家庭教育本质上是一种关系的意义生发。公共领域的放任恰恰弱化了家庭内部的教育关系，在家长虚化为背景板的画面里孩子只身演绎着独角戏，亲子之间只剩下毫无教育意义的无效互动，如身体的关注和确认等。这种放任的前提性假设是没有家长的指导，孩子依然可以自主建构世界。而问题在于对孩子而言，公共领域的规则、事物、事件等都是陌生的，他们仅仅是基于有限的经验、智识和勇气在试探，如果没有恰当的引导，很难真正走进和理解公共生活。这也意味着，上述假设更多是家长的自我推脱和宽慰。

---

① ［美］阿伦特：《人的境况》，王寅丽译，上海人民出版社2009年版，第18页。
② 王乐、孙瑞芳、任鹏辉：《场馆境脉中亲子教育的话语分析——扎根×博物馆的质性考察》，《东南文化》2020年第5期。
③ 王乐、涂艳国：《场馆教育引论》，《教育研究》2015年第4期。

那么，公共领域放任的又是家长不可推卸的教育责任。他们从当下的公共生活中退出，成了旁观者；他们解除了亲子间的亲密关系，成了陌生人；他们放弃了教养的责任，成了冷漠者。尽管他们试图将私人领域的责任转交到公共领域，但后者是接纳型的开放空间，难以满足积极教育的需求，而且它们的责任阐释方式与家庭也不相同。另外，家长的放任又非全然的主观意愿，外部环境、个人能力等也会影响其选择，甚至使之不得不放任，例如面对专业性较高的美术展品等。

（三）私人领域的公共化

随着公共生活积极向公众敞开，一些家庭会自觉或不自觉地把适用于公共领域的规则迁移到私人领域，以公共逻辑指导私人生活，这也导致了私人领域公共化的偏向。它不仅把公共领域的风险带到了私人领域，而且很可能破坏私人领域的内在逻辑和特色。

一方面，公共化可能侵犯私人领域的权力边界。公共化的风险在于家庭生活中公共逻辑对私人逻辑的置换。透明、共享等公共特质极易使"公共"变异为专制手段，隐私、秘密等私权被暴露在家庭的"公共视野"，家庭成员之间的边界被家长单方面的"专制"和"亲密"模糊。父母可以自由闯入孩子的领地，搜集孩子的秘密，窃听孩子的心声，孩子的私人权力几乎不复存在。这些"树洞"恰恰是最具教育意义的私人空间，是孩子探索自我意识的重要方式。如此一来，成人与孩子之间的边界被公共化抹平，家庭成为成人单方面的"游戏场域"，留给孩子的只剩下被安置的栖息权，家庭生活的私人细节被剥夺了教育意义。

另一方面，公共化可能加剧私人领域的教养分离。如果家庭生活遵循公共秩序，私人领域的情感浓度势必被稀释，亲人之间本该有的亲昵、溺爱、俏皮、吵闹等都会被禁止，好像一切都在按"章程"行事。亲子关系的情感满足让步于生物关系的照养义务。如前所述，情感的弱化说明教育责任的转嫁，家长将教育推诿于学校、培训机构、公共领域等，自己则专注身体上的照护，从而造成重养轻教的局面。公共化的惯习还为其贴上"科学分工"的标签。养所蕴含的教育能量在此过程中白白浪费，甚至出现"养"对于"教"的抗拒，例如"我只负责养"的傲慢。

再加上"养子容易,教子难"的挑战,化教于养、教养合一的理念被"机敏"地搁置或漠视。

(四) 公共领域的私人化

相较于私人领域的公共化,公共领域私人化的风险更大,因为它危及了整个公共生活的秩序。也难怪哈贝马斯禁止私人领域进入公共领域,即便无法实现,他也试图把前者在公共空间中悬置起来。对家庭而言,私人生活相对固定,但公共生活则更为复杂。当家庭将内部空间的教育传统延续到外部空间,公共领域私人化的风险就在所难免。

私人化最大的风险是对公共秩序的漠视。许多家庭在公共场所不会顾及公共规则、资源的公共性以及在场的他人,依然沿用家庭内部的行为习惯,包括大声交流、独占资源、为所欲为等,无视不同场域的文化差异和教育结构。当公共生活与个人利益产生冲突,他们会毫不犹豫地维护个人私利,甚至以牺牲基本道德准则为代价,例如纵容孩子在公共场合无理取闹等。由此可见,家庭将内部的非理性因素带入了公共领域的理性生活。家庭成员间的私人情感如果在公共生活中居于主导地位,其势必对公共理性产生威胁,以"为了孩子好"绑架公共资源和秩序,为此在公共场合"情绪失控"的家长并不在少数。同时,它也助长了一批"暴虐"的家长,试图用个人权威"规训"孩子对公共世界的探索,未能赋予其适度的自由空间,有时这种"管制"又非以公共秩序为纲,而仅仅根据个人的意愿和理解。

究其原因,公共领域私人化是一种"个人优先"原则的体现。家庭以个人的满足和得失审度整个公共生活,缺乏集体生活的公共意识,所以私人化本质上即私利化。家的边界在此过程中消失了,家内与家外的教育演绎方式也模糊了。换言之,公共领域于其而言只不过是放大的私人领域,这也是为什么旁观者经常指责他们"把这里当成自己家了"。在个体意义上,公共领域异化为私人空间,因逾矩而得利产生的"破窗效应"很可能会瓦解整个公共秩序。此外,由于孩子尚未形成明确的私人与公共领域的边界意识,越界的主要责任应由家长承担,那么私人化很大程度上是家长为抢占教育资源的有意为之,或称之为公共生活的

"内卷化"。

四 公私兼济：家庭教育在"内—外"空间中的意义调和

因为私人领域与公共领域的区别主要表现为显现出来的东西与隐藏起来的东西,[①] 所以两者之间的差异是显而易见的。然而，人的生活是动态的，他们不断穿梭在两种场域之间，这也产生了错位的风险。家庭是从公共世界退隐之后的私人生活单元，但是它又保持着积极的公共面向。因此，家庭生活的真正挑战不仅在于居所划定的空间，还在于如何寻找不同空间之于人的教育意义并存续一种协和的状态。

（一）保持区隔特色的教育逻辑

私人领域和公共领域是被居所清晰划定出来的，两者之间的界线（感）无论如何都不能也不必淡化和消弭，因为它们之于人的意义是分殊的。阿伦特就指出，自古代城市国家产生以来，私人生活空间和公共生活空间始终是两个截然有别的、独立存在的实体。[②] 这种领域分殊的生存系统恰恰构成了人们的"社会行动结构"，它通过个人和社会两个维度完成主体的完整形塑。反言之，正是因为私人领域和公共领域的区隔逻辑，人才能兼具个体性和公共性，才能有勇气从家庭走向社会。所以，家庭教育应当积极保持内外空间的分殊特质。

私人领域中家庭教育的特殊性在于扎根私密空间的亲密性常在化影响。情感、礼序和化育构成内部家庭教育的质的规定性。情感让教育有温度，礼序让教育有责任，化育让教育有觉悟。在某种意义上，家庭教育是隐匿在亲子日常情感互动当中的，它内化为家庭生活的必需品，如若缺失，家庭的完整性也将遭到破坏。阿伦特也说："私人拥有的东西要比公共世界的任何部分更迫切地为我们所需要。"[③] 由此可见，私人领域的家庭教育为孩子提供的是独一无二的综合维度的安全感，包括环境的

[①] 杨国荣：《个体之域与公共领域——以成己与成物过程为视域》，《社会科学》2009年第5期。

[②] ［美］阿伦特：《人的境况》，王寅丽译，上海人民出版社2009年版，第18页。

[③] ［美］阿伦特：《人的境况》，王寅丽译，上海人民出版社2009年版，第44页。

安全、情感的安全、生活的安全和成长的安全。为保障孩子的安全感，家庭应审慎整理环境、表达情感、安排生活和引导成长，使家庭教育有情、有度、有识，避免陷入封闭空间中情感绑架、权威专断等传统旋涡。

公共领域中家庭教育的特殊性在于扎根公共空间的积极世界参与和面向。理性、公德和问学构成外部家庭教育的质的规定性。当走向公共空间的家庭完成公共身份的转向，家庭教育自然而然成为公共事业的组成，他们在被"公共"观察和约束的同时也在参与"公共"的重建。所以，公共领域的家庭教育是开放的、外部指向的、符合公共秩序的，它主动显现在公共世界当中，外化为公共生活的必需品。作为人的社会化成长中不可或缺的环节，它旨在培养孩子公共生活的意识和能力，学会与自然和社会和谐相处，将语言、习惯、态度和行为变成自己的一部分。[①] 在此情况下，家长应当积极发挥中介作用，将外部世界介绍给孩子，引导其依循公共逻辑参与公共生活，教育过程本身也要符合公共规范，尽量避免责任放任、功能错置等风险。

对不同领域教育规定性的坚守是保持系统区隔的关键，而这又要求家庭对私人与公共领域界限的敏感以及不同教育表达方式的区分。因此，家庭应当具备一种积极的教育自觉，当进入不同场域，它可以自动激活与之相适的教育机制。其实，很多家庭在无意识中已经表现出明显的区分，例如家长会要求孩子在公共场所注意言行。当前的挑战主要在如何让家庭将这种区分嵌入教育自觉，并保持两种领域之间教育机制不断切换的意志。基于此，家庭的首要任务即树立场域的边界意识以及生成系统区隔的深入教育理解，让居所内的隐匿性和居所外的开放性真正发挥积极的教育意义。

（二）寻求两种领域的教育融通

家庭的空间是有界的，但家庭教育的影响是连续的。它存在于人类生活的所有可能空间当中，是超越空间而进行的连续性教育。[②] 所以，

[①] 黄育馥：《人与社会：社会化问题在美国》，辽宁人民出版社1986年版，第225页。
[②] 孙俊三、孙松竹：《家庭教育是基础教育，也是终身教育》，《湖南师范大学教育科学学报》2016年第5期。

私人领域与公共领域在教育意义上无法完全割裂,每种领域会永久携带各自的基因,并且时时向对方保持密切的窥探。这种连续性是社会化的必要条件,也是"内教育"向"外教育"延伸实现"家国一体"的路径。洛克说:"孩子们应该受到良好的教育,这是父母的责任,也是国家的幸福和繁荣要依靠的。"① 为规避私人领域公共化和公共领域私人化的风险,两种空间的教育融通应当是某一领域向对方的适当敞开,留一处空白为彼此落脚,切勿改变作为序参量的核心特征。

私人领域的家庭教育应保持对公共生活的好奇和感知。好奇是对公共生活的蓄力,表现出一种积极参与的准备和态势。家长要引导孩子认识家庭生活是为"城邦中得体的公共生活"而存在的,每个人都不应拒绝公共生活的身份、责任和权利。吉丁斯认为,社会化包括初级社会化、次级社会化和再社会化三种类型,前两种类型主要在家庭中完成。② 所以,家庭教育要承担起社会化的责任,让孩子保持对公共生活的积极想象。感知是对公共生活的探视,即以一种间接或抽象的形式将外部世界介绍给孩子。通过语言、行为、文本、影像等向他们解释公共生活的方式、规则、内容和意义,使其对公共生活形成概化印象,进而初步获具公共理性。而且,公共理性也应渗透家庭教育的完整结构。有学者指出,使家庭生活尽可能地体现理性、回归理性是家庭教育走出困境的根本途径。③ 很难想象缺失理性的家庭教育会造成何种程度的混乱。此外,因为公共感知是融入家庭生活的,所以也避免了离身离地和弱现实感的问题。

公共领域的家庭教育应延续私人生活的亲密和专注。阿伦特说:"公共领域只为个性保留着,它是人们唯一能够显示他们真正是谁,不可替代的地方。"④ 可见,这种延续是内生于血缘与关系的自然发生。亲密是

---

① [英]洛克:《教育漫话》,郎悦洁译,武汉出版社2014年版,第4页。
② 刘豪兴、朱少华:《人的社会化》,上海人民出版社1993年版,第14页。
③ 丛晓波、刘鑫文:《转型期我国家庭教育的困境与出路》,《东北师大学报》(哲学社会科学版)2019年第5期。
④ [美]阿伦特:《人的境况》,王寅丽译,上海人民出版社2009年版,第27页。

对公共生活中亲子情感关系的要求，让孩子意识到彼此间的感情不会随环境改变而改变，防止出现疏离感和不安全感。亲密构筑了情感上相对封闭的无形空间，它可以增加孩子与外部世界互动的效率和舒适度。亲密的表征方式是多样的，包括言语、身体、眼神、行动等，所以家长应充分利用这些符号勇敢释放亲密信号。专注是对公共生活中教育责任的要求，家长应在孩子和公共世界之间扮演好积极的纽带作用，投入家庭生活的同种热情培养合格公民。在哈贝马斯看来，参与公共领域的私人所讨论的问题一定是公共问题。[①] 所以，家长应为孩子创造问题空间，激活问题意识，开展问题探究，通过公共问题的沉思形塑公共生活的参与意识。

（三）建立空间结构的教育均衡

私人领域和公共领域共同组成社会的基本结构，而归属私人领域的家庭无法回避社会化的公共面向，所以它需要找到一种公私之间的平衡，既保护家的"隐私"，又履行"家国一体"的责任。从宏观的空间结构上看，这种平衡不仅是生活方式的时间协调，更是生活意义的内涵兼顾。时间只是显现出来的检验指标，成长内涵的完善才是真正的价值诉求。穿梭与私人与公共领域之间的家庭教育尤其需要找到合理的节奏，建立时间与内涵的教育均衡。

一方面，教育时间的均衡是指家庭在私人和公共领域教育精力的投入均衡。家庭应合理安排内外空间的教育比重，不把孩子长期"圈养"在家里，也不放任其在外面"肆意"。诚然，完全均等的时间划分是不合时宜的，但是家庭应根据各自需要和特点建立适切的时间分隔点，其核心尺度在于孩子的教育感受、体验和表现。此外，时段与顺序也要彼此协调，何时出去、出去多久、出去频率等都要基于清晰的教育理解精心设计，具体包括主题选择、内容衔接、结构互补等。

另一方面，教育内涵的均衡是指家庭在具身与抽象、近地与远方之间教育资源的配置均衡。世界是具身的，认识世界的方式却常常被抽象

---

① 王晓升：《"公共领域"概念辨析》，《吉林大学社会科学学报》2011年第7期。

化。家庭教育不仅要引导孩子掌握间接认识世界的抽象方法（走入想象），而且要帮助其获得直接感知世界的具身体验（走进生活）。两者的平衡是通过在"公域"与"书房"之间反复游走确定的。人是在地化的存在，也具有走向远方的态势。家庭教育既要向孩子提供近身资源形塑文化身份（文化人），也要开阔其远方视野保持现代性（现代人）。相较而言，家庭教育应当优先传递本土知识、培养本土情感、增强本土认同，只有立足本土，才能面向世界。

由此可见，空间结构的教育均衡是一种全家庭全时空的育人体系，是社会空间的整全覆盖。家庭掌握更为敏锐的教育视角，认真审视私人和公共领域的教育价值，根据不同空间的教育理解建立特色补偿的边界意识。另外，这种教育均衡还是个体意义上全方位全维度的成长理念，推动着个人的全面发展。家庭将私人和公共领域的特色资源融入日常教育行动，对接孩子多元智能需求，观照个体生命整全成长。

虽然教育均衡的建立必然受布迪厄所说的"文化资本"影响，但这种作用并非决定性的，家庭教育的投入意识和精力更为关键。城市博物馆和乡村庙会对孩子私人情感和公共意识的影响并无程度上的高低区分。因此，家庭在私人和公共生活中的教育责任应当被唤醒，并且愿意寻找内外空间可资利用的教育资源，用最直接的身心投入弱化文化资本的间接影响。

第三章

"相遇"：家庭教育的场馆选择

> 我们读一段关于一幅画的专门说明和实际看这幅画，两者是不同的；只是看到这幅画和看了之后被画所感动，两者是不同的；学习有关光的数学方程式，和在朦胧的景色中看到特别壮丽的照明而为之神往，这两者是不同的。
>
> ——杜威《民主主义与教育》

家庭是场馆境脉中规模最大、活跃度最高、结构最独特[1]的教育资源享用者。早在20世纪70年代末，就有学者发现家庭群体在场馆中居主导地位。[2] 继而，场馆之于家庭的教育价值不断被关注和证实。到80年代末，由于人口结构、生活方式和闲暇时间的变化，家庭成为场馆增长最快的群体。[3] 当前，随着家庭教育观念日趋开放、多元、科学和专注，家庭的教育空间开始向更广阔的非正式学习场域延伸。在此情况下，越来越多的家庭选择走进场馆，不再将其单纯视为"周末阳光下消磨时光"的娱乐场所，而是自愿学习和自主学习的教育机构，有家长直言

---

[1] Lynn Dierking, "The Family Museum Experience: Implications from Research", *The Journal of Museum Education*, No. 4, 1989, pp. 9 – 11.

[2] Cynthia Cone and Keith Kendall, "Space, Time and Family Interaction: Visitor Behavior at the Science Museum of Minnesota", *Curator*, Vol. 21, No. 3, 1978, pp. 245 – 258.

[3] Michele Everett and Margaret Barrett, "Investigating Sustained Visitor/Museum Relationships: Employing Narrative Research in the Field of Museum Visitor Studies", *Visitor Studies*, Vol. 12, No. 1, 2009, pp. 2 – 15.

"场馆是带孩子来学习的好地方"。① 这不仅是家庭选择了场馆,也是场馆为家庭提供的选择。

第一节 家庭与场馆"相遇"的教育动机

家庭与场馆的相遇看似一场闲暇的机缘,甚至在某种意义上是偶然冲动的结果,但是让双方真正走近的动力来自他们对教育的共同期许。家庭期待场馆能给予孩子某种教育改变;场馆期待家庭能迎合公共服务的教育责任。尽管这份期待具有很大的不确定性,可能是显现的,也可能是隐匿的,但是无论何种形态,它都在家庭和场馆的教育理解中生长出愿意"遇见彼此"的清晰动机。此外,在"供给—获得"的推拉逻辑中,场馆与家庭的教育动机可能完美契合,释放巨大的教育能量,也可能相互抵牾,抑制深层次的教育潜能。

一 家庭的教育动机

动机是家庭激活场馆教育行动的开关,动机的强度和韧度决定着一项活动能否启动,动机的内容影响着家庭期待从场馆中获得什么。家庭的动机是教育行为的先决条件,直接作用于场馆教育的方式、内容和效果。② 动机越强的家庭越容易达成期许,动机指向越明确的家庭越坚定行动。此外,每个家庭怀有不同的动机选择场馆,每种动机又会演绎出不同的教育表达方式。在某种意义上,动机奠定了场馆中家庭教育的基线,同时为整个教育行动提供指向和能量。德尔金(Dierking)认为,场馆教育的动机包括四个核心属性:学习是在不同的动力和情感提示中不断流动的;学习由个人兴趣激活;新知识建立在以前知识和经验的基础

---

① John Falk and Lynn Dierking, *How Free-Choice Learning Is Transforming Education*, Walnut Creek: AltaMira Press, 2002, p. 26.

② Joe Heimlich, Kerry Bronnenkant, and John Falk, *Measuring the Learning Outcomes of Adult Visitors to Zoos and Aquariums: Confirmatory Study*. Bethesda, MD: American Association of Zoos and Aquariums, 2004, p. 5.

之上；学习发生于恰当的环境当中。[1] 可见，场馆中家庭教育的动机是动态的、个性化的、经验的和情境依赖的。甚至，同一个家庭进入场馆之前和之后，动机也会发生改变。那么，在如此不确定的状态下，家庭的教育动机是否存在概括化的可能？

哈兰德等人提出，人们选择场馆具有九种动机——娱乐、任务导向技能和求知、社会化、满足他人、地位寻求、舒适性、自我认同、心理治愈和审美。[2] 派瑞进一步将观众学习动机概括为六个方面：希望与场馆进行一场成功的对话（交流）；感到惊喜并有兴趣（好奇）；感到安全与聪明（自信）；被挑战且能获得新思想（挑战）；对经验的控制、可自由选择想做什么以及去哪（控制）；可获得快乐（娱乐）。[3] 一些学者认为，家庭参观场馆的核心动机主要表现为教育（非正式学习的机会或教育对孩子的好处）、娱乐（玩乐）、高质量的家庭时间、社交出游的需要和孩子的需要。[4] 美国印第安纳波利斯儿童博物馆明确家庭的教育动机不仅是获得新的兴趣、知识、技能、看法，或者强化原有的兴趣、知识、技能、观点，还包括加强对家庭成员的了解、家庭成员之间的互动、家庭价值观念的分享以及学习如何利用场馆资源。李西东通过调查山东博物馆发现，家庭参观场馆的第一目的是子女教育，其次是兴趣爱好、提升自我、休闲娱乐、好奇和其他等。[5] 由此可见，家庭教育的动机存在概括化的可能，而且它还表现出超越地域、文化和群体的一致性，可概

---

[1] Lynn Dierking, "The Role of Context in Children's Learning from Objects and Experiences", in Scott Paris, eds. *Perspectives on Object-Centered Learning in Museums*, London: Lawrence Erlbaum Associates, 2002, p. 5.

[2] Harland et al., *Attitudes to Participation in the Arts, Heritage, Broadcasting and Sport: A Review of Recent Research*, A Report for the Department of National Heritage from the National Foundation for Educational Research, 1996, p. 16.

[3] Deborah Perry, *What Makes Learning Fun*, Plymouth: Rowman & Littlefield Publishers, 2012, p. 40.

[4] Kai-Lin Wu, Kristen Holmes and John Tribe. "'Where do You Want to Go Today?' An Analysis of Family Group Decisions to Visit Museums", *Journal of Marketing Management*, Vol. 26, No. 7 – 8, 2010, pp. 706 – 726.

[5] 李西东：《山东博物馆基本陈列家庭观众研究》，硕士学位论文，吉林大学，2014年，第38页。

括为以下几种核心动机。

(一) 学习:"我们是来学东西的"

对于大部分家庭而言,走进场馆最重要的动机即学习,[1] 例如"我们是来学东西的"表达经常作为规范和提示家庭行为的指令反复被亲子言说。在他们看来,选择场馆"就是要寻求在其他场所得不到的新知识、新事物和新物品",希望场馆"系统地传授某一学术领域的知识,换句话说,他们希冀场馆成为'课堂'"。[2] 场馆为人们打开了一扇通往异质空间的大门,琳琅满目的展品和活动重构着家庭对世界的理解,而每一次的接触与体验都是崭新的学习经历。福尔克和德尔金也指出,"走入场馆的人都有较高的学习期待,他们希望能了解一些新的东西。相反,如果他们感觉没有接触任何新的内容,他们将非常失望"[3]。在此意义上,"新"成为学习行为的必要条件,他们渴望经历来自知识和情感的全新冲击。这也解释了为何参观的重复频率逐渐下降。

然而,与正规教育不同,家庭对于"新"的学习"冲动"又非确定的,很多人走入场馆之前并不知道所要面对的究竟是什么,他们更像是等待某种"意想不到的惊喜"。恰恰是对学习内容的"无知"让他们保持极大的好奇,进而推动学习行为的发生。在此情况下,"已经去过了"反而成为拒绝再次走进场馆的遁词。执着于"新"的学习体验的背后透露着家庭掌握着相对独立的学习自主权,他们可以自由决断是否需要走进场馆。所以,推动家庭开展场馆教育的动力不是外在的,而是来自主体的积极意愿。这也意味着学习从传统上的"强制任务"(被告知)转换为完全主动的"与世界的相遇"(去探求)。"我是来学东西的"表达其实隐藏着"我是主动来学东西的"潜台词。与此同时,在"新"和"自主性"的双重影响下,家庭对学习的理解也表现出较强的悦纳性。

---

[1] 王心怡、傅翼、张辉:《博物馆家庭观众研究——以浙江省科技馆为例》,《科学教育与博物馆》2016 年第 5 期。

[2] 宋向光:《物与识——当代中国博物馆理论与实践辨析》,科学出版社 2009 年版,第 222 页。

[3] John Falk and Lynn Dierking, *The Museum Experience*, Washington, DC: Whalesback Books, 1992, p. 142.

◇◇　场馆中家庭教育的发生考察与机制优化

麦克麦纳斯就指出，这对家庭而言是一次寻求非正式的学习和乐趣体验的机会。① 他们认为，场馆学习是一种可被积极享受的过程。

（二）视野："我们想让孩子长长见识"

"长见识"在家庭教育语境的出现频率非常普遍，甚至成为从"私人领域"走向"公共领域"的重要推动力。家长带孩子去场馆"长见识"的解释在我们身边丝毫不陌生。那么，在家庭眼中场馆增长的见识究竟是什么？简言之，它是一种看待世界的开放视野，具体包括三层内涵。

其一，家庭希望场馆可以让孩子感受充分的丰富性，对世界形成更全面的了解。他们可以在场馆中接触历史、艺术、生物、科技等各个领域的展品。对其而言，每一次的接触都必然具有积极的教育意义，就像很多家长所说"来看看总是好的"，至于"好在哪"的理解则相对单一地集中在知识面的拓宽。通俗来讲，所有家庭都会为孩子"懂得更多"而雀跃。这也解释了为什么有些家长不断鼓励孩子在不同的展品和场馆间穿梭，希冀将所有可能的资源一股脑地呈送到孩子面前，因为他们试图以此拓展视野、增长见识，即便他们的"懂得"是盲目的、草率的、浮于表面的。

其二，在"懂得"之后，家庭希望孩子能拥有看得更开阔、思考得更深刻的眼界。"懂得多"是为了"看得远"，只有见多识广，方能触类旁通。家庭相信场馆中每个展品都能为孩子多打开一扇了解世界的窗口，而每个"世界"都是一种观察、思考和感悟的切入方式。孩子进入的"世界"越多，他们在审视事物、生活和问题时才能更加从容地选择不同的视角，对世界的解读也将更加深刻。眼界的打开势必带来思维的开放，他们总能提出让人意想不到的创见。同时，这也促使场馆经历与先前经验建立更密切的联系，已有的认知图谱将进一步向纵深拓展。

---

① Paulette McManus, "Families in Museums", in Roger Miles and Lauro Zavala, eds. *Towards the Museum of the Future: New European Perspectives*, Routledge, 1994, p.81.

其三，视野的开放蕴含着包容差异的豁达态度。当家庭在场馆中见识了文化、民族、历史、物种等方面的多样性，他们将克服源于"无知"而对"非我族类"的恐惧，理解差异存在的合理性及其精彩纷呈的意义，进而形成对多元样态的认可、包容和尊重。这也是"见识"的最高层级，是情感和价值意义上的"各美其美，美人之美"。此外，家庭更期待生发于外的豁达可以转化于内，涵养豁达的处事态度和性格。诚然，孩子的身心发展特征决定其很难短时达至"上善若水"的境界，但是家长愿景的兑现离不开日积跬步的时时涵化。

（三）娱乐："我们就是来放松下"

玩乐是孩子前往场馆的首要动机，在他们看来，场馆与游乐场的意义几乎是相同的，区别仅仅在于玩的内容和方式。胡德甚至发现大多数家庭认为场馆更适合社会交流、参与活动和娱乐，而不是学习。[①] 那么，为什么场馆的娱乐性对于家庭具有吸引力？这主要缘于当前具有教育价值的娱乐空间的匮乏，周遭充斥着"培训化"的压抑和"游乐场化"的放纵，家庭很难找到"教育友好型"的欢愉场地将孩子从"屏幕"上吸引开来。所以，场馆的娱乐性是家庭愿意接受的形式，它既安抚了家长对教育的焦虑，也满足了孩子对玩乐的念想。其实，无论家庭还是场馆，都不排斥娱乐化的生存状态。对于家庭，没有什么比孩子的"笑声"更让人治愈的了；对于场馆，娱乐性对观众的吸引力和号召力要远远大于其他方面。因此，家庭与场馆在娱乐性上就达成了共识，这种共识进一步将双方拉近。那么，场馆娱乐性的吸引力又体现在哪些方面？

首先，场馆对于家庭最大的吸引表现在"寓教于乐"和"寓乐于教"的契机。与根深蒂固的生活化理解不同，场馆的娱乐与教育功能不具有二分性，两者相互渗透、彼此补偿。皮亚杰认为儿童的娱乐活动直接反映其智力发展，也为了解周围世界提供了途径。因此，娱乐

---

① Hood Marilyn, "Leisure Criteria of Family Participation and Non-participation in Museums", in Butler Barbara and Sussman Marvin, eds. *Museum Visits and Activities for Family Life Enrichment*, London: The Haworth Press, 1989, pp. 151–167.

活动不仅是认知发展的镜像，更是其发展的积极促进因素。场馆中多数活动都具有娱乐性，借助极具吸引力的内容和形式，使参观者在潜移默化中获得某种感悟和收获。换言之，场馆让家庭"玩"得更踏实、更实在、更有教育意义。"玩"不仅不是对生命的消耗，而且赋予了生命整全性。

其次，场馆娱乐性的吸引力表现为令人信任的目的嵌入。家庭相信场馆的"娱乐环境"和"娱乐资源"是精心设计的，孩子玩乐的每个瞬间都应该被写入了某种或某几种"教育程序"，即便他们对于深信不疑的"意义"究竟是什么并不明晰。我们经常看到有些家长会"鼓励"孩子参与场馆中的所有活动，无论其明不明白规则背后的意义，因为他们相信参与"总是好的"，至于"如何好"的解释则放心地留给了场馆。家庭对场馆权威的信任也解除了他们"谈玩色变"的无谓防御。

最后，场馆娱乐性的吸引力表现为对激活创新意识的想象。创造力的火花多出现在与快乐相伴随的偶有的酣畅瞬间，它需要投入、专注、自由和热情等因素的参与。人们对场馆的"娱乐化"理解可顺利转化为较高的投入，全新的活动体验可唤醒智识的专注，开放的权限和方式可赋予思维的自由，形式多样的设计可激发参与的热情。场馆仿佛一位"神秘博士"，他引导孩子探索"神秘的世界"，接触"神秘的事物"，徜徉"神秘的想象"。而且，孩子与每件展品的相遇都是对想象力的挑战。

（四）陪伴："我们想全家一起活动"

陪伴是家庭选择场馆最简单且温情的理由，他们仅仅希望"全家一起活动"。福尔克和德尔金认为，家庭共同参访场馆是一次社交互动机会，家长和孩子得以一起探索和学习，享受乐趣，并将场馆的经验与家庭历史联系起来。[1] 凯利也指出，家庭观众希望在场馆中寻求社交互动

---

[1] John Falk and Lynn Dierking, *The Museum Experience*, Washington, DC: Whalesback Books, 1992, p. 120.

和共同学习的机会,并将家庭出游作为一项社交活动,在共同度过高质量、有意义的时间的同时最大限度地让孩子们享受快乐。① 所以,走进场馆是亲子共享时光的机会,是同家人共度快乐的一天。②

一方面,陪伴是为了享受亲密生活。他们不关注具体在场馆中做些什么,只专心当下集体生活的共同体验——共同的话题、共同的情感、共同的故事和共同的行动。也就是说,和家人在一起是其唯一的初衷。有调查也显示,孩子们更愿意同家人一起参观场馆,而不是参与学校组织的参观,因为和家人在一起,他们可以按照自己的兴趣看更多的东西,并且与家长分享他们的参观体验。③ 当陪伴成为家庭生活的"稀缺资源",难得的一次集体活动就更加弥足珍贵。陪伴可以加强亲子间的亲密关系,让双方都能获得情感上的满足,甚至纾解某方面的情感不畅。胡伯-格林希尔指出,家庭的场馆参观是对孩子情感需求的满足。④ 参观场馆为家庭成员提供了向彼此敞开情感和经验的机会,通过语言和行动的交互协调相处、深化理解、促进相知。此外,与其他形式的陪伴不同,场馆让集体活动更具教育意义以及以教育为牵引的逻辑性。

另一方面,陪伴是为了呵护和见证成长。家庭能从陪伴中获得身体和心理上的双重安全感。目力所及的范围可以让家长及时满足孩子的生理需要,防止其陷入任何安全风险。频繁的交互则迎合了亲子双方的情感需要,避免心理出现不安全感。其实,家庭之所以选择场馆正是因为它构建了安全的活动空间,精设的环境满足物理安全,开放的资源利于情感安全。此外,陪伴也表明家长对见证孩子成长的希冀。没有家长愿意错过子女成长的关键瞬间,他们渴望同孩子共同经历成功、失败、困

---

① Linda Kelly, "Evaluation, Research and Communities of Practice: Program Evaluation in Museums", *Archival Science*, Vol. 4, No. 1, 2004, pp. 45 – 69.

② Eilean Hooper-Greenhill, "Measuring the outcomes and impact of learning in museums, Archives and libraries: the Learning Impact Research Project", *International Journal of Heritage Studies*, Vol. 10, No. 2, 2003, pp. 151 – 174.

③ Jensen Nina, "Children's Perceptions of Their Museum Experiences: A Contextual Perspective", *Children's Environment*, Vol. 11, No. 4, 1994, pp. 300 – 324.

④ George Hein, "Evaluation of museum programmes and exhibits", in Eilean Hooper-Greenhill, eds. *The Educational Role of Museum*, London: Rowtledge, 1994, p. 306.

难、惊喜……当孩子在场馆内惊异于展品的新奇、顿悟于知识的渴望、想象于活动的体验，家长内心的满足感会不自觉地流露出来。此外，与其他空间相比，场馆最大的特色在于让家长能够见证孩子在"公共戏景"中如何一步步走向陌生世界。

二　场馆的教育动机

家庭与场馆的"相遇"离不开场馆的努力，表面看似"坐等来访"的被动接收状态背后积蓄着不同层面的教育考量。人们进入场馆通常怀有各自的需要和目的，一直以来，场馆的核心任务都是扮演好服务者的角色，积极满足观众的需要。例如，兰斯特大学"场馆委员会"和"场馆研究中心"提出的"一般学习结果理论"（Generic Learning Outcomes），要求场馆应承担四种任务：关于角色和目的的共同认识；设计激活动机、团队合作和灵活的学习方法；个性化和专业化的发展；对新思想和新方法的开放。然而，问题的关键在于这只是从服务对象（家庭）的角度为场馆设定的应然要求，却忽略了场馆自身为何要"迎接"家庭的前提反思。此外，由于组织机构的特殊性，场馆的教育动机很难规限于纯粹的教育视角，它受到经济、政治、文化等多种因素的影响，或者说这些因素会以不同的形式作用于场馆的教育决策。

（一）经济营收

从经营类型上看，场馆可以分为营利型和非营利型两种，前者以天文馆、艺术馆、海洋馆、动植物园、私人场馆等为主，后者以公共博物馆、纪念馆、科技馆、历史遗迹等为主。营利型场馆多自收自支、自负盈亏，门票是其主要营收来源，政府财政支持力度微乎其微，难以平衡高昂的场馆运营成本，例如国内许多动植物园都承受着不小的经济压力。家庭是场馆中规模最大的群体，对营利型场馆而言，期待并吸引家庭到访的动机是显而易见的，人流量决定着经济收益，甚至直接左右着生存状态。到访率较低的场馆往往举步维艰，例如据联合国教科文组织和国际博物馆理事会统计，新冠肺炎疫情期间，因为观众无法进入，全球约有13%的场馆倒闭。相反，拥有充足、稳定家庭观众的场馆的资金流相对充裕，可以持续开发优质的资源和项目。从某种意义上可以说，家庭是场馆的"衣食父母"，而刺激家庭消费也成为这些场馆的重要任务。

非营利型场馆免费向公众开放，财政支持主要来自中央和地方政府拨款。2008年6月，中共中央宣传部、财政部、文化部、国家文物局联合发布《关于全国博物馆、纪念馆免费开放的通知》，要求全国各级文化文物部门归口管理的公共博物馆、纪念馆，全国爱国主义教育示范基地全部实行免费开放，并且鼓励暂不能完全免费开放的场馆实行低票价政策。2015年3月，中国科协、中宣部、财政部发布《关于全国科技馆免费开放的通知》，要求"切实把科技馆免费开放工作做实、做细、做好，为公众提供更多、更好的科普公共产品和服务"。场馆运营各项经费统一纳入中央和地方财政预算。2021年，财政部拨付的科技馆免费开放补助预算已经达到7.89亿元。尽管财政扶持力度不断加强，但若要完全覆盖如此庞大的运营、维护、人工等费用还是力所不及。在此情况下，各类场馆纷纷开发不同形式的付费项目，竭尽全力通过创收打开局面，包括专项展览、亲子活动等。如此一来，经济收益自然成为它们招徕家庭观众的重要考量。

总而言之，无论营利型还是非营利型场馆，经济营收都作为必不可少的协变量作用在场馆向家庭抛出橄榄枝的过程当中。而且，随着"市场化"观念渗透进社会生活的方方面面，经济营收在场馆决策中的地位也日渐凸显，甚至呈现从协变量向关键变量转变的趋势。场馆运作逻辑的功利化倾向使得营利成为观众邀请的出发点，由此产生的最直接的后果在于经营性活动的增加和教育性活动的减少，例如场馆积极兜售自己开发的价格不菲的文化产品。此外，当场馆过分追求经济利益，势必导致对观众的无条件迎合，主动呈现他们"想看的"，而不再坚持他们"需要看的"。诚然，场馆的体制机制决定其无法忽视自身的经济需求，但是应该采用一种什么姿态和方式满足需求的思考决不能忽视教育的立场。

（二）传承文化

场馆是文化的符号，是物质文化和精神文化的"聚宝盆"。场馆之中的藏品具有极高的历史文化价值和科学文化价值,其代表了人类及其生存环境所孕育的文明、生命和智慧。在某种意义上,场馆即文化的代言人。尽管文化无法完全等同于场馆,但由后向前推的逻辑却是成立的。此外,藏品又不仅仅是一个物什、一种生命形态、一部作品,它还是国家与民族历史与发展的载体,它诠释了一个国家和民族的思想价值追求。那么,场馆的意义就不可能局限于静态的贮藏,展品背后的价值需要被生动地诉说出来,包括崇敬、关怀、认同、珍视等。由此可见,场馆在"聚宝"行为的逻辑之后又增加了"散宝"的价值,"聚"的是文化的载体,"散"的则是人与文化的关系。所以,场馆最直接的功能实质上就是向公众介绍历史发展、社会生活、宗教信仰、自然世界等最真实的文化见证,并希冀人们在此过程中收获崇敬、关怀、认同、珍视等特质。这种"聚"与"散"的行为也得到了政策的充分支持。《中华人民共和国文物保护法》要求,文物收藏机构要借助文物展览以及历史研究等方式,实现对中华民族传统优秀文化的深入解读以及全面宣传。《博物馆条例》也规定,博物馆应当致力于增强文化认同的基础,实现社会和谐,促进社会文明进步。

由上述分析可见,传承文化是场馆的责任,在实践中又转化为行为动机。一方面,场馆向家庭的敞开是责任的被动履行。由于责任是制度授权的,它就具有了强制性。场馆必须要在规定的时间接待家庭的到访,否则会承担相应的惩处。在此意义上,场馆的教育动机是被动的、给定的,抑或说它只是在"科层"意义上对责任的回应,至于具体是什么责任则不求甚解。另一方面,场馆向家庭的敞开是责任的主动履行。因为场馆无处不在地散发着文化特质,但凡走进场馆都将经历文化的熏陶,场馆对此也心知肚明。场馆希望家庭能享受文化盛宴,愿意奉上最好的资源和服务,让传承文化的责任在家庭身上生根发芽,从而造就更多的"有文化的人"。尽管两种解释的结果是相同的,但动机的出发点和作用方式却截然相反。一种是从自身立场出发的任务完成,另一种是从他者立场出发的价值实现。现实中,我们更希望场馆像一位"明白人",知其然也知其所以然,如此方能使场馆与家庭的"相遇"更有"情调"、更长久。

（三）社区服务

无论何种类型的场馆都具有明显的近地化特征。在地缘上，它矗立在某一特定区域，隶属于社区、市县、省域，署名中也被明确冠以所属地方，例如"××省博物馆""××市动物园"等。这种隶属不是一个行政概念，而是空间概念，即便"国字头"的场馆也首先属于它所在的土地。因为受限于交通、资金、时间等因素，场馆服务的辐射范围必然优先近地人群，周围民众的到访更便利、更频繁。另外，场馆收藏的资源通常也是近地的，以地方不同形态的文化符号为特色，包括文物、艺术、生命样态、生活方式等。地方资源填充了场馆的"库藏"，定义着场馆的属性。甚至，当某个场域的文化资源瞬间暴增，一座场馆也会应运而生，例如秦始皇陵博物院、三星堆博物馆等。在此意义上，场馆就是地方的文化地标。

空间的近地性决定着场馆更容易看到周边的社区，而作为社区的成员，它也更清晰地被周围的公众注视和期待。场馆是社区的重要组成，社区是场馆的坚实后盾。所以，场馆需要放低视线，环顾四周，分析社区民众的特点和需求，为其提供公共服务。这既是在"别人的地盘"中必须做的，也是在"我的地盘中"应该做的，还是在"大家的地盘"中能够做的。如此一来，场馆对家庭的欢迎也更顺理成章，因为来自周围社区的家庭占较高比例，场馆于之而言只是"周末闲暇时光"的便宜安置。

文化的近地性还说明场馆是属地的，是社区故事的见证者和记录者。每个地方都有属于自己的文化记忆，正是这些记忆赋予人和场域独有的文化属性。当社会的快速发展湮灭了许多珍贵记忆时，场馆的作用就尤其弥足珍贵，它帮助人们珍藏和记录曾经的或当下的物件和故事。走进场馆也可以理解为一次文化寻根之旅。因此，场馆承担着向社区讲述文化记忆的责任，让人们了解其生存的土地上有什么、发生了什么、需要铭记什么……可见，场馆与家庭"相遇"的初衷从一开始就具有强烈的浪漫色彩，它不希望家庭遗忘身边的人、物、事，更不希望他们成为无根的"空心人",在这种"怀旧的情调"中希望社区民众能记住自己的文化、身份和使命。

(四) 休闲娱乐

娱乐是场馆的核心功能之一,其致力于为到访者创设可享受的轻松环境。早在1901年,史密森尼博物馆中每件展品的选择就以"取悦学习者"为目的,同时展品的设计也以"激发学习者想象"为原则,因为"娱乐和想象是所有知识的开端"。[1]瑟琳达场馆学习理论中也将娱乐作为重要的动机。因此,从场馆的角度看,娱乐性是被主动创造出来的。

一方面,场馆被主动打造成休闲景点。在公众眼中,场馆首先是一处休闲场所,是旅游打卡的重要选项。场馆对此心知肚明,其并不排斥这种定位,甚至极力迎合公众的喜好,努力将自己打造成"网红"景点。如此行事的直接动机是提高知名度,增加入馆率。达成这一目的最有效的方式即娱乐化包装,这样才能吸引更多观众。当然,场馆的娱乐化又非尼尔·波兹曼所批判的概念,它是对快乐、闲暇、放松、愉悦等积极体验的追求,让公众在繁忙的生活、工作和学习之余,寻得一处可以"肆意释放"的避风港。一言以蔽之,场馆欢迎人们都能过来尽情"玩耍"。

另一方面,场馆的娱乐形态是自由的。在限定的规则范围内,公众在场馆中的娱乐方式不受干扰,他们可以开展任意"取悦自己"的行动,包括言说、聆听、观看、游戏、拍照等。自由是娱乐性得以成立的前提,只有掌控自己的行动,娱乐的满足感才能真正实现。一是,场馆乐于见证观众获得满足;二是,场馆更希望看到满足之后的洞见。就后者而言,场馆与家庭的动机是一致的,双方碰撞过程中激起的思维火花也是娱乐性所追求的理想结果。当然,场馆会提供给定的娱乐活动,固设的展出内容和形式也或多或少会产生行为暗示,但观众的选择权和参

---

[1] Mary Mccutcheon, "The Children's Room at the Smithsonian: 1901 to 1939", *Curator*, Vol. 35, No. 1, 1992, p. 6.

与方式是完全自由的,这也被场馆所珍视。此外,与个人观众相比,场馆更期待看到以家庭为单位的集体活动。家庭全员参与可以更充分地与场馆的娱乐动机产生共鸣,并且尽可能释放家庭的最大热情。

(五)教化育人

古今中外,"场馆是教育机构"的命题已经反复被论证。那么,教化育人的场馆动机自然也显而易见,现实中各类场馆对教育功能的日常言说即最好的例证。既然教化育人的动机几乎是"自明的",那么它为何还要被反复证成?这一提问也揭开了场馆教化育人动机的特殊性。

第一,教化育人动机不具有唯一性,而是诸多动机之一。场馆是教育机构,但不独是,它还是收藏机构、研究机构、娱乐机构……除了教化育人,它还需要承担其他任务。与学校的专注不同,场馆的教育动机是被分散的,而且这是一种合理的安排,因为场馆的功能是综合性的。所以,任何人都无权基于某种单一立场苛责场馆的多维努力。当前,有些人忽视场馆的特殊性,要求其承担更多教育责任,甚至以学校标准为参考,这明显违背了场馆的教育规律。反之,过分偏重其他动机也会形成对教育动机的挤压。而且,教育的边缘化处境已经证明这种挤压在现实中普遍存在。无论如何,教化育人都是场馆诸多动机的选项之一,而作何选择的逻辑对教育并不友好。总而言之,场馆的教化育人动机不仅被不合理弱化,而且被合理弱化。

第二,教化育人动机的实践转化缺乏机制保障和过程监测。学校教育动机的实践转化是最流畅的,这得因于控制型教育结构以及科学化的评估体系。遗憾的是,场馆并不满足这两项条件。场馆是开放型空间,其最大的努力就是将教育资源构造完成,等待观众前来"享用"。它无法像学校一样将教育工作进行严格的结构化切分,并精准控制各项变量。有限的教育机制也是松散的,难以管控的。也就是说,教化育人的动机在实践中的转化过程多数情况下处于"黑箱"之中。转化与否的结果与转化之后的效果缺乏科学的监测机制,"黑箱"中究竟发生了什么完全留给观众自己去判断。如若场馆只专注招徕"顾客",那么无论多么正向的教育动机都会缺乏可信度,同时也会弱化场

◆◆　场馆中家庭教育的发生考察与机制优化

馆本身的积极性。

第三，教化育人动机需要被"呼喊"出来，但又缺乏足够的底气。场馆的教化育人动机不像学校由制度保障，也不像家庭由血缘自赋，它需要场馆的努力与公众的共识。只有努力被听见，才能产生共识。而这一过程主要依靠场馆的"呼喊"，将教化育人的意义向公众"喊出来"。"喊"不仅为了让公众听到，更是为了让场馆自身觉识这份责任，因为与学校和家庭相比，场馆是缺乏底气的。它不具备学校的专业性，也没有家庭的亲密性，另需兼顾其他动机。如此导致的现实是，教化育人的动机可以被清晰地听到，但行动则较少被看到，可以看到的画面也不够自信。

上述三点特殊性解释了"教化育人"的动机缘何反复被提问，而"教化育人"本身的内涵却从未被质疑。它教的是如何与世界互动，育的是社会中所有公众。"教化育人"已经成为悬在场馆大门上的金字招牌，场馆需要守护好自己的信誉。

第二节　家庭与场馆"相遇"的教育方式

家庭与场馆的"相遇"看似混乱无序，却隐含着一种复杂且均衡的交互规律。[①] 德尔金指出，场馆中家庭成员的大多数行为都与获取或交换信息有关，并涉及与展品的互动。[②] 而交互行为是家庭群体场馆学习发生与发展的重要载体，言语活动和肢体行为表征了场馆学习中家庭行为模式的主要元素。[③] 第一种是孩子与家长之间的双向交互，以言语会话的形式进行，通过话语转换的次序双向地表达自己的思维和情感；第二种是家庭成员与场馆中以展品为代表的实体对象的单向交互，即基于

---

① D. D. Hilke, "Strategies for Family Learning in Museums", *Visitor Studies: Theory, Research and Practice*, No. 1, 1988, pp. 120–125.

② Lynn Dierking, *Parent-child Interactions in a Free Choice Learning Setting: An Examination of Attention-directing Behaviors*, Ph. D. Dissertation, University of Florida, 1987.

③ 郑旭东、王婷：《场馆学习中的家庭行为模式：表征元素、形成机制与基本类型》，《中国电化教育》2017 年第 9 期。

第三章 "相遇"：家庭教育的场馆选择

感知和操作对场馆中物理对象的把握。① 而且，任何参观者在场馆中的行为方式都包括行为目标的规划和行为交互的展开两个阶段。②

具体而言，普林格提出指令式学习（Instruction）、建构式学习（Construction）和共同建构学习（Co-construction）三种学习模式。③ 印第安纳波利斯儿童博物馆总结出四十五种家庭成员间的互动行为，并将其归纳到"家庭学习"的三个范畴——参与（手指展品、使用互动装置、遵循讲解员指示等）、合作（家庭成员提供线索完成某项任务或活动等）和提高（描述家庭记忆或传统等）。亚当斯将最常见的家庭行为概括为提问和回答问题、描述、解释、大声朗读展签、指导和定位、指向、观察和模仿、假装或扮演、提供线索或建议、创作和展示作品等。④ 罗德瓦尔德强调，家庭希望在场馆中做独一无二或特别的事情，包括互动性和动手体验、接触艺术、社会交往、创造式和想象式玩耍等。⑤ 王婷则将亲子群体在场馆中的基本行为模式概括为共同注意（以分享为目标的指示性行为模式）、陈述解释（以传授为目标的教导式行为模式）、合作协商（以解决问题为目标的复杂行为模式）。⑥

综合上述观点，本书将家庭与场馆"相遇"的教育方式概括为以下五种类型。需要说明的是，五种"相遇"方式不可作区隔观，它们彼此渗透，甚至同时出现在一组家庭当中。所以，类型的划分标准是行为本身及其发生过程中呈现出的主要特征。

---

① 王婷：《行为、身份与认知的交互：亲子群体博物馆学习机制的文化透视》，博士学位论文，华中师范大学，2019年，第30页。

② Minda Borum, Margaret Chamers, Ann Cleghorm, "Families are Learning in Science Museums", *Curtaor: The Museum Journal*, Vol. 39, No. 2, 1996, pp. 123–138.

③ Emily Pringle, *Learning in the Gallery: Context, Process, Outcomes*, London: Engage, 2006, p. 25.

④ Marianna Adams et al., "What We Do and Do not Know about Family Learning in Art Museum Interactive Spaces: A Literature Review, Engage", *The International Journal of Visual Art and Gallery Education*, No. 25, 2010, pp. 19–30.

⑤ ［美］帕翠亚·罗德瓦尔德：《为家庭建造一个以家庭学习为中心的展馆——美国佐治亚州亚特兰大市高等艺术博物馆案例研究》，《中国博物馆》2015年第1期。

⑥ 王婷：《行为、身份与认知的交互：亲子群体博物馆学习机制的文化透视》，博士学位论文，华中师范大学，2019年，第32—33页。

一 视觉主导的"相遇"

视觉主导的"相遇"指家庭在场馆中以视觉观览为主的教育方式。家庭主要依靠或依赖眼睛收集信息,视线在场馆中跟随各种刺激源游走,人与场馆的交互中介是一个个画面,而交互机制也异常简单,即场馆展出"像",人选择"看"与否。它映射在幕前的是一出快节奏的"哑剧",视线迅速从一个展品跳到另一个展品,由于对"画面"的沉迷,家庭单元内部是安静的,而"看"也简化为个体行为。家庭表面上看似一个集体,对视觉的依赖使每个人都深陷自我的世界,眼睛不可共享,视线的角度也无法重合,通感只有在共同注意时才可能发生,但沉默又让彼此对此不得而知。因此,视觉主导的"相遇"表现出沉默、快节奏、个性化等特点。

瑟雷尔指出,观览模式是场馆中最普遍的学习行为。[1] 相较于其他感觉体验,人类对视觉的依赖度和信任度最高,它为人脑输送的信息量大、速度快,产生的感官冲击也更强。携带着这种生理基因,家庭选择在场馆中以观览为主就不足为奇了。此外,场馆又以"制造画面"为工作重心,即将展品从库藏中取出让公众"看到"。而且,与场馆关涉的关键词——展览、参观、观众等,在词源上也都蕴含着观看之意。可见,以视觉为主导的"相遇"是被场馆制造出来的。在此意义上,家庭的"想看"和场馆的"给看"就达成了共识,"看"自然而然就主导了两者"相遇"的教育方式。从观众的角度分析,在内外因素的双重影响下,观览可以让家庭迅速捕捉馆内资源的信息(场馆也通过光线、布展、展品说明等手段强化着视觉信息的接收),获得更生动的视觉体验,并且对准确性和安全性形成较高的信任。此外,"看"的发生过程是难以知觉和控制的,视觉体验是自己专属的,它让头脑中的世界不被他人打扰,并呵护了人们理解世界的私密方式。因此,观览实质上是主体性的释放,

---

[1] Beverly Serrell, "Paying Attention: The Duration and Allocation of Visitors' Time in Museum Exhibitions", *Curator: The Museum Journal*, Vol. 40, No. 2, 1997, pp. 108–125.

同时它也强化了人的主体性。

然而，观览为主导的教育方式存在着重大的局限性。视觉只能获得浮于表面的"可见"信息，隐匿于"像"之后的故事、关系、情感、价值等关键内容则被忽视了。尽管视觉扩大了人的知觉范围，但在很大程度上也弱化了人的感受性，因为"看"本质上是单向的信息接收过程，眼睛将给定的"像"传递给大脑即表示动作完成。再加上"看"的动作十分迅捷，且极易被其他刺激惊扰，其导致的结果就是面对海量资源时，眼神在展品间不断跳跃，家庭的兴奋点很难深入展品内部，深层次的信息在眼睛的"东看西看"中被错过。而且，眼睛接收的信息完全仰赖于场馆的作为，看到什么以及能看多少全凭场馆的意志，观览行为更符合一台信号接收器的工作原理。另外，观览对于家庭最大的桎梏是破坏了家庭共同体的结构。家庭作为整体的教育单位被视觉隔离成一个个孤独的解释者，他们沉浸在解析视觉传递的信号当中，大脑中构造出的图画成为隐私，无法被他人分享、阐释、评判、理解……然而，人们对世界的理解是交互意义的，尤其是家长之于子女的教育影响，我们需要互动传递经验、深化情感、建立关系、启发思考，继而完成人的社会化。对视觉的沉溺剥夺了亲子间亲密的教育影响及其对人的社会化的推进。

二 言语主导的"相遇"

言语主导的"相遇"指家庭在场馆中以语言交流为主的教育方式。场馆中的展品不具备自我言说能力，无法将自己讲述出来。所以，它需要某种中介代为言说，可以是场馆的技术处理，也可以是参观者的交流互动。对后者来说，无言的场馆空间需要话语激活隐藏其后的神秘感，就像《博物馆奇妙夜》的神奇魔法一样，赋予每个角色鲜活的生命，并将它们的故事搬上"舞台"。"国家宝藏""中国国宝大会""如果国宝会说话"等节目就充分利用了语言的魔法，通过一段段厚重的讲述，赋予展品厚重的生命力。语言是一种记录符号，它承载着参观者从场馆境脉中直接获得的信息、知识以及经过组织和加工后的经验与意义。① 交流不仅释放出展品的信息和意义，还融入主体的知识和经验。语言交流是对场馆资源的识认、说明和探究，也是对参与者的确认、解释和质询。因此，言语主导的"相遇"又包括两种相遇方式，即以人为中介的人与展品的"相遇"（对展品的言说）和以展品为中介的人与人的"相遇"（围绕展品的言说）。前者是单向的展品信息传输，后者则是双向的思想观念交互，单向传输是双向交互的基础，但它又不必然产生思想观念的碰撞。

早在20世纪80年代，麦克马纳斯（McManus）就指出，场馆中的家庭学习行为主要以讨论形式展开。② 莱格尔也指出，有些家庭在场馆中会通力合作获得有意义的信息，而这通常是通过开放式问题和对话来实现的。③ 言语互动是家庭群体参与复杂场馆学习行为的主要方式。克劳力发现，父母与孩子之间存在九种不同的框架式对话，包括引导儿童的注意力、帮助阅读文本、询问儿童意见、模仿适当行为、提出开放式问题、促进讨论展览的一个具体方面、要求儿童为自己的观点提供证据、将展览内容与过去的经验联系起来以及为儿童树立热情。④ 达·伯伦等人将场馆交流划分为识别（identifying）、描述（describing）以及解释与应用（interpreting and applying）三个层级。识别水平为基础层级，主要指个体表现出简洁的言语陈述或应答，以及与展览内容关联性较弱的特征，具体行为包括指出展品、对展品赞叹、引导或召唤同伴前来观看展品等；描述水平属于中等层级，主要指个体表现出内容较为丰富的言语陈述和应答，以及对展品及其外显特征和属性建立正确关联，具体行为

---

① Judy Diamond, "Ethology in Museums: Understanding the Learning Process", *Issues in Rsearch: Language and Methodology*, Vol. 7, No. 4, 1982, pp. 13 – 15.

② Paulette McManus, "Good Companions: More on the Social Determination of Learning-related Behavior in a Science Museum", *Journal of Museum Management and Curatorship*, Vol. 7, No. 1, 1988, pp. 37 – 44.

③ Cristine Legare, David Sobel and Maureen Callanan, "Causal Learning is Collaborative: Examining Explanation and Exploration in Social Contexts", *Psychonomic Bulletin & Review*, Vol. 24, No. 5, 2017, pp. 1548 – 1554.

④ Kevin Crowley, et al., "Shared Scientific Thinking in Everyday Parent-child Activity", *Science Education*, Vol. 85, No. 6, 2001, pp. 712 – 732.

包括阅读展品说明的内容、基于展品外显特征的浅层提问和简单评论、与先前知识的关联应答等；解释与应用水平属于高等层级，主要指个体能够对展品进行丰富的言语陈述，并能围绕展品的基本概念形成与过往生活经历或先前知识相关的陈述，具体行为包括基于展品原理、科学概念等的深度提问，或者基于展品概念的复杂陈述和应答等。

言语交流是场馆教育最普遍的表现形式，其之于家庭的教育意义也已被充分论证。美国学者艾什和威尔斯指出，与成年人进行对话对儿童的智力发展起着至关重要的作用，在对话中学习不仅体现在正式情境中的课堂教学，更体现在非正式情境中的场馆学习。[1] 场馆参观过程中的对话可以触发情绪反应，激发孩子将自身知识和经验与展品相联系，有利于增强对展品的记忆、理解和迁移。[2] 也有学者强调，场馆中的亲子对话对发展儿童科学推理及提出基于证据的科学解释能力具有关键作用，而且家长的解释型话语能促进孩子形成科学思维，使之加深对科学理论的理解，增强解决科学问题的技能。[3] 尽管如此，并非所有对话都能产生积极意义。根据对话效果，可以分为有效交流和无效交流，两者区分的关键在于言语是否能唤起有意义的认知、情感、道德、想象等体验。

三 行动主导的"相遇"

行动主导的"相遇"指家庭在场馆中以实践活动为主的教育方式。行动的特殊性在于身体的参与和体验，人与展品（展品替代品）之间的距离被缩短或消弭，两者的互动无需其他中介，而是最直接的彼此"拥抱"。那么，行动主导的"相遇"本质即接触，家庭与场馆资源的零距离互动。这也意味着，它的发生逻辑只能起始于场馆的努力，场馆愿意

---

[1] Doris Ash, Gordon Wells, "Dialogic Inquiry in Classroom and Museum: Actions, Tools and Talk", *Counterpoints*, Vol. 249, 2006, pp. 35 – 54.

[2] Sue Allen, "Looking for Learning in Visitor Talk: A Methodological Exploration", in Gaea Leinhardt, Kevin Crowley and Karen Knutson, eds. *Learning Conversations in Museums*, Mahwah, NJ: Lawrence Erlbaum Associates, 2002, p. 260.

[3] James Kisiel, et al., "Evidence for Family Engagement in Scientific Reasoning at Interactive Animal Exhibits", *Science Education*, Vol. 96, No. 6, 2012, pp. 1047 – 1070.

开辟行动可以进入的空间和平台,否则一切家庭主导的行为对场馆而言都具有风险性。由于场馆资源的丰富性,行动主导的"相遇"方式也表现出从情境中生长出的多样形态,包括科技馆的参与体验、动物园的投喂触摸、植物园的种植修剪、艺术馆的临摹复刻,等等。可见,行动主导的"相遇"方式是动态的、活泼的、深刻的,每一次的"接触"都能唤醒本能的荡漾,更深入地向展品走近。

根据实践活动的表现形式和效果,行动主导的"相遇"也有层级之分。20世纪90年代,希海恩德尔等人开发了场馆探索行为量表(Exploratory Behavior Scale),按照儿童对展陈境脉的行为投入程度,将场馆中的探究行为划分为三个等级——被动接触、主动操作和探究行为。被动接触是最基础的层级,指学习者在展品前停留且注意展品,但没有表现出交互操作和持续关注的行为;主动操作是中等层级,指儿童表现出动手操作或持续关注的行为;探究行为是最高层级,指学习者在动手操作或持续关注后,还表现出重复操作或其他类似的长时探索行为。[1]虽然本书并未将被动接触划归为行动的范畴,但是三个层级较清晰地诠释了行动基于价值递进的类型表现形式。深入分析可知,行动层级的核心标准主要表现为人与展品的接触程度(距离和时间)和形式,距离越近、时间越长、形式越丰富,行动的效果越好。如果场馆希望引导和改善家庭的教育行动,就需要将注意力投入到上述变量的控制当中,思考如何缩短人与展品的交互距离、延长人与展品的交互时间、创新人与展品的交互形式。

行动主导"相遇"的优势在于让家庭的教育生活重新找到具身习惯。对学习理解的狭隘趋势遇到生活方式的虚拟变革,家庭教育义无反顾地掉落进"抽象生活"的陷阱,从推理中获得的知识越来越多,而从"接触"中获得的感悟越来越少。家庭教育的行动表达力正在下降。究其原因,家庭很难寻找一个"施展拳脚"的行动平台。而场馆不仅满足

---

[1] Tessa Schijndel, Rooske Franse and Maartje Raijmakers, "The Exploratory Behavior Scale: Assessing Young Visitors Hands-on Behavior in Science Museums", *Science Education*, Vol. 94, No. 5, 1994, pp. 794-809.

了家庭的行动需求，还引导着行动的踊跃呈现。因为，从孩子的视角看来，行动的方式与其身心特点十分贴合，所以在行动中，家庭捕捉的画面尤其清晰和生动，甚至可以激起颇有灵性的想象，而且整个过程也是赏心悦目的。

当然，行动主导"相遇"的弊端也是显而易见的，如此之众的家庭不可避免地会在有限的场馆空间中出现拥堵、抢占等一系列的问题，从而导致资源利用效率低下以及资源分配的不公平。如果作为公共机构的场馆在服务对象上过于保守，那么其势必被公众所诟病，而且也与公共性的立场相左。所以，行动其实拖慢了场馆和家庭的教育节奏，资源得到充分享用的同时时间被很大限度地消耗了，而且场馆向公众面向的范围也受到极大影响。另外，场馆的收藏功能与行动意义的"接触"诉求也会产生冲突，前者是为了保存，后者则为了使用，那么如何在保证展品安全的前提下让公众"接触"就成为场馆面临的艰巨挑战。

四　技术主导的"相遇"

技术主导的"相遇"指家庭在场馆中以设备辅助为主的教育方式。在智慧生活的推动下，场馆迈入了技术改造和数字升级的高速发展阶段，各种先进的设备纷纷配置在展厅当中，馆藏资源经数字化转制被上传到云端。这种技术进步主要表现在四个方面：藏品保存、研究和管理的数字化；信息传递的网络化；多媒体技术的运用；建筑的智能化。[1] 场馆通过文本、图形图像、音视频、操作等多种技术手段，为公众提供集合视觉、听觉、嗅觉、触觉等多感知的支持。触动不同感官的刺激开关，家庭能够从多感觉通道感知同一展示对象的信息，从而获得更加形象、完整、深刻、系统的认识。技术化赋予场馆的特殊性使其明显区别于传统场馆及其教展工作，具体表现为非顺序性、多感性、互动性、虚拟性以及时空延展性等特征。在此过程中，家庭不再与展品直接互动，而是

---

[1] 吕建昌：《博物馆与当代社会若干问题的研究》，上海辞书出版社2005年版，第236页。

借助技术手段间接走近展品。技术将场馆资源进行某种理念的改制，包括便宜化、娱乐化、系统化、生动化等，使人与展品的互动更为融洽。

当前，技术主导的"相遇"方式已经成为家庭的重要选择，而且技术呈现形式也愈加丰富。语音导览系统是家庭尤为偏爱的方式。借助佩戴式耳机，在不影响视觉欣赏的前提下，家庭可以获取更为全面的展品信息，而且这一过程完全是自主的，同时可以根据自身知识结构进行跳跃式的资源选择。其本质上是基于位置的服务，即根据用户位置提供个性化的定制服务。它主要利用移动设备把场馆与参观者连接起来，并根据参观者的实时位置、个人兴趣、潜在需求等信息，动态生成与之相匹配的服务内容，以此实现个性化服务内容的推送。其中，以室内定位技术、信息采集技术以及移动终端技术为核心，以物联网技术、网络通信技术以及大数据分析技术为支撑。[①] 该项技术在场馆中的应用功能主要体现在两个方面：一是支持馆内实时导航，帮助参观者规划学习路线；二是提供智能讲解服务，使参观者无须跟着讲解员就能享受全方位、个性化的讲解服务。此外，除了一些基础性的点按式、图画式、体验式交互设备之外，一些场馆积极开发或购置了混合现实技术，为参观者与展陈环境提供新的交互维度，使其在具身体验中自然而然地与展品开展深层对话。其中，虚拟现实技术是一种当下炙手可热的仿真技术，由计算机生成现实世界的模拟环境，将多种媒体信息（视音频、文本、图像、3D模型等）融为一体，产生三维动态场景，让用户可以沉浸在虚拟现实中。[②]

"技术让生活更美好"的观念已经深入人心，而且技术确实改变了人的生活方式、节奏和理念。那么，技术主导的"相遇"方式自然顺理成章地进入家庭和场馆的选项，家庭享受着技术带来的美好观感和深度体验，场馆则得到更有想象力和安全感的施展空间。特斯克和林德格伦

[①] 王婷：《行为、身份与认知的交互：亲子群体博物馆学习机制的文化透视》，博士学位论文，华中师范大学，2019年，第96页。

[②] 王婷：《行为、身份与认知的交互：亲子群体博物馆学习机制的文化透视》，博士学位论文，华中师范大学，2019年，第99页。

的研究也发现，多种类型的互动参与同新兴数字技术的结合可以促进参观者科学概念的转化。① 齐默曼等也对基于 AR 技术的展览进行了评估，发现移动设备上的 AR 程序可以为家庭群体提供个性化的知识内容，同时还是家庭成员在场馆进行观察并展开科学对话的关键。② 但是，过度沉浸在技术构造的"二手空间"势必会削弱场馆的实物优势，毕竟作为"一手资料"的展品才是人们走进场馆的初衷，"你永远无法回避实物最具魅力的影响"③。也有调查证实，物理设备交互程度越高的场馆环境越可能对来访群体之间的交流互动产生抑制作用，导致家长不再与儿童一起对展品进行探索，而是在一旁观看儿童与物理设备的互动，或仅仅提供与感受相关而非科学相关的评论。④

五 项目主导的"相遇"

项目主导的"相遇"指家庭在场馆中以项目参与为主的教育方式。所谓的项目即场馆围绕某个主题或任务开发的专门服务于特定群体的参与体验系列活动。其工作逻辑主要表现为家庭在场馆创设的特定主题环境中按照相关要求通过实践参与完成预设任务。它本质上属于项目式学习，即让学习者通过对复杂、真实问题的探究掌握所需知识和技能的一整套系统的教学方法。项目式学习是以建构主义理论为指导，强调学习者在真实问题情境中探究学习，从而提升学习者多元能力的教学模式。⑤ 扎根情境和问题探究是项目式学习的关键。所以，场馆中的项目学习是

---

① Michael Tscholl and Robb Lindgren, "Designing for Learning Conversations: How Parents Support Children's Science Learning within an Immersive Simulation", *Science Education*, Vol. 100, No. 5, 2016, pp. 877–902.

② Heather Zimmerman, et al., "Tree Investigators: Supporting Families' Scientific Talk in an Arboretum with Mobile Computers", *International Journal of Science Education*, Vol. 5, No. 1, 2015, pp. 44–67.

③ ［加］大卫·安德森、王乐：《场馆教育的前沿问题与热点探讨——访英属哥伦比亚大学大卫·安德森教授》，《自然科学博物馆研究》2020 年第 5 期。

④ Christian Heath, et al., "Interaction and Interactives: Collaboration and Participation with Computer-Based Exhibits", *Public Understanding of Science*, Vol. 14, No. 1, 2005, pp. 91–101.

⑤ 张文兰等：《网络环境下基于课程重构理念的项目式学习设计与实践研究》，《电化教育研究》2016 年第 2 期。

一个"研究—学习—体验"的过程,① 它创造了"现象/任务/问题—判断/假说/设计—验证—发现/结论/实施方案"的教学结构,并通过这一过程使学习者从实践中体验、领悟、掌握抽象的认识论、方法论和价值观。②

项目主导的"相遇"完全由场馆发起、维持和结束,它的流程主要包括项目启动、项目实施、项目评估、项目总结四个阶段。此外,项目实施还应遵循五个基本原则:确定适合的项目主题、确立明确的目标指向、创建真实的学习情境、聚焦项目作品的产出、重视项目效果的评估。③ 置身项目主导的"相遇",参与者的感官操作、交流互动、浸入体验等都得到充分体现,人人都能参与创造实践活动,主体性被充分激发。由此可见,项目主导的"相遇"是其他几种教育方式的综合体,视觉、言语、行动和技术被统合进某一主题或任务,它们将在过程参与中一一呈现。相较其他几种教育方式,项目主导的操作难度更高,要求场馆具备专业的知识、敏锐的意识、精致的思考和全面的设计,能够保证项目实施的可行性、项目参与的积极性以及项目影响的教育性。也正因如此,能够为家庭提供项目支持的场馆并不多,因为它需要消耗巨大的人力、物力和财力,而且已有项目的质量也参差不齐。这也是场馆在项目主导的"相遇"中面临的最大挑战。除此之外,家庭能否及时获取项目信息以及各自的参与意愿和理解也是制约项目开展的重要因素。现实中,很多家庭并不知道场馆可以提供(何种)项目参与服务,而且他们对此也未抱有确切的意愿。

尽管如此,项目主导的"相遇"对家庭教育的积极影响是其他几种方式无法企及的。如果说前四种"相遇"是基于刺激的即时发起,那么项目主导的"相遇"则是基于过程的深度探究。它通过"主题选择—探

---

① 洪晓静:《PBL项目式学习在博物馆教育实践项目的应用——以福建中国闽台缘博物馆"'偶'系列教育课程"为例》,《科学教育与博物馆》2020年第5期。
② 韩莹莹、朱赫宇、贾晓阳:《运用PBL教学法开展STEM教育活动的思考与实践——以长春中国光学科学技术馆科学教育活动为例》,《自然科学博物馆研究》2019年第5期。
③ 刘芳芳、李光:《博物馆教育中嵌入项目式学习的意义及策略》,《博物院》2021年第1期。

究—体验—讲故事"的方式让孩子们深入有独立教育逻辑的情境当中，在模仿、试错、操作、思考、想象等活动中获得深层次的成长体验。概言之，这种教育方式让家庭对于场馆的利用不再蜻蜓点水，而终于可以找到一个契机专注某一主题，进行沉浸式的深度学习。

第三节 家庭与场馆"相遇"的教育内容

关于家庭在场馆中究竟做什么的讨论并不陌生，每种观点背后都有不同的立场。莱因哈特等从行为方式的角度将其归纳为感知觉、概念、关联、策略和情感五类。[①] 翟俊卿等基于话语分析将其总结为说明、解释、联系、操作和情感。[②] 还有学者根据教学属性将之区分出物理、情感、智识和社交四个方面。[③] 无论何种立场都很好地诠释了家庭与场馆"相遇"的教育内容。然而，上述观点主要侧重对行为本身的抽象概括，却忽视了行为发生场域的知识边界和属性。而后者才是家庭与场馆"相遇"时直接接触的内容，抑或说在双方的话语中可以被清晰表达和区分的内容。所以，它的划分标准更类似于知识的学科边界。从场馆的教育表达和家庭的教育理解上，本书将家庭与场馆"相遇"的教育内容概括为生态知识、科学知识、艺术知识和历史知识四个方面。另外，如此划分并不排斥伦理、情意等维度，而是将其分别归属下述四个范畴。

一 生态知识

1987 年，著名生态学家叶谦吉在全国生态农业问题讨论会上首次提出生态文明的概念，即"人类既获利于自然，又还利于自然，在改造自然的同时又保护自然，人与自然之间保持着和谐统一的关系"。[④] 生态文

[①] Gaea Leinhardt, Kevin Crowley and Karen Knutson, *Learning Conversations in Museums*, Mahwah, NJ: Lawrence Erlbaum Associates, 2002, p. 51.
[②] 翟俊卿等:《亲子在参观自然博物馆过程中的对话研究》,《现代教育技术》2015 年第 11 期。
[③] 王乐:《馆校合作的理论与实践》,科学出版社 2018 年版,第 88 页。
[④] 黄楠森等:《新编哲学大辞典》,山西教育出版社 1993 年版,第 27 页。

明的核心理念是促进人与人、人与社会、人与自然的协调发展与和谐共生，这就决定了生态文明既肯定保护生态自然的重要性，也强调人的精神成长与社会的可持续发展。教育是生态文明建设的重要基础，是保证人与自然可持续发展的关键途径。生态文明教育是一项以科学发展观为指导，以变革人类文明发展方式为方向，紧紧围绕人的发展这一核心，培养全体社会公民的生态意识、生态伦理、生态审美与生态行为，进而促使其逐步成长为一个有益于促进"人—社会—自然"和谐共生的新型生态人的教育实践活动。生态文明教育要求改变人类中心主义的道德观念，教育受教育者将伦理关怀的视野从人类自身延伸至整个生态系统。[1]

场馆是生态文明建设的前沿阵地，是生态文明教育的先锋部队。它将政府、公众和科学家紧密地联系在一起，对于呼吁政府重视环境危机、唤醒公众生态保护意识、推动生物多样性保护等方面的工作，具有不可替代的作用。[2] 场馆掌握着来自不同领域的生态资源，占据着最丰富、最生动、最有说服力的生态知识，并在教育实践中担承着知识转化的责任。家庭与场馆的每一次"相遇"都是一次"生态面向"，无论是面向动植物园的生物多样性，还是面向生态博物馆的文化多样性。根据生态文明的定义，生态知识又可以分为生物知识和文化知识两个维度，它们共同构成完整的自然和人文生态，具体包括文化和生物多样性基本知识、文化和生物多样性的重要性、文化和生物多样性的状况与挑战、文化和生物多样性的保护等方面。生物知识和文化知识也构成场馆生态知识的重要内容。

动植物园是理想的生态文明教育场所。动物园汇聚着世界各地的不同物种，构建了完整的生态体系，向公众展示不同生命样态的存在方式。它所蕴含的生态知识是以人与其他物种的关系为核心的，具体包括生命形态的多样性、濒危动物的保护、尊重自然的生存法则等。动物园可以帮助家庭见识、接触未曾"谋面"的各色动物，建立个人与动物、个人

---

[1] 徐洁：《生态文明教育的内涵、特征与实施》，《现代教育科学》2017年第8期。
[2] 李法营等：《自然博物馆的生态文章教育功能与发展对策研究——以西南林业大学世界古茶树原产地资源展馆为例》，《农业考古》2021年第2期。

与大自然的情感联系，让孩子们体会到大自然是蕴养丰富生命的场所，每种生命样态都是大自然巧夺天工的作品。在生态公平的视角下，它们都值得被善待。植物园收集了所在地植物区系有代表性的植物资源，保存着珍稀濒危、具有重要经济价值和观赏价值的植物，是所在地区活的植物基因库。它可以让人们更好地接触和认识自然，树立尊重自然、顺应自然、保护自然的理念，与自然建立和谐相处的生态关系。植物园可以展示植物的生物多样性、植物与环境之间的复杂生态关系、植物对于当地环境变化与全球变化的指示作用、全球植被面临的主要威胁以及植物灭绝的后果等内容，通过种植植物、识别植物、制作植物标本等公众参与式教育改变人们的思想与行为，调动家庭参与自然生态保护的自觉性。[1]

生态博物馆是一种以社群为基础、可持续发展的场馆或文化遗产项目，它肩负着推动地方文化传承的使命，强调当地历史、本土景观、自然资源、群落环境以及农业劳作之间的关系。[2] 苏东海认为，生态博物馆主要采用"地域+传统+记忆+居民"的模式，对自然环境、人文环境、有形遗产、无形遗产进行整体保护、原地保护和居民自我保护，使人与物及环境处于固有的生态关系中，使之和谐向前发展。[3] 例如，加拿大的米拉米契生态博物馆旨在强化人与米拉河之间的联系，培养人们的社区意识，具体包括保护并分享当地自然风光和生活方式、保留当地社区的遗产资源、鼓励当地年轻人留在本地发展等。[4] 所以，生态博物馆所追求的"完善公众参与"不只是为了促成共同的意识形态，更是为了让社会中的每个个体都能成为他们自己土地上的守护者，既考虑文化保育所依赖的原生态空间，也兼顾遗产传承所具有的地域性、科学性和

---

[1] 王明旭：《让植物园成为生态文明教育的排头兵》，《林业与生态》2013年第6期。
[2] Nunzia Borrelli, Peter Davis P.：《文化如何塑造自然：生态博物馆实践的多重映射》，《郑州师范教育》2020年第11期。
[3] 苏东海、毛颖、龚青：《博物馆理论研究与博物馆发展方向——苏东海先生专访》，《东南文化》2012年第1期。
[4] Nunzia Borrelli, Peter Davis P.：《文化如何塑造自然：生态博物馆实践的多重映射》，《郑州师范教育》2020年第11期。

教育性功能，增强地方感，促进社群和其生存环境之间关系的良性与活力，充分体现了人与环境紧密相依的文化生态保护观念。

总而言之，生态知识是家庭与场馆"相遇"的重要教育内容，其必要性一方面表现在全球生态环境所面临的危机，另一方面表现在家庭教育对生态主题的漠视。在直面生态危机的过程中，场馆可以使家庭成员在与自然、社会接触的过程中掌握生态环境的基本知识、转变对人与自然关系的认识、调整对待自然生态环境的态度和价值观、增长维护生态环境平衡的技能。①

二 科学知识

大量科学学习发生在校外非正式环境中，它们是伴随个体穿梭于一系列社会场境时自然发生的，却常常被忽视。在设计性的场馆情境中，非正式科学教育则强调科学中心、探索实验室、博物馆、公共图书馆、动植物园、自然公园、水族馆以及环境科学中心等在传递科学知识与价值观方面的重要性。由于这些地方将真实世界的现象按照教育目的进行组织，它们成为人们追求和发展科学兴趣、参与科学调查并通过对话反省经验的重要场地。② 场馆是科学的殿堂，其收藏的展品要么是被科学证明的，要么是具有科学价值的真品。在某种意义上，场馆是科学的物化例证。那么，家庭与场馆的"相遇"也是一次与科学的接触，通过了解科学知识，增强科学探究能力，培育科学价值观念，生成科学素养和精神。

场馆中的科学内容具有多种表达形式。例如，科技馆是以展览教育为主要功能的公益性科普教育机构，通过常设和短期展览，以参与、体验、互动性的展品及辅助性展示为手段，以激发科学兴趣、启迪科学观念为目的，为公众举办科普教育、科技传播、科学文化交流等活动，具

---

① 陈丽鸿、孙大勇：《中国生态文明教育理论与实践》，中央编译出版社2007年版，第81页。
② [美]菲利浦·贝尔等编著：《非正式环境下的科学学习：人、场所与活动》，赵健、王茹译，科学普及出版社2014年版，第287页。

体包括展示演示、体验互动、表演活动、旅游休闲、讲座、示范表演、探索活动、专题讲座、视听欣赏、动手制作、研习活动、知识竞赛、知性旅游、学术研讨、刊物发行、咨询服务等。[1] 根据美国国家科学基金会和美国科学促进会提供的标准，这些科学内容又可以分为六个方面：体验学习自然世界和物质世界现象的兴奋感、兴趣和动机；逐渐形成、理解、记忆和运用与科学相关的概念、解释、论证、模型和事实；操作、试验、探索、预测、质疑、观察以及理解自然和物质世界；反思科学作为一种认识方式，对科学过程、科学概念和科学机构进行反思，并对他们自身学习现象的过程进行反思；通过使用科学语言和工具，与他人一起参与科学活动和学习实践；把自己看作科学学习者，并发展出这样一种身份，即认同自己是了解科学、使用科学、有时为科学做出贡献的人。[2] 由此可见，场馆中的科学知识具有以下特点：主动性、兴趣主导、自愿性、个体性、持续性、与境脉相关、协作性、非线性和开放性。

海德格尔说："科学知识的主体是有血有肉、在实践中与生活世界相互交织的人，人的思维产物总会带有某种目的性、兴趣和内心情绪的活动痕迹。"[3] 场馆科学知识最终的落脚点是人的成长，通过增进公众对科学的理解、促进公众积极参与科学等方式，达成提升公众科学素养、科学精神以及民主理念的根本价值。场馆中的科学教育、科学传播、科学普及的目标，是促进公众理解科学知识、掌握科学方法、崇尚科学精神，用科学理性的思维解决或处理生活工作中的问题，形成崇尚科学理性的文化基础。[4] 美国非正式科学教育促进中心（Center for the Advancement of Informal Science Education）将科学知识概括为七个方面：（1）增进公众对科学问题的形成与演变的微观理解能力；（2）赋予公众参与社会生活和政治决策的基本科学素养储备；（3）提高公众对科学教育与科学文

---

[1] 季良纲：《科技馆科学教育的若干思考》，《科学教育与博物馆》2019 年第 5 期。
[2] [美] 菲利浦·贝尔等编著：《非正式环境下的科学学习：人、场所与活动》，赵健、王茹译，科学普及出版社 2014 年版，第 288 页。
[3] 张汝伦：《历史与实践》，上海人民出版社 1995 年版，第 3 页。
[4] 季良纲：《科技馆科学教育的若干思考》，《科学教育与博物馆》2019 年第 5 期。

化、科学精神之间的内在联系的理性认识,并意识到非正式科学教育是一种文化实践;(4)通过非正式科学教育实现教育的公平性和民主性;(5)使公众能够更接近科学知识和获得科学教育话语权,能够自由地表达观点;(6)让拥有不同科学的专业知识背景的公众,能够有表达和贡献他们观点、想法、知识和价值观的途径,以及回应对于科学问题或与科学相关的争议的可能;(7)提升公众对多元文化社会中的理解能力,尤其是个人和文化价值观、社会和伦理关注以及与科学和科学有关的社会问题。[1]

此外,科学探究是介入性活动,深植真实情境,科学创新与阐释须置于情境中,否则将陷入无意义困境。这也意味着,科学知识与生态知识一样都是在地化的,抽离场地的科学知识就像无源之水、无本之木。正如劳斯所言:"科学知识在本质上是地方性的,这些知识蕴含在具体的实践活动中,这些实践活动不能被实用哲学所改造而沦为抽象化的共识或剥离情境的法则。"[2] 因此,家庭在场馆中"遇见"的不仅是科学知识,还是属于地方的科学知识,只有与生活实践联系起来的科学知识才能真正被人们理解和应用。

三 艺术知识

场馆是艺术的守护者,它"供奉"着来自不同时代、场地以及形态的艺术品,甚至场馆本身(建筑)都具有极高的艺术价值。作为全球文明的宝库,场馆收集、保存有大量的珍贵资源,这些资源具有鲜明的时代特色、地域风格,细细品来每一件都具有璀璨夺目、令人折服的艺术魅力,其中不乏稀世珍宝。此外,场馆的展出不是简单机械的罗列与铺陈,它力求直观、形象和生动,讲究艺术品位,追求审美效果,空间本身极富艺术性。许多场馆是当地的标志性建筑,风格独特,主题鲜明,

---

[1] Ellen McCallie, et al., *Mnay Experts, Many Audiences: Public Engagement with Science and Informal Science Education*, Center for Advancement of Informal Science Education, 2009, p.83.

[2] Joseph Rouse, *Knowledge and Power: Toward a Political Philosophy of Science*, Ithaca: Cornell University Press, 1987, p.72.

美轮美奂。展览的展出面积、展线长短、平面布局等都经过精心设计,符合艺术规律。全部展品有序组合,既具有内在价值的逻辑性,又具有外在形象的协调性。布展人员巧妙运用灯光,和谐搭配色彩,充分考虑比例关系,使展览透出美的韵律,突现出明显的民族风格、个人特色,富有艺术感染力。① 这些有形的、无形的、直接的、间接的艺术资源都是场馆为公众提供的教育内容,是他们置身场馆当中有意或无意汲取的艺术养分。所以,家庭与场馆的"相遇"是"向艺术的陷落",主动接受艺术的洗礼,而且"相遇"的过程也是颇具诗意的,有困惑、有失落、有顿悟、有满足、有惊喜……

场馆中的艺术知识不是以抽象的文本形式描述的,而是以直观的作品形式呈现的。所以,家庭所汲取的艺术知识是实实在在的艺术品,包括文物、书法、画作、生物、科技等,它们可以在不被理解的前提下被欣赏、被感动、被体悟。而超越理解的情感共鸣和精神启迪正是艺术知识的独特魅力。能够拥有这种魅力的主要原因在于其特殊的艺术表达形式——直观性、体验性和辅助性。首先,场馆的典型艺术表达就是将展品直接推送到公众面前,让公众可以直观地与真品面对面。正如安德森所说:"通过屏幕观看《蒙娜丽莎》的感受和体验是无法和站在卢浮宫的真品面前同日而语的。"② 其次,场馆的最大特色在于它将"面对面"的艺术形式进一步向前推向"接触",不仅处身艺术情境当中,而且参与艺术创作,以动手制作、角色扮演等为形式的体验活动即属此类。"我永远无法忘记在华盛顿共济会国家纪念馆第一次触摸'月亮'的感受,这是一种情感上无比震撼的体验。"③ 最后,场馆中的艺术性又非局限于艺术真品,其构建的整个空间都充满艺术气息。与其说家庭在场馆中寻找知识,不如说家庭已经身处"知识的海洋",时时感受艺术的熏染。

---

① 唐斌:《美术馆与知识生产——全球化背景下美术馆与知识生产及相关问题研究》,博士学位论文,中央美术学院,2010年,第88页。
② [加]大卫·安德森、王乐:《场馆教育的前沿问题与热点探讨——访英属哥伦比亚大学大卫·安德森教授》,《自然科学博物馆研究》2020年第5期。
③ [加]大卫·安德森、王乐:《场馆教育的前沿问题与热点探讨——访英属哥伦比亚大学大卫·安德森教授》,《自然科学博物馆研究》2020年第5期。

尽管人们常说身边并不缺乏美，但是完全由艺术构建的美的专业空间并不多见，毋庸说这种美还要能输出教育价值。诚如印象派大师雷诺阿所说，"人们是在博物馆学会绘画的……画家虽然应当创作反映时代的作品，但要获得绘画的感觉，还得去博物馆，因为这种绘画感并非完全出于天性"。由此，场馆赋予人们的艺术影响可见一斑。参观场馆需要调动个人全部的艺术积淀和生活积淀，不仅要观赏艺术品的形式美，更要探究艺术家的创作意图、手法和目的，体验艺术家创作时的情感和表达。所以，场馆还赋予人们欣赏艺术的专业视角。观众在读懂艺术的同时也读懂了艺术的创作者。阿诺德·豪泽尔说过，"艺术品的欣赏必须通过教育。一个人若是要欣赏真正的艺术，就必须经过一段提高自己欣赏趣味的艰难历程，只有经过教育才能达到这一点"[1]。但是，他没有看到与艺术品的"遇见"本身就是一种教育，当我们走进场馆的次数多了，艺术鉴赏能力自然就会提高。艺术与教育相辅相成，这也正是场馆艺术知识的独特魅力。也难怪中国著名画家陈丹青感慨："中国艺术教育是全世界最庞大的，但这样的教育是不奏效的、是残废的、是从文本到文本。画作教给我们的东西远不如美术馆交给我们的东西多。"

四　历史知识

没有人在真空中出生，我们所有人都是漫长生物演化和文化发展历史的产物和接受者，而了解历史则是我们每个人与生俱来的权利。[2] 场馆是历史的记录者，其构建的空间也具有厚重的历史感，它帮助人们"认识自己"，感知人类总体思维的综合性价值。[3] 单霁翔强调，场馆是城市文明的产物，是一座城市历史的文脉，是一座城市文明的窗口，是一座城市发展的灵魂。一个城市的文明发育，不仅体现在现代化的程度，更重要的是历史发展的延续性和独特性，保护历史文脉就是保留城市的

---

[1]　[匈] 阿诺德·豪泽尔：《艺术社会学》，居越安译，学林出版社1988年版，第141页。
[2]　李琴、陈淳：《公众考古学初探》，《江汉考古》2010年第1期。
[3]　单霁翔：《博物馆的社会责任与社会教育》，《东南文化》2010年第6期。

"根"与"魂"。① 家庭与场馆的"相遇"恰恰表达了他们对历史的渴望，展现了他们对历史的担当。对很多家庭而言，走进场馆的过程就是与历史的有幸遇见，见证历史的演进与变迁，接受历史的教诲与启迪。

历史是文化和身份的记忆，是对文化认同和身份归属的探寻，旨在回应"我是谁""我从哪儿来""我属于哪里"等本源问题。而场馆是社会集体记忆的重要组成部分，是文化的见证和身份的确认。所以，场馆与历史达成了诠释意义上的逻辑关系，历史被场馆表征，场馆离不开历史的赋值。苏珊·克兰说："博物馆不只是文化机构或是藏品的展示地，它们是个体认同与集体认同、记忆与历史、信息与知识生产互动的场所。"陈燮君也认为，场馆的记忆是历史的明镜和现实的启迪。城市中的历史街区、文化遗存、社会习俗等一切物质与非物质文化遗产均是漫长历史发展过程留下的记忆，渗透于城市中的每一寸土地，而场馆正是收集和记录城市记忆，见证和展示城市变迁的具有特殊使命的文化设施，包括城市记忆的保持、特色形象的展示、乡土情结的维系、文化身份的认同、生态环境的建设、和谐社区的构成，等等。场馆丰富精深的民族文化再现了本地的历史沿革和经济、政治、文化、社会发展的脉络，把最辉煌、最闪亮的史实呈现在观众面前，让人们了解更多的历史知识、人文精神和民俗风情。②

近年来兴起的社区博物馆很好地承担了这一角色，它不仅被认为是社区历史、环境、现状的收藏、研究与展示中心，同时还是一个构建社区共同记忆、加强社区群体认同、激发社区可持续发展的创造性活力、社区公益性活动的中心。它通过策划与社区记忆和历史有关的现场活动，唤起社区居民的集体记忆，促进家庭对社区的文化认同。③ 在某种意义上，场馆为家庭提供的历史知识具有地理上的空间层级性，依次为社区知识、区域知识、民族知识、国家知识和全球知识。这也让家庭的文化记忆和认同具有更加丰富的内涵，形成十分完整的族群结构。

---

① 单霁翔：《博物馆的社会责任与城市文化》，《中原文物》2011 年第 1 期。
② 单霁翔：《博物馆的社会责任与城市文化》，《中原文物》2011 年第 1 期。
③ 兰维：《文化认同：博物馆核心价值研究》，《中国博物馆》2013 年第 1 期。

另外，场馆梳理的历史知识又具有特殊的记忆表达方式，包括展品自身的记忆与展陈方式所营造的记忆。无论何种形态的展品都具有超越时间的记忆容量，它表征的不是单一的"物件"，而是一个"群体"的特性、演进、环境、意义等，所以每个展品都负载着庞大的故事性以及值得被叙述的意义。展品自身的记忆是场馆记忆表达的立足之本，或者说场馆是将展品记忆展示给公众的平台。展品记忆决定着场馆能向家庭供给的教育内容，有什么样的展品记忆就有什么样的场馆教育主题。在此意义上，家庭的教育目的是非常明确的，主要为馆内的各色展品而来。然而，展品记忆又是静态的，需要以一种科学、系统、清晰的方式向外界展现。有学者也指出，场馆塑造集体记忆的机制不仅依赖单个展品的物质存在，更取决于将诸多展品搜集、整理、展示的方式。通过对展品的讲述、对空间的编排、对参观者的引导，不同个体和群体能够参与到记忆的沟通、共享、塑造和再现的过程。只有场馆将展品的记忆进行重新编码和解码，公众才能进入展品的话语频率，建立展品记忆与个体记忆之间的联系。总而言之，场馆的作用不仅仅是文物的"储藏库"，更是信息和价值的"媒介"，它通过分享和表现历史信息与知识，书写着这些信息和知识背后的"大写历史"。[1]

第四节　家庭与场馆"相遇"的教育意义

早在1994年，麦克麦纳斯就发现，大部分参访场馆的观众都以家庭为单位，而携带孩童的群体约占总数的二分之一。[2] 而且，家庭也是最可能重复进入场馆的群体。社会对家庭与场馆"相遇"的推崇（观念与行动）充分证实双方走向彼此的意义觉识，即便现实生活中更偏重观念层面，但这也说明公众已经具备一定程度的积极期待。例如，学习者在参观场馆过程中可以获得认知和情感上的积极结果，不仅能提升认知水

---

[1] 燕海鸣:《博物馆与集体记忆——知识、认同、对话》,《中国博物馆》2013年第3期。
[2] Paulette McManus, "Families in Museums", in Roger Miles and Lauro Zavala eds., *Towards the Museum of the Future: New European Perspectives*, Routledge, 1994, p.85.

平、积累知识储备,[1] 还可以提高学习兴趣和学习积极性;[2] 一个人在儿时参观场馆的经历对其终身学习、社会智力及创造性思考产生正面的影响;[3] 家庭共同参访场馆将为亲子关系的改善、子女教育的完善产生积极作用。[4] 通过不同学者的研究,我们看到了家庭与场馆"相遇"的乐观结果,而这也昭示了家庭与场馆所期盼的教育意义。不过,此处所显现的教育意义是透过行动改变在教育深处流露的某种惊异。邓晓芒说:"惊异是一种超功利的兴趣,具有精神上的超越性,它所激发的是一种纯粹的'爱'的追求。"[5] 家庭与场馆在"相遇"中所释放的正是这样一种纯粹的教育惊异,既是一种冲动和追求,又是一种沉思和顿悟。

一 家庭的教育惊异:闲暇的公共面向

从发生逻辑上看,教育是一种生命流变的过程,必然存在某个主体受到教育影响而发生改变。那么,在家庭与场馆的"相遇"过程中,家庭一定是最大的受益者,因为作为场馆教育的服务对象,它正是发生改变的那个主体。从结果上看,这些改变包括认知、情感、伦理、社交、技能等,前文不同章节已有涉及,而且它们作为常识已然进入公众视野。所以,此处谈及的意义不是改变在个体身上产生的结果,而是家庭群体教育方式的改变,即个体改变是如何在场馆的家庭教育生活中发生的。这也意味着,我们更关注中观意义上场馆对家庭教育生活的结构化影响。当以此逻辑重新审视家庭与场馆的"相遇",家庭所"遭遇"的教育惊

---

[1] David Anderson and Keith Lucas, "The Effectiveness of Orienting Students to the Physical Features of a Science Museum Prior to Visitation", *Research In Science Education*, Vol. 27, No. 4, 1997, pp. 485–495.

[2] Léonie Rennie, "Measuring Affective Outcomes from a Visit to a Science Education Center", *Research in Science Education*, Vol. 24, No. 1, 1994, pp. 261–269.

[3] Nancy Haas, "Project Explore: How Children are Really Learning in Children's Museums", *The Visitor Studies Association*, Vol. 9, No. 1, 1997, pp. 63–69.

[4] Teresa Acosta, *Contextual Influences on Parent-child Pretend Play in a Children's Museum*, Ph. D. Dissertation, The University of Texas at Austin, 1997.

[5] 邓晓芒:《哲学起源于"惊异"》,2021 年 9 月 27 日,https://mbd.baidu.com/newspage/data/landingsuper? context =%7B%22nid%22%3A%22news_9917611207700991761%22%7D&n_type=1&p_from=3。

异可以概括为两种生活方式（闲暇生活和公共生活）的改变。

（一）合理安置闲暇生活

亚里士多德认为，闲暇是一种惊异的状态。人们苦苦寻找的惊异往往就躲藏在闲暇时空的某个角落，只有进入闲暇的自由状态才可能显现。场馆不仅占有闲暇时空，而且创造着闲暇状态。它将自己打造成公众休闲的必要空间，吸引人们前来享受闲暇、消耗闲暇、感悟闲暇。有学者也指出，场馆更倾向于呈现一种容易迁移到生活情境中的非结构化知识，使参观者能够在一种开放自由的闲暇状态中积极自主地投入探究，在感知、观察、操作以及与人的社会性交互中发现场馆试图传递的内容。[1]

当前，家庭教育的主要困境在于闲暇的冗滥。一方面，学校教育体制改革为家庭释放出大量闲暇时间。2021年7月24日，中共中央办公厅、国务院办公厅印发了《关于进一步减轻义务教育阶段学生作业负担和校外培训负担的意见》，要求构建教育的良好生态，全面压减作业总量和时长，减轻学生过重作业负担，全面规范校外培训行为，促进学生全面发展、健康成长，将必要的闲暇时间归还给家庭。另一方面，家庭却不知如何妥善安置这些闲暇时间。家长对"双减"政策喜忧参半，既有缓解压力之感，又有莫名的不安。这种"幸福的烦恼"导致的结果是珍贵的闲暇资源被浪费，抑或被错付。当家庭茫然无措的时候，孩子要么被放任自行其事，要么被捆绑在不同形式的课业当中。如此一来，积极的闲暇意义就被曲解为无所事事，或者干脆被剥夺。归根结底，家庭认为他们找不到一处安心、安全、安逸的空间将子女的成长托付出去。当然，这只是观念上的错识，家庭身边确实存在这样的空间，只是蛰伏在了视线之外。

场馆正是视线之外的存在，它的意义在于为家庭提供了妥善安置闲暇的安心、安全、安逸的空间。但是，它安置的对象是超越时间概念的闲暇生活方式，这也是场馆最有魅力的优势。也就是说，家庭选择场馆

---

[1] Kola-Olusanya, "Free-choice Environmental Education: Understanding Where Children Learn Outside of School", *Environmental Education Research*, Vol. 11, No. 3, 2005, pp. 297–307.

并不是简单地为了消耗过剩的时间,而是希望参与场馆所构造的特殊的闲暇生活。在消极意义上,家庭与场馆的"相遇"化解了家庭的冗滥闲暇,使家庭看到一处值得托付的场所,闲暇资源不再被浪费和错付,家庭也避免陷入茫然无措的窘境。在积极意义上,家庭与场馆的"相遇"赋予了家庭闲暇生活深层次的内涵。

首先,它让家庭过一种自由的闲暇生活。亚里士多德说:"合理利用休闲是一生做自由人的基础。"[①] 马克思也认为,闲暇是"使个人得到充分发展的时间",在娱乐与休息中"为自由活动和发展开辟广阔天地"。[②]可见,闲暇让自由生活和成为自由人得以可能。最为重要的是,家庭在场馆中能够找到一种自由的状态,这是在学校、培训机构等教育空间无法实现的。

其次,它让家庭过一种有想象力的生活。场馆为家庭展示的是来自日常生活之外的存在物,当面对异质时空的新奇,个人想象自然会被激活。除了来自展示物的刺激,走入场馆本身对家庭而言也极具想象力,孩子永远不会停止对走出家门的向往。想象力不仅将生活装点得五彩缤纷,而且点燃了生命深处的创造之光,赋予人们过想象生活的能力。

最后,它让家庭过一种有教育意义的生活。生活是零散的,它是否被教育包裹取决于环境的选择。家庭在场馆中所获得的所有教育惊异都是场馆的努力,刺激、暗示、引导、鼓励、解释等行为无不提示着场馆对教育生活的设计。所以,家庭在场馆中的闲暇安置是持续被教育影响和观照的生活,意义时时刻刻在主体生命中生成着。

(二) 积极参与公共生活

对于家庭而言,以集体为单位的公共生活机会并不多见,因为私人生活和学校生活占据了绝大部分的时间,而且能同时接纳全部家庭成员的公共领域也是寥寥无几。哈贝马斯认为,场馆是典型的公共领域,是

[①] [美] 曼蒂、奥杜姆:《闲暇教育理论与实践》,叶京等译,春秋出版社1989年版,第19页。
[②] 《马克思恩格斯全集》(第二十六卷),中共中央马克思恩格斯列宁斯大林著作编译局编译,人民出版社2014年版,第281页。

形成公共意见、公众舆论的"社会空间"。如此看来,场馆之于家庭的意义更显弥足珍贵,它让家庭的闲暇生活同时具备了公共属性。只有家庭踏上从私人领域到公共领域的通道,作为社会人的公共特质才能生长出来。

其一,场馆强化了家庭的共同体意识,为走向公共领域蓄力。家庭是最小的群体生活单元,共同体意识是在长期的家庭生活中形塑而成。所以,共同体的运作习惯具有强烈的家庭黏性,甚至它只能在家庭环境中保持活力。如果要适应公共生活,家庭共同体需要在公共领域进行"前期训练"。这正是家庭与场馆"相遇"的优势所在。对于家庭而言,场馆是家庭成员享受集体生活的空间,它创造了共同的话题,制造了共同的回忆,强化了家庭共同体的关系结构。场馆在此过程中变成家庭的情感纽带,共同的经历可以促进家庭成员共享过去与未来,增进家庭情感。这背后隐藏着重要的逻辑,即只有过好家庭生活,才能过好公共生活。当家庭走进场馆,它们不仅以私人共同体的形式运转,而且可以同时"瞥见"公共生活的身影。

其二,场馆让家庭在公共生活中理解公共规则,习惯公共话语,形成公共意识。作为公共空间,场馆是被公众共享的,每个家庭都具有享受同质资源的权力。那么,为了保证资源分配的公平公正,场馆会制订明确的行为规范,同时公共生活也会自然达成某些不成文的共识,例如场馆的规章制度、不阻挡别人视线的惯例等。这些显性和隐性的规则是公共生活的基础,也是家庭在场馆中经历的重要修炼。此外,不同于私人领域的亲密表达,公共领域拥有自己的话语内容和言说方式,而公共领域中的家庭需要适应这一话语环境和节奏,否则他们无法理解公共生活或者被公共生活排斥。场馆不仅为家庭创设了话语内容和环境,而且努力引导其参与公共性的话语言说。规则与话语的最终落脚点是公共意识,即一种公共生活的自觉。场馆是公共生活的土壤,家庭通过扎根土壤的不断修炼和适应,渐渐从中涵养出公共意识的萌芽。

其三,场馆引导家庭重新确认文化认同。文化及其形塑的身份是公共生活不可或缺的布景,任何人都携带着某种文化身份和印记进入公共领域。与此同时，公共生活也会对文化身份产生影响并留下或深或浅的文化印记。如若要适应公共生活，必先获得与之保持一致的文化惯习。而且，公共领域的文化惯习弥漫所有人类栖居的空间，村落、民族、国家等都有其特殊的文化符号。场馆是这些文化印记的记录者，它会让每位到访者在近距离感知展品的时候接受文化洗礼，家庭也不例外。一方面，家庭通过场馆了解自己所属公共领域的文化传统；另一方面，场馆的文化表现形式可以强化家庭的文化认同。场馆向家庭展示了其所属社区、民族和国家的文化脉络和特色，引导其思考"我从哪里来""我属于哪里""我身边存在着什么"等本源性问题。一言以蔽之，场馆帮助家庭寻找、建立和强化文化归属感。

二 场馆的教育惊异：资源的服务面向

非营利性和服务性使得场馆看似一处"全无所得"的"福利机构"，即便抛开部分场馆和场馆部分机构的营利功能，场馆依然有其所要"赚取"的东西。只不过，它们所希冀的不是物质上的满足，而是教育的影响力。直接意义上，它表现为公众对场馆的认可及其衍生的进馆率。间接意义上，场馆对影响力的重视又会促使其对教育资源和服务进行优化。可见，场馆也存在着清晰的"马太效应"，知名度越高的场馆，教育服务越好，反之教育服务越完善，影响力也越强。简言之，"人气"是影响场馆教育范围和效果的重要因素，而"人气"又意味着教育服务面向的程度。家庭与场馆的"相遇"正是一种"人气"的积攒，这也是场馆的教育惊异，越多"遇见"，影响越广，服务越完善。

（一）提高教育影响

场馆参观群体中家庭所占比例最大，那么家庭与场馆"相遇"最显见的影响即招徕最大规模的观众，将场馆教育服务面向更广泛的人群。其实，场馆最大的遗憾是徒有优质的展品，没有足够多的人（愿意）欣赏，这本身就是资源的浪费。恰如美永远是主体性的，缺乏人的展馆，自然也丧失了教育意义。所以，教育影响的深层内涵是教育意义的最大程度实现。当越来越多家庭涌向场馆，其带来的教育意义的显现是场馆非常乐于看见的。这不仅会让场馆实现自我价值,还会提高其教育自信。

教育是场馆的核心功能之一,其价值往往隐匿在藏品之后,需要通过精心设计方能显现。然而,彰显场馆教育价值的阻碍要远远大于其他方面(展览、收藏、研究等),因为它需要通过展品与人之间的教育关系发挥作用。中间环节的出现势必增加中介变量的额外控制,除了谈论最多的关系属性和运行机制之外,展品覆盖人群的范围同样扮演着至关重要的角色。越多人走进场馆,由展品向外辐射的教育关系的覆盖面就越广,资源的教育价值越能发挥得淋漓尽致。在此意义上,家庭成就了场馆的教育责任,让场馆的教育影响向纵深蔓延。一方面,肉眼可见的进馆规模的扩大使场馆的教育影响范围更广,同时家庭相对清晰的动机也强化了教育关系的建立;另一方面,场馆宏大的教育责任和使命需要扎根广泛的群众基础,其内在的实现逻辑即指向公众的普及教育影响。当我们看到场馆施予家庭积极影响的时候,也要看到家庭成就了场馆的价值。否则,空空如也的展厅再怎么辉煌,也不过是没有生命的物件。这或许也为场馆"由物向人"的转向提供了另一种解释。

另外,家庭的认可也会增强场馆的自信。源源不断的观众使场馆确信其所提供的教育服务是受欢迎的,能够获得家庭的积极回应。门庭若市的场面必然坚定场馆的教育自信,包括功能自信、内容自信、路径自信和价值自信,他们相信自身的教育意义可以在现实中达至完满。越是对当下所做事情深信不疑,越会在行动中反复推行。场馆对教育资源和服务的自信能够为行动注入一股活力,更加积极地投向教育服务,吸引更多观众来访,努力提高教育的影响力。此外,这份自信又会带来场馆的教育自觉,无需再向外界寻求动力,正向的认可推动着场馆不断重复相同的教育努力,将各种因素写入相对稳定的教育结构,耐心守候家庭所获得的积极改变以及与之相伴随的赞许。

(二)促进资源优化

公众是场馆资源的重要服务对象,满足公众的需求是场馆的核心要务。每组家庭进入场馆都携带着各自的教育需求,这些需求会随着社会发展、教育改革、舆论热点等方面的改变而改变。场馆要做的是及时收集家庭的教育需求，据此做出针对性的调整。家庭的到访隐含着某种教育需求的表达欲望，这些诉求敦促场馆予以回应。随着需求层次的提高，场馆的资源和服务也保持着同步优化，即便是相同水平的主题切换，也辅助打磨了场馆的教育能力。

由于需求与需求解读之间的差距，场馆的教育服务很难做到尽善尽美，服务推出之后依然需要不断地调整和完善。基于这一考虑，场馆积极推出不同形式的意见反馈渠道，收集观众的意见和建议，包括问卷、电话、线上平台等。这些反馈可以帮助场馆调整策略、完善服务。因为观众是教育资源直接的参与者和体验者，他们给出的反馈最有针对性和说服力。与此同时，场馆既可以利用这些信息改进某一次的服务项目，又可以整合相关意见进行概括分析，加深对观众的了解。这也意味着，家庭与场馆"相遇"最直接的意义在于拉近双方的距离，让场馆可以从家庭的所需、所想出发，更好地发挥自身的所能、所长。

除了需求和建议之外，家庭在场馆中的行为又直观表征了教育服务的质量和水平，例如身体对空间的反映、体验中的情绪表达等。场馆对家庭反映的敏锐捕捉与分析可以帮助其打造更加宜人的物理环境，包括灯光、摆放、路线等，也可以直接判断观众对服务的悦纳程度。而且，这种参与过程中的信号释放具有高度的即时性，记录着观众当时当地的真实反映，场馆的特殊环境很可能让这些珍贵的信息稍纵即逝，馆后回忆无法准确呈现全部感受。所以，对馆内家庭的观察和记录之于场馆服务的完善而言将是最有效力的。

那么，场馆资源优化的究竟是什么？其一，优化了资源的主题和内容。通常情况下，场馆对主题与内容的选择相对专制，它们掌握绝对的话语权。观众诉求的表达让场馆听到不同的声音，策展时更加贴近观众，甚至让观众参与其中，避免让展出成为自说自话的"空中楼阁"。其二，优化了资源的呈现方式。资源如何呈现在观众面前存在场馆主导和观众主导两种逻辑，一者按照专业思路"表达我想表达的"，一者依循生活体验"让他们乐于接受我想表达的"。当下，前者依然居于主导地位，而家庭声音的出现则让场馆看到另一种逻辑存在的必要，即采用更能让观众理解的方式将资源推送到他们面前。其三，优化了资源与家庭之间的关系。场馆资源的教育表达实质上是教育关系的构建，即展品与学习者的互动。家庭与场馆的"相遇"正是对教育关系的确认，让场馆看见关系存在的必要性和合理性。当越来越多家庭出现在场馆当中，场馆不可能对其视而不见，两者之间的关系自然会得到一定程度的磨合。

三 社会的教育惊异：教育的全时空面向

虽然家庭与场馆的"相遇"发生于两个主体之间，但其教育影响却超越了家庭与场馆的边界。因为人是以家庭为单位的，场馆则是社会教育的重要构成，所以两者的"相遇"或可说是"全社会"与"社会"的相遇。而且，这种"相遇"所波及的范围极其深远，它影响着终身教育的结构及其表现形式，即不同形态教育体系之间的关系以及教育合力的存续状态。在此意义上，家庭与场馆的"相遇"势必带来社会的教育惊异——一种面向整个时空的能量觉醒，包括教育在不同维度的关系和谐和教育在不同系统的力量统一两个方面。

（一）完善全时空教育，维持教育在不同维度的关系和谐

教育是有意识的、以影响人的身心发展为直接目标的社会活动。[1]它是对人从生到死的全部影响的总和，即有计划的和偶然的、有组织的和无组织的、自觉的和自发的、来自自然环境和社会环境的影响的总和。[2]所以，教育应保持一种全时空的状态，可以发生在任何时间和地点。在此意义上，"终身教育"中的"终身"不是起着限定作用，而是一种强调，因为教育本身就嵌入了全时空性。然而，教育的全时空性很难在社会中自然展开，它的活性需要不同形态的教育主动维持。

时间维度上，维持教育的终身性。教育是终身意义的生态，而家庭教育与场馆教育都具有典型的终身性。家庭安置着从摇篮到坟墓的一生，场馆向不同年龄阶段的人敞开。问题在于两者的终身性未能建立起同频

---

[1] 叶澜：《教育学原理》，人民教育出版社2007年版，第56页。
[2] 叶澜：《教育概论》，人民教育出版社2006年版，第8页。

的对话关系,仿佛两条同向的平行线,尽管方向一致,却难有交集。家庭与场馆的"相遇"为彼此找到对话的机会,串联起两条不同属性的时间线,为终身教育的展开提供多一种选择。两种"无时不在"的教育形态在生活中无法完全回避彼此,它们时时处于对方的视线之内。所以,家庭与场馆应当专注的是如何将两种教育影响同时作用于相同的群体,并且相互之间不产生抵牾。诚然,这种思考的结果可能是不确定的,但双方的努力所唤起的意识觉醒才是"相遇"的真正意义。需要补充的是,家庭与场馆不是"1 + 1 = 2"的关系,等式后面的结果依然是一,只不过它们让人的"一"生在不同的教育形态中更加多彩一些。

空间维度上,维持教育的泛在性。教育是无处不在的,按空间的属性和职能,可将其划分为学校教育、家庭教育和社会教育。三种不同的教育形态分属不同的教育领域,各自拥有独特的教育理念和结构。现实中,我们习惯于立足学校的立场理解教育以及构建合作关系,例如家校合作、校外教育等。家庭与社会的教育关系并未走进主流语境,这也导致教育在空间上的泛在性无法形成逻辑闭环,缺失了家庭与社会的合作通道。家庭与场馆的"相遇"正好补齐这一环节,双方在彼此走近的过程中结成了一种相对稳定的合作关系,家庭可以反复进入场馆,场馆则积极提供家庭群体定制式服务。究其实质,家庭与场馆的"相遇"打通了横亘在私人领域和公共领域之间的"藩篱",启发家庭主动推开房门,并且帮助他们在家外找到一处像家庭一样让人安心的教育空间。

由此可见,家庭与场馆的"相遇"看似是群体与组织的教育互动,实则表征了全时空教育体系的形成。教育可以发生在任何时间和空间,而任何时间和空间的教育都能保持统一性和连贯性。教育的话语和逻辑在不同的教育系统中是可以对话的,教育在不同维度的关系也是和谐的、融洽的。

(二)提升社会教育力,保持教育在不同系统的力量统一

社会教育力指社会所具有的教育力量,它既包括一切教育活动(正规与非正规的,可称之为教育的活动)所产生的、对人身心发展起作用的力量,也包括人类其他社会活动中客观存在的、对人身心发展有影响

的力量。① 社会教育力是一个国家综合国力的象征，是国家发展的重要推动。提升社会教育力已经成为时代发展的需要和必要，它对学习型社会的建设、教育系统的升级和人的发展起着至关重要的作用。家庭与场馆的"相遇"是提升社会教育力最直观的表现形式，它收集了两大系统的教育能量，试图将其融为一体，共同指向人的成长。

根据力的作用方式，社会教育力包括教育作用力和教育影响力两个部分。教育作用力指专门的教育活动有目的地对人的身心发展起作用的力量。它是一种目的明确、形式规范、具有一定的教育理念支持的教育合力。教育影响力指生活中的日常事务和社会活动无意识地对人的身心发展起作用的力量。它是一种偶然的、零散的、开放式的教育合力。人是由社会及其环境形塑而成，人的成长一方面由责任明确的"教育者"呵护着；另一方面也在每时每刻所遇到的人、事、物中获得教益。甚至，生活中某次偶然的"遭遇"都可能对人的一生产生转折性改变。尽管，我们无法准确控制这些偶然刺激，但是对其影响的后期干预与辅正是可行的，也是必要的。家庭与场馆的"相遇"是教育作用力与教育影响力的完美结合，场馆的开放环境集聚着无限的教育影响力，场馆的系统资源又凝结着巨大的教育作用力。家庭进入场馆之后，可以同时感受两种力量的冲击，而且令人兴奋的是两种力量的作用方向往往能保持一致。

基于分析单位的区别，社会教育力又可以分为个体教育力和系统教育力两个层次。个体社会教育力指在以个体的人为分析单位的层面上，贯穿每个人一生生命实践之时时、处处、事事所构成的教育力。系统社会教育力指在社会系统层面上，不同系统中存在的不同教育力，以及作为社会全系统所具有的整体教育力。② 前者存在于个体所参与和进行的生命实践活动之中，是社会教育力基础性且具有终极价值的构成。一方面，教育力产生于个体的参与；另一方面，教育力的最终价值必然回归

---

① 叶澜：《社会教育力：概念、现状与未来指向》，《课程·教材·教法》2016年第10期。
② 叶澜：《社会教育力：概念、现状与未来指向》，《课程·教材·教法》2016年第10期。

个体生命的发展与成长。后者存在于系统的组织和活动之中,是一种组织化、群体化甚至科层化的结果,它对人的教育是基于系统化的设计,在各种科学理念的指导下发挥出的系统的最大效能。家庭与场馆的"相遇"其实也是个人教育力与系统教育力的"相遇",个人自愿选择走进场馆接受教育服务,场馆将教育资源进行系统化包装予以推送。家庭是个人教育力的收集,场馆是系统教育力的表征。在两者"相遇"过程中,家庭的教育力得到增强,场馆的教育力也获得提升,而且两种教育力在场馆空间被完美地融合到了一起,共同作用于人的生命整全。

一言以蔽之,家庭与场馆的"相遇"调和了不同形态的社会教育力的差异,使教育在不同系统间保持统一,凝聚成一股无坚不摧的教育力量。

第四章

窥视：场馆中家庭教育的现实考察

> 人们一般只会借助自己的行为，为自己理解的生活意义做出阐释。如果将一个人的言谈摒弃在外，只观察其行为，会发现此人的动作、表情、态度、习惯、特点等，全都在展现他理解的生活意义。不管多么微不足道的动作，都包含着他对世界的态度。他似乎在让全世界了解，这便是世界存在的形态，这便是他自己。
>
> ——阿德勒《超越自卑》

家庭的教育生活是私密的，很多时候它被居所遮蔽着、保护着，除非自己主动且诚实地言说，外界很难得见真相。场馆在某种意义上很像一座将私密生活在公共空间展示出来的剧场，家庭携带着各自的念想、关系、习惯、情感等踏入场馆，向公共世界的到访者显现私密的教育生活。面对如此珍贵的机会，我们终于可以"不用敲门"堂而皇之地窥视家庭教育的发生，考察深层次的教育意涵。

第一节　隐匿的身份与关系

在熙熙攘攘的人群中，家庭对场馆怀有不同的期待，表现出的行为也千差万别。场馆中的家庭行为看似混乱无序，却存在一种复杂且均衡的交互关系，[①] 这种关系是由亲子在场馆中获得的身份决定的。两者又

[①] D. D. Hilke, "Strategies for Family Learning in Museums", *Visitor Studies: Theory, research and practice*, No. 1, 1988, pp. 120-125.

非经制度或文化赋权显现在外,而是隐匿在家庭行为之中。马丁·布伯认为,人是通过"你"而成为我的,所以"本体乃关系"。[1] 身份也是一种关系,是在与其具有"反向身份"的人的交往互动中建构起来的。[2] 身份与关系彼此定义,共同作用于人的社会行为。亲子身份与关系是在家庭行为表象之下的心理取向,它通过主体意识决定家庭行为的目的、内容和方式,而且这种作用既可能是基于自我反思的有意为之,也可能是受潜意识引导的无意使然。

一 文献回顾与述评

自场馆中家庭群体进入学术视野始,亲子行动就成为相关研究的重点,试图揭示亲子在场馆中究竟做什么、应当做什么及其与场馆之间的价值关系;越深入行动,主体间的角色和关系越会凸显出来,也自然而然成为考察家庭教育的重要切入口。

(一)场馆中的亲子行为

从 20 世纪 80—90 年代,相关研究主要围绕家庭成员在场馆中的行为方式展开,旨在探究场馆学习的本质。这一时期,先后有学者提出场馆中家庭学习行为遵循着"可预测的模式"(predictable patterns)。[3] 麦克麦纳斯指出家长会主动调整行为以适应孩子,学习行为主要以讨论形式开展。[4] 但是,胡德却发现大多数家庭认为场馆更适合社会交流、参与活动和娱乐,而不是学习。[5] 也有学者从布迪厄的文化资本理论出发,

---

[1] [奥]马丁·布伯:《我与你》,陈维纲译,生活·读书·新知三联书店1986年版,第44页。

[2] 何菊玲:《教师是谁?——关于教师身份的本体性追问》,《陕西师范大学学报》(哲学社会科学版)2013年第3期。

[3] Lynn Dierking, "The Family Museum Experience: Implications from Research", *The Journal of Museum Education*, No. 4, 1989, pp. 9 – 11.

[4] Paulette McManus, "Good Companions: More on the Social Determination of Learning-related Behavior in a Science Museum", *Journal of Museum Management and Curatorship*, Vol. 7, No. 1, 1988, pp. 37 – 44.

[5] Hood Marilyn, "Leisure Criteria of Family Participation and Non-participation in Museums", Butler Barbara and Sussman Marvin, eds. *Museum Visits and Activities for Family Life Enrichment*, London: The Haworth Press, 1989, pp. 151 – 167.

透过家庭群体的文化特征,分析深层次的"社会行动结构"。

进入21世纪,研究者开始关注亲子行为背后的教育动因和发生机制。有研究显示,场馆中家庭行为并非毫无缘由地产生,也不是随机的生成,而是在家庭文化的引导下形成的一种有目的、有策略的交互实践。[①] 而且,亲子共同参与行为能帮助孩子形成"专业知识岛"(island of expertise),即围绕某一特定主题的知识、兴趣和活动集合。[②] 盖丝肯斯(Gaskins)发现家长会自觉评估孩子的兴趣和能力以及展品的教育价值与适切性。如果展品内容相对容易,他们会让孩子自己学习,反之,家长则会积极参与,起到桥梁作用。[③]

(二)场馆中的亲子身份

海姆利希等指出场馆学习受身份及其相关动机影响。[④] 福尔克等进一步将场馆学习者的身份划分为五类——探索者、服务者、专业学习者、经验寻求者和精神放松者。其中,探索者和服务者是最普遍的身份,前者强调好奇心的满足,后者强调对他人的帮助。而且,除服务者是儿童驱动(children-driven),其他均为成人驱动(adult-driven)。[⑤]

已有研究还强调家长身份是影响场馆亲子行为最重要的因素。[⑥] 加特维尔和艾伦发现合作建构者的家长角色会提高场馆亲子教育质量,因

[①] 郑旭东、王婷:《家庭行为、身份认知与经验建构:场馆学习理论的解读与启示》,《开放教育研究》2015年第8期。

[②] Sasha Palmquist and Kevin Crowley, "From Teachers to Testers: How Parents Talk to Novice and Expert Children in a Natural History Museum", *Science Education*, Vol. 91, No. 5, 2007, pp. 783 – 804.

[③] Suzanne Gaskins, "Designing Exhibitions to Support Families' Cultural Understandings", *Exhibitionist*, Vol. 27, No. 1, 2008, pp. 11 – 19.

[④] Joe Heimlich, Kerry Bronnenkant and John Falk, *Measuring the Learning Outcomes of Adult Visitors to Zoos and Aquariums: Confirmatory Study*, Bethesda, MD: American Association of Zoos and Aquariums, 2004, p. 12.

[⑤] John Falk, Joe Heimlich and Kerry Bronnenkant, "Using Identity-related Visit Motivations as a Tool for Understanding Adult zoo and Aquarium Visitor's Meaning Making", *Curator: The Museum Journal*, Vol. 51, No. 1, 2008, pp. 55 – 79.

[⑥] John Falk, *Identity and The Museum Visitor Experience*, Walnut Creek, CA: Left Coast Press, 2009, p. 10.

为可避免权威式教学或指派简单任务给孩子而自己承担更复杂的任务。[1]对于专业型学习者,家长通常作为耐心的听众,通过提问引导孩子梳理知识与经验,扮演知识评估者的角色,很少承担传道解惑的责任。反之,家长则会参与更多。[2]另外,家长角色又取决于其对展品理解和思考的意愿和能力。[3]

(三)场馆中的亲子关系

希尔克和鲍琳认为家庭是一个高回应性和高灵活性的学习系统,与场馆教育环境高度契合,亲子既会选择合作型信息交换,也会采用个性化学习策略。[4] 所以,我们要正确认识家庭群体场馆学习的复杂性,把握家庭行为模式、身份认知机制以及经验建构方式之间的交互关系。[5]法里亚认为,场馆亲子关系表现为友好型、角色导向型、缺席型和权威型四种类型。[6] 与之相一致,伍新春等通过对中国科技馆 110 个家庭的调查,将其概括为合作商讨型、指导控制型和单独思考型。[7] 凯丽等则从家长角度将其划分为参与指导型和旁观放任型两种,前者有明确的策略,帮助孩子解决问题和理解展品,后者倾向于让孩子自由探索,当其有需要时,自己才提供必要的帮助。[8]

---

[1] Joshua Gutwill and Sue Allen, "Facilitating Family Group Inquiry at Science Museum Exhibits", *Science Education*, Vol. 94, No. 4, 2010, pp. 710 – 742.

[2] Sasha Palmquist and Kevin Crowley, "From Teachers to Testers: How Parents Talk to Novice and Expert Children in a Natural History Museum", *Science Education*, Vol. 91, No. 5, 2007, pp. 783 – 804.

[3] Mallary Swartz and Kevin crowley, "Facilitating Family Group Inquiry At Science Museum Exhibits", *Visitor Studies*, Vol. 7, No. 2, 2004, pp. 1 – 16.

[4] D. D. Hilke and Balling, *The Family as a Learning System: An Observational Study of Family Behavior in an Information Rich Environment*, Washington, D. C: National Science Foundation, 1985, p. 32.

[5] 郑旭东、王婷:《家庭行为、身份认知与经验建构:场馆学习理论的解读与启示》,《开放教育研究》2015 年第 8 期。

[6] Margarida Faria, *Amusement without Excess and Knowledge Without Fatigue: Modem Transformations of the Museum Experience*, Ph. D. Dissertation, University of Leicester, 1994.

[7] 伍新春、李长丽、曾筝:《科技场馆中的亲子互动类型及其对学习效果的影响》,《教育研究与实验》2012 年第 6 期。

[8] Lynda Kelly, et al., *Knowledge Quest: Australian Families Visit Museums*, Sydney: Australian Museum & the National Museum of Australia, 2004, p. 24.

综上所述，我们可以发现已有研究具有以下三方面的特点：其一，重视对亲子对话与互动的行为主义验证性分析，缺少对亲子身份与关系联动发生机制的质性深描；其二，重视对家长身份及其职责的分析，缺少对子女视角的关注；其三，重视对亲子学习属性的分析，缺少对亲子行为结构及其内涵的探讨。

二 研究方法与设计

德尔金认为，家庭的构成和规模日渐多元，包括单亲家庭、双亲家庭、混合家庭和拓展家庭等。[①] 本书主要关注由单亲或双亲组成的核心家庭，所以研究对象至少包括一名父母和一名子女。而且，中国场馆中绝大部分家庭群体都属于这种结构。因此，本书的研究对象有三种构成方式："父—子""母—子"和"父—母—子"。此外，为了保证子女能够准确表达自己的观点，研究将年龄范围限定为6—16岁，覆盖童年期和少年期。

场馆中家庭成员具有群体构成复杂、交互行为频繁、群体意识凸显等特点，[②] 亲子的行为、身份和关系相互交织，所以家庭群体在场馆中的行为表现出不确定性、动态性、碎片化和无规则性等耗散特征。基于此，研究主要采用观察与访谈两种质性研究方法，在扎根现场的深描中捕捉具有生命质感的细节。观察法主要采用自然观察的方式，在非干预情况下，一方面记录亲子行为的完整过程，另一方面基于观察记录表（参见附录五）统计关键变量。访谈主要采用结构化的形式，分别面向父母（参见附录一）和子女（参见附录二）两类群体。

基于上述考虑，研究共进行两轮调查。第一轮调查历时四个月（2018年10月—2019年1月）。调查采用两人一组的形式，在入口针对性地选择对象，跟随亲子进入场馆，一人负责记录亲子行为和对话，另一人依照观

[①] Lynn Dierking, *Parent-child Interactions in a Free Choice Learning Setting: An Examination of Attention-directing Behaviors*, Ph. D. Dissertation, University of Florida, 1987.

[②] Lynn Dierking, "The Family Museum Experience: Implications from Research", *The Journal of Museum Education*, No. 4, 1989, pp. 9–11.

察记录表统计。在此过程中，家庭的"参观"时长也将被详细记录。观察结束后，研究者向亲子表明身份和意图，在征得其同意的情况下，分别对家长和子女进行30分钟左右的访谈。研究共选择37组观察对象、34组访谈对象，其中12组单独访谈、15组单独观察、22组交叉分析，具体包括8组"父—子"、23组"母—子"和25组"父—母—子"。

第二轮调查历时六个月（2021年5月—2021年10月）。调查者主要采用个人意涵图（Personal Meaning Mapping）收集资料。个人意涵图是由福尔克等人开发，调查参观者在场馆学习前后智识、情感、态度等方面变化的测量方法。进入场馆前，研究者向孩子发放注明主题词（青铜器和陶瓷）的个人意涵图表，要求其写下或画出与之相关的词语、想法或图像，同时围绕这些回答与被试进行简短访谈并记录在图表旁边。结束后，要求孩子对纸上的内容进行修改或补充，并进行二次访谈，做相同记录。最后，研究者从概念数量、概念广度、概念深度和概念掌握度四个方面评价学习效果（如表4-1）。研究共选择31组家庭进行调查，包括5组"父—子"、18组"母—子"、5组"父—母—子"、2组"祖—孙"以及1组未知。其中3组数据无效，予以剔除。

表4-1　　　　　　　　　　个人意涵图评分标准

维度	评分标准
概念数量	描述关键词时所呈现概念的总体数量：通过计算前后图示中相关词句、图片的数量差，得出量化的分数值
概念广度	个人意涵图中出现概念的种类数：依据用途对关键词进行类型划分，个人意涵图中出现的词语归入一种类型计为1分
概念深度	表述同一概念时使用词句的详细度和复杂度：0分——与学习目标和内容完全无关的概念；1分——肤浅或表面的概念、仅从个人经验产生的概念、没有表现出对学习内容的理解；2分——对学习目标和内容有较清晰的理解；3分——对学习目标和内容有较为深刻和详细的理解、能够将个人经验与学习内容进行比较
概念掌握度	图示绘制过程中运用概念的成熟度：0分——对学习内容不准确的理解、不涉及学习内容的概念；1分——具有至少一到两项与学习内容相关的概念，但不完全准确或没有深度；2分——具有两项以上与学习内容相关的概念，但对学习内容的理解尚浅或具有一项一定深度的概念；3分——具有四项以上与学习内容相关的概念，并具有两项以上有一定深度的概念

需要说明的是，两轮调查同样为亲子教育的话语分析和家庭学习的场馆干预提供数据。也就是说，调查过程中观察、访谈和个人意涵图并非服务单一目标，研究者尝试将三类问题、假设、现象等都融入单次调查，确保数据关涉领域足够全面。当然，如此安排势必加重调查难度，但前期的精心设计足以保证操作和结果的科学性。

三 调查结果与分析

(一) 亲子行为的现实呈视

1. 走进场馆的动机

哈兰德等人认为，人们选择场馆具有九种动机——娱乐、任务导向技能和求知、社会化、满足他人、地位寻求、舒适性、自我认同、心理治愈和审美。[①] 调查发现，父母动机主要表现为其中五种，包括娱乐（旅游、玩）、任务导向技能和求知（了解历史与文化、让孩子学知识、学校作业）、社会化（陪伴孩子）、满足他人（孩子想来）和心理治愈（放松、无目的）。其中，"了解历史与文化"的比例最高，旅游、放松、没有目的等与教育无关动机共11人。这也与"希望孩子学到什么"的回应保持一致，16人表示"了解历史和国宝"，7人无法解释明确目的，例如有家长强调"只是简单地过来看看"。所以，家庭教育的动机很大程度上受场馆主题的影响，不同类型场馆的吸引力主要表现在其所持有的资源特色，包括历史、艺术、科技、生物等。而且，这种动机又不具有持续性，25组亲子是第一次前来，其中5组甚至是本地家庭。可见，场馆的吸引力是极其有限的，无论远道而来，还是近处而来，场馆的魅力都是一次性的。多数家庭往往不会反复进入同一座场馆，其背后的潜台词仿佛是"去过一次已经足够了"。

此外，馆前准备的缺失也反映了动机的偶然性和非系统性。23组受访家庭表示，他们没有做任何提前准备。父母给出的解释包括"时间

---

① Harland et al., *Attitudes to Participation in the Arts, Heritage, Broadcasting and Sport: A Review of Recent Research*, A Report for the Department of National Heritage from the National Foundation for Educational Research, 1996, p.16.

紧""临时决定过来""边看边学"等。行动的随意性说明了主体对行为动机的不确定。动机产生于对"场馆功能"的理解及其态度,什么样的动机演绎出什么样的行为。这也揭示出家庭还没有正确认识场馆的教育价值和角色及其与场馆之间的教育关系。大多数(20人)家长仅仅看到场馆功能的表象,认为它是"历史和文化的保存"机构,只有3人明确指出场馆具有教育意义,还有5人说不清楚。

对于子女而言,25位受访者表示喜欢博物馆,但是在原因解释方面,大部分孩子还缺乏深层次的理解和结构性的表达,习惯基于感观刺激的模糊性描述,包括"没见过,很稀奇""有很多好玩的东西""古代的东西很有意思"等。在此情况下,他们走进场馆的动机也表现得更为随意和浅薄,例如好奇、有趣、随便看看、父母的意愿、无目的等。我们还没有发现一种生发于本心的强有力的积极动机推动着孩子们主动走向场馆,云淡风轻的态度也揭示了他们对场馆价值的轻视。

2. 亲子行为方式

通过访谈发现,家长和子女都认为"观看展品"是场馆中最普遍的行为(如表4-2),部分受访者甚至表示"就是在里面看看"。现场观察的结果与上述情况保持一致,主要表现为基于"共同注意"的手指展品、拍照和阅读展品说明(如表4-3)。但是,亲子"观看展品"的行为又非直观的视觉欣赏,而是不同层次的行动区隔。

第一种,基于感观满足的视觉浏览。部分观察对象的"参观活动"处于走马观花式(move-on looking)的快速流动状态,在展品前的驻足时间不超过5秒,物理间距在1米以上,仅限于展品外观和名称的模糊视觉捕捉,主要表现为拍照、闲聊、闲逛、四处张望等具体行为。

第二种,基于辅助手段的自主学习。亲子借助展签、导览器、讲解员等手段辅助参观,关注展品细节和延展信息,在展品前的单位时间为1—3分钟,物理间距在1米以内。由于对"外部手段"的依赖,它实质上是一种信息在受众沉默状态下单向流动的个体行为,主要表现为"默默聆听""仔细观察"等具体行为。

第三种，基于深度理解的亲子交流。一些亲子组合以展品的深度理解为矢，在场馆境脉中时刻保持彼此问询的状态和态势。言语交流成为亲子互动的频繁形式，对话在展品的刺激下持续发生。亲子对于目标展品的单位分配时间在3分钟以上，其与展品保持在尽可能适切的距离，主要表现为"问答""讲解"等具体行为。

此外，家长与子女对于亲子行为的应然预设和实然判断存在差异。从前者来看，父母的认知与行为存在很大程度的不一致性。应然状态下，大部分家长基于"为了孩子成长"的考虑预设亲子活动，包括"引导孩子学习""为孩子讲解""共同学习"等；实然状态下，他们却依然选择基于感观满足的视觉浏览和基于辅助手段的自主学习。与之相反，子女则表现出对父母参与的积极期待，包括"为我讲解""陪我看展品"等（如表4-1）。这种期待又与子女对实然行动的描述保持一致。当然，这种有趣的反差很可能与孩子习惯对自身行为过分粉饰有关，现场观察的情况也证实了这一点。

表4-2　　　　　　　　亲子行为访谈频次统计　　　　　　（单位：人次）

父母				子女					
行为	频次	应然行为	频次	行为	频次	积极父母期待	频次	消极父母期待	频次
观看展品	15	没想过	3	观看展品	18	为我讲解	10	干涉我	3
介绍历史	8	引导孩子学习	10	玩	4	陪我看展品	8	玩手机	3
培养孩子兴趣	2	为孩子讲解	4	听讲解员介绍	2	自己参观	1	问我问题	1
与孩子交流	3	照顾孩子	2	拍照	2	照顾我	1	不讲解	1
听讲解	7	共同学习	4	无	2	买纪念品	1	不倾听	1
拍照	6	认识历史	2			不知道	3	拍照	1
照顾孩子	4	遵守规则	3					无	7

表4-3 亲子行为观察频次统计 （单位：次）

	父母		子女		总体	
	均值	极大值	均值	极大值	均值	极大值
手指展品	8.16	30	3.09	22	11.25	51
拍照	8.34	40	1.16	25	10.59	42
玩手机	1.47	31	0.19	6	1.66	32
阅读展品说明	4.75	16	1.63	19	6.38	20
闲聊	1.41	12	0.63	16	2.03	28
闲逛	0.75	9	0.93	6	1.69	10
四处张望	0.84	11	1.84	31	2.69	30

3. 亲子互动

根据互动媒介与样态，场馆境脉中的亲子互动可以分为行为互动和言语互动两种类型。通过调查发现，行为互动主要表现为以共同注意为目的的肢体引导和以规则和安全为标准的肢体规范。肢体引导是通过肢体动作传递的一种注意信号，尝试与对方建立信息和情感共享，例如拉拽彼此、手指展品等。场馆中随处可见父母或孩子将对方拉到某个展品面前，而且手指展品的场均次数也高达11.25次（如表4-3）。肢体规范指父母对子女遵守场馆规则的要求以及对其身体的照顾，例如指导、制止、呵护等。由表4-2可见，受访父母中4组存在明确的照护行为，3组认为应当指导孩子遵守场馆规定。

言语互动是亲子在对话中的意义同构。亲子对话对发展儿童的科学推理及提出基于证据的科学解释发挥至关重要的作用。[①] 也有学者（Dierking；Hilke；Jesen；翟俊卿等）认为亲子对话是场馆中最普遍的行为。然而，调查却发现亲子间的言语互动频率相对较低。受访家庭中，7组亲子没有交流，9组只有少量交流。对此，一部分家长表示，"参观环境不好，不方便交流"。除此之外，导览器和讲解员也会妨碍亲子交流，让他们更专注听而非说，例如有家长说"听讲解就可以了，不用我来讲"。

---

① James Kisiel, et al., "Evidence for Family Engagement in Scientific Reasoning at Interactive Animal Exhibits", *Science Education*, Vol. 96, No. 6, 2012, pp. 1047-1070.

根据对话形式，研究发现亲子言语互动主要包括主动解释（父母主导）、问询（子女发起）和讨论（双向互动）三种类型。由表4-4可见，三者发生的总体频次分别为6.74、3.28和0.50，真正意义的讨论并未有效发生。这与访谈内容保持一致，近七成的家长会主动为孩子解释展品，半数的孩子会主动向家长提问，但是父母均无法提供系统深入的讲解和回应，因为"讲不了太细，只能粗略地说说，让他们对历史脉络有大概的了解"。此外，子女对于言语互动也非全然接受，甚至有孩子出现30次的拒绝聆听行为，很多家长对此也很无奈，纷纷表示"孩子听听就跑了"。在角色主导方面，并未出现显著的教导型家庭[①]占优情况，家长主导略高于子女主导（0.4次）。

言语互动的内容方面，调查结果与艾伦高津（Ellengogen）的研究相一致，并非所有亲子对话都指向意义明确的学习任务，还包括规训、路线、方式、行为等。[②] 父母与子女关注的内容存在明显差异，前者注重展品背后的历史和文化知识，后者则对展品本身的形态和功能更感兴趣。例如，有家长说："孩子看到的点和我们不一样，他们会有很多稀奇古怪的想法。"戴蒙德（Diamond）也指出，子女倾向于分享对展品和事件的操作和描述信息，父母倾向于分享来自展品说明和前经验的抽象信息。[③] 有关亲子话语的具体内容将在第二节详论，此处不再赘述。

表4-4　　　　　　　亲子交流和互动观察频次统计　　　　　　（单位：次）

	父母		子女		总体	
	均值	极大值	均值	极大值	均值	极大值
主动解释	6.09	28	0.38	3	6.47	29
问询	1.19	10	2.09	9	3.28	10

[①] 李西东：《山东博物馆基本陈列家庭观众研究》，硕士学位论文，吉林大学，2014年，第97页。

[②] Kirsten Ellenbogen, From Dioramas to the Dinner Table: An Ethnographic Case Study of the Role of Science Museums in Family Life, Ph. D. Dissertations, Vanderbilt University, 2003.

[③] Judy Diamond, "The Behaviour of Family Groups in Science Museums", *Curator: The Museum Journal*, Vol. 29, No. 2, 1986, pp. 139-154.

第四章 窥视：场馆中家庭教育的现实考察

续表

	父母		子女		总体	
	均值	极大值	均值	极大值	均值	极大值
讨论	0.63	1	0.44	6	0.50	7
拒绝聆听	1.00	32	1.25	30	2.25	60
角色主导	1.84	19	1.44	11	3.28	26

4. 效果评价

（1）学习效果整体评价

学习效果的整体评价是利用个人意涵图对场馆中家庭学习结果的测度，旨在考量家庭是否在场馆中获得学习上的增益。由表4-5可见，家庭在概念数量、概念广度、概念深度和概念掌握度四个方面都有较为显著的增加。其中，概念数量和概念广度的改变尤其明显，均值分别增加了3.89和1.52。也就是说，孩子们通过场馆学习新掌握了近四个单位的概念量，并且可以多识别至少一个概念类别。这种改变可在个人意涵图中得到充分证实（如图4-1），馆内学习不仅丰富了孩子对主题词特点的描述，并且拓展了对主题词类属的认识。尽管概念深度和掌握度的变化幅度较小，但是场馆经历确实改变了孩子的原始认知。由图4-2和图4-3可见，受访对象对馆前的答案进行了不同程度的修改和完善，而且表述更为准确，增加了对细节的描写，例如颜色、属性等。

表4-5　　　　　　　　　　学习效果整体评价

	馆前均值	馆后均值	变化值
概念数量	3.70	7.59	3.89
概念广度	2.03	3.56	1.52
概念深度	1.11	1.44	0.33
概念掌握度	1.11	1.59	0.482

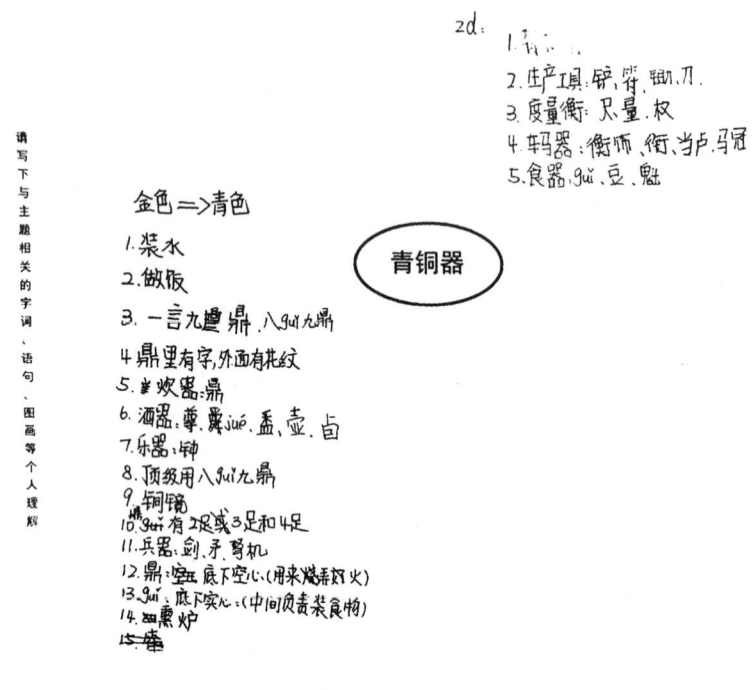

图 4-1　个人意涵图调查案例一

图 4-2　个人意涵图调查案例二

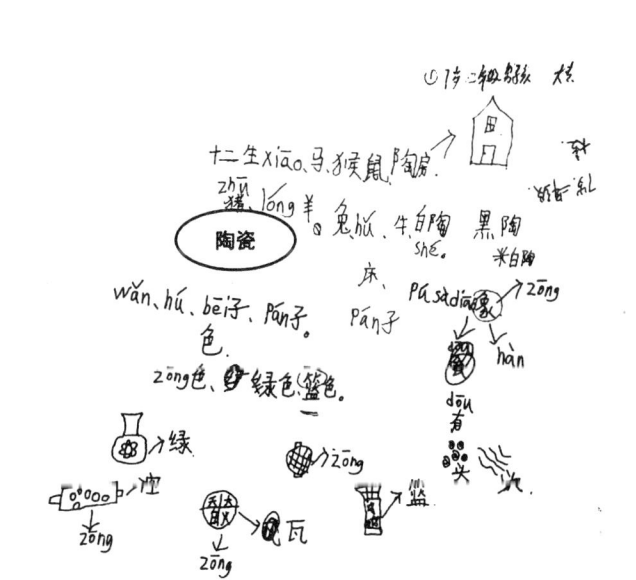

图 4-3 个人意涵图调查案例三

（2）学习效果主体评价

自我评价是家长和子女对场馆及其对亲子活动影响的自我检评，包括场馆支持和行为反思两个部分，前者是对场馆环境的评价，后者是对自身行为的评价。

从场馆支持上看，亲子评价的标准和结果差异显著。33 位子女表现出较高程度的热情和兴趣，强调"还想再来"，其给出的解释包括"没看完""很稀奇"等。与之相反，25 位家长则表达了对场馆的不满，核心原因聚焦在场馆环境，例如"人流太多""环境嘈杂""管理混乱"等。由此可见，亲子评价标准的不同导致了结果的差异，一者遵从内在个人观感，一者参照外部环境管理。无论是何种标准，都没有将教育的内容、方式、效果等纳入其中，当环顾四周时也少了教育的视角和立场。

从行为反思上看，亲子评价的内容是随意的、浮浅的。父母评价是基于活动轮廓的粗略描述，而非对知识及其生长点的深度聚焦，例如"展品自带国宝光环""对历史有了解、感兴趣"等。子女对"介绍让你印象深刻展品"的回答也表现出与家长相同的问题，92% 的受访对象仅能说出展品的属性、类别或者名称,例如"碗""金子""兵马俑"等,无法围绕展品建立完整的知识谱系。随意性也说明家庭教育的视线仅仅"扫过"场馆资源的表象,未能深入展品背后的意涵,形成概括化的知识结构。

(二)亲子身份与关系的深度剖析

1. 亲子身份与关系的自我定位

研究试图通过问题激发亲子对于身份与关系的反思,从而确立他们的自我认知和定位。如表4-6所示,父母对自我身份的定位包括讲解员、朋友、父母、向导、保姆、兼而有之6类,其中朋友的比例最高。子女则倾向于将父母视为朋友、讲解员、保姆和老师,但是更多的受访者无法给出判断。将动机与身份交叉分析发现,父母持有"了解历史与文化"动机时易于形成朋友和讲解员身份,子女持有"了解历史""长见识"动机时倾向于将父母作为老师、讲解员和朋友,其他方面的关联度均不高。在亲子关系上,父母的回答包括朋友、师生、同学、独立、照管5种关系,还有5组表示不清楚。

在此基础上,将访谈与观察交叉分析发现,朋友和讲解员身份更容易建立朋友关系,父母身份则易于形成师生和照管关系。对于父母而言,讲解员身份在与子女建立共同注意、形成积极情感、交流和引导学习方面相较于其他身份频次更高;父母身份往往使子女处于从属地位,产生的消极情绪更多。对于子女而言,教师身份对其行为和情绪上的积极影响比其他身份更为显著;朋友、讲解员和保姆身份使其情绪表达相对强烈,后者给予孩子的自由则更充分(如表4-7)。

表4-6　　　　　　　亲子行为访谈频次统计　　　　　(单位:人次)

自我角色	父母		子女		
	频次	关系	频次	父母角色	频次
讲解员	5	朋友关系	12	朋友	6
朋友	13	师生关系	5	讲解员	6
父母	4	同学关系	3	保姆	3

续表

自我角色	父母		子女		
	频次	关系	频次	父母角色	频次
向导	2	独立关系	3	老师	5
保姆	2	照管关系	4	都像	3
兼而有之	5	不清楚	5	不清楚	6
其他	4	其他	2	其他	5

表4-7　　　　　亲子身份与观察行为频次交叉比较　　　　　（单位：次）

	父母			子女					
	讲解员	朋友	父母	朋友	讲解员	保姆	老师	都像	不清楚
手指展品	16.25	4.20	4.90	2.75	0.80	0.67	13.50	1.00	1.26
阅读展品说明	7.75	3.30	2.15	0	2.20	0	10.00	0	1.34
主动解释	16.50	3.85	1.30	0	0.20	0	0	0	1.76
询问彼此	1.25	0.35	0	2.00	3.20	0.67	19.50	4.25	0
积极情绪	0.50	0.20	0	0.25	1.20	1.00	1.00	0	0
消极情绪	0	0	2.40	1.00	0.60	0.67	0	0	0
角色主导	0.75	2.00	5.25	3.00	1.40	5.00	3.50	3.00	0

2. 亲子身份与关系的现场观察

现场观察的结果与亲子的自我定位存在一致化趋势，但是具体行为和身份与关系的主体认知又非完全耦合。通过观察发现，场馆中父母的身份主要表现为旁观者、照护者、讲解者和陪伴者，亲子也形成了与之相对应的四种关系类型——放任型、照管型、说教型和交互型。

基于旁观者身份的放任型关系表现为亲子行为以相互隔离的状态和线索展开。父母自我定位的独立关系与之较为相似，但是观察中的比例明显高于前者。它又包括三种类型。第一种，父母主导的放任。父母默默跟随，不进入孩子的交流场域，抑或孩子尝试主动交流，父母以消极态度应对，比如以"知道了""嗯"等非回应型语言终结对话，甚至不回应。第二种，子女主导的放任。孩子不断在展品和父母之间穿梭，无法长时间专注一种展品并与父母展开互动，而父母只能以"慢点""等等我"等语言与孩子建立微弱的非回应型联系。第三种，双方共同主导的放任。亲子双方保持相对固定和安全的距离，共同处于被动状态，各自观看展品，其通常出现在配备导览器和讲解员的家庭。

基于照护者身份的照管型关系表现为父母对子女生理、安全、行为规则等方面的护理和监管。在此关系上，现场观察证实了父母对保姆身份的自我确认。一方面，父母担负满足子女生理和安全需要的护理职责。父母会主动询问孩子"累了吗""渴了吗"，并提供相应的照料，最为普遍的行为是为孩子拍照。另一方面，父母承担规范子女行为的监管职责。父母往往使用"不准""不要"等语言约束孩子的违规行为，或者通过拉、拽等行为予以制止。然而，并非所有命令都能被有效执行，这种拉锯式博弈很可能以父母一方的"暴怒"而终止，例如一位母亲生气地说"你再这样，我就把你丢在这儿"。

基于讲解者身份的说教型关系表现为以父母及其权威为主导的单向性信息输出。"第三者"眼中的讲解者很好地诠释了基于父母立场"讲解员"身份的内涵。在观察现场，有些父母主导整个参观过程，"拉着"孩子为其讲解每一个"他/她"认为重要的展品，往往以"这是""你看""仔细听"等语言开场。孩子一直处于"聆听"的沉默状态，观察中反复出现的消极情绪、拒绝聆听、四处张望等肢体动作真实反映了他们当时的心态。有些"聪明"的孩子会借助人流挣脱父母的管制，寻找自己喜欢的展品，但很快会被"喊"回来。肖斯等提出应鼓励孩子挑战家长观点，因为后者倾向于权威式教学或者将自己作为知识的占有者。[1] 虽然孩子天生携带着"叛逆"基因，但家长却缺乏予以包容的勇气。

基于陪伴者身份的交互型关系表现为亲子在民主活跃的氛围中围绕

---

[1] Andrew Shouse, et al., "Crafting Museum Experiences in Light of Research on Learning: Implications of the National Research Council's Report on Informal Science Education", *Curator: The Museum Journal*, Vol. 53, No. 2, 2010, pp. 137–154.

展品的交流和互动。尽管它与朋友关系在语义上相同，但是观察中大部分"自定义"的朋友关系并未体现真正的互动意义，而且这种认知与行动的差异也存在于其他身份与关系当中。当父母以陪伴者身份与子女构建交互关系时，亲子行为是在亲密活泼的氛围中以持续交流的形式开展的。一方面，亲子间共同注意的行为频次会保持较高水平，例如手指展品、阅读展品说明等；另一方面，亲子会以交互问答的形式建构双主体的对话，双方通常以"这是什么""你知道它是做什么的吗"等问题交替提问。

3. 亲子身份与关系的理论深描

亲子身份与关系隐匿于亲子行为之中，在亲子活动的场馆现场，持有某种先验理念的主体在与外部环境的实践互动中实现对身份与关系的表征和定义。所以，场馆中的亲子身份与关系是在错综复杂的发生环境与交互影响的发生机制中由父母、子女和场馆共同建构的一种特殊的心理结构。

(1) 具有价值亲和性的亲子身份与关系在场馆现场表现出主客二分化。根据米德的社会承担理论，人在社会化的过程中会形成不同的角色和关系，两者在互构的过程中具有较高程度的趋同性。场馆中的亲子身份与关系也建立在这种价值亲和性的基础之上，不同身份会支持与之相契合的关系，不同关系也会形塑价值适切的身份，例如朋友身份易于形成民主平等的交互型关系，父母身份则便于建立权威导向的说教型关系等。福尔克等人也证实将孩子带到他们喜欢的教育场域并发生学习关系能够强化"好家长"的身份。[1]

然而，置身场馆现场，亲子对于身份与关系的主观认识与客观行为却表现出主客二分的特征。亲子倾向于将身份与关系描述为以个体成长为旨归，具有教育和民主特征的"美好观念"，而亲子行为则表现得更加真实与多样，兼具放任、管教、争执、沉默、指导、交流等多种状态，

---

[1] John Falk, Joe Heimlich and Kerry Bronnenkant, "Using Identity-Related Visit Motivations as a Tool for Understanding Adult Zoo and Aquarium Visitor's Meaning Making", *Curator: The Museum Journal*, Vol. 51, No. 1, 2008, pp. 55 – 79.

并且以非教育（娱乐）和非民主（权威）特征为主。这种"言行不一"除了一定程度的"形象粉饰心理"作祟之外，也说明场馆现场的复杂环境往往会放大主体的非理性因素，干扰亲子的理性判断及对行动指导的连续性。

（2）亲子身份与关系是动机、惯习和场馆环境共同作用下的实时构建。身份与关系是在文化与心理境脉中人为定义的，隐匿的形态真实存在并作用于主体之间。这一属性也决定了身份与关系发生机制的复杂性，尤其在开放、多元、实物依赖的场馆环境当中。福尔克等人认为场馆参观者（museum-goer）的身份是由动机、期待、需要、兴趣和理想角色等共同构成的。[1] 甚至，亲子行为与对话也不是毫无缘由地随机生成的，[2] 亲子身份与关系是在多种因素的交互影响下随际遇形塑而成。

动机是一种心态的准备，决定着亲子以何种方式和状态享用场馆的空间和资源，并参与家庭生活的创建。所以，动机是亲子身份与关系的潜在预设，两者的内在趋同性使间接的关联变得更加显著和一致，以知识、成长等为关键词的动机会形塑与学习相关的身份与关系。此外，亲子身份与关系也受到作为"自然倾向"（conatus）的惯习的影响。布迪厄认为惯习使自己得以永存的倾向就是使某一特殊的身份得以永存的倾向。[3] 亲子在其他场域中的身份与关系具有很大程度的迁移性，双方会选择对其而言最习惯的相处模式，或者建立反思自己和看待对方的习惯视角。最后，空间与展品共同构建的场馆环境使亲子在新奇、有趣和想象的感觉刺激中探索身份与关系的可能更加多样和开阔，尤其增加了偶然的即时挑战，例如展厅设计、展品主题、人流情

---

[1] John Falk, Joe Heimlich and Kerry Bronnenkant, "Using Identity-Related Visit Motivations as a Tool for Understanding Adult Zoo and Aquarium Visitor's Meaning Making", *Curator: The Museum Journal*, Vol. 51, No. 1, 2008, pp. 55-79.

[2] 郑旭东、王婷：《家庭行为、身份认知与经验建构：场馆学习理论的解读与启示》，《开放教育研究》2015年第8期。

[3] ［法］布尔迪厄：《国家精英：名牌大学与群体精神》，杨亚平译，商务印书馆2004年版，第10页。

况等等。

亲子身份与关系又非单一因素的影响,而是动机与惯习进入场馆环境时被迅速构建起来的。这种实时性是动机的预设、惯习的延续和现场环境的偶然性共同产生的化学反应,亲子进入场馆的瞬间就催化了贯穿始终的具有高度稳定性的身份与关系。换言之,对身份与关系的调整不能只专注行动本身,而应从动机、观念、行为、反思等整体性的结构转变开始。

(3) 亲子身份与关系直接影响亲子行为的方式、内容和效果。亲子行为是亲子身份与关系的自然演绎,是身份昭示和关系运作的直接结果。在彼此互构的过程中,亲子身份与关系同亲子行为的方式、内容和效果建立起了高度的逻辑关联性。

首先,亲子身份与关系设定了亲子的行为方式。当亲子身份与关系在场馆中被确立时,亲子行为方式也进入了某种具有既定意义的范式,这一范式同身份与关系的内在规则和价值保持一致。也就是说,两者之间具有逻辑上的对应关系,而且身份与关系是行为方式的"动力因"。具有民主属性的身份与关系往往关联着交流、问询等行为;具有照管属性的身份与关系通常表现为命令、强制接受等行为。

其次,亲子身份与关系厘定了亲子的行为内容。行为内容是亲子语言和活动的质料,是对场馆资源的理解和表达。所以,它与亲子以何种身份看待展品以及如何利用展品构建关系密切相关,前者声明行为内容的价值,后者规定行为内容的属性。讲解员身份和师生关系往往专注历史、文化等内容;保姆身份和照管关系重视孩子的场馆体验;旁观者身份和放任关系则无实质内容。

最后,亲子身份与关系决定了亲子的行为效果。场馆是一种特殊的教育空间,只有基于科学、合理、系统的认知才能保证高质量的行为效果,而亲子身份与关系正是建立场馆感知的必要条件。所以,持有对身份与关系深刻理解的亲子产生的行为效果更优,反之亦然。此外,亲子身份与关系的类型也是行为效果的重要变量,以民主、教育、对话等为关键词的亲子身份与关系所产生的行为效果要优于以专制、玩、灌输等为关键词的亲子身份与关系所产生的行为效果。

4. 亲子身份与关系的问题抽象

场馆境脉中亲子身份与关系的关键问题在于遗失了真正的教育性，具体包括教育立场、教育逻辑和教育共识三个方面。

首先，亲子身份与关系未能确立教育立场。教育最本真的目的是帮助人与世界相遇，让人渴望以成长的方式生存在世界上。[①] 教育的立场是一种持续、系统的向世界敞开的"先见之明"。然而，进馆动机的随意性、馆前准备的缺失、认知与行为的相悖等都说明亲子身份与关系恰恰缺少这种"预见性"。尽管某些亲子怀有认知性动机，但是偶然、非系统、片面化等特征弱化了教育立场的影响力。

其次，亲子身份与关系未能遵循教育逻辑。亲子身份与关系是基于情境实时构建起来的，其内在的依循逻辑是环境的、资源的和主体的，而这些因素又具有明显的动态性，亲子行为是否符合教育规律难以保证。教育的逻辑是主体间意义上的内在成长和外在探索。以旁观者和照护者为主的身份、以放任和照管为主的关系等不仅简化了教育的发生机制，而且遮蔽了个体成长和世界探索的深层意义。

最后，亲子身份与关系未能达成教育共识。一方面，亲子的身份与关系及其对场馆教育的理解是不同的，而场馆教育资源的展陈方式却不会指向每个家庭，这势必会在群体的服务效果上有所偏差。有些家庭在场馆中"如鱼得水"，有些家庭很可能"举步维艰"。另一方面，亲子未能形成对场馆教育理解的共识，双方的动机、感知、体验、反思等差异显著，这也加剧了亲子身份与关系的不兼容，例如两种身份的冲突、关系类型感知方式的差异等。

第二节　亲子教育的话语分析

亲子教育是家庭教育的核心。狭义上的亲子教育指父母有目的、有

[①] Gert Biesta, *The Rediscovery of Teaching*, New York: Routledge, 2017, p. 82.

计划、有组织地培养子女成人的过程。从主体发展的生物学意义上看，亲子教育是家庭生活的重心和灵魂，在教育的本质规定性（培养人）中准确表征着家庭教育的理念、结构、行动和气质。教育实质上是一场主体间或主客体间的对话，场馆的开放性、启发性和多元性使对话可以依循自由逻辑更丰富的发生，并产生较高程度的依赖。艾仑博根认为，对话是场馆中最普遍、最频繁的学习行为。[1] 在此意义上，对话成为亲子寻求理解与建构意义的基本途径，[2] 也是获得整全"展品图式"的有效方式。它在学习过程中同构着亲子教育的行为结构和价值逻辑。因此，对话是复杂教育系统的外部表达，话语分析则必然成为透视场馆境脉中亲子教育的首要方式。

一 文献回顾与述评

20 世纪 80 年代，亲子对话开始进入场馆研究视野，主要基于行为主义学习理论，采用可观测方式，记录家庭成员会话内容，寻找影响场馆学习过程和结果的因素，探究场馆学习本质。[3] 随后，越来越多学者开始关注这一领域。由于对话属性和功能的理解不同，亲子话语分析主要表现出三种倾向。

（一）方法论导向的话语分析

方法论导向的话语分析指话语作为研究方法的技术设计以及指向特定目的的工具运用。从 20 世纪 80 年代开始，已经有学者（Rosenfeld；Diamond）尝试将亲子对话作为访谈、观察等方法的构成要件和分析对象。20 世纪 90 年代中后期，话语分析在场馆研究"技术化"的趋势下愈加成熟和多样，视音频记录、参观前后的采访、日志记录、谈话式访

---

[1] Kirsten Ellenbogen, "Museums in Family Life: An Ethnographic Case Study", in Gaea Leinhardt, Kevin Crowley and Karen Knutson, eds. *Learning Conversations in Museums*, Mahwah, NJ: Lawrence Erlbaum Associates, 2002, p. 85.

[2] 翟俊卿等：《亲子在参观自然博物馆过程中的对话研究》，《现代教育技术》2015 年第 11 期。

[3] Kirsten Ellenbogen, Jessica Luke and Lynn Dierking, "Family Learning Research in Museums: An Emerging Disciplinary Matrix?", *Science Education*, Vol. 88, No. 1, 2004, pp. 48–58.

谈等分析技术纷纷出现。① 博伦等人也指出，多种语间记录法已经被广泛用于分析家庭话语互动与学习的关联程度。② 进入21世纪，以实验、描述统计等为主的量化研究式微，以话语分析等为主的质性研究开始成为场馆领域的主要研究方法。③ 2004年，为分析影响场馆学习的因素，英国场馆学习中心（Museum Learning Collaborative）开发出"话语阐释"（Conversational Elaboration）学习模型，旨在利用话语探索身份、学习环境和解释性投入的意义。④

（二）媒介论导向的话语分析

媒介论导向的话语分析是将话语作为分析深层次间接参量的直接内容媒介。20世纪80年代，戴蒙德⑤和莱希特等人⑥通过分析亲子对话，揭示家长在场馆学习中的角色。麦克麦纳斯则指出亲子在场馆交流中会构建特殊的"家庭认知"和"个人认知"。⑦ 也有研究认为对话能够帮助家庭强化经验和历史，建立共同理解。20世纪90年代末以来，研究者开始侧重从社会文化视角分析家庭对话，探究家庭构建意义和身份的过程，以及在更广泛的社会和文化背景中场馆经验之于家庭的影响。克斯汀等人提出，家庭不仅利用识认和描写型对话解释展品名称、背景和经

---

① Christina Goulding, "The Museum Environment and the Visitor Experience", *European Journal of Marketing*, Vol. 34, No. 3/4, 2000, pp. 261–278.

② Minda Borum, Margaret Chamers and Ann Cleghorn, "Families are Learning in Science Museums", *Curtaor: The Museum Journal*, Vol. 39, No. 2, 1996, pp. 123–138.

③ Sue Couch and Ginny Felstenhausen, "Research in Family and Consumer Sciences Education 1985–2000", *Family and Consumer Sciences Research Journal*, Vol. 30, No. 2, 2010, pp. 256–270.

④ Gaea Leinhardt, Kevin Crowley and Karen Knutson, *Learning Conversations in Museums*, Mahwah, NJ: Lawrence Erlbaum Associates, 2002, p. 5.

⑤ Judy Diamond, "The Behavior of Family Groups in Science Museums", *Curator: The Museum Journal*, Vol. 29, No. 2, 1986, pp. 139–154.

⑥ Hope Leichter, Karen Hensel and Erik Larsen, "Families and Museums: Issues and Perspectives", *Marriage and Family Review*, Vol. 13, No. 3/4, 1989, pp. 15–50.

⑦ Paulette McManus, "Good Companions: More on the Social Determination of Learning-related Behavior in a Science Museum", *Journal of Museum Management and Curatorship*, Vol. 7, No. 1, 1988, pp. 37–44.

验，而且能够帮助其建立身份认同。① 帕姆奎斯特和克劳利也指出亲子对话能够帮助学习者建立系统的学习机制。②

(三) 本体论导向的话语分析

本体论导向的话语分析是对对话本身及其发生过程的元话语研究。福尔克和德尔金认为，话语是由商谈、过程导向评论以及先前知识与经验的联结共同构成。③ 对话又非毫无缘由地随机生成，而是在家庭文化引导下形成的一种有目的、有策略的交互实践。④ 希尔克（Hilke）发现场馆中父母和孩子都更愿意同彼此分享信息。⑤ 孩子倾向于操作、展品描述和观察现象等内容，家长则擅长符号化表达。这种分享不同理解的互惠过程，又直接催生了教育行为。⑥ 艾伦进一步将亲子对话内容概括为知觉、情感、策略、联系和概念五类，每个类别之下又包含若干子类别。⑦ 对话方式上，翟俊卿等人总结出"互动—对话""无互动—对话""互动—权威"和"无互动—权威"四种类型。⑧

综上所述，方法论和媒介论导向的话语分析一直是场馆研究的显学，对本体论的关注相对弱势，而且后者更偏重对亲子话语的属性、构成、内容、方式等方面的切片化分析，缺少系统思维下的整体剖析。此外，

---

① Kirsten Ellenbogen, Jessica Luke and Lynn Dierking, "Family Learning Research in Museums: An Emerging Disciplinary Matrix?", *Science Education*, Vol. 88, No. 1, 2004, pp. 48 – 58.

② Sasha Palmquist and Kevin Crowley, "From Teachers to Testers: How Parents Talk to Novice and Expert Children in a Natural History Museum", *Science Education*, Vol. 91, No. 5, 2007, pp. 783 – 804.

③ John Falk and Lynn Dierking, *Learning from Museums: Visitor Experience and the Making of Meaning*, Walnut Creek, CA: Alta Mira Press, 2000, p. 96.

④ 郑旭东、王婷：《家庭行为、身份认知与经验建构：场馆学习理论的解读与启示》，《开放教育研究》2015 年第 8 期。

⑤ D. D. Hilke, "The Family as a Learning System: An Observational Study of Families in Museums", *Marriage & Family Review*, Vol. 13, No. 3 – 4, 1989, pp. 101 – 129.

⑥ Judy Diamond, "*The Behaviour of Family Groups in Science Museums*", Curator, Vol. 29, No. 2, 1986, pp. 139 – 154.

⑦ Sue Allen, "Looking for Learning for Visitor Talk: A Methodological Exploration", in Gaea Leinhardt, Kevin Crowley and Karen Knutson, eds. *Learning Conversations in Museums*, Mahwah, NJ: Lawrence Erlbaum Associates, 2002, p. 265.

⑧ 翟俊卿等：《亲子在参观自然博物馆过程中的对话研究》，《现代教育技术》2015 年第 11 期。

场馆境脉中亲子教育受家庭传统、场馆建制、社会环境等区域因素影响，不同文化场域的教育理解和表征具有较大差异。然而，已有研究多立足他国视野，扎根中国场馆的本土话语严重缺失。在此意义上，本研究正是对上述三个问题（地位、结构和立场）的尝试补充和说明，一方面在行动层面揭示亲子关系的建构过程与表现形式，另一方面在理论层面透视亲子教育的发生机制与逻辑结构。

二 研究方法与设计

话语分析既是一种研究方法，也是一种方法论。1952年，美国结构主义语言学家哈里斯首次使用"话语分析"一词，其根本点在于"不是把话语作为研究表征的工具，而是当作分析对象本身"，[①] 也就是话语的本体论。所以，话语分析不是去假设被研究对象的陈述所反映的事实，而是分析他们为何在不同语境下会有不同陈述，这些陈述又是如何建构起来的，以及它们会产生怎样的效果。[②] 此外，话语分析又包括基于语言学的话语分析、福柯式话语分析和批判话语分析三种类型。[③] 话语分析发展的趋势是致力于将话语作为社会研究或知识生产的方式，即后两种类型的转向，而本书则努力抽离"权力""意识形态""文化身份"等表征，回溯到第一种实在论的语言观和知识观，仅仅将其作为反映客观世界、表达思想或沟通的中介或工具，更加关注语言和语言的使用范围（包括话语结构的使用、语篇及话语类型、话语意义等）。这也构成了本书分析框架（话语表达方式—话语表达内容—话语表达效果）的方法论基础。

从研究范式上看，话语分析还是一种质性的研究。陈向明认为质性研究"是在自然情境下采用多种资料收集方法对社会现象进行整体性探究，使用归纳法分析资料和形成理论，通过与研究对象互动，对其行为和

[①] 王鹏、林聚任：《话语分析与社会研究方法论变革》，《天津社会科学》2012年第5期。
[②] 王鹏、林聚任：《话语分析与社会研究方法论变革》，《天津社会科学》2012年第5期。
[③] 杨絮：《话语分析方法综述：开辟LIS研究新视野》，《数字图书馆论坛》2018年第3期。

意义建构获得解释性理解的一种活动"①。在此意义上，本书主要采用观察和访谈两种质性研究方法收集话语信息，开展话语分析。卡拉南等人也尝试过利用观察、识别和分析场馆中亲子日常对话，解释学习行为的交互本质。② 观察法是在自然状态下，选取符合条件（年龄和结构）的亲子进行全程跟踪调查，一方面详细记录谈话内容、方式、情绪等表现，另一方面根据观察记录表统计关键变量。后者则根据戴蒙德③和博伦④等对场馆亲子行为的目标设计和编码方式，结合研究目的和对象特征编制而成。访谈法是在亲子参观结束后，围绕亲子"如何交流""交流什么"以及"交流怎样"三类问题，分别对家长和子女进行的结构型问询。此外，在第二轮调查过程中，研究者分别增加两个干预变量——要求家长向孩子提出三个问题和要求孩子向家长提出三个问题，继而对比干预家庭和未干预家庭个人意涵图的数据变化，分析话语交流是否对教育效果产生影响。

本次计入分析的有效样本共27例，含无干预项12例，有干预项15例。在有干预项中，包括家长干预12例和子女干预3例⑤。对比两种干预效果差异，先进行方差齐性检验，概念深度增加分值 $F = 0.005$，$F < 0.05$，方差不齐，采用多独立样本非参数检验，而在概念数量（$F = 0.906$）、概念广度（$F = 0.979$）、概念掌握度（$F = 0.653$）方面，$F > 0.05$，方差齐，采用单因素方差分析。

三 调查结果与分析

（一）现状呈视

话语本体论的实质即话语本身的发生机制，分析逻辑建立在交流过

---

① 陈向明：《质的研究方法与社会科学研究》，教育科学出版社2000年版，第12页。

② Maureen Callanan, Jeff Shrager and Joyce Moore, "Parent-Child Collaborative Explanations: Methods of Identification and Analysis", *Journal of Learning Sciences*, Vol. 4, No. 1, 1995, pp. 105–129.

③ Judy Diamond, "The Behavior of Family Groups in Science Museums", *Curator: The Museum Journal*, Vol. 29, No. 2, 1986, pp. 139–154.

④ Minda Borum, Margaret Chamers, Ann Cleghorn, "Families are Learning in Science Museums", *Curtaor: The Museum Journal*, Vol. 39, No. 2, 1996, pp. 123–138.

⑤ 很多家庭接到子女干预的任务后没有严格执行，要么子女没有提任何问题，要么家长主动提问，最终符合要求的只有3组家庭。

程的基础之上，主要关联方式、内容、效果等外部表征，而其又与研究的三类核心问题相一致。

1. 话语表达方式

家庭是一个高回应型和灵活性的学习系统，与场馆环境高度契合，置身其中的亲子既会选择合作性的信息交换，也会采用个体学习策略。因此，根据亲子互动及其内在关系的运行逻辑，话语表达方式主要表现为以下类型。

（1）缄默型

缄默型话语表达指亲子间言语交流缺失或无有声交流的表达方式。根据亲子关系存续样态，可将其分为隔离型缄默和互动型缄默。此外，两者并非界限分明的绝对划分，而是一种共时表现，仅以主次作为主要依据。

隔离型缄默指亲子间无任何指向具有学习意义的"共同注意"的行为。在身体和心理双重隔离的状态下，亲子的"无声"是心照不宣地尽快结束参观行为的共识，例如出口处不时听到"哎哟，终于看完了"的"解脱"。37组观察家庭中，5组全程无实质性交流，占比13.51%；34组访谈家庭中，7组认为没有交流，9组少量交流。具体表现为如下行为：

> 孩子在前面走，父母在后面默默跟着。
> 每到一个展品前，母子会心领神会地停下拍照。

值得注意的是，以导览器和讲解员为主的场馆干预方式一方面帮助亲子建立深入、完整的展品理解，另一方面也对亲子交流产生了一定程度的抑制和干扰。

> 亲子全程佩带导览耳机，各听各的。
> 亲子聘请讲解员，全程只与讲解员交流。

第四章　窥视：场馆中家庭教育的现实考察

互动型缄默指亲子利用话语之外的各种行动建立的"波兰尼"意义上的隐性交流。尽管亲子无可听见的直接交流，但是双方会通过眼神、动作等行为（推、拽、指等）传递或交换某种信息，所以它是一种行为上互动却言语上缄默的交流活动。

　　孩子隔着玻璃瞅，父亲把孩子抱起来看展品。
　　母亲用手中的小旗子指了一下"仰韶文化"的文字简介，示意孩子去看。

横向而言，互动型缄默发生在各种形式的亲子交流当中；纵向而言，它又会贯穿亲子学习行为始终。此处仅将其置于无语言互动情境下，然而考虑到纵横视角下互动型缄默属性和作用方式的同质性，也可将之推移于其他语境。

（2）独白型

独白型话语表达指亲子一方占据话语主导权，长时间处于"信息输出"状态，"聆听者"在被动接收过程中解码有效性无法直观判定的交流方式。从话语权归属上看，可分为家长独白和子女独白；从交流有效性上看，又可分为有效独白和无效独白。

家长独白即"父母说，子女听"的话语表达方式，以解释和提问为表征。观察中，15组亲子表现为家长主导，占比44.12%，具体行为上父母主导均值（1.84）高出子女（1.44）0.4，父母主动解释和问询的频次分别为6.09和1.19；访谈中，23组家长表示"会主动为孩子讲解"，占比67.65%。可见，家长独白是亲子话语表达的主要方式。此外，面对父母的独白，子女又会做出接收（有效独白）和拒绝（无效独白）的有效性选择。调查显示，6组家长认为"孩子不愿意听"，9组子女则"不希望家长讲解"，甚至有亲子的拒绝频次高达30次以上（见表4-8）。

　　有效独白：孩子用手触摸电子屏，每点一个展品说明，母亲都会解释，孩子默默地把每个展品认真看完。

母亲向孩子解释展品，孩子眼神集中，频频点头。

无效独白：母亲说，"儿子，你看这就是新石器时代"，男孩轻轻推了母亲的手臂一下，示意其往前走。

母亲向孩子解释展品，孩子无任何回应。

子女独白即"孩子说，父母听"的话语表达方式，主要以问询的形式发起和维持。调查显示，仅3组家庭表现为子女主导，占比8.11%，例如有家长表示，"他这么大了，我不会给他讲，他想要了解，自己会去看"。与此同时，又有16组家长认为"孩子会主动提问"，主动问询的总体频次达到2.09，这说明多数父母能够积极参与对话，终止子女独白。此外，由于孩子是亲子教育的核心，所以子女独白不存在有效性区分，无父母回应的对话都属于无效独白。

孩子让父亲来看，父亲看一眼，转身离开。

孩子问，"这个像图钉一样的东西是什么"，父亲没有回答就走开了。

表4-8　　　　　　　　亲子话语互动观察统计　　　　　　　（单位：次）

	父母		子女		总体	
	均值	极大值	均值	极大值	均值	极大值
主动解释	6.09	28	0.38	3	6.47	29
问询	1.19	10	2.09	9	3.28	16
讨论	0.63	1	0.44	6	0.50	7
阅读展品说明	4.75	16	1.63	19	6.38	20
闲聊	1.41	12	0.63	16	2.03	28
拒绝聆听	1.00	32	1.25	30	2.25	60
角色主导	1.84	19	1.44	11	3.28	26

(3) 商谈型

哈贝马斯认为,"语言是一种交往媒介,它用于沟通"①。话语交际的本质即主体间商谈。在此意义上,商谈型话语表达是指亲子双方通过信息交互置换建构共同理解和共同经验的表达方式。调查显示,14 组观察家庭属于此种形式,占比 37.84%,19 组受访家长认为"与孩子交流比较多"。商谈的目的是为了在分享中倍化信息容量,寻求观念共识以及深化知识理解。当将其外化为功能性依据,商谈型话语表达又可划分为单次商谈和多次商谈。

单次商谈指信息在亲子间以"输出—回复—终止"为形式的一次交互过程。它通常在"问—答"逻辑的话语结构中指向展品基本信息的识别和确认,包括名称、属性、功能等。单次商谈的动机源于主体对未知事物的探知本能,然而这种好奇能推动学习达到何种程度还需要持续的投入、思考和毅力。所以,一次性交流也使亲子难以围绕展品建立完整、深入、双向的知识谱系,倒更像引起共同注意的心理(情感)唤醒行为。调查中,10 组亲子以单次商谈为主,占比 27.01%。

> 男孩问:"这个是陶壶吗?"父亲答:"对,这个是陶壶。"
> 母亲指陶塑人脸头像问:"这看着像不像类人猿的头骨啊?"孩子:"是的。"

多次商谈指信息在亲子间以"输出—回复—循环"为形式的多次交互过程。它是在接续一次商谈"问—答"逻辑之后对展品内涵、外延以及关联信息的深入探讨,利于收集整全信息,构建系统的"专业知识岛"。由于亲子对话受动机、展品、环境、经验等多种因素影响,一次商谈主题的确立以及后续多次商谈的话语内容和走向具有极大不确定性,而这更多取决于父母的教育理解和子女的学习热情。调查中,4 组亲子

---

① Heather Zimmerman, et al., "Family Sense-Making Practices in Science Center Conversations", *Science Education*, Vol. 94, No. 3, 2010, pp. 478–505.

以多次商谈为主，占比10.81%，场均频次为0.5（见表4-8），且均由孩子的好奇和兴趣主导。

> 孩子问："这是什么？"
> 母亲答："中山石窟，石窟里都会放好多佛像。"
> 孩子问："为什么要放好多石像？"
> 母亲答："因为这是中国古代的一种信仰。"

2. 话语表达内容

齐默尔曼等将亲子对话分为知觉型、生物事实型、联系和分析型、情感和审美型、阅读型、阐释型和准科学型对话七类。[①] 在此基础上，调查发现，场馆中亲子话语表达内容主要表现为知觉型、阐释型、审美和情感型以及管理型等类型。而且，这是对话语内容本身的区分，而非将其作为参量去定义或归类亲子行为群组。

（1）知觉型对话

知觉型对话指亲子围绕展品基本物理信息展开的识别、问询、分享等话语互动。究其实质，它是对进入感观识认范围展品的直接话语回应，包括阅读展品说明、描述和定义展品等。知觉型对话是亲子交流的基础和起点，后续复杂的话语网络均由之生发、拓展和关联，所以但凡亲子开展对话，交流内容均由此演绎而出，阅读展品说明达到场均6.38次即最好例证。也就是说，知觉型对话出现在所有亲子对话当中，这与齐默尔曼等人32.9%[②]的结果存在差异，主要缘于话语类型的界定不同。

> 孩子："这是什么？"父亲："东门遗址沙盘。"

[①] Heather Zimmerman, et al., "Family Sense-Making Practices in Science Center Conversations", *Science Education*, Vol. 94, No. 3, 2010, pp. 478–505.

[②] Heather Zimmerman, et al., "Family Sense-Making Practices in Science Center Conversations", *Science Education*, Vol. 94, No. 3, 2010, pp. 478–505.

母亲:"你说这些是化石还是什么啊?"孩子:"这个应该是化石。"

(2) 阐释型对话

阐释型对话指亲子利用个人经验、理解和思考对展品内在信息进行的解释性话语互动,包括历史、属性、功能、制作工艺、生活关联等多个领域。它是在知觉型对话基础上对展品内涵和外延的探究性挖掘,对话内在的个性化特征使阐释内容表现出很大不确定性,主要依赖亲子的知识水平、理解和分析能力以及思维习惯。此外,亲子对话内容是开放的,主题、深度、真伪、范围等方面都具有较高程度的自组织性,很难进行规范化引导或评介。例如,有家长直言:"我不会给孩子讲太多,主要怕讲得不对,这种东西一旦深入,孩子以后不好改。"而且,亲子并非"空着脑袋"走进场馆,而是将日常生活带入场馆境脉,利用先前经验构建当下知识。所以,阐释又是一种将生活、经验和学习在心理结构上同化和顺应的过程。正因为此,阐释型对话发生较为普遍,场均频次6.47,甚至有家庭达到29次。

孩子:"妈妈,这个是假的么?"母亲:"是真的。这是以前的人用的一种打击乐器。"

亲子一起观看古代人怎么制造尖状物的影像,母亲主动给孩子解释:"你看这个通过打磨可以削树枝、切肉。"

(3) 审美和情感型对话

审美和情感型对话指亲子围绕展品(艺术)价值的审美交流和情感表达。场馆是充盈着丰富美学价值的艺术空间,人们置身其中率先感受到的即美的洗礼和情的熏陶,而其又会经由语言自然流露,所以"漂亮""真美""哇"等表达不绝于耳。反言之,话语对美和情的承载也表征了亲子对展品的态度和理解,并内化为学习的重要动机。艾伦指出参观过程中的对话可以触发情绪反应,刺激孩子将自身知识和经验与展品

· 181 ·

◆◆ 场馆中家庭教育的发生考察与机制优化

相联系，利于增强对展品的记忆、理解和迁移。① 调查发现，对于"为何来博物馆"，5位家长表现出审美与情感上的回应，包括"让孩子来熏陶""培养对历史的兴趣""增加民族自豪感"；对于"是否喜欢博物馆"，25位子女表示认同，原因主要集中在"没见过，很稀奇""有趣""里面的东西很酷"等审美和情感表达。当然，亲子的话语表达又非完全正向，也包括对场馆和展品的不满，例如有家长说"人太多，参观环境不好，没办法让人做心情愉悦的事，所以逃之夭夭"，有孩子也表示"里面没什么好看的，无聊得很"。

孩子指向小动物造型的陶器展柜，妈妈回应道："哎呀！这个真的挺漂亮的！"

孩子问："这是以前的么？"妈妈说："对！"孩子惊叹："哇！以前的东西可真好！"

(4) 管理型对话

管理型对话指亲子间指向"共同注意"的"行动规则与流程"的话语互动。尽管与实质性学习内容无关，但是管理型对话之于以自由、开放、耗散等为特征的场馆学习环境具有不可或缺的意义。它作为维系亲子教育关系的黏合剂以及维持场馆学习秩序的推动剂会出现在所有家庭的亲子对话当中，并贯穿学习行为始终，例如"等我一下""给你拍个照""别乱跑"，等等。此外，亲子管理的方向也是交互的，是一种对彼此行为的共同约束或共同诉求，在此过程中单方表达并不一定会获得对方认同，而且话语本身也不必然合情合理。

父亲训斥儿子："人这么多，你就不能消停点吗？"
母亲："你再不听话，我就把你丢在这儿！"

---

① Sue Allen, "Looking for Learning in Visitor Talk: A Methodological Exploration", in Gaea Leinhardt, Kevin Crowley and Karen Knutson, eds. *Learning Conversations in Museums*, Mahwah, NJ: Lawrence Erlbaum Associates, 2002, p. 260.

孩子说:"我不想听,不要碰我。"

3. 话语表达效果

亲子对话服膺于亲子教育现实,而话语表达效果难以在话语中自我显现,只有在主体行为与情绪的现实反应中才能变得可见和可测,个人意涵图恰好提供了直观的效果评估。此外,显化后的表达效果又因对话方式和内容的类型表现出较大差异,那么效果评估就应遵循不同类型间比较分析的逻辑。

(1) 亲子交流对教育效果的影响

由表4-9可见,实施干预的家庭和未实施干预的家庭概念数量平均值的差最高(0.850),概念掌握度平均值差最低(-0.033)。相比于无干预家庭,干预家庭的概念数量变化最为显著,概念深度和掌握度的变化不增反降。在概念数量和概念广度两个维度,干预家庭的平均值大于无干预家庭的平均值,其平均值差为正。干预家庭概念数量平均值最高(4.267),概念深度平均值最低(0.267)。亲子教育效果的变化主要体现在概念数量和广度方面。这也说明,即便增加外在刺激,亲子交流的频次有所增加,但其内容依然徘徊于话语表层,仅仅触及概念的数量和范围,未能围绕某一主题及其内在意涵开展深入探讨。

表4-9　　　　　　　　　　干预效果比较

因子	有干预	无干预	有无干预的平均值差	t	P
概念数量	4.267±2.017	3.417±2.234	0.850	-1.038	0.309
概念广度	1.600±1.121	1.417±1.165	0.183	-0.415	0.682
概念深度	0.267±0.458	0.417±0.515	-0.150	0.801	0.431
概念掌握度	0.467±0.516	0.500±0.674	-0.033	0.146	0.885

由表4-10可见,概念数量上,子女干预效果优于家长干预;概念广度、深度和掌握度上,家长干预优于子女干预。可见,家长干预的总体效果要优于子女干预。另外,子女干预对提高概念数量效果最为明显,

家长干预对提高概念广度效果最为明显。两种干预均能激活有意识的学习,所以在概念数量、广度、深度和掌握度四个维度,学习效果均有不同程度的进步。实施子女干预的家庭,孩子会主动提问并表达自己的想法,所以概念数量方面增长明显。反之,在其他方面,家长远比孩子更有优势,能够帮助子女探知展品深层次的内涵。

表4-10　　　　　　　　不同干预方式差异比较

因子	家长干预	子女干预	F	P
概念数量	3.917±2.021	4.667±2.309	0.167	0.847
概念广度	1.750±1.138	1.667±1.155	0.238	0.790
概念深度	0.250±0.452	0.000±0.000	0.751	0.485
概念掌握度	0.417±0.515	0.333±0.577	0.123	0.885

注:概念深度得分大多数为0分,仅少部分为1分,所以概念深度维度上,子女干预的平均值和标准差保留小数点后三位计为0.000。

(2)基于不同类型对话方式的效果分析

通过观察与访谈的交叉分析发现,缄默型和独白型对话方式在多个维度表现一致,两者与商谈型对话差异明显。由表4-11可见,缄默型和独白型的负向表达频次高于商谈型,包括"四处张望""不聆听""消极情绪"等,而"手指展品""积极情绪"等正向符号则低于后者。当让亲子"描述在博物馆里做了什么"(行为描述)以及"介绍印象深刻的展品"(记忆再现)时,商谈型家庭描述和再现的有效性和完整性均高于其他两种类型。对于缄默型和独白型家庭而言,亲子表述的内容具有很强的随意性。父母往往基于活动轮廓粗略描述,例如"展品自带国宝光环""对历史有了解、感兴趣"等,未能建立系统的知识生长点;92%的受访子女仅能说出展品的属性、类别或名称,例如"碗""金子""兵马俑"等,无法围绕展品建立完整的知识谱系。相较而言,商谈型亲子的话语表达则表现出知识脉络的规范结构。亲子不仅能准确描述"做了什么",如"她(女儿)可能听不懂复杂的语言,我要用儿童的语言给她讲解。那些青铜器,她看不出什么,但我给她细化上面的图案,上面都是些什么东西,可能会走进另一个世界",而且可以将再现画面进行概括和总结,如"我觉得古代人在细节上特别重视,比如砖瓦顶上都是青龙、白虎、朱雀、玄武,每个细节都很好",甚至能够梳理知识发展的线索(尽管有误),如"古时候,刚开始只有铜器,后来就有玉器之类的,再到后来用泥土制成陶器"。

表4-11　　　　　　　　亲子对话方式效果统计　　　　　　　　(单位:次)

	缄默型	独白型	商谈型
四处张望	2.70	2.60	1.70
不聆听	2.00	2.00	1.50
消极情绪	3.30	4.50	1.0
手指展品	4.21	10.31	16.26
积极情绪	1.50	1.20	2.50
行为描述	0	0.17	0.36
记忆再现	0.25	0.17	0.55

(3) 基于不同类型对话内容的效果分析

与对话方式不同,对话内容的效果是在主体对不同类型对话的投入中以及该投入对主体的认知影响中被动显现的。时间分配是亲子对话投入的直接观测变量,科恩和肯戴尔就曾使用"注意时长"分析展品特性。[1] 经统计,31组亲子的平均"在馆"时间为75.13分钟,虽然没有家庭能够参观完所有展品,[2] 但全部亲子均未放弃尝试,这也使单件展品的平均学习时间被严重压缩。其中,知觉型对话和审美与情感型对话平均时长相同,

---

[1] Cynthia Cone and Keith Kendall, "Space, Time and Family Interaction: Visitor Behavior at the Science Museum of Minnesota", *Curator: The Museum Journal*, Vol. 21, No. 3, 1978, pp. 245 – 258.

[2] Cynthia Cone and Keith Kendall, "Space, Time and Family Interaction: Visitor Behavior at the Science Museum of Minnesota", *Curator: The Museum Journal*, Vol. 21, No. 3, 1978, pp. 245 – 258.

均为 10—30 秒；阐释型对话用时较长，约为 1—3 分钟；管理型对话具有明显的独白特征，用时较短，仅为 5 秒左右。所以，从时间的话语容量看，阐释型对话加载的信息量更大，激活经验联结的有效性更高。同时，记忆再现结果显示，阐释型内容复述的准确性和完整性也处于较高水平，尽管多数亲子最先提及的是能带来感观震撼的审美和情感型话语内容。而单纯建立在识认基础上的知觉型内容在对话结束后会快速消退，管理型表达的不断重复也说明了家庭的无力。此外，从主体评价上看，33 位子女基于审美与情感体验对场馆学习表现出热情和兴趣，包括"很稀奇""好玩"等；25 位家长对场馆的不满则与管理型内容保持一致，例如"环境嘈杂""管理混乱"等。可见，审美与情感型对话和管理型对话同亲子的价值判断间存在较高程度的关联性。

(二) 现状深描

话语是教育的直观表达，在言语互动过程中完整的教育逻辑被即时写入和输出，所以话语分析不是简单地指向亲子间的言语互动，而是借助对话方式与对话内容对亲子教育结构的深度剖析。

1. 教育理解：话语中的价值困惑

教育理解即人们阅读教育的立场、方式、程度和水平，本质上是教育观情境化的具象表达。作为教育理解的重要手段，话语形塑主体价值观念的同时也被其形塑着，因此解析话语的过程也是一种"价值"澄清。亲子话语与教育理解的互构受家庭和场馆双重文化境脉的同时影响，这两种影响又很难达成一致，所以互构所表现出的意义就显得模糊甚至冲突。在此情况下，场馆的教育身份在亲子话语中获得一致认同的难度可想而知，这也解释了亲子对缄默型和独白型对话方式的偏爱，以及阐释型对话内容的缺失。访谈也发现，亲子走进场馆的动机包括娱乐、任务导向技能和求知、社会化、满足他人和心理治愈等五类，其中，旅游、放松、没有目的等与教育无关动机共 11 人，占 32.35%。此外，场馆身份的困惑进一步引起教育身份的迷茫，亲子无法基于教育立场定义当下行为，更不知如何发挥场馆的教育价值，亲子对话的盲目、被动、随意、零散等表现是最有力的证明。由此可见，亲子并未真正认识话语在开发场馆教育资源中的意义以及两者之间关系的发生方式。

2. 教育行动：话语中的表达失范

有计划、有目的是教育发生的前提条件，也规范了教育行为的科学性。如果缺少这两项条件，教育的意涵会无限放大，由此产生的诸种"类教育行为"将在开放的学习境脉中失去"教育规范"。受教育理解的价值干扰，场馆境脉的"教育对话"与生活场域的"日常对话"并无二致，都表现出"类教育"特征，包括偶然性、碎片化、不可控性、不规范性等。也就是说，亲子教育的话语表达不仅没有体现场馆教育的特殊性，甚至失去了自身最本质的教育品质——培养人。隔离型缄默、无效独白、无效管理等表达限制了亲子的教育想象；以"这是""你看"等为祈使的知觉型对话破坏了教育表达的规范语法；基于物理信息的直观交流则抽离了语言的文化语境和经验脉络。此外，将对话方式和对话内容交叉分析也可以发现，场馆预设的内容无法在亲子对话方式中合理嵌入，亲子习惯的对话方式难以挖掘深层次的教育内容。概念深度和掌握度的匮乏也说明家长不具备深入解读展品并将其进行合理化教育转制的能力，毕竟结构化的世界面向只能通过家长的引导才能介入。

3. 教育环境：话语中的支持乏力

环境是话语扎根和生长的文化土壤，特定的环境滋养着回应特定文化需要的话语内容和方式。所以，话语离不开环境整体意义上的结构支持。从环境之于话语发生的影响分析，它又分为交流敏感型环境（主动激活话语发生）和交流迟钝型环境（被动等待话语发生）。话语表达效果显示，亲子教育的场馆环境属于后者，其通过"后台操作"将静态的展品在固设空间被动呈现给前台学习者，亲子无法获得参与、互动和浸入的外部支持，展品说明的简单化、布展空间的独白化、管理方式的机械化等问题也抑制了亲子对话的主动性和深入性。亲子在熙熙攘攘的场馆格外"孤独"，他们仅凭自己"四处跌跌撞撞"。而且，有限的支持也未对亲子对话产生积极影响，场馆配备的导览器（13组）和讲解员（10组）使亲子将对彼此的注意力全部转向第三方，反而成为阻抑交流的障碍。

第三节 家庭学习的场馆干预

场馆境脉中家庭学习不是在"真空环境"中"跟着感觉走",而是受到有形或无形的诸多因素的影响,甚至包括潜在的预想不到的因素。[①] 这种场馆参与家庭学习意义构建的过程即场馆干预,具体包括展品设计、学习辅助、教学技能、技术支持等。[②] 亲子是家庭学习中场馆干预的直接对象和效果的具身体验者,所以场馆干预的作为需要通过亲子来建构和表征。也就是说,家庭学习场馆干预的成功与否是由亲子定义的,亲子视角是干预过程不可或缺的要素。而且,这一过程是在耗散情境中不断生成的,其只能基于利益相关者立场在质性深描中自我显现。

一 文献回顾与述评

一直以来,尽管明确以场馆干预为主题的研究量小力微,但是他们已经关注到了展品设计、指导语、导览手册、讲解员等干预因素对家庭学习的影响。根据场馆干预的对象,已有研究可划分为外部干预和内部干预两个维度。

(一)物理环境的外部干预

外部干预主要基于行为主义立场,探讨场馆物理环境之于家庭学习的"经典"联结性影响,反思场馆的整体布局和参与方式。它主要包括路线安排、建筑外形、座位设计、信息展示、电子设施、展品说明、游戏、网站等因素。[③] 林哈特等人也认为展品说明的位置、展示台的高度、互动因素的使用等会对家庭学习产生影响,包括识别、描述、解释以及更广泛的

[①] Kaleen Povis, *Designing for Family Learning in Museums: How Framing, Joint Attention, Conversation, and Togetherness are at Play*, Ph. D. Dissertation, University of Pittsburgh, 2016.

[②] Colleen Bourque, et al., "Free-choice Family Learning: A Literature Review for the National Park Service", *Journal of Interpretation Research*, Vol. 19, No. 1, 2014, pp. 7 – 29.

[③] Colleen Bourque, et al., "Free-choice Family Learning: A Literature Review for the National Park Service", *Journal of Interpretation Research*, Vol. 19, No. 1, 2014, pp. 7 – 29.

投入度（停留时间、探究深度和展品经验的感受性）。① 还有学者分析了导览手册、辅助指导、游戏等对家庭学习的积极作用。福尔克和德尔金则将这些因素统称为家庭学习的"先行组织者"（advance organizers）。②

1983年，科郎等人将展品展示方式分为静止型（static）、观览型（walk-through）和参与型（participatory）。③ 德尔金继而指出不同展示方式对家庭学习的影响存在显著差异。④ 鲍韦斯和克劳利通过实验证实，展览设计干预确实能够直接刺激家庭学习行为。⑤ 埃贝巴赫和克劳利进一步提出"植物园模式"（botanical models）能够帮助家庭产生类似学校的解释结构。⑥

随着科技发展，场馆不断进行技术升级，大量新型科技产品（Groupware, socialware, virtual reality, augmented envirnments, smart devices and simulators）纷纷被开发出来。沃克认为这些手段能够帮助学习者主动标记和概念化展品，在反思、编码和共享的基础上完成结构化知识的构建。⑦ 里昂等人也指出，数字化手段对场馆中的家庭学习起着至关重要的作用，场馆会利用数字化手段更好地改进个人或集体学习。⑧

---

① Gaea Leinhardt, Kevin Crowley and Karen Knutson, *Learning Conversations in Museums*, Mahwah, NJ: Lawrence Erlbaum Associates, 2002, p. 103.

② John Falk and Lynn Dierking, *Learning from Museums: Visitor Experience and the Making of Meaning*, Walnut Creek, CA: Alta Mira Press, 2000, p. 95.

③ John Koran, et al., "The Relative Effects of the Pre-and Post-attention Directing Devices on Learning from a 'Walk-through' Museum Exhibit", *Journal of Research in Science Teaching*, Vol. 20, No. 4, 1983, pp. 341 – 346.

④ Lynn Dierking, *Parent-child Interactions in a Free Choice Learning Setting: An Examination of Attention-directing Behaviors*, Ph. D. Dissertation, University of Florida, 1987.

⑤ Kaleen Povis and Kevin Crowley:《基于实物的博物馆里的家庭学习——共同注意的作用》,《中国博物馆》2016年第2期。

⑥ Catherine Eberbach and Kevin Crowley, "From Seeing to Observing: How Parents and Children Learn to See Science in a Botanical Garden", *Journal of the Learning Sciences*, Vol. 26, No. 4, 2017, pp. 608 – 642.

⑦ Leslie Atkins, "Digital Technologies and the Museum Experience: Handheld Guides and other Media", *Science Education*, Vol. 93, No. 6, 2009, pp. 1149 – 1151.

⑧ Leilah Lyons, David Becker and Jessica Roberts, "Analyzing the Affordances of Mobile Technologies for Informal Science Learning", *Museums & Social Issues*, Vol. 5, No. 1, 2010, pp. 87 – 102.

(二) 学习主体的内部干预

内部干预主要基于认知心理和文化心理的立场，探讨家庭学习的本体价值，包括动机、形式、身份、社会背景等。托马斯和安德森指出，家长关于学习的过程性和条件性知识会影响其与孩子的互动方式。[1] 拉科塔基于场馆立场提出影响学习的两种变量——吸引力（attracting power）和持续力（holding power），前者指学习者对展品的注意力，后者指维持学习者参与、讨论或互动的宽度和深度。[2]

此外，在动态的场馆环境中，家庭的选择也是多样的，既有合作性的信息分享，又有个体化的学习策略。在此意义上，学习模式是学习主体内部干预的重要变量。而场馆应该为家庭提供一种学习模式，帮助孩子建立不同领域知识之间的关联，从而促进知识的系统化。[3] 福尔克和德尔金提出，互动型学习模式是提高学习效果的有效途径。[4] 另外，有研究显示，家庭希望获得场馆工作人员的帮助并与其建立个人互动，深化展品理解和行为意义。[5] 但是，鲍韦斯发现，场馆干预会产生一种非预期的效果，将家庭对话从合作型交流转变为说教型指导。[6]

综上所述，已有研究主要表现出两方面的特征：其一，重视变量间因果关系的量化假设与论证，缺乏对场馆干预发生机制深层次的质性分析；其二，侧重从场馆和行为视角对学习效果进行功能性分析和推定，缺少亲子视角下场馆干预的过程描述和具身体验。因此，本书尝试基于并结合上

---

[1] Gregory Thomas and David Anderson, "Parents' Metacognitive Knowledge: Influences on Parent-Child Interactions in a Science Museum Setting", *Res Sci Educ*, Vol. 43, 2013, pp. 1245 – 1265.

[2] Lynn Dierking and John Falk, "Family behavior and Learning in Informal Science Settings: A Review of the Research", *Science Education*, Vol. 78, No. 1, 1994, pp. 57 – 72.

[3] Sasha Palmquist and Kevin Crowley, "From Teachers to Testers: How Parents Talk to Novice and Expert Children in a Natural History Museum", *Science Education*, Vol. 91, No. 5, 2007, pp. 783 – 804.

[4] Lynn Dierking and John Falk, "Family behavior and Learning in Informal Science Settings: A Review of the Research", *Science Education*, Vol. 78, No. 1, 1994, pp. 57 – 72.

[5] Jessica Luke and Jill Stein, *Family Learning Project: Year 1 Evaluation*, Annapolis, MD: Institute for Learning Innovation, 2006, p. 21.

[6] Kaleen Povis, *Designing for Family Learning in Museums: How Framing, Joint Attention, Conversation, and Togetherness are at Play*, Ph. D. Dissertation, University of Pittsburgh, 2016.

述两点认识，对家庭学习的场馆干预进行深入挖掘和拓展补充。

二 研究方法与设计

在随机动态（situationally contingent）的场馆境脉中，亲子"意见"呈现出主观化和境遇化。在此情况下，基于因果关系的验证性研究范式很难控制无关变量和干扰项，所以扎根现场的质性深描成为更合理的选择。质性研究专注于揭示现象的深层意义，阐释经验的解读方式、世界的建构方式以及赋予经验意义。范·梅南将其界定为"一种包括多种阐释技术的'伞状'概念，致力于描述、解码、翻译和理解人类世界中某种程度上自然发生现象的意义"。质性研究的特点包括解释性、经验性、境遇性和个体性，其又与场馆中家庭学习的行动保持一致，这也进一步佐证了研究方法选择的合理性。

基于上述考虑，研究选择一座国家级综合博物馆作为扎根场域。一个"案例"的选择势必引起关于"代表性"（representativity）或"概括性"（generalization）的顾虑。菲利普杰格认为，对社会科学最大的误解就是案例研究不能概括世界运行的规律。[①] 概括化在某种意义上并非基于数据，而是基于分析。分析性概括化（analytic generalization）是在理论概念和原则的相关性上，超越原始案例而适用其他环境的逻辑。[②] 它不仅丰富了抽象理论的构建，而且能够指导其他具体事宜。[③] 本书正是基于分析的逻辑以保证案例的代表性和概括性。而且，场馆及其学习环境的同质性也可以在一定程度上消除这种顾虑。

本书主要采用参与观察、结构访谈和个人意涵图三种研究方法。观察内容包括环境、家庭与干预的互动、时间、情感和行动等。访谈内容涉及环境描述、干预的态度和认知、行为和对话、自我评价和场馆评价

[①] Bent Flyvbjerg, "Five Misunderstandings about Case-study Research", *Qualitative Inquiry*, Vol. 12, No. 2, 2006, pp. 219–245.

[②] Robert Yin, *Case Study Research and Applications: Design and Methods (Sixth Edition)*, Los Angeles: SAGE, 2018, p. 349.

[③] Robert Yin, *Case Study Research and Applications: Design and Methods (Sixth Edition)*, Los Angeles: SAGE, 2018, p. 73.

等。观察记录和访谈提纲主要根据分析框架和场馆学习的内在逻辑进行编码(见表4-12)。个人意涵图主要统计配备讲解员的家庭在概念数量、广度、深度和掌握度方面的表达变化。

表4-12　　　　　　　　　　调查编码

分析框架	观察	访谈
干预情境	环境;展示	描述
干预方式	展品干预;媒介干预;活动干预;主动和被动干预	干预态度;干预认知
干预内容	知识与理解;技能;态度和价值;娱乐、启发和创造;活动、行为和成长	做了什么;说了什么
干预效果	时间;情绪	停留;自我评价
反思干预	行动;情绪	满意度;评价;期待

三　调查结果与分析

(一) 现状呈现

1. 场馆干预情境

扎根场馆情境的学习属性是多元的和复杂的。[①] 情境不仅是干预的背景,其本身也是无形的干预。在此意义上,场馆干预情境是指影响家庭学习的场馆环境,包括布展、故事线、空间、灯光等。尽管从行为的即时性上看,场馆情境的干预是被动的、无意识的,但是从整体的空间设计和目的预设上看,它依然具有主动性和有意性,只不过其干预过程在时间线上被拉得过长,容易导致结构性的盲目。

被访场馆根据年代学线索设有三座常设展厅,以及一座专题展厅和三座临时展厅。展厅分布在不同的楼层和位置,由于缺乏清晰的标识,导致很多家庭迷失方向。正如一位父亲所说:

> 我对它的设计很困惑。很多展厅分布在不同的地方,没有清晰

[①] Gregory Thomas and David Anderson, "Parents' Metacognitive Knowledge: Influences on Parent-Child Interactions in a Science Museum Setting", *Res Sci Educ*, Vol. 43, 2013, pp. 1245-1265.

的安排。进入展厅之前，（场馆）应该提醒我们里面有什么，不能没有这方面的提示。直到进去之后，我才知道里面有什么，让我们没有很好的准备。

此外，尽管场馆的展厅面积达到 11000 平方米，但是现场的接待规模远远超出其容纳能力。置身其中，拥挤、吵闹、光线不足等各种问题层出不穷，而这也构成一幅生动的"场馆群像"。25 组家庭对此表达了明确的不满，并指出场馆制度和管理的不完善。

父亲 a：这里人太多了，又很拥挤。环境非常差！很难让人做心情愉悦的事，我们只能逃之夭夭。

母亲 a：（场馆）里面空气质量很差，又闷又热。我甚至都没有办法呼吸。而且，照明和通风系统好像有问题。我觉得博物馆应该控制人流，提高管理水平。

总而言之，场馆在环境和管理上都未能创设一个愉悦有序的物理环境，为家庭学习提供积极的支持。

2. 场馆干预方式

在充盈着各色展品的多元空间，场馆干预的方式也是多样的。根据干预主体的不同，其主要表现为展品干预（展品、展品说明等）、媒介干预（导览器、宣传册、讲解员、交互设施等）和活动干预（游戏、角色扮演等）三种类型。从干预对象分析，又表现为主动干预和被动干预两种，前者是对家庭主体及其行为实施的有目的的实时影响，后者则是在家庭主体缺席情况下对学习资源和环境的前期调适。

展品干预是场馆固设的干预方式，根据博物学和分类学的逻辑通过"后台操作"将展品呈现给前台学习者。所以，它本质上是一种即时性的被动干预方式。调查显示，展品干预是当前场馆干预的主导方式，每组家庭都会按照"隐性线索"参与场馆话语"解码"。手指展品和阅读展品说明是其典型表征，动作频次分别为 11.25 和 6.38（见表 4-15）。

同时，由于它对现场环境和主体意愿及其学习状态具有高度依赖性，展品干预会受多种因素影响，包括人流情况、布展空间、学习方式、家庭关系等。

> 母亲b：我们想让他了解珍贵的国家宝藏。他在（场馆）里面主要自己看，但他不懂的时候，我们会给他读展品说明。但是，（场馆）里面人非常多，我们要挤着才能往前走。而且，他有时候也不太听话，到处乱跑。

媒介干预是场馆利用中介因素对家庭学习实施主动干预的方式。49组调查家庭中，13组配备导览器，10组聘请讲解员，占比分别为26.53%和20.41%，其中两组是在观览一段时间之后配备的导览器，两组临时决定跟随志愿讲解员参观。配比度底的问题与李西东的结论一致。[①] 值得注意的是，许多未配备讲解员和导览器的家庭会主动伴随配备讲解员的群体"参观"。这在一定程度上也说明，家庭寻求场馆干预的积极意愿是被某些外在因素（金钱、资源等）所抑制的。但是，从表4-13又可以看出，配置讲解员的家庭只在概念数量方面增长显著，在概念广度和深度方面要比无干预家庭少，但是概念数量、广度和深度的均方差略高。这说明，讲解员干预效果主要受其与家庭之间教育关系影响，而且讲解员也未能深化家庭对展品的理解。

> 母亲c：如果身边有讲解员，我们会悄悄走过去听听他们讲得啥。

表4-13　　　　　　　　　　讲解员干预统计

	概念数量	概念广度	概念深度	概念掌握度
有干预	4.250±2.252	1.375±1.302	0.375±0.518	0.500±0.535
无干预	3.417±2.234	1.417±1.165	0.417±0.515	0.500±0.674

[①] 李西东：《山东博物馆基本陈列家庭观众研究》，硕士学位论文，吉林大学，2014年，第59页。

续表

	概念数量	概念广度	概念深度	概念掌握度
F	0.167	0.238	0.751	0.123
P	0.847	0.790	0.485	0.885

交互设施是场馆中最受欢迎的干预方式。每组家庭在其面前的平均驻足时间为2—3分钟，高于总体均值2—3倍，其中7组家庭至少观看了一部完整影像，12组家庭深度参与了投壶、翻牌、拍照等数字游戏。这种干预方式的主要推动力和作用对象是孩子及其强烈的游戏兴趣。然而，他们的热情并未真正"落地"，因为场馆中没有出现任何形式的活动干预。另外，嘈杂的环境和无序的管理很难保证所有家庭都有参与的机会，甚至越来越多家庭围绕在交互设施周围，更加剧了场馆空间的拥挤程度。

父亲b：他真的很喜欢在屏幕上翻牌的游戏。很多孩子都在排队。如果博物馆能组织一些现场活动就好了，孩子们可以一起玩。

一言以蔽之，当前家庭接受的场馆干预是以隐性的被动展品干预为主，主动的媒介干预被家庭的主观意愿和选择所限制，而且孩子对活动干预的热情也未获得场馆实质性的支持和鼓励。

3. 场馆干预内容

干预内容是场馆对"在哪些方面可以做什么"的实践探索，也是对家庭学习结果的功能型回应。根据莱斯特大学"场馆委员会"（MLA）和"场馆研究中心"（RCMG）提出的"一般学习结果理论"（Generic Learning Outcomes），场馆学习结果主要包括五个方面——知识与理解；技能；态度与价值观；娱乐性、启发性和创新性；活动、行为与成长。[1]

---

[1] Research Centre for Museums and Galleries, *Measuring the Outcomes and Impact of Learning in Museums, Archives and Libraries*, Research Centre for Museums and Galleries, 2003.

这也为干预内容提供了适切的框架。

学习行为是场馆干预内容的间接表征。在操作化和临场化的现象中隐含着来自场馆的作用逻辑，只有对行为抽丝剥茧才能透视内容的机理结构。访谈中，对于"做什么"的描述，家长的回答包括观看展品、介绍历史、培养孩子兴趣、与孩子交流、听讲解、拍照和照顾孩子；子女则强调观看展品、玩、听讲解员介绍、拍照和"啥也没做"（见表4-14）。尽管亲子行为上存在些许差异，但是干预内容区间分布相对统一，都以"知识与理解"和"娱乐性"为主。季娇等人也提出，中国家庭更希望场馆能为孩子提供教育和娱乐服务。[1]

表4-14　　　　　　　　　家庭行为频次统计

家长						子女	
行为	人次	认知	人次	功能	人次	行为	人次
观看展品	15	没想过	3	保存历史和文化	20	观看展品	18
介绍历史	8	引导孩子学习	10	教化育人	3	玩	4
培养孩子兴趣	2	为孩子讲解	4	展示	1	听讲解员介绍	2
与孩子交流	3	照顾孩子	2	增加民族自豪感	1	拍照	2
听讲解	7	共同学习	4	说不清楚	5	啥也没做	2
拍照	6	认识历史	2				
照顾孩子	4						

由表4-14还可以看出，家长关于场馆学习的期待和现实存在矛盾。大部分家长从"为了孩子成长"的角度出发预设亲子活动，包括"引导孩子学习""为孩子讲解""共同学习"等，但在实际学习过程中，他们依然选择"让孩子自己看"。这一点在家长对场馆功能的理解中同样得到证实，例如20人提出"保存历史和文化"。这种偏差可能同样归因于

---

[1] Jiao Ji, et al., "Chinese Family Groups' Museum Visit Motivations: A Comparative Study of Beijing and Vancouver", *Curator: The Museum Journal*, Vol. 57, No. 1, 2014, pp. 81-96.

"外在因素的抑制"。交叉分析也可见（见表4-15），现场观察与访谈结果高度一致。家庭的主导行为表现为观看展品、交流、拍照和听讲解。其中，基于"共同注意"的手指展品、拍照和阅读展品说明的相对频次较高。需要补充的是，5组家庭无任何实质性对话。也有研究指出，不足30%的中国家庭的场馆学习是与交往互动相关的。①

表4-15 场馆行为的观察统计

行为	人次	行为	频次	极大值
观看展品	37	手指展品	11.25	51
交流	32	拍照	10.59	42
拍照	25	玩手机	1.66	32
参与数字游戏	12	阅读展品说明	6.38	20
看影像资料	7	闲聊	2.03	28
听讲解	19	闲逛	1.69	10
玩手机	1	四处张望	2.69	30

由此可见，场馆干预的内容主要集中在以观察和聆听为表征的"知识与理解"，以及以数字游戏和拍照为媒介的"娱乐性"。尽管，偶有涉及亲子问询和个人经验激活的"启发性"，但是"技能""态度与价值""创新性""活动、行为与成长"等方面的缺失依然说明场馆未能提供整体性的干预。

4. 场馆干预效果

学习本质上是个性化的，没有两个"学习者"在场馆中拥有相同的学习体验。② 所以，非正式学习的效果往往只能以直接和个性化的方式呈现，例如时间、现场表现、主体认知等。这些标准同样适用于对家庭

---

① Jiao Ji, et al., "Chinese Family Groups' Museum Visit Motivations: A Comparative Study of Beijing and Vancouver", *Curator: The Museum Journal*, Vol. 57, No. 1, 2014, pp. 81-96.

② David Anderson, Keith Lucas and Ian Ginns, "Theoretical Perspectives on Learning in an Informal Setting", *Journal of Research in Science Teaching*, Vol. 40, No. 2, 2003, pp. 177-199.

学习场馆干预效果的评价。

时间分配是场馆中家庭学习投入的直接观测变量,科恩和肯戴尔曾使用"注意时长"分析展品特性。[①] 经统计,31组家庭的平均"在馆"时间为75.13分钟。其中,配备导览器和讲解员家庭的平均时长为85.75分钟,反之为68.42分钟。科洛普夫也指出,当场馆工作人员参与互动时,平均投入时间会增加22分钟。[②] 另外,尽管没有家庭能够参观完所有展品,[③] 但是全部调查家庭均未放弃尝试,这也使单件展品的平均学习时间被严重压缩,仅有1分钟左右,甚至有些家庭的驻足时间不超过5秒,属于"走马观花"式的快速流动参观。由此可见,加载在家庭学习上面的刺激、任务、指导等严重缺乏,从而导致学习行为处于时间线上的快速载入状态。

现场表现是在行为与情绪的价值判断(积极和消极)中对场馆干预效果的即时观测,而且这种评价往往是直接且显而易见的。通过表4-15可见,手指展品、阅读展品说明、主动解释等积极行为的整体频次偏低,分别为11.25、6.38和6.47,这与亚当斯和斯坦[④]的调查结果相同,而且没有任何一组家庭作学习记录。与之相反,闲聊、闲逛、玩手机、四处张望等消极行为却时有发生,甚至其中三种行为频次达到15以上。与此同时,每组家庭还会流露出一定频度的消极情绪,主要针对场馆环境和亲子关系。

---

① Cynthia Cone and Keith Kendall, "Space, Time and Family Interaction: Visitor Behavior at the Science Museum of Minnesota", *Curator: The Museum Journal*, Vol. 21, No. 3, 1978, pp. 245-250.

② Marcia Kropf, "The Family Museum Experience: A Review of the Literature", *Journal of Museum Education*, Vol. 14, No. 2, 1989, pp. 5-8.

③ Cynthia Cone and Keith Kendall, "Space, Time and Family Interaction: Visitor Behavior at the Science Museum of Minnesota", *Curator: The Museum Journal*, Vol. 21, No. 3, 1978, pp. 245-258.

④ Marianna Adams and Jill Stein, *Formative Evaluation Report for the LACMALab Nano Exhibition at the Los Angeles County Museum of Art*, Annapolis, MD: Institute for Learning Innovation, 2004, p. 56.

母亲d：你再不听话，我就把你丢在这！
孩子a：我不喜欢这！我不想听！我想出去！别碰我！

主体认知是对子女"观后经验"的知识性评价，主要通过一项开放性问题（你学到了什么）和一项任务（介绍一件让你印象深刻的展品）来完成。由表4-16可见，配备讲解员或导览器的子女能够较为清晰地总结学习经验，并系统梳理个人认知。相反，未配备的子女则停留在展品属性、类别或者名称的粗略介绍，无法抽象或综合复杂的学习经验。

表4-16　　　　　　　　场馆干预的主体认知

	讲解员/导览器	数字设施	无
问题	我认识了不同朝代的很多展品，知道了中国历史的发展	不清楚	不清楚
任务	古代建筑的设计很精致，材料也很特别，和我们今天完全不一样	那有很多好玩的游戏，比如投壶和翻牌	有很多金碗、金子的怪兽和珍宝

5. 场馆干预的亲子评价

场馆干预的亲子评价是从亲子的"第一视角"和"具身体验"检视场馆参与家庭学习的方式及其效果，即对干预本身的评价。由于年龄、经验、目的等方面的差异，家长与子女对情境、方式、内容和效果的评价也是不同的，而这恰恰可以在评价的整全性上相互补充。

如表4-17所示，家长与子女对场馆干预的态度完全相反。大部分家长（25组）持负面评价，表示"不愿意再回来"，原因主要集中于管理不善、方式无效和内容片面，具体包括"人流太多""环境嘈杂"等。由此可见，家长评价以外部因素为主，而非内在目标和功能的反思，例如11组家长希望场馆能改善环境和优化服务。结合表4-14也可见，家长评价并未观照其预设的功能或者建立逻辑上的推论关系，外部环境的组织管理对父母视角下教育价值的发挥产生了显著阻抑作用。

从子女的角度分析，33位受访者持积极评价态度，他们普遍对场馆表现出较高程度的热情和兴趣，强调"还想再来"。这很大程度上受情境开放、方式活泼、内容新奇等场馆特征的影响。这也是为什么有25位受访者表示喜欢博物馆，但是在原因解释方面，大部分孩子还缺乏深层次的理解和结构性的表达，习惯基于感观刺激的模糊性描述，例如"很稀奇""很好玩""没看完"等。

表4-17　　　　　　　　　场馆干预的反思

	家长	子女
情境	这环境太差了，很难愉快地待在这	很有意思，我喜欢这里；我害怕迷路
方式	展品说明除了告诉我们名字和朝代，很少有其他信息	我不喜欢导览器；我喜欢电子游戏；讲解员说得太快了
内容	除了历史和文化，我觉得博物馆还可以做得更多	那有很多珍贵的展品；我以前从来没有看到过；古代的东西真有意思
效果	我不想再带她来了，除非人没有现在这么多	我还想再来，因为今天没有看完

综上所述，家长与孩子的立场、视角、特征和目的决定着他们对场馆干预理解的不同。尽管如此，亲子评价的差异并没有掩饰场馆未能有效参与家庭学习的事实。在此情况下，亲子都未表现出对场馆主动参与的较高期待，或可言亲子已然接受了场馆干预的被动方式。雷特许等人也指出，场馆并没有为家庭参观学习提供有效的帮助。[①]

（二）深度剖析

1. 场馆重视展品和展出设施的"应答型"建设，缺乏家庭学习干预的主动意识和服务指向

所谓"应答型"建设是场馆基于信息单线传输的立场，将展品编制为参观者视觉浅层需求的被动回应元素的路径。一方面，它不会主动走向学习者，探知其心理并邀请对方参与项目开发，而是在被动的期待中将学习选择权完全交给来访者；另一方面，它强调对展品基础信息和关键词的碎片化、静态化处理，无法展现历史与文化背后整全和动态的画

---

① Watson Laetsch, "Children and Family Groups in Science Centers", *Science and Children*, Vol. 17, No. 6, 1980, pp. 14-17.

面。所以，它是基于行为主义立场的被动机械型干预设计，缺乏影响家庭学习的主动意愿，抑或未觉识主动干预的可能和可为。这也导致了场馆将展品价值凌驾于人的意义之上。在此情况下，家庭学习的干预方式和干预内容出现了单一维度的偏向——重被动的展品干预和重"知识与理解""娱乐性"的直接体验，展出环境也从"学习者友好型"转向"展品友好型"，"人"的因素及其内生的"对人的关怀"严重淡化，场馆成为纯粹的"物的空间"。

2. 场馆习惯于让"可能的干预"及其作用自然发生，未能建立系统稳定的家庭学习干预机制

在家庭学习过程中，场馆往往处于静默状态，等待"可能的干预"自然发生，这种"可能"是基于展品和展出逻辑的自我预设，干预是否真正发生或有效却无以判断。然而，"自然状态"下的学习景象却不够积极和乐观，多数家庭在场馆中四处走动或盲目交流，选择最简单的手段（干预方式和干预内容）与展品建立最脆弱的关系（干预效果），家长与子女全依个人喜好和理解行事，缺少一条完整的线索引导他们思考、交流、想象和玩耍。尽管导览器、讲解员等辅助工具尝试搭建线索，但是家庭的主观意愿、场馆的学习环境以及媒介的质量水平等因素都限制了其可以作为的空间。简言之，场馆缺乏系统稳定的家庭学习干预机制（设计、分析、介入和评估）。场馆及其配套服务无以用力，家庭及其学习行为无以凭借，各种变量处于持续耗散中，整个现场嘈杂、凌乱，科学、规范、有序、自动化的干预机制亟待建立。

3. 场馆与家庭依循各自的立场、逻辑、话语和目的建构知识和经验，未形成有效的商谈意识以及建立专属的合作平台

从学习境脉的结构功能看，场馆中存在两种认知结构：一种是场馆基于知识逻辑在幕后论证中构建的专业结构；另一种是家庭基于经验逻辑在现场行动中生成的生活结构。两种相异的结构在共同的时空下不断被建构、诠释、消解和重构，却未确立稳定的交合点，彼此沿着各自线索让功能自然发生，即"我展我的，你看你的"。这也直接导致了场馆干预效果的低质化和亲子评价的消极化。深入分析可见，场馆与家庭的

商谈意识和对话诉求表现出较大差异，一方面场馆缺乏走近家庭寻求合作的意愿，幕后论证中不见家庭立场和视角，现场行动中鲜有场馆主动指导，另一方面家庭对场馆却保持着较高程度的对话诉求，期待获得更多帮助。然而，两者的差异在复杂的学习境脉和场馆的"不作为"中出现了行动上的单方妥协，即家庭放弃原初诉求与场馆趋同。上述问题在干预方式与干预内容中得到了充分呈现和证实。归根结底，场馆仅仅将自己作为公共空间，为家庭分配"资源"，却缺少一个让家庭学习独立发生以及对话与协作关系顺畅实现的平台。

有研究指出，家庭希望在场馆中做些独一无二或特别的事情，[1] 也愿意投入更多时间在"基于家庭"（family-based）的事件和项目当中。[2] 我们的调查则进一步表明，家庭的意愿与场馆的回应并没有保持同步，场馆在家庭学习的干预过程中未能承担起家庭所期待的责任和功能。这也为场馆教育的未来发展指明了方向。

第四节　场馆教育者视角下的家庭教育比较

从观察视角上看，场馆境脉中家庭教育存在"馆内"与"馆外"两种立场——作为场馆的教育服务提供者和作为家庭的教育服务接受者，所处位置决定了视界范围和理解方式的不同。此外，从文化场域上看，受政治、经济、文化、观念等因素影响，不同国别的场馆中家庭教育的理念、方式、内容、效果等都是不同的，这种差异又具有极高的对话价值，尤其表现在中西语境的比较意义上。基于上述考虑，本节尝试从"馆内"场馆教育者的视角出发，考察中国和加拿大的场馆开展家庭教育的现状，通过比较两种文化场境的异同，寻求跨文化的经验借鉴和启示。

---

[1] ［美］帕翠亚·罗德瓦尔德：《为家庭建造一个以家庭学习为中心的展馆——美国佐治亚州亚特兰大市高等艺术博物馆案例研究》，《中国博物馆》2015年第1期。

[2] Jessica Luke and Jill Stein, *Family Learning Project: Year 1 Evaluation*, Annapolis, MD: Institute for Learning Innovation, 2006, p.10.

一 文献回顾与述评

早在20世纪七八十年代西方国家就涌现出大量关于场馆中家庭教育的研究。而直到1998年，张秀春翻译明达·博勒恩的《博物馆中的家庭学习》，才开启了我国相关研究的先河。通过梳理国内外文献，从研究对象上，可将已有研究概括为以下三个方面。

（一）家庭走进场馆的动机

动机是家庭走进场馆的引擎，决定着教育的样态和效果。有学者指出，家庭动机直接作用于场馆教育的方式、内容、效果等方面。[①] 哈兰德等将人们选择场馆的动机概括为九种——娱乐、任务导向技能和求知、社会化、满足他人、地位寻求、舒适性、自我认同、心理治愈和审美。[②] 派瑞将观众学习动机概括为：希望与场馆进行一场成功的对话（交流）；感到惊喜并有兴趣（好奇）；感到安全与聪明（自信）；被挑战且能获得新思想（挑战）；对经验的控制、可自由选择想做什么以及去哪（控制）；可获得快乐（娱乐）。[③] 李西东通过调查山东博物馆发现，家庭参观场馆的首要目的是子女教育，其次是兴趣爱好、提升自我、休闲娱乐、好奇和其他等。[④] 当前，部分研究视角开始转向动机与家庭文化资本的关系，进而剖析深层次的社会结构。尽管动机是个性化的，但是结构化的群体特征也让其存在概括化的可能。

（二）场馆中家庭教育的行为

场馆中家庭教育行为与亲子行为存在一致性，但又非完全相同，前者

[①] Joe Heimlich, Kerry Bronnenkant and John Falk, *Measuring the Learning Outcomes of Adult Visitors to Zoos and Aquariums: Confirmatory Study*, Bethesda, MD: American Association of Zoos and Aquariums, 2004, p. 5.

[②] Harland et al., *Attitudes to Participation in the Arts, Heritage, Broadcasting and Sport: A Review of Recent Research*, A Report for the Department of National Heritage from the National Foundation for Educational Research, 1996, p. 16.

[③] Deborah Perry, *What Makes Learning Fun*, Plymouth: Rowman & Littlefield Publishers, 2012, p. 40.

[④] 李西东：《山东博物馆基本陈列家庭观众研究》，硕士学位论文，吉林大学，2014年，第96页。

是基于"教育之眼"对行为类型的归纳。家庭教育行为是复杂的，它受家庭行动模式、身份认知机制、经验建构方式等因素的交互影响。[①] 亲子在场馆交流中会构建特殊的"家庭认知"和"个人认知"。[②] 在此意义上，博伦等根据学习水平将场馆中家庭教育分为四个层次——识认、描述、解释和应用。[③] 在行为类型上，凯莉等区分出环境依赖型、探究型和目的型；[④] 伍新春等则总结为合作商讨型、指导控制型和单独思考型。[⑤] 此外，场馆家庭行为既不是毫无缘由地产生，也不是随机生成，而是在家庭文化的引导下形成的一种有目的、有策略的交互实践。[⑥]

（三）场馆开展家庭教育的功能与责任

场馆对于家庭而言是文化涵化的空间，它可以形塑和强化参与者的文化身份。[⑦] 而且，许多家庭将场馆作为自愿和自主学习的机构。[⑧] 安德森认为，场馆是集社交、娱乐、学习和安全为一体的综合场所，它致力于探索如何为家庭提供系统科学的服务，包括自我学习、自我经验、自我指导等。[⑨] 德尔金指出不同展示方式对家庭学习的影响存在显著差

---

① 郑旭东、王婷：《家庭行为、身份认知与经验建构：场馆学习理论的解读与启示》，《开放教育研究》2015年第8期。

② Paulette McManus, "Good Companions: More on the Social Determination of Learning-related Behavior in a Science Museum", *Journal of Museum Management and Curatorship*, Vol. 7, No. 1, 1988, pp. 37–44.

③ Minda Borum, Margaret Chamers, Ann Cleghorm, "Families are Learning in Science Museums", *Curtaor: The Museum Journal*, Vol. 39, No. 2, 1996, pp. 123–138.

④ Lynda Kelly, et al., *Knowledge Quest: Australian Families Visit Museums*, Sydney: Australian Museum & the National Museum of Australia, 2004, p. 24.

⑤ 伍新春、李长丽、曾筝：《科技场馆中的亲子互动类型及其对学习效果的影响》，《教育研究与实验》2012年第6期。

⑥ 郑旭东、王婷：《家庭行为、身份认知与经验建构：场馆学习理论的解读与启示》，《开放教育研究》2015年第8期。

⑦ Kirsten Ellenbogen, Jessica Luke and Lynn Dierking, "Family Learning Research in Museums: An Emerging Disciplinary Matrix?", *Science Education*, Vol. 88, No. 1, 2004, pp. 48–58.

⑧ John Falk and Lynn Dierking, *How Free-Choice Learning Is Transforming Education*, Walnut Creek: AltaMira Press, 2002, p. 54.

⑨ ［加］大卫·安德森、王乐：《场馆教育的前沿问题与热点探讨——访英属哥伦比亚大学大卫·安德森教授》，《自然科学博物馆研究》2020年第5期。

异。[1] 博伦与德雷特萨斯鼓励构建"家庭友好型展览",具体包括多维度、多用户、成人与儿童可用、可读性以及关联已有知识或经验。[2] 布尔克和科琳则强调场馆应当专注学习计划、先行经验、家人指导、展品设计、社会联系、选择辅助、多重角色、教学技能和技术支持九个方面。

综上所述,已有研究主要表现出以下三点特征:其一,重视场馆中家庭教育的影响因素分析,缺少教育发生逻辑的整体考察;其二,习惯家庭的参与视角和第三者的研究立场,忽视场馆教育者的专业理解;其三,偏好单一文化场域的现实呈现,低估不同文化空间的比较价值。在此意义上,本书选择场馆教育者的专业立场,从中加比较视角考察场馆中家庭教育的发生逻辑。

二 研究方法与设计

本书分别从中国和加拿大选择六座不同类型的场馆作为调查对象。前者包括三座科技馆、一座综合类场馆、一座历史博物馆和一座专题博物馆(编码分别为 Ch-1、Ch-2、Ch-3、Ch-4、Ch-5、Ch-6),后者包括天文馆、植物园、自然博物馆和专题博物馆各一座以及两座综合类场馆(编码分别为 Ca-1、Ca-2、Ca-3、Ca-4、Ca-5、Ca-6)。因为相同文化场域内同类型场馆具有较大的同质性(核心功能、运行逻辑、管理方式等),[3] 所以样本选择能够在一定程度保证抽样的代表性。研究采用访谈与案例分析两种质性研究方法,旨在呈现生动真实的家庭教育画面。一方面,作者分别邀请12座场馆教育部门负责人围绕场馆教育和家庭教育开展60分钟左右的深度访谈;另一方面,作者通过场馆的官方网站收集家庭教育的相关案例,与访谈内容交叉比较,相互佐证。此外,访谈提纲的编写和案例内容的选择参照下述分析框架。

---

[1] Lynn Dierking, *Parent-child Interactions in a Free Choice Learning Setting: An Examination of Attention-directing Behaviors*, Ph. D. Dissertation, University of Florida, 1987.

[2] Minda Borun and Jennifer Dritsas, "Developing Family-friendly Exhibits", *Curator: The Museum Journal*, Vol. 40, No. 3, 1997, pp. 178-196.

[3] 王乐:《利用场馆资源开展馆校合作教学中英比较研究——基于武汉与格拉斯哥的实证调查》,《比较教育研究》2017年第5期。

从发生结构上看，场馆中家庭教育通常分为动机预设、过程行动与效果评价三个部分。它遵循一种当事者的教育发生逻辑，侧重观众行为分析的家庭立场。如果将观察视角转换，从场馆教育者的立场重新审视家庭教育的发生结构，那么行为主体的场馆角色将更加凸显，因为行动中它往往淡化为背景被忽略。可见，家庭教育前存在一个使动主语——场馆，或内隐或外显地持续作用于家庭行为的发生过程。在某种意义上，场馆中的所有教育行为都是场馆"开展"的。此外，教育行为的发生又以场馆自身的教育理解和期待为前提，不同的理解和期待会演绎出不同的解读方式和供给内容。

基于上述考虑，作者试图在发生结构中增加场馆的主动意义，并且将自我理解和期待作为结构运行的基础，构建出家庭教育的分析框架——家庭与场馆的动机、家庭行为与场馆支持、家庭教育效果的场馆评价以及场馆的教育理解和期待。当然，用场馆教育者的"想象"描绘家庭教育的现实具有很大的主观性，但是他们提供了一种观察现场的专业视角，而且难以回避的价值偏好恰好增加了可据参考的实践指导意义和差异比较的学术研究价值。需要补充的是，正如马克斯·韦伯所坚持的，研究不是从经验中提炼"规律"，而只是抽象出"一般"。[①]

三 调查结果与分析

（一）现状呈现

1. 家庭与场馆的动机

家庭与场馆的动机是场馆教育者在他者立场上的"个人"解读，家庭的动机指家庭为何来场馆的实然他者描述，场馆的动机指家庭因何来场馆的应然他者期待。两种动机的同时显现让我们看到实然与应然之间的"关系态"，引发是否一致的价值判断和反思，并通过场馆教育者的视角洞察这种关系何以发生。

---

① ［美］乔治·瑞泽尔：《古典社会学理论》，王建民译，世界图书出版公司2014年版，第212页。

动机是一种心态的准备，决定着家庭以何种方式和状态享用场馆的空间和资源。场馆教育者对家庭动机的理解更多是基于行动观察从结果向前提的逆向推演，具有较高的现实观照意义。调查显示，中加家庭走进场馆的动机存在两点共识和一点差异。首先，每种走进场馆的家庭都希望"学点东西"，学习化已经被设置为家庭动机的缺省状态，尽管人们对于"学什么"的理解是莫衷一是的。Ca－2表示，"家庭的主要动机是接触自然，积累户外经验"。Ch－2指出，"很多家庭是冲着科普教育这个目的来的，希望学习一些科学知识"。季娇等也指出北京和温哥华家庭的教育动机并无明显差异。[①] 同时，学习化也说明家庭动机并非盲目的，而是在个人经验和思考的基础上理性选择的结果，诚然这种理性尚且处于生活化的教育感知层面。例如，多位受访者都指出，家庭参观场馆"是为了让孩子增长见识"（Ca－1；Ca－5；Ch－1；Ch－4），至于如何增长、增长什么则欠缺考虑。其次，每个家庭都是独立的个体，他们对场馆和教育的理解不同，所以走进场馆的动机也是千差万别。Ca－1说："家庭的动机是不一而足的，而且每个理由都很充分。"另外，家庭动机又具有很大的偶然性和不确定性。受观念、环境、行程等因素的影响，场馆会被作为"托儿所"（Ca－1；Ch－2）、"学校"（Ca－3；Ch－4）"旅游景点"（Ca－5；Ch－6）、"娱乐场"（Ca－4；Ch－1）等。最后，两种家庭动机的最大区别在于加拿大更重视家庭的集体生活和情感交流。"家庭在场馆中寻找跨代际活动，让每个人参与、表达和分享教育、娱乐和社交的机会"（Ca－3），"获得共同的教育和情感体验"（Ca－4），从而"加强家庭生活的亲密性"（Ca－2），而且"家长的作用要远远大于场馆教育者"（Ca－1）。然而，中国家庭却鲜有关涉这一动机的。Ch－4也指出，"我非常想看到一家人一起活动的融洽场景，可以促进代际交流，可惜太少了"。

场馆动机是场馆教育者对家庭的行为期待，也表征了其专业立场的

---

① Jiao Ji, et al., "Chinese Family Groups' Museum Visit Motivations: A Comparative Study of Beijing and Vancouver", *Curator: The Museum Journal*, Vol. 57, No. 1, 2014, pp. 81–96.

教育理解。加拿大的场馆教育者重视本土文化理解和家庭亲密关系两个方面。场馆是本土文化的集藏地，承担着讲述本土故事的责任。Ca-4每个周末都会举行"家庭日"活动，带领家庭了解里士满的历史。Ca-3开发了"我家后院的恐龙"项目，指导家庭探寻恐龙的足迹，将自然历史与身边世界联系起来。Ca-6也常设了"家庭纽带"活动，让每个家庭带着他们包裹孩子的系带，与原住民一起讲述年轻妇女如何照护孩子的故事。Ca-6的负责人自豪地说："我们在努力讲述本土文化和社区故事。"此外，在土地上寻找文化根脉的过程中，家庭又被期待过一种集体生活，指向亲密关系的情感交流。Ca-2强调："我们努力为家庭提供团聚的娱乐时光。"Ca-3也指出，"场馆让他们形成相同的经验和机遇，一起学习和探索。"Ca-4举例说："我们有一间20世纪40年代船坞经理的房间，里面复原了当时的装饰和陈设。当祖父母带着孩子过来时，他们会很激动的分享，'这些东西是我小时候用过的''这个是做什么的''那个是做什么的'，他们在讲述自己曾经的生活和故事。"

中国的场馆教育者偏重兴趣培养和道德熏陶。兴趣一直是中国场馆专业话语中出现频次最多的表达，例如Ch-1、Ch-2和Ch-3的受访者都强调，培养孩子对科学的兴趣是其工作重心。Ch-2推出的"快乐科技"亲子活动是为了"让每个孩子找到自己的亮点，感受科学带来的乐趣"；Ch-6开展的"学写秦小篆""学做古钱币""学编秦发髻"等活动同样专注激发孩子对历史文化的兴趣。此外，与加拿大场馆不同，中国尤其重视国家层面的道德教育。Ch-5的负责人强调："我们希望自己成为一个纽带，激发孩子们的爱国热情，坚定他们的文化自信。"该馆举行的"中秋品月共团圆"亲子活动也是"为了弘扬中华优秀传统文化，增强民族自信和文化自信"。

将家庭动机与场馆动机交叉比较可以发现，两种文化场域对实然与应然"关系态"的理解也是不同的。加拿大的场馆教育者认为两种动机是一致的，"在价值上是统一的"（Ca-2），而且"家庭总能带来惊喜"（Ca-3），Ca-5甚至表示"我们不在意这些，做他们任何想做的事情"。中国的场馆教育者则强调两种动机"一定是有差异的，不能要求他们像场馆专业人员一样"（Ch-4），"我们的期待会高一点"（Ch-3），"教育理念更超前"（Ch-1），而"场馆的工作就是让两种期望达成一致"（Ch-6）。究其原因，亲密关系的共同期待更容易使两种动机达成默契，因为表征亲密关系的情感交流是极简的、可见的、共情的，很难产生理解错位。相反，中国的两种动机缺乏交合点，场馆动机是专业的，家庭动机是经验的，不同的视角势必产生价值预设的差异。

2. 家庭行为与场馆支持

场馆中的家庭行为具有个体决定性和环境依赖性两类特征，前者赋予了动态标准（内在意识），后者则规限了支持形式（外在干预），两者在相互博弈中形成一种"内—外"张力，影响着家庭教育的状态。

学习本质上是个性化的，场馆的家庭行为也是"形形色色的"（Ca-3；Ca-4；Ca-5；Ch-1；Ch-2；Ch-3；Ch-6）。"每个家庭都不一样"（Ca-4；Ch-3）。然而，家庭行为的分类却存在惊人的默契。Ca-3认为："有些家庭非常专注，不希望被打扰；有些家庭喜欢有声浏览，可以和讲解员一起讨论；还有些家庭会积极参与我们举办的各种各样的活动。"Ch-3也指出："有些家长随随便便地走马观花，就像孩子在游乐园一样；有些家长会仔细讲解展品背后的科学知识和原理；还有些家长会和孩子一起参与体验和工作坊，一起探究。"可见，他们统一将家庭行为划分为观看为主型、讲解为主型和活动为主型三类。区别在于，我国以前两类为主，加拿大则以后两类为主。Ch-6直言："家庭还是以简单的参观游览为主，方式方法单一了些。"Ca-6认为："我们要创新、适切，方能保证他们会交流，会参与更多活动。"造成这一差异的主要原因可归咎为国内场馆接待量远远高于加拿大，"如果人少点，我们肯定可以开展更丰富的活动"（Ch-5）。

家庭行为是在场馆中发生的，它必然受到诸多因素的影响，而这些参与家庭教育意义构建的因素正是场馆有意识的支持方式，包括展品设计、学习辅助、技术支持、环境布置等。因为不同家庭倾向选择与行为相契合的支持方式，甚至在某种程度上支持方式也激活着彼此相适的家庭行为，所以场馆支持分别对应于观看为主、讲解为主和活动为主三类群体。根据作用方式和交互状态，它又分为静止型、交流型和参与型三种支持方式。

首先，静止型场馆支持是通过"后台操作"将展品呈现给前台家庭的支持方式，其本质上是被动的、单向的、沉默的。它是通过直接的视觉手段和内容刺激家庭学习行为。[①] 作为最传统和最普遍的支持方式，它不存在文化场域上的差异，"我们的主要任务就是将展品呈现在观众面前"（Ch-5），而且"这种固设展览很难做出较大改变"（Ca-4）。

其次，交流型场馆支持是鼓励家庭增加集体内部和外部言语沟通的支持方式。加拿大场馆强调支持的主动意识，通过不同形式的干预不断刺激交流的发生，例如"志愿者尽量引导亲子进行对话"（Ca-2），"我们会除去'禁止喧哗'的指示牌，让他们大声朗读、争论，打破限制"（Ca-5）。Ca-1回忆道，"有个孩子提出了一个非常棒的问题，家长却要求孩子自己去看说明，我非常'没有礼貌'地走过去，提醒家长要正视孩子的问题"。中国场馆则延续着静止型场馆支持的被动方式，将交流的主动权完全让渡给家庭，"家长会引导孩子看说明，挖掘展品背后的知识，我们不会主动干扰他们。当他们过来寻问时，辅导员才会给予解答"（Ch-2）。

最后，参与型场馆支持是为家庭提供不同形式的交互活动的支持方式。与家庭行为的分类偏好不同，中加场馆都开发出一系列精彩的家庭教育项目，甚至中国场馆在创意度和多样性上更为出色，例如"开放实验室""表演秀""科普剧""学修兵马俑""创客制作"等。但是，从实施的频率和规模上看，加拿大场馆的家庭活动更能保证稳定性和常态性，例如"周末家庭日""周末自然俱乐部""周五睡衣派对"等。Ca-4解释道："我们会开展不同的庆祝或专项活动，所有资源向家庭开放，补偿固设展览的不足。"我国的场馆还无法提供如此密集的家庭教育活动。Ch-1坦言："我们还是以接待参观为主，开展家庭活动的数量并

---

① Kaleen Povis and Kevin Crowley：《基于实物的博物馆里的家庭学习——共同注意的作用》，《中国博物馆》2016年第2期。

不多。"Ch-6也说："参观浏览的比较多，主动预约教育活动的家庭比较少。"

3. 家庭教育效果的场馆评价

教育评价通常包括教和学两个维度，所以家庭教育效果的场馆评价应指向家庭和场馆两个主体。研究尝试从场馆教育者的视角，一方面对家庭开展场馆教育的现状进行专业审视（家庭做得如何），另一方面对场馆提供家庭教育的服务进行自我反思（场馆做得如何）。

中加场馆教育者对家庭开展场馆教育的评价统一持保守态度。所有受访者都指出，大多数家庭尚且不知道如何有效利用场馆资源，单一、盲目、粗糙、机械、割裂等问题层出不穷。第一，家庭缺乏对场馆教育功能的正确认识。"家庭需要对场馆教育的方式有更全面和深入的了解，知道如何提出更好的问题，如何更好地交流"（Ca-1），"对于很多家庭来说，场馆教育就是由漂亮小姐姐带着参观"（Ch-4）。第二，家庭未能做好充分的馆前准备。"他们会做些生活上的准备，比如路线、交通、饮食等，很少会有知识上的准备"（Ca-4），"很多家庭来博物馆之前，功课做得不到位、不透彻，不知道哪个时间段有哪些临展，有哪些教育活动，哪些又是适合孩子年龄段的"（Ch-6）。第三，家庭没有将场馆作为长期稳定的教育发生场域。"他们往往一年才来一次，没有与场馆建立持续性的联系，更不能深入与我们交流"（Ca-2），"有些家庭觉得这是一个5A景点，只是过来打个卡就走了"（Ch-1）。此外，中国家庭也显现出特殊的群像，即家长的"越俎代庖"。"我们的亲子活动需要家长协助，但是家长往往直接包办了，孩子反而在旁边成了摆设"（Ch-2），"有些家长会选择自己觉得有意思的展区和活动，很少从孩子的立场考虑"（Ch-6）。当然，我们并不否认个别家庭可能表现出色，却属凤毛麟角，无法一概而论。Ch-2举例说："有个女孩从一年级到初中，一直参与我们的'少年科学院'项目，依托我们的平台参加各种比赛，获得了很多奖项。"

中加场馆教育者对场馆工作的反思同样持否定态度。一方面，场馆未能给予家庭专业的教育指导。"我们很少帮助家长了解如何使用博物馆资源"(Ch-1),"场馆应该开设一些工作坊,指导家长正确使用我们的教育资源"(Ca-1)。另一方面,场馆无法满足家庭的教育需求。"博物馆对公众需求的了解是比较滞后的"(Ch-1),因为"人手不足"和"资金匮乏"(所有场馆),"目前的人员配置使各项工作举步维艰"(Ca-5),而且"我们馆一年的展览投入将近一千万,拨付的教育经费却只有五十万,这简直是杯水车薪"(Ch-4)。Ch-4进一步指出:"讲解员是非正式员工,由物业负责管理,待遇比饭店服务员还低,全国的流失率非常高,这种运作模式怎么能保证场馆的教育质量!"

此外,中加场馆也暴露出各自的问题。中国方面,由于"观众规模太大"(Ch-1;Ch-2;Ch-5),"很难辐射影响每一个家庭"(Ch-5),"无法给家庭提供一个友好舒适的学习环境,甚至生怕他们逗留时间过长"(Ch-4),而且"我们发布的展出和活动信息也很难被广泛接收"(Ch-2)。加拿大方面,在场馆教育者的话语中,观众分析的意义被严重低估。"我们不会尝试构建各种各样的数据模型,那说明不了什么问题"(Ca-5),"尽管很多人认为评价是一项重要的工作,我对此并不感兴趣。对于项目效果,我自己心里有数,观众很难做出科学的评价"(Ca-6)。

由是观之,无论是现实审视,还是自我反思,家庭教育评价更像一场批评与自我批评的"吐槽大会"。这也说明场馆的家庭教育资源开发和利用"还有很长的路要走"(Ca-3;Ch-4)。

4. 场馆的教育理解与期待

场馆教育者是场馆的代言人和释展人,他们对教育的理解表征了场馆自身的教育定位,而这种教育功能的元认知又演绎出不同类型和水平的教育状态。简言之,有什么样的教育理解就会产生什么样的教育表现形式。场馆的教育理解是一切教育活动的前提和基础,并持续定义着教育的内涵和属性。当它遭遇现实瓶颈和挑战,指向未来的期待会自然浮现,在回应场馆教育本体诉求的同时完成对现实的策略性超越。

中加场馆的教育理解表现出向内和向外的典型差异。中国场馆重视向内回到人本身的启蒙意义,包括文化启蒙、思想启蒙、科学启蒙等。

人是场馆教育的中心,所有资源和努力都服膺于人的成长。这正是21世纪以来场馆工作"由物向人"转向的核心。"场馆是一个孕育新思想的神奇之地"(Ch-4),"在文化性和艺术性中培育人的健全人格和文化自信"(Ch-6)。Ch-1和Ch-3将其具体化为提升科学素养、培养科学思维、传递科学价值观,让人们获得科学生活的理念。因此,"场馆教育是一种熏陶、启迪和感染,潜移默化地在人们心中种下火种的过程"(Ca-6)。加拿大场馆强调向外拓展对世界的认识,包括认识自然、认识历史、认识科学等。它为观众打开了通向不同世界的大门,在个体意义上不断探索未知领域,挑战认知边界。"场馆教育帮助人们从不同的视角审视和思考世界"(Ca-1),它"作为'神圣的论坛',承载着资源、沟通和知识"(Ca-5),"赋予藏品生命、文化和意义"(Ca-3),"让观众与自然亲密接触,了解并爱护环境"(Ca-2),从而"深化对世界的理解"(Ca-1)。

中加场馆的教育期待表现出三点共识。其一,增强体验性。"人们需要与真实的展品互动,它们是交流的重要素材"(Ca-6),所以场馆应该开发更多家庭可以共同参与的活动,提供体验类展品和项目,让亲子能够投入交流、制作、图画、实验等交互行为当中(Ca-4;Ca-6;Ch-1;Ch-2)。其二,提升多样性。"未来开发更丰富的家庭教育项目是毋庸置疑的,要多一些公共面向"(Ca-5),"输出的内容、途径和形式也要更加多元和开放"(Ch-6),"它更像一座市场,有不同的摊位,人们可以自由选择"(Ca-5)。其三,推进数字化。"新技术将是影响场馆教育发展的重要因素"(Ch-1),"场馆资源虚拟化的规模会越来越大"(Ca-3)。其实"我们很多资源已经实现了数字化"(所有场馆),甚至"数字化有可能成为未来场馆教育的主流"(Ca-6),"疫情的影响也让我们看到这一趋势变得越来越清晰"(Ca-2;Ca-4)。

由于面临的现实挑战不同,中加场馆的教育期待必然无法保持完全一致。中国场馆更加重视人才队伍建设,包括资质、待遇、结构等。"场馆需要明确教育者的定位,赋予合法身份,提高福利待遇"(Ch-4),并且"协调场馆各职能部门的责任与分工,合理配置人力资源"

◆◆ 场馆中家庭教育的发生考察与机制优化

(Ch-1),"因为场馆教育归根结底只能依仗于场馆教育者,所以人才的培养和发展将是重中之重"(Ch-5)。与之不同,加拿大场馆以可达性和社区联系为要旨。一方面,持续扩展公众面向的范围,降低准入门槛。"场馆应该让更多的人能够且愿意走进来,尤其消除经济上的顾虑"(Ca-1),"降低参观成本"(Ca-5)。Ca-4感慨道:"作为一位单亲母亲,在孩子小的时候,我没有能力带他们参观场馆,希望其他人不会再像我一样。"另一方面,加强社区联系,扎根本土文化。"在未来,我们会深入社区,收集社区故事,服务社区"(Ca-4),"帮助人们寻找自己的族群历史,形塑文化身份"(Ca-6)。例如,Ca-4正在开发"我们如何生存"的教育项目,介绍加拿大移民在渔业中受到的种族歧视,引导家庭思考少数族裔在过去和当下是如何被对待的,人们又当如何与之对抗。

(二)深度剖析

通过调查可以发现,中加场馆开展家庭教育的优势与不足是共存的,甚至在某些方面是重合的,下文将基于比较意义的求同和寻异原则对双方的特点进行归纳和总结。

1. 共同特点

不同文化场域中场馆的核心功能、运行逻辑甚至历史渊源都是相同的,所以家庭教育的发生机制能够轻易寻找到超越国界的相似性,无论是积极的相似,还是消极的相似。

一方面,场馆供给与家庭需求的不平衡性。家庭的教育需求是主体认知和场馆功能共同作用的结果,既是主观的、主动的、有意识的(阐释意义上),也是客观的、被动的、无意识的(结构意义上)。资金、规模、配置、能力等方面的有限性使得场馆无法保证阐释意义上家庭教育的多样性,场馆的安置力难以配平家庭的"消耗力"。而且,教育行为在碎片化的家庭需求影响下表现出难以长期为继的样态。另外,专业指导的乏力削弱了结构意义上家庭教育的充分性,家庭不知道如何合理利用场馆,场馆也未能及时观照家庭的认知偏颇和行为失范。场馆过于专注教育资源的内容编码,却忽视了家庭的解码方式和能力。

另一方面，场馆与未来对话的交互性和现代性。在时代演进的并行轨道上，中加场馆教育的发展遵循相同的规律，追求一致的方向。在"由物向人"转向的背景下，场馆教育开始了从"以藏品为中心"的静态教育阐释向"以公众为中心"的动态教育参与的转身。它强调观众与外在因素（情境、展品、活动、他人等）之间的交互作用，推崇服务的实践方式，即向观众提供"有意义的体验"，使其能深度参与展品（显现的或隐匿的）互动。与此同时，随着数字生活的普及，场馆不得不接受数字化的现代化洗礼，转变传统的教育范式，思考如何利用技术"让教育更美好""让教育更现代"，包括展示空间对实体场馆的突破、展示内容对单一制式的改制以及展示手段的智能化升级。

2. 差异特点

（1）中国场馆开展家庭教育的优势与不足

中国场馆的优势主要表现在两个方面。其一，重视场馆中"人的意义"。教育情境中的人包括教育者和学习者两类主体，所以"人的意义"就具有了建设与培养两层含义。人的建设是"传道"意义上的专业发展，面对"观众需求"的现实挑战，场馆开始将师资队伍建设作为未来工作的重心。人的培养是"成人"意义上的个体发展，场馆不断反思"我能为家庭带来什么"，整个空间包裹着作为生命体的人，人代替物成为场馆的焦点。其二，鼓励宏大的道德叙事和自觉。在中国，场馆一直被视为人类文明传承和研究的"学校"和"殿堂"，是"连接过去、现在和未来的桥梁"。它承担着弘扬民族和时代精神，增强民族自尊和自信的使命。这种大写的国家情怀浸润在场馆的一切教育话语当中，通过显性或隐性的有意方式内化为个体的道德自觉。

中国场馆的不足同样可以概括为两个方面。其一，家庭的教育理解和表达相对单一。对家庭而言，智识和娱乐作为"天秤的两端"占据了场馆的核心职能，它们摇摆在两者之间，对其他职能往往视而不见。甚至，亲子间的亲密关系也在智识的任务强制和娱乐的放任自流中被慢慢消解。与之相对应，家长频频出现的强势包办和任意抛掷又剥夺了真正需要教育的孩子的参与机会和权利。其二，场馆与家庭之间缺乏有效对话。家庭群体规模与场馆师资队伍的配比失衡阻抑了双方走向彼此的意愿,进而催生了信息的不对称性,教育动机和期待的不一致。这种落差深深震慑住了场馆教育者,他们囿于现实环境选择了行动上的不参与。在漩涡效应的作用下,场馆资源利用率低也就成为必然。

(2) 加拿大场馆开展家庭教育的优势与不足

加拿大场馆的优势有两点。第一,凸显场馆作为社区文化中心的本土功能。场馆是文化在地的符号,是周边社区的群体表象。一方面,它汇聚着本土文化的主要叙事,通过向家庭展示隐匿在生存场地深处的故事,引导其在常识解构中深化对周围世界的认识。与此同时,对本土故事的重读和重构又会强化家庭的文化归属和身份。另一方面,扎根本土生活,服务生活化成长。家庭的亲密关系是场馆的重要面向,旨在创设情感友好型的集体生活空间。此外,以公平、正义等为关键词的社会热点话题也会进入场馆语境,致力推进社区生活的民主化进程。第二,场馆与家庭关系的自由、动态且积极。场馆会以家庭视角审视教育发生过程,体谅双方理解的差异,为家庭预留较大的自由空间,肯定动态、不确定性的积极意义,以妥协姿态寻求一种共识。整个过程的形式是被动的,逻辑却是主动的,场馆主动干预或调协着双方的关系。

加拿大场馆的不足主要表现在微观意义上对主体价值考虑的不充分。一方面,场馆更重视主体对外部世界的探知,忽略了阐释学意义上"回到主体"的过程。教育的本质是作为主体的人的内在完善,外在的训练和问学终究要回归人本身。所以,这种本末倒置混淆了目的与手段的关系。另一方面,由于对评价方式的不信任,场馆搁置了至关重要的观众分析。那么,场馆资源的供给逻辑就缺少了观众维度,观众是否需要、对之是否有效等信息被场馆的自问自答所屏蔽。教育也不再是主体间的协商行为,而是一方给予的灌输过程。

第五章

深描：场馆境脉中家庭故事的教育画图

> 父母必须减少自己的消费（包括空余时间），省出时间并节约财产，用在孩子抚养、教育培训和健康上，甚至利他主义的父母也不得不在自己的消费和孩子的人力资本投资之间做出选择。
>
> ——加里·贝克尔《家庭论》

我们通过现实考察将不同的"拼接画"组合成一幅宏观的教育景观，窥视了场馆中家庭教育的整体结构。然而，它的构图方式不是连贯的，而是断断续续的，需要文字的想象力将其串联起来。如此一来，画面的生动性和深刻性必然被理解习惯和能力阻抑，而且家庭教育发生的完整脉络也难以显现。为规避上述风险，场馆中家庭教育的画面需要被更为直接且全面地深描，通过真实的故事讲述教育发生的点点滴滴，向人们展示家庭究竟如何与场馆相遇及其所面临的惊喜和挑战。

第一节 "失语"的童年与"诧异"的家庭

对于身处社会底层的家庭来说，经济资本和文化资本的匮乏遮蔽了它们将教育目光投向场馆的机会和能力，高强度的生活专注让他们无暇分身去审视除学校之外的其他教育场域。正如劳伦·里韦拉所说："他们直接所处的环境中有各种现实的物质局限，还要担心如何满足日常的生存需要，所以他们常常偏爱实用性的、能立即见效的物品、机会和经历。"① 当鲜有此机会的家庭第一次与场馆相遇,其表现出的诧异既像教育眼界被打开的如梦方醒,而初入"大观园"的"嘈杂"和家庭生活长期缺席的惯习又似乎让孩子处于失语的胆怯状态。

一 教育发生画图

高越(化名),是一名 12 岁的六年级男生,成绩中等,性格活泼,爱好踢足球,来自内蒙古的一座小城市。高越一家三口住在专为低收入人口准备的经济适用房。爸爸工作不太稳定,目前是矿工,工作很忙且较难有休息时间,妈妈是家庭主妇,两人都是初中学历,经济收入勉强能够满足家庭的基本需要。这是一组典型的经济资本和文化资本相对匮乏的低收入家庭。据了解,在这座小城市里,与高越相像的家庭通常不会走进博物馆,他们甚至不清楚博物馆②到底是做什么的,更不会思考博物馆的教育意义,即便带孩子出去玩也不会选择博物馆。作为一个研究者,为了详细记录这组家庭参观博物馆的过程,我(调研员)十分希望被他们当作"家里的宠物狗"③,忽略我的存在的同时又允许我跟着他们,但很显然接下来发生的事情表明,我并不能如愿融入背景当中。我的角色还是在教育过程中被或多或少凸显了出来,并对观察者产生了影响。

经济上的艰难困窘使一些基本的生存需要被列为低收入群体的首要生存任务。他们要挣钱糊口、安排住房、克服住处附近的不方便环境,带孩子去看医生,给孩子洗衣服,还要催孩子按时睡觉并帮他们在第二

---

① [美]劳伦·里韦拉:《出身:不平等的选拔与精英的自我复制》,江涛、李敏译,广西师范大学出版社 2019 年版,第 9 页。
② 考虑到博物馆是一种被大众熟识和普遍接受的生活化表达,而场馆的学术概念很可能引起误解,所以调查过程中,研究者主要使用博物馆指代场馆。
③ [美]安妮特·拉鲁:《不平等的童年:阶级、种族和家庭生活》,宋爽、张旭译,北京大学出版社 2018 年版,第 9 页。

第五章 深描：场馆境脉中家庭故事的教育画图

天早上准备好上学。① 因此，当我（调研员张乐）通过视频提议妈妈带孩子去博物馆的时候，她先是震惊于小城市居然还有博物馆，进而表现出一副很为难且略带不解的表情。与之相反，高越表现得非常兴奋，小声央求妈妈带他去。但随后，妈妈便对他说："你想去啊？你就想出去玩，但你想去不行，得问问你爸爸有没有时间，能不能请下来假。"不难看出，家庭中成年人和孩子之间有一条界限分明的沟壑，家长习惯下达指令与剥夺权利，孩子对自己想做的事情没有太多话语权。值得庆幸的是，高越一家最终还是同意了我的提议。

当我与他们正式见面，一家三口其乐融融的样子让人倍感温暖。爸爸和妈妈热情又善言，看起来活泼开朗、礼貌大方，孩子表现得多少有些拘谨和害羞。当我询问他暑假都做些什么的时候，他说："没干啥，就自己玩呗。"然后马上抓紧父母的手，低下了头。妈妈解释道："假期孩子就是看电视、刷手机，每天可开心、可自在了，也没看见他写没写暑假作业。偶尔还会带他回乡下老家转一转，我们本想带孩子出去玩玩，但也比较忙，况且疫情又严重了，就没出去。"这些活动确实不足以让一个小学生向我炫耀。

这是高越一家第一次参观博物馆，难怪他们对博物馆的功能完全没有认知。因为高越父母出身农村，再结合距离因素的考量，我们选择了一座相对较近的农耕博物馆。博物馆坐落在远离市区的公路旁边，位于某个知名景区当中，景区周围游玩的人很多，但博物馆里门可罗雀，只有几个工作人员在值班。如此看来，对于公众而言，博物馆的吸引力相当微弱，即便近在咫尺，也不愿挪步前往。当然，是不是其他干扰因素（疫情等）阻碍了他们的选择，我就不得而知了。

在农耕博物馆入口，矗立着一块非常显眼的石碑，上面雕刻着我们所在城市的简介与农耕史。这块大石碑成功吸引了爸爸的注意，兴奋地对高越说，"儿子，快给大家读一读"。随即，高越便高声朗读起来，十

---

① ［美］安妮特·拉鲁：《不平等的童年：阶级、种族和家庭生活》，宋爽、张旭译，北京大学出版社2018年版，第2页。

分乖巧，读完又害羞地躲在了妈妈身后。刚一进去，爸爸就表现得异常兴奋，作为一个农村长大的孩子，看见熟悉的农具便高声嚷嚷，"这个我认识，那个我也认识"。参观活动很快变成了爸爸与农具的"认亲现场"，一样接着一样地向我介绍每种农具的用处和他小时候的故事，妈妈和高越则被晾在一旁。在此期间，博物馆的工作人员走过来提醒"注意安静参观"，这才让爸爸降低了分贝。

由于爸爸完全沉浸在眼前展品与过去记忆的想象当中，为了让此次博物馆参观更有教育意义，我尝试引入一些干预项，让家庭中的每一个人都更有参与感，都能对农耕文化有更深入的了解。通过稍后的结果可以看到，我的干预非但没有影响调查结果，反而强化了结果的表现力。

第一次干预。我问高越："你家种地嘛？"他答："种呀！爷爷奶奶在农村种地。"我又问："你觉得这跟爷爷奶奶家种地的工具有啥区别吗？"高越笑着说："这不就是块石头嘛。"他还想再说些什么，却突然被爸爸打断，"这可不是石头，他不知道，现在我这个年龄（的人）有很多也都不知道，这东西可有年头了……"爸爸形容了半天，也没说出这到底是个什么东西。小朋友也不敢再说话了。

第二次干预。我问高越："这个你应该认识吧？"妈妈抢先一步说："他不认识。"爸爸紧接着解释道："这叫铡刀，底下是木头的，中间一个槽。"妈妈也配合道："对，二叔家就有一个，哈哈！"爸爸又说："对，你还别说，我还知道点儿呢。可能跟农村人有关系，以前使过这玩意儿。"此时，夫妻俩一唱一和，聊起了许多以前的事，丝毫没有注意到愈发沉默的儿子。

第三次干预。我指着一只鹤问高越："你认识这种动物吗？"孩子还没说话，又被爸爸打断了："这不是灰鹤么，他没看过，我看过。咱们这儿就有灰鹤，我在西柳沙场干活时看过，头一年看到两只，正经不小呢，就离我几十米，在河边吃东西，第二年看到四只……"他再次沉浸在往事的想象当中。

第四次干预。我指着一个很有年代感的瓶子问高越："你认识这个吗？"他好像并不想回答。我接着问："你觉得它是做什么用的？"他笑眯眯地小声说道:"我觉得这个好像是装酒的酒瓶。"我又问:"装酒的不需要盖盖子吗,但这个瓶子没有盖子呀,不盖住的话,酒不就没味道了么。"他马上躲到妈妈身后,推推妈妈说:"那你说吧。"便不再作声。

几次尝试的无疾而终一方面印证了我之前的预设(结果的强化);另一方面也让作为参与者的我失去了"信心"(对教育的失望)。此时,参观差不多接近了尾声。小城市的博物馆本就不大,无须太长时间就可以"逛完",本次参观仅仅用了一个小时。当我们准备返程的时候,爸爸突然说:"哎呀,怎么没把里面的东西都拍下来,让孩子回家好好认认!"与场馆中的"自我想象"相比,这种后知后觉的惊醒还是让我颇感意外。在回去的路上,夫妻俩不停地感叹博物馆里形态各异的藏品,"长了不少见识",也开始反思"以后不能光赚钱,把孩子都耽误了,要么也不会这样(可能指成绩不太好)","要带孩子多出来见见世面"。我也说了很多鼓励的话,并建议他们以后多多关注孩子。临走的时候,我问高越:"你喜欢来博物馆吗?"孩子回答:"嗯,喜欢!"但是,对于喜欢的原因,孩子笑了笑,没有回答。

二 教育现象深描

通过对高越家庭的教育发生画图,"失语"的童年和"诧异"的家庭跃然纸上。在这幅极具反差的同幕画布中,家庭教育以微弱的形式向前推进。甚至,我们很难将其定义为规范的教育形态,反而更像日常生活的自然展开。造成如此"去教育化"教育现象的原因是结构化的,是社会资本、生活惯习和教育理解共同作用的结果。

(一)被遮蔽的教育场域

对于高越家庭而言,场馆是其日常视界之外的一种陌生存在,他们看不到场馆一直都矗立在周围生活当中,抑或仅仅将之作为标记地理位置的指示符号。在习以为是的"熟视无睹"中,他们未曾想过在场馆面前停下脚步、仔细端详、勇敢走进,将其纳入我的生活,赋予与我有关系的他者身份。当整个物理时空被屏蔽之后,生于之上的功能和意义也将因为失去"主体的价值"而客观化,场馆外化于主体观念及其演绎的生活，一切似乎都与他们毫无关系。也难怪高越一家说不清楚博物馆究竟是做什么的，对去博物馆的提议更是困惑不解。

那么，他们究竟拒绝了什么？表面上看，他们拒绝的只是进入场馆空间的教育生活选择，这方空间却隐喻了更为丰富的教育意涵，而后者又表征了深层次的"社会行动结构"。这是无数个与高越相似的贫困家庭所共同表现出的教育群像。

首先，他们拒绝的是均衡教育资源的机会。教育意义的实现基于教育资源的占有和利用，而教育资源的多寡又直接影响教育的最终效果。在某种意义上，教育的不平等始于教育资源的不均衡。从系统结构的角度看，学校的资源是公平的，家庭的资源是不等的，社会的资源是中性的。在此逻辑下，教育的不平等很大程度上是由家庭决定的。而社会资源在公共领域的丰富性和开放性最有可能调和家庭资源的不平等。问题在于，贫困家庭受制于眼界、观念、惯习、生活压力等因素，看不到场馆资源的教育价值，自然失去了补偿家庭教育资源匮乏的机会。在此过程中，他们与其他群体的距离越拉越大。如此看来，中性的社会资源需要家庭去激活，而在激活的过程中，它最终会达到与家庭同频的状态。

其次，他们拒绝的是开阔孩子认识世界的眼界的机会。眼界决定着一个人思维的广度和深度，形塑着人们与世界相处的方式。眼界是在扎根日常生活，面向不同人、物、场域的点滴过程中被打开的，见识越多，眼界越开阔。受空间、时间、资金等条件的限制，人们可以见识的资源是有限的。场馆恰恰打破了这种有限性，将异地、异时的世界免费呈现在公众面前。所以，对场馆的拒绝意味着关闭了孩子窥探无数神秘世界的窗口，他们的眼界只能蜷缩在"熟人社会"，当他们走向新的世界时很可能变得胆怯、讷言、自卑，尽管场馆是诸多窗口中的一个，它却表征了家庭看待世界的方式，而且它也是最具代表性的那一个窗口。

最后，他们拒绝的是对教育的深入理解。在高越一家看来，教育是专业化的，应该由学校来承担，除此之外的空间是否具有教育意义并不在其考量范围之内。对教育的狭隘理解不仅鼓励了学校的专制，制造了

第五章 深描：场馆境脉中家庭故事的教育画图

其他场域的卑微，而且使行动中的教育表达失去了教育的本真属性。我们很难将高越一家在场馆中的表现归为教育行为。如果教育的基本准入条件都不具备，毋庸说其对场馆之于教育内涵拓展的理解和实操。抑或说，即便场馆向其显现了最具时代意义的教育理念，也很可能被意愿和能力过滤掉。所以，他们的拒绝可以理解为教育认识的不科学、教育参与的不主动以及教育反思的不积极。

在此逻辑下，我们不禁要追问他们为何会拒绝，究竟是什么遮蔽了他们的视界？一方面，受限于马克思所说的"经济资本"，为了满足基本的生活需要，他们只能将大部分精力投入到劳动力市场，以换取"牛奶和面包"。走入场馆是一种闲暇生活的选择，而闲暇的自由只有超越物和人的依赖之后才能实现。对于日日为生计奔波的家庭而言，他们远未达到马克思所说的"自由生存状态"，其自然无暇顾及生存之外的"奢侈生活"。另一方面，受限于布迪厄所说的"文化资本"，他们的经验、智识和惯习限制了对教育理解的深度和广度及看待教育的方式。所以，对他们而言，场馆提供的"教育想象力"是无法与学校的"教育生产力"同日而语的，也无法找到可供权衡（考评）的公认标准。如此一来，进入场馆也就失去了家庭极为看重的某种外在的推动力（教育交换物）。此外，场馆的话语体系属于精致的专业范畴，文化资本弱势家庭的话语习惯与之大相径庭，他们无法准确解码隐藏在话语背后的教育意义，也就无法激活场馆预设的对话形式。

（二）被支配的教育话语

教育话语的应然状态是话语在主体间的自然双向流动。深剖教育画图可以发现，它显现出教育话语的不平等流向，话语的表达是被某一方支配的，而另一方则陷入被动沉默的状态。根据支配主体的不同，它主要表现为家长对孩子和场馆对家庭的话语支配两种形式。

家长对孩子的话语支配以直观且鲜活的样态进入公共幕景，整个剧目毫无掩饰地向公众展现。随着剧幕的拉开，这场枯燥的演出只是在三幕区别不大的场景间来回切换。场景一：孩子的教育参与不断被父亲打断。在这场教育戏剧中，孩子是无可争议的主角，他们应该享受"众星捧月"似的教育关注，所有教育资源的享用需要优先供给孩子。然而，由于缺乏正确的教育理解以及因长期资源匮乏引起的诧异，父母很可能出现与子女抢夺教育资源的奇特景象。高越爸爸对教育话语的拦截不仅使孩子置身教育事外，成为旁观者，而且滋生孩子参与教育活动的畏惧感和自卑感。配角的抢戏破坏了剧情的主线和走向，也打乱了整个剧场的结构和秩序。场景二：家长以命令的话语训练孩子。场馆是一出开放式的剧目，每个角色都在自由演绎着各自的成长。家长发出的指令意味着孩子的故事线有了既定的轨道，凡是自由的想象都可能被视为脱轨的风险被予以规训。其带来的后果是"剧幕的角色"被"电影的角色"置换，而"电影的角色"对导演的依赖很大程度上阻碍了主体性的实现。孩子成了被定义的角色，而不是自我演绎的角色。场景三：父母沉醉于独角戏的演绎。高越父母完全沉浸在场馆环境的角色想象中，热情地彼此分享记忆中的画面，却没有顾及孩子参与对话的必要与感受。因为自我的过分投入，他们已经忘了走进场馆的初衷，又或者这份期待中本来就没给孩子预留足够的位置。诚然，家长的成长是家庭教育的重要内容，但他们只是场馆剧幕中的配角，当家庭决定走向公共场域，孩子才是聚光灯下准备世界探险的主角。

概言之，家长对孩子的话语支配源于同质型家庭群体长期形成的育养传统和惯习，是通过生产生活方式和行动结构形塑而成。也就是说，这是低收入家庭教育群像。拉鲁也指出，低收入的家长不觉得自己有义务去关注或是跟踪培养孩子所表现出的创造性，孩子的业余活动被看作是令人愉快的，但又是无足轻重的。[①]

场馆对家庭的话语支配则以更为隐蔽的方式发生作用，主要表现为家庭与场馆相遇过程中所显现的被动与弱势状态。一方面，家庭无法参与场馆幕后工作，教育行为处于被动状态。看似家庭主动选择的教育活动，从教育目的的预设到教育内容的设计都只有场馆的身影，家庭不仅

[①] ［美］安妮特·拉鲁：《不平等的童年：阶级、种族和家庭生活》，宋爽、张旭译，北京大学出版社2018年版，第83页。

缺少表达渠道，更缺乏表达意识。家庭能做的只是"观看"场馆"希望"他们看到的，而且"观看的方式"也由场馆决定。如此一来，家庭能不能"看懂"也只能仰仗场馆的"善意程度"。另一方面，家庭缺少场馆干预，极易陷入话语无助状态。因为话语体系的差异，家庭需要中介手段或主体的辅助作用，才能真正适应陌生的话语逻辑。然而，高越一家孤独的身影说明来自场馆的"关怀"微乎其微，仅有的支持可能就是寥寥几笔的展品说明。这对于文化理解能力较弱的家庭尤其不友好。总之，场馆对家庭的支配是绝对意义的，家庭丝毫没有反抗的能力和空间。即便无法准确解读场馆的教育意图，他们也会觉得是自己的问题。这更加剧了"肆无忌惮"的场馆和"积贫积弱"的家庭之间的巨大反差。

(三) 被解构的教育关系

教育是由关系构成的社会行动，关系不仅定义着教育的内涵，关系本身也具有充分的教育性。因此，教育中的主体关系首先是一种教育关系，教育性是其本质属性。家庭教育与场馆教育相遇所激荡的双重教育性尤其重视关系的教育构建与展现。然而，教育性的关系在上述画图中却被很大程度地解构，庸俗化为最朴素的生养关系和逆供需关系。而后两种关系又表现在家长与子女以及场馆与家庭之间。

一方面，亲子间的教育关系被阻断，只剩下朴素的生养关系。教育关系是家庭生活的缺省状态。当家庭走进场馆，私人领域的教育关系必然接受公共领域的重构，从场馆空间生发出新的教育关系。遗憾的是，贫困家庭更容易受到异质空间的冲击，面对与传统不同的教育理解，缺省的教育关系很可能被突然的"诧异"所阻断，进而陷入手足无措的境地。与此同时，家庭又缺乏重构教育关系的意识、智识和胆识，因此他们只能放任个体的"天性"，教育关系被隔离成一个个单独的原子。家庭成员成为散落在展品四周的陌生人。这也加剧了成年人与未成年人之间的隔阂，彼此不再出现在相同的交流语脉当中。如此带来的风险也是显而易见的，孩子没有受到训练，没有感到自己很特别，也没有觉得自己值得在生活中得到特殊照顾，在对待更大世界的时候，孩子们看起来获得了一种局促感，而不是优越感。[①] 家庭所面临的窘境其实是一种结构性的"阉割"，将嵌入家庭生活的教育关系从场馆境脉中剔除出去，仅仅留下最为原始的生养关系，而后者又与场馆没有半点关系。

另一方面，家庭与场馆之间的教育关系被消解，异化为朴素的逆供需关系。家庭与场馆之间的教育关系在理论上是不证自明的，主要表现为场馆之于家庭的教育供给。在此逻辑下，家庭的教育需求与场馆的教育服务一直努力达成某种供需均衡。当然，如此推演需要两项必要前提，即家庭"需"的意识和场馆"供"的意愿。但是，教育画图所呈现的现实却是家庭的无意识和场馆的无意愿。如此带来的结果是对供需关系的逆转，家庭成为供给者，而场馆则成为需求者。但是，教育不再是供需博弈的重心，甚至它很可能在这种推拉关系中被彻底消解。场馆所需的是其赖以经营的资金，家庭所供的是资金本身以及获取资金的证据。这种逆供需关系不可避免地消解了家庭与场馆的教育关系，代之以经营关系或生存关系。再加上家庭所供的证据往往是间接的，所以他们在场馆中难以受到重视，更像是被放逐在一片陌生的空间。

第二节　叛逆的童年与严格的家庭

低收入家庭子女的叛逆在保罗·威利斯笔下的"家伙们"身上表现为对学校文化的对抗以及对"男子汉气概"的追求。但是，这种叛逆不仅活跃在学校生活当中，还体现在家庭生活的方方面面。与之相伴随又或具有因果解释的现象是一组组严格的家庭生态，家庭的严格很大程度上造就或强化了童年的叛逆。场馆意外搭建的剧目恰恰制造了两者之间冲突的外化表达，并将其从私密的家庭空间搬到了公共的舞台。

一　教育发生画图

小亮（化名）是一位9岁的男孩，开学上三年级，成绩中等，性格

[①] ［美］安妮特·拉鲁：《不平等的童年：阶级、种族和家庭生活》，宋爽、张旭译，北京大学出版社2018年版，第303页。

第五章　深描：场馆境脉中家庭故事的教育画图

外向，偶尔叛逆，比较贪玩，耐不住性子。妈妈是全职家庭主妇，31岁，初中学历。爸爸是普通工人，33岁，高中学历。小亮的生活和学习主要由妈妈负责，母子关系亲密。她希望和孩子能像朋友一样轻松相处，但在生活习惯和学习态度方面比较严格。她平时会陪小亮一起学习，也会带他去动物园、公园等地玩耍。

今天，她准备带小亮参观巢湖市博物馆，让孩子多了解本地历史。巢湖市博物馆是地方专题性博物馆，以汉墓为特色，属于国家三级场馆。为了更好地帮助孩子多学知识，妈妈提前在网上整理了有关博物馆的信息。在去往博物馆的路上，妈妈特意提醒小亮，"不能在里面打闹、大声喧哗，要安静"。她还专门给孩子介绍了这座博物馆："我们要去看的馆是西汉时期皇帝的墓，里面有楠木做的棺材。"（妈妈的解释有误，既非皇帝，也非楠木）孩子问："棺材是什么？"妈妈解释道："古人去世不火化，棺材是放死去的古人的东西。"孩子又问："棺木里有什么？"妈妈说："里面有古人用的各种东西。"同时又告诉孩子"陪葬的铜器在古代只有那些家庭显赫的人才能用得上"。

据了解，场馆平时很冷清，观众并不多，工作人员也很少。妈妈在门口登记信息时特意询问有无讲解员，得到的答复是"没有讲解员，但扫描馆内二维码可以听语音讲解"。走入"放王岗汉墓遗址陈列"展厅，房间正中间陈列着汉墓棺椁，旁有金属防护栏，右边墙板介绍汉墓的基本信息和发掘过程，左边展示出土文物的照片，墙上贴着讲解二维码。小亮一进门就被棺木吸引，问妈妈那是什么。妈妈解释说："这是棺材，里面有一个帝王躺在里面，而且木头都是楠木的。"（如前所述，妈妈的解释有误）她一边说一边扫描语音讲解二维码。但是，播放讲解过程中，孩子并没有认真听，自己跑去看右边墙板"发掘现场"照片。妈妈随后跟上，期间他们快速浏览展品，母子俩毫无交流。孩子很快又跑去看左侧展板"出土文物"。在"红玛瑙珠"照片前，妈妈主动向孩子介绍玛瑙价值珍贵，在"虎形佩"前向孩子解释玉佩的适用人群是古代的有钱人家。她还想进一步说明玉佩的功用时，被孩子打断。小亮指着"漆耳杯"问："古代有耳环吗？"妈妈笑着说："耳环？这个是耳杯！""耳杯是什么?""耳杯是什么,我也不知道是什么。"他们面面相觑之后继续往前走。

在参观"汉墓"过程中,妈妈对墓址的发掘过程进行了简单介绍。小亮惊叹道:"一个房子这么大呀?"妈妈解释说:"里面的木头千年不腐,是无价之宝,是不能用钱买的。"孩子又问:"几千万能买吗?如果用珍贵的东西换呢?"妈妈说:"无价的东西不能买也换不了,不过如果你挖了个东西放在博物馆里,国家可能会给你奖励或者证书,那也很棒呢!"小亮指着墓道问:"那个黑色的东西是什么?黄色的呢?"妈妈解释说:"黑色是木炭防水用的,黄色的我也不知道。"小亮猜测:"我觉得黄色那个可能是人家做的路,能走出来开门。"妈妈对小亮的推测表示赞扬。妈妈又和小亮商量,要不要再观察下"发掘现场",听听讲解怎么说,他表示拒绝,并和妈妈分开,自己跑去参观墓主人介绍。

进入"名人名贤馆",当参观"烈士名录"时,妈妈有些急切地把孩子喊回来,向他介绍中华人民共和国的来历,"中国是由毛泽东带领我们的先辈和日本人打仗打下来的,那时候好可怜,你得认真看,等你再大一点,我还会带你来,那时候感受就和现在不一样了"。孩子虽在听,但很不耐烦,妈妈刚说完,他就急匆匆往前走。走到"军事先贤"墙板前,妈妈再次喊:"你过来,这是张治中,巢湖的名人,有故居在这里,我下次带你去看。"小亮很不情愿:"不要喊我了,老让我过来,我不能自己看吗?""你不要不耐烦嘛!"孩子大声喊道:"你能别和我说话吗?你不要老跟我后面。"妈妈有点生气,"我不跟你后面,跟谁后面啊!我不跟你说话,你怎么知道呢!"孩子说了一句:"你自己看啊,想知道我放语音就行。"一生气跑出展厅。

小亮被妈妈叫回来继续参观第三展厅,两人一起扫码听语音讲解,妈妈会根据语音讲解指着相应展品给孩子看,但每个展品前停留时间非常短暂,且均未看展品介绍。在第二个主题"漆器"前,小亮不想扫码了,妈妈劝说:"你扫一下才知道东西的来历啊!"他仍表示拒绝,干脆放弃了语音讲解。此时,馆内又进来两个小孩,一边看一边跑着玩,小亮也想跟着去玩。妈妈拒绝说:"我们今天是来参观学东西的。"小亮有些生气地说:"为什么别人能玩我不能玩。"两人隔了挺远坐了五分钟,然后一起离开了博物馆。

回程路上,妈妈严厉地批评了小亮:"你在博物馆里根本没配合我,根本没听话。你完全不知道我带你去博物馆的意义是什么。我带你去博物馆,不是完全为了让你去玩,而是让你了解巢湖的博物馆,了解古代的人是什么样子的,可是你压根就没有懂。"小亮情绪很低落。妈妈又问:"在博物馆里看得没耐心是不是因为没看懂,如果有讲解会看懂吗?"小亮承认主要是没耐心:"看博物馆里其他小孩子玩,我也想玩。"妈妈继续问:"今天去博物馆看了那些东西以后有什么感想?"小亮说了句"很奇怪",便不再言语。

整个活动结束后,调研员(刘爱萍)分别让妈妈和小亮对此次参观进行总结。妈妈认为"效果不理想,孩子的注意力不够集中,心思不在展品而在玩上"。当然,"也有一些收获,他对古墓很好奇,问了问题,但不会坚持,不会在里面钻研"。小亮也对参观不满意,因为"妈妈老是喊我,好烦,都没有自己的思路。她在博物馆里一直指着东西让我看让我学。我自己看东西,但都没看太久就被妈妈喊走,非要让我听那个,一直喊我,我一点都不开心"。他还强调道:"如果再去参观,我想让妈妈在外面等着。我喜欢自己看,想有自己的思路去参观、去探索,希望她像朋友一样而不是像老师那样一直给我讲解。"

二 教育现象深描

在这场紧张的教育戏剧中,包含着隐忍、顺从、反抗、支配、压制等种种剧情冲突。它演绎了家庭内部的教育关系,也诠释了家庭与场馆外部的教育关系。这组教育群像的特殊性主要表现为场馆教育理解的抽象化、教育权威的习惯化和教育行动的规训化三个方面。

(一)被抽象的教育场域

作为教育空间的场馆是实体的,家庭对场馆的教育理解和表达及其构建的教育关系却是抽象的。抽象过后的教育思维需要扎根真实的教育场境将教育回归培养人的事业。如果沉迷或停留于抽象化阶段,很可能导致"教育的幻觉",即某些家庭所坚信的教育与教育的本真意义相悖。这也是案例中所呈现冲突的根源所在。

那么,对于家庭和场馆而言,被抽象的究竟是什么?其一,抽象的是对场馆功能的教育理解。场馆被抽象为知识的空间,是蕴含某种教育期待的既定知识场域。家庭的场馆选择履行的正是知识价值的期待,而"相遇"本身也具有了强烈的知识意义。然而,在抽象化的教育逻辑中,知识的角色是显性的,与家庭偏执的教育期待相得益彰,共同将知识拥戴到无出其右的高度。知识在教育中被强制赋予了崇高性和排他性。如此一来,家庭在场馆中就只能看到知识的价值,却不愿看到场馆教育的其他意义。诚然,知识的内涵是丰富的,但它还没有开阔到包容一切意义的地步,尤其在教育的操作意义上。在此过程中,场馆被窄化为单一的知识空间,而教育则被窄化为纯粹知识的习得。其二,抽象的是对场馆资源的教育利用方式。日常语言中的知识往往等同于某种可以快速识别且值得记忆的信息。当家庭专注知识获得,教育形式自然顺应为一种信息的识别和记忆,例如小亮妈妈对展品的逐一介绍以及要求小亮认真聆听。同学校一样,基于知识的抽象教育方式往往在家庭和场馆中形成垄断,只有符合所谓"学到知识"的标准才准许被实施,而其他具有教育意义的行为则被明令禁止。将知识解读为抽象的符号,与场馆的实物性表达相悖,也使家庭的教育行动背离场馆内在的教育逻辑。实物空间中依然坚守抽象教学的反差很难吸引孩子的注意和兴趣,甚至有可能加剧对"知识"的抗拒。这也是小亮与妈妈的冲突所在。

当然,家庭对场馆教育的抽象化处理是有积极意义的。场馆的教育资源及其意义可以迅速得到识别,并以符合家庭教育期待的形式明确定位。这也意味着,家庭知道自己来到场馆是为了"学习知识"的,既定的预期会强化他们的教育行动,从而表现出坚定的教育气质。同时,抽象化的消极影响也是显见的。它让家庭一叶障目,只看到场馆的"知识意义",完全无视其他意义的教育价值。理解的专制又休止了场馆空间的活性,重复、枯燥、无效等关键词频繁浮现在家庭的教育行动当中,冲突也就在所难免。

（二）被凸显的教育权威

家庭是由权威推动的不平等的社会关系。进入公共空间后，家庭的权威关系会自然延续。场馆表面上看是开放的平等空间，展品背后却隐匿着知识的权威，即资源解读与观众理解的不平等。当家庭与场馆相遇，两种关系的不平等进一步凸显了教育的权威及其影响。据此，它又分为知识型权威和关系型权威。

知识型权威指场馆资源的教育呈现与家庭参与方式的不平等。如案例所示，家庭与场馆之间并不平等，家庭全程处于被动接收信息的状态。他们将这些信息奉若圭臬，没有丝毫疑虑和反思。这一过程很像翻开一本书，人们只能阅读书写好的内容，却无法参与书写。甚至，当出现无法理解的文字和表达（展品），家庭只能凭借有限的经验和提示自行揣测，场馆并未提供任何实质性的指导和帮助，尽管这种积极干预是必要的。这也产生了案例中的种种知识性错误。场馆拒绝交流的行为本身就体现了权威的傲慢。于之而言，非专业人士的参与是对策展科学性的挑战，而且能够与策展人对话的门槛也成了合理化权威的借口。所以，面对场馆的权威，家庭只能默默地"聆听"，全然没有"言说"的机会，甚至"聆听"的准确与否也无从决断。

关系型权威指家庭内部亲子关系的不平等。家长占据绝对的权威地位，掌握着全部的教育解释权、管理权和裁定权。场馆中所有教育行动都由家长全权负责，孩子只要服从即可，但凡出现任何不服从举动都会受到不同程度的管制和矫正。当然，场馆并非亲子关系不平等的"元凶"，而只是家庭内部关系在公共领域的迁移。但是，它依然限制了场馆教育的施展，因为场馆所构建的教育优势是基于学习者与展品的互动体验，是开放情境中学习者主体性的实现。可见，家长的专制本质上与场馆教育的属性相抵牾。颇有意思的是，家长并不认同教育关系的专制，正如小亮妈妈所说"希望和孩子能像朋友一样轻松相处"，然而教育行动中的不平等却实实在在地发生着，"朋友关系"也未出现在小亮与妈妈之间。所以，很多时候平等仅仅停留于家长单方面的想象，抑或他们所坚信的平等只是一种和缓的专制而已。这也难怪，小亮妈妈将"教育失败"的原因归咎为孩子"不听话",因为他"没有配合我"。

诚然,教育关系不存在绝对的平等,甚至权威才是催生教育魅力的核心动力。不平等保证了教育的自然流动,从"有知"向"无知"的流动,从成人向儿童的流动。但是,问题在于如何看待和利用不平等,究竟是将其作为教育的最终目的或者通过教育强化其合理性,还是将其作为手段追求全人成长的价值。家庭和场馆都需要冷静下来,认真思考,择其善者。

(三)被规训的教育行动

任何教育空间都存在显性和隐性的文化规约。教育行动只有符合相关要求才获准许。教育情境中规则的赋权者既来自组织文化,也来自个体认知和惯习。所以,场馆中家庭教育的规训主体包括两个方面。其一,来自场馆的规训。每个场馆都拥有自己独特的运行规则,家庭需要严格遵守相关制度要求。对规则的高度重视缘于场馆中展品本身的教育价值和脆弱性。在此意义上,场馆的规训是统一的,是基于藏品保护与教育逻辑的经验总结。所以,场馆的规训是稳定的、普遍的。当然,场馆可能会因为管理不善出现某些偏差,但规训的合理性并不存疑。可见,场馆对家庭教育存在一种整体规训,这种规训属于正常的行为限定,具有显著的积极意义。其二,来自家长的规训。家长会根据场馆的规则以及自我的期待与要求对子女进行管理。家长的规训主要仰赖其自身的观念和惯习,他们如何理解场馆作为教育空间的意义表达,以及如何看待亲子之间的教育关系。家长规训在一定程度上扮演着场馆规训中介者的角色,将场馆的规则解释给子女并予以监督。此外,家长规训也是教育活动顺利开展的秩序保障,以及家长教育理解的行动表达。如果家长规训强调专制型权威,那么子女教育行动必将受到严格管控;如果仅仅强调程序合规,那么子女将获得较充分的行动自由。

总而言之,场馆规训是一种制度日常,家长规训则是一种关系日常。制度日常是稳定的、公共面向的,关系日常则是动态的、个人面向的。后者有可能异化为对子女自由的剥夺。孩子在场馆中的行为受到严格规训,应该做什么、禁止做什么等都被明确限定。此时的教育属于家长,却不属于孩子。孩子只是被告知者,他们的选择权被"专制的善意"所剥夺。这也是小亮所处的关系困境。其产生的结果即教育行动的无效,亲子在"零和博弈"中双双"受伤",都将责任推诿于对方,没有人再享受这场教育盛宴。可见,关系的过度规训与场馆的教育特点相悖,场馆提供的教育服务恰恰是对结构化教育的突破。而问题在于,家庭究竟允不允许突破发生,至少上述案例所提供的答案是否定的。

那么,规训的对象又是什么?从外部关系看,规训的是家庭对场馆规定的践行,即是否以符合公共秩序的标准参与教育活动。从内部关系看,规训的是子女对父母命令的践行,即是否按照父母的要求参与教育活动。由此可见,前者是人与制度之间的关系,后是则是人与人之间的关系。制度的规训可保证秩序的良善,而人的规训则可能带来自由的僭越。在教育关系中,人的规训是必要的,但一定要保证合理的限度,否则教育行为很可能异化为管理行为,教育的意义也就如同案例所示消失不见。

第三节 好知的童年与无力的家庭

忙碌应该是中国中等收入家庭的特殊群像。一方面,他们掌握着较为丰富的经济资本和文化资本;另一方面,为了持续的资本积累,他们被卷入了无法停止的竞争旋涡。在资本与时间张力的拉扯下,他们往往无法全身心地投入家庭教育,只能利用资本优势委托其他机构(兴趣班、培训班等)或主体(家教等)代劳。这也早早使中等收入家庭子女获得了"协同培养"的优势,他们更适应当前的教育体系,在交往与求知过程中表现得也更为主动。与此同时,由于父母疲于工作、席不暇暖,中国家庭教养环境中涌现出了一个特殊的群体——(外)祖父母,他们在家庭教育中占据越来越多的比重。然而,这一群体的文化水平普遍不高,教育观念较为落后,再加上代际的巨大年龄差距,他们在家庭教育中往往显得力不从心。

一 教育发生画图

张怡（化名）今年10岁，是一名小学三年级的女孩。张怡父母都是大专学历，家境小康，属于中产阶级家庭。在邀请之前，我（调研员李鑫）询问了妈妈，是否带孩子去过博物馆，得到的回答是："工作太忙，家里还有一个妹妹，带两个孩子去这种安静的文化场所比较麻烦，所以没考虑过。不过，周末会带她们去商场、游乐场或者爬山。"张怡之前从未去过博物馆，她的父母认为博物馆比较枯燥、娱乐性差，很难引起孩子的兴趣。他们答应参与此次活动之后，由于工作原因，妈妈无法亲往，安排了姥姥带着张怡，还有一位6岁的小女孩——李俊（化名），一起前往淄博市博物馆。李俊的父母也没有带孩子去过博物馆，收到邀请之后，全家都表示非常乐意。

到达博物馆之后，由于前期没有任何准备，姥姥带着两个孩子，凭着感觉，哪里有展览，就径直走过去。我们摸索着走到了二楼展厅，主要介绍淄博地区的历史发展与变迁。从人类起源开始，姥姥很认真地给两个孩子介绍猿人，但是她们似乎并不感兴趣。她们的注意力集中在了猿人后面的布展背景上，张怡对李俊说："这像不像我们上次避雨的地方？"姥姥显然对她们的参观态度很不满意，严厉道："来这里还是要学一点东西的，了解一下人类的起源和淄博的文化，对你们多有好处啊！"两个孩子立即把目光收了回来。但是，由于姥姥文化水平有限，再加上之前没有来过，不知道可以佩戴导览器，只能给她们念展品说明，而那些文字丝毫没有生气，她们很快就失去了兴趣。姥姥想了一个好主意，让张怡给不太认字的李俊讲，自己在旁边纠正。这个办法刚开始很奏效，姐姐把自己学到的知识讲给妹妹听，妹妹表现得既好奇又崇拜。可是，这种局面并没有维持很久，毕竟张怡只有10岁，文物简介中大量生僻字，她很多都不认识，自然越来越力不从心。而且，妹妹有很多疑问，她都没有能力解释，慢慢打起了退堂鼓。李俊不停地问，"这是什么""做什么用""它为什么会……"姥姥只能勉强应付，但是她也说不清楚。

参观过程中，孩子们对颜色和造型奇异的展品更感兴趣，比如腐蚀

第五章 深描：场馆境脉中家庭故事的教育画图

的铜剑和锄头、色彩斑斓的花瓶和陶罐等，其他展品都是一掠而过。但是，当普通展品融入了故事，或者与曾经的生活经验相关联，她们会迅速投入巨大热情。姥姥给孩子们讲述"田忌赛马""不鸣则已，一鸣惊人"等故事时，她们听得尤其专注。其间，还会不时提问和感慨，"这个画是国君齐威王吗""原来策略真的很重要啊""齐宣王是不是齐威王的孩子，像我和妈妈一样"。在周村旱码头展区，张怡兴奋地说："小姨家就在周村，我去过周村古街，看到过照片中的地方。"李俊无奈地摇摇头："我没有去过，不知道这个地方。"姥姥指着远处的"四世宫保"说："这个你去过啊，这不就是我们新城的王渔阳嘛。"李俊顿时高兴起来："对对，这个我知道，他们是在那个赶集的街上。"

出了二层展厅，姥姥已经体力不支，她自己坐在椅子上休息，让我陪着孩子。进入桃花扇展厅，没有了姥姥的监管，加上展品多以字画为主，少有器物，她们四处跑动，完全不在乎里面的展品。随着精力渐渐耗尽，她们流露出了要结束参观的念头，取出参观手册，开始核对已经参观的展馆。因为还有非物质文化遗产展厅没有参观，在张怡的鼓励下，大家准备坚持看完。刚踏入展厅，两位女生就被巨大的"拍照打卡墙"吸引住了，争先恐后地摆着各种造型，让姥姥拍照。紧接着，因为造型讨喜、颜色丰富、款式多样，她们围着振华陶瓷和博山玻璃糖球看了很久，讨论着最喜欢哪一个，但对它们的历史、制作工艺完全不感兴趣。姥姥因为太疲惫，也不再给她们讲解，任由其在展厅里自由活动。但是，她们对一些手工艺品，包括苇编、泥塑、面塑等，倒是兴致勃勃，看到十二生肖的面塑，就嚷着回家要买太空泥做一个自己的生肖。走到出口时，两个孩子再次拿起手中的参观指引说："这次我们就参观全了吧！"

当我们准备出馆时，一群小学生从负一层有说有笑地走了上来，两个孩子觉得可能遗漏了重要的展出，要求再去看看。负一层展馆包括淄博市国际友好交往礼品展和西汉齐王墓陪葬坑两个部分。因为姥姥已经彻底没了体力，我尝试实施一些主动干预。我问她们："鼎都是三条腿吗？三条腿的都是鼎吗？"两个人开始在展厅内寻找类似于鼎的器物。经过各种观察和对比，她们发现鼎不一定都是三足的，三足的也不一定都

· 235 ·

是鼎。接着，我让她们进行探宝比赛，比比谁先找到狮子、老虎、鹦鹉等动物。她们丝毫没了刚才的疲惫，极其兴奋地在展厅内奔走。随后，我们又进行了一些类似的活动，两个孩子的投入度非常高。

最后，在姥姥的催促下，我们结束了参观，前后共用时两个小时。当我问她们通过这次参观学到什么的时候，两个人面面相觑，笑而不语。

二 教育现象深描

通过上述教育画图可以发现，孩子们在场馆中充满活力和想象，她们愿意投入到场馆所构想的教育空间当中，并对此乐此不疲。与之形成鲜明反差的是，父母的缺席和外祖母的身心俱疲，他们远远满足不了孩子与场馆相遇后不断激发出的新的需求。造成如此冲突的重要原因在于家长对场馆教育价值的忽视和无力，以及孩子的想象与场馆话语空间的完美契合。

(一) 被忽略的教育场域

中产阶级是指生活水平、财产地位处于中等层次的社会群体。[1] 从概念上看，它是一个舶来品，有其特殊的区域标准和时代内涵。但中国存在着中产阶级群体，并且其数量在持续增长，这是一个不争的事实。[2] 根据《2019胡润财富报告》发布的数据，中国大陆中产家庭已达3320万户。[3] 然而，中产家庭的传统想象——精致、恬静、丰富等，在当前的社会环境中却不如西方社会那么显著。在整个社会的激烈"内卷"过程中，我国中产家庭深陷群体共同制造的竞争压力，每个家庭都难以或不愿抽身。尽管物质生活得到极大丰富，中产父母参与家庭（教育）生活的时间却被这种"内卷化"严重挤压。当父母无法在家庭教育中投入专注，期望他们分出额外精力思考场馆的教育行动自然是不切实际的。

---

[1] 李强：《关于中产阶级和中间阶层》，《中国人民大学学报》2001年第2期。

[2] 李春玲：《如何定义中国中产阶级：划分中国中产阶级的三个标准》，《学海》2013年第3期。

[3] 中产家庭的四项标准：1. 在常住地至少拥有一套房产；2. 新一线及其他城市家庭年收入20万元以上，且家庭净资产在300万元以上；3. 接受过高等教育；4. 企业白领、金领或专业性自由职业者。

在此意义上，中产家庭与贫困家庭面临着相同的困境，他们都因为"忙"而无暇顾及场馆等空间的教育意义。区别在于，中产家庭的"忙"可以兑换其他形式的教育资本，例如游乐场、爬山等，而贫困家庭的"忙"则更专注基本的生活成本。所以，中产家庭的"错过"是行动上的，而贫困家庭则是行动与观念的共同"错过"。

中产家庭之所以"错过"场馆生活主要缘于教育与娱乐两方面的误识。一方面，中产家庭的父母普遍接受过高等教育，他们对于教育有着自己的理解和坚持。面对严重"内卷"的教育现实，他们的智识和经验理性地将教育资本投入到可以换来高效收益（学历、学艺等）的空间，包括学校、兴趣班、特长班等。于他们而言，这些可见的产出能够提高孩子未来的竞争力，尽管竞争性只是一种幻想的忧虑。而场馆无法为其迅速兑现某种得到普遍认可的资质和技能，这种供给还要在学业和就业市场上具有一定的交换价值，再加上它常以旅游景点的闲适形象出现，中产家庭自然而然地未将其视为理想的教育空间。另一方面，中产家庭正在步入一种娱乐化的陷阱，他们希望孩子拥有"快乐的童年"，却又将"快乐"绝对化和庸俗化为衡量一切活动的准绳。凡是不能让孩子开心的事物都被排斥在教育之外，反之亦然。在其看来，博物馆是安静的、枯燥的，很难为孩子生产足够的"快乐"。这也难怪张怡妈妈更愿意带孩子去游乐场。由此可见，娱乐性是被置于教育之外的，教育是不快乐的，而快乐的活动又不具有教育意义，两者的统一性消弭在了功利化的"内卷"当中。概言之，在中产家庭的理解中，场馆既不是理想的教育空间，也不具备纯粹的娱乐性，这种价值弱化使之在家庭眼中处于一种隐形状态。这也解释了为何有能力的中产家庭却看不到场馆中的"国家宝藏"。

（二）被发现的教育乐园

因为家长的"忙碌"，孩子一直难有机会与场馆相遇，场馆为其准备的"惊喜"也安静地摆在原地。这份"惊喜"亟待被孩子发现。"被发现"又意味着它一直处于遮蔽的状态，而"被"也让发现具有很大的偶然性。如若不是调研者的干预，张怡不知何时才有机会走进博物馆。

由此观之，相遇是孩子的一种自我发现，一种偶然间激活的自我发现。然而，对于整个群体而言，有多少孩子能幸运地邂逅这份偶然，并意外地将这份惊喜兑现，家长"忙碌"的身影已经给出了答案。

一旦让孩子与场馆相遇，其释放的教育能量是难以想象的，因为两者的"风格"具有高度的适切性。中产家庭的孩子在经济资本的护佑下"博文广识"，在文化资本的加持下"耳聪目明"。他们享受着优质的教育服务，接受着五光十色的专业训练，精致的教育环境让他们更为勇敢、自信、个性、多才多艺。他们渴望遇见新的挑战，并且能够快速适应新的环境。场馆构建的编码系统只有掌握精致话语规则的人才能真正理解其教育意图，否则两者的相遇不过一场"露水情缘"。中产家庭培养的知识基础和好知习惯，再加上孩子天生的好奇，让他们可以更顺利地参与到场馆的话语体系。当他们第一次走进场馆，嵌入身体的生活风格和求知活力与场馆环境相得益彰，他们好像发现了一块崭新的教育乐园。

在这片教育乐园中，他们可以遇到形形色色的展品及其背后的故事，也可以参与不同形式的活动。从形式到内容，孩子们都被深深地吸引，他们不仅愿意看，而且在一定程度上看得懂。在此过程中，他们获得的最大满足就是家长心心念念的快乐，还有同样被其忽略的教育影响。让人倍感欣慰的是，被家长"错过"的娱乐性和教育性，在孩子的自我发现中得以完成了。如此意想不到的"惊喜"让家长的缺席显得尤其难堪。根据兰斯特大学"场馆委员会"（MLA）和"场馆研究中心"（RCMG）开发的"一般学习结果理论"（Generic Learning Outcomes），教育乐园中的"惊喜"可以概括为知识与理解，技能，态度与价值观，娱乐性、启发性和创新性，活动、行为与成长五个方面。[1] 可见，场馆准备的"惊喜"不是某一维度上的，而是面向整全生命的全面敞开。

另外，孩子的自我发现又非全然的个体行为，即便他们携带着中产家庭的资本优势，也不具备深度解码的智识，在其拥抱"惊喜"的过程

---

[1] Research Centre for Museums and Galleries, "Measuring the Outcomes and Impact of Learning in Museums, Archives and Libraries", *Research Centre for Museums and Galleries*, 2003, p. 20.

中离不开场馆的努力。遗憾的是，场馆的公共面向对未成年人并不友好，资源和空间的设计遵循策展和专业的逻辑线索，其中并未发现明显的儿童视角，无论是认不全的展品文字，还是读不懂的展品说明，抑或毫无生趣的布展形式。场馆更像在打造一座成年人的乐园，用成年人的标准定义所有到访者，很少顾及未成年人的特殊性。将此批判合理化的辩解往往是成年人会自觉扮演释展的角色将场馆的编码转译给未成年人。该逻辑最大的疏忽在于乐观地想象所有家长都会"在场"且都具备转译的意识和能力。无数个像张怡一样的家庭无时不再提醒着场馆，家长是会缺席的，家长的能力是欠缺的，家长的精力也是有限的。

（三）被消耗的教育精力

场馆既是教育享用之地，也是精力消耗之地。如果说孩子的消耗是教育成效的见证，那么陪伴孩子的家长消耗的却是身心的精力透支。透支的精力希冀换来的是孩子的教育改变。尽管他们甘愿这种透支，但肉眼可见的劳形苦心状态势必影响孩子的教育成效。家长是场馆与孩子之间的媒介，同时担承着揣摩场馆意图和导引孩子理解的双重责任，并且要在两者之间建立逻辑关系。所以，他们面对的挑战也是三重的：其一，来自场馆的海量资源、复杂编码和开放意蕴；其二，来自孩子的探知冲动、规则反抗和无限活力；其三，来自家长在资源转译过程中的努力、能力、体力和心力。这也说明家长需要具备极大的耐心、精力和智慧，才能同时应对上述三个方面的挑战。

面对如此巨大的消耗，家长依然可以保持心平气和是难能可贵的，当然也是寥寥可数的。尤其，当隔代教育代替亲子教育，（外）祖父母的精力根本无法配平孩子的活力。一方面，透支的身体精力无法满足孩子的旺盛需求。孩子本身精力无限，再加上场馆空间的渲染，他们的活力得到极大的释放。这也难怪，他们的形象总是处于移动状态——跑来跑去、看来看去、说来说去。普通成年人都很难跟上孩子的"步伐"，更何况爷爷奶奶们。这也产生了家长与孩子之间的时空间距，家长总是滞后于孩子，这一距离恰好让双方的交流难以发生，让彼此的声音不被听到。甚至，面临与张怡奶奶相同的无奈，被迫放弃对孩子的时空伴随。

◆◆ 场馆中家庭教育的发生考察与机制优化

另一方面，有限的智识精力无法满足场馆的教育需求。知识准备和教育理解是家长对场馆资源进行科学解读的重要条件，前者决定内容的科学性，后者决定形式的科学性。大多数（外）祖父母受教育程度不高，很难像张怡奶奶那样颇有见识，当读不懂展品时，他们的责任只剩下身体的照护，更开阔的教育想象受到限制。此外，（外）祖父母的教育方法（照养方式）相对保守，与中产家庭孩子的风格和场馆的教育预设存在抵牾，其不可避免地会束缚孩子与场馆之间更有活力的互动。案例中，调研者的干预效果与之前表现形成的鲜明反差即最有力的证据。另外，阿德勒还指出，祖父母为了证明他们仍然充满活力，会采用一种灾难性的方式进行干预，例如宠爱纵容。①

在此意义上，如何配平家长与孩子的精力消耗，将是家庭教育未来努力的方向。问题的关键在于，如果中产家庭依然把教育责任甩给（外）祖父母，双方的精力永远无法配平，后者在教育行动中必然越来越力不从心。当然，如果场馆能够提供更多支持，开发不同形式的托管服务，精力的不对等将不再成为瓶颈。遗憾的是，多数场馆尚未意识到这份责任及其必要，乐观地想象家长可以领会每个展品的教育意图，并顺利将其转译给孩子。由此可见，与孩子的精力旺盛和家长的精力不济相反，场馆对精力却十分吝啬，它们不愿在与家庭的直接互动中投入过多精力，而且也缺乏科学的精力分担机制。诚然，有些场馆的吝啬很可能不是主动的选择，而是如同现实考察中那样无能为力。无论如何，其带来的结果是相同的，即家长精力与孩子精力的不对等无法找到可供调和的中介。

第四节 放任的童年与"佛系"的家庭

面对"内卷化"的旋涡，仍有一部分理性的家庭愿意保持弥足珍贵

---

① ［奥］阿德勒：《儿童的人格教育》，彭正梅、彭莉莉译，上海人民出版社2014年版，第127页。

的镇定，审慎地看待孩子的健康成长及其与周遭环境的关系。他们倾向于以一种更为平和的心态，让孩子在自然的节奏中慢慢长大。在此环境下，孩子更容易形成阿德勒所说的健全人格，也避免成为精致、利己、敏感、脆弱的"鸡娃"。家庭的"佛系"在积极意义上透露着教育的自信，这种心态又建立在通盘的教育考量与设计之上；在消极意义上则隐含着教育的纵容，让孩子处于自由放任的状态，忽视了必要干预的积极意义。这种"佛系"也揭示了中产家庭的另一种群像，一种自信与纵容之间的张力。

一　教育发生画图

钟明（化名）是一位6岁的男孩，活泼外向，精力充沛，能蹦蹦跳跳就绝不老老实实站着，说话像倒豆子一样流畅，处处显露着一股机灵劲。他今年上小学一年级，对学业没有多少认知，在学校很受老师喜爱。钟明一家四口，还有一个18岁的姐姐，家庭环境轻松自由，家庭成员关系和睦。他们生活在城里地段十分优越的小区，附近的学校、商场等配套设施一应俱全。钟明家境殷实，属于典型的中产家庭。

钟爸爸是个生意人，今年42岁，中专学历，年收入在二十万元以上。他很像童话里走出来的父亲角色，极具个人魅力，愿意同孩子们打成一片，深受姐弟俩爱戴。钟爸爸给予他们充分的自由和尊重，所以姐弟俩都很有个性和主见，对生活充满热忱，情商高却又不乏坦诚。钟妈妈是一位家庭主妇，今年41岁，中专学历。她温良亲和，对于孩子采取放养政策，很少干涉其自由，甚至有些"佛性"。钟明的教育主要由妈妈负责，包括功课、游戏、兴趣班等。此外，姐姐和钟明的关系十分要好，由于年龄差距较大，弟弟对姐姐"奉若神明"，这种"个人崇拜"甚至超过妈妈。

调研期间，正值新冠肺炎疫情反复，这也导致此次场馆参观活动几经波折。钟爸爸和钟妈妈起初并不同意，相较于前往博物馆可能汲取的营养，他们更担心疫情带来的不便和风险。另一个重要的原因在于，两位家长都觉得，对于钟明这个年龄段的孩子而言，博物馆并没有很强的教育意义,因为他待不住、闲不下,无法对一样器皿追溯时代的喟叹,也无法体悟文物背后历史的更迭。经过多次努力,钟妈妈最终答应挪出一天带姐姐和弟弟前往安徽省博物馆,钟爸爸因为工作原因未能参加。

临行前一天,我(调研员叶文韬)叮嘱他们提前做一些准备。他们很无所谓,表示"去博物馆逛逛还要做什么准备"。第二天正式坐上高铁,我发现他们还是做了些准备,备好了充足的零食和水果。在路上,母子间还发生了一段小插曲,钟明因为衣服穿搭与妈妈产生了争执,来的时候抓着姐姐的手走在前面,眼圈红红的不理妈妈。他想穿短裤,妈妈认为博物馆里会开放冷气,给他穿了长裤。进入博物馆后,果然如妈妈所说,冷气十足。钟明在姐姐的提示下,很有男子汉气概地向妈妈道了歉。可见,家长的准备仅仅专注于生理上的养护,他们并没有真正在意场馆的教育价值及其能够为孩子带来的积极教育影响。

参观过程中,正如钟妈妈和钟爸爸所言,钟明几乎像逛动物园一样快速转完了青铜器展厅。一路上叽叽喳喳说个不停,看见青铜制作的鼎时,惊叹道:"我看《哪吒传奇》里面纣王就有这个。"看见盘腿而坐的人像时,也要盘腿模仿一下,问我们"像不像"。偌大的展厅,钟明几乎是一路溜达着看完的。这种"走马观花"似的参观让妈妈很不满意,她要求钟明租一个导览器,一边看展品,一边听解说。但是,钟明对于这个决定相当不满,他撇着嘴,不情不愿地戴上了导览器。不出所料,他很快就对耳机失去了兴趣,对讲解充耳不闻。当进入第三展厅时,他把耳机摘下来,往妈妈怀里一塞就要跑。妈妈背过手说:"你自己的东西要自己收拾好,出门了要还给工作人员,弄丢了要赔钱。"他于是干脆利落地把耳机塞到自己的小背包里,妈妈也没有阻拦。这时候,我才留意到他的小背包里装着薯片、游戏机、水壶等各种东西。

进入文房四宝展厅后,钟明表现出了深厚的兴趣。展厅内有几方小桌子,供观众试用宣笔、宣纸、徽墨、歙砚,还有一位老师专门指导如何写毛笔字。钟明对于一切动手的活动都跃跃欲试,他很快在座位上坐好,像用勺子一样把毛笔握在手心,在纸上乱画一通。妈妈扶着额头正要去制止,那位老师走过来笑着说:"小伙子,你这不中啊!"然后,很有耐心地抓住钟明的手，教他握笔，一笔一画写下几个简单的笔画。他突然端正了态度，在老师松开手走开之后，又认认真真临摹了一遍，很是像模像样。

参展过程中，钟明对色彩鲜艳或者形状奇骏的物件更感兴趣。但凡遇到新奇的展品，他总会拽着姐姐或者妈妈问"这是什么""那是什么"。当看见吉州窑绿釉狮盖香薰时，他问妈妈"香薰是什么"，妈妈也解释不清，只是敷衍地说"用来装香喷喷的东西的"。他又问青瓷鸟埙的埙是什么、怎么读，妈妈并不清楚读音，根据读音读半边的原则说读"sun"，幸好姐姐后来帮忙纠正了过来。由此可见，家长似乎并不清楚自己的言论可能给孩子带来的影响，所以也不在意自己的言行规范，尤其是细节方面的规范性，比如汉字读音、知识的准确性等等。

当参观完文房四宝，准备继续前往下一展厅时，钟明听到展厅入口处有一些喧闹声，非要拽着姐姐一探究竟。安徽省博物馆与周边学校合作开展了"小小讲解员"活动，邀请小学生来做志愿讲解员。小讲解员在众多陌生人面前略显紧张，好在业务熟练，非常努力地向观众介绍着每一件展品。他们周围聚集了一大群家长和孩子，钟明也凑了上去。因为小讲解员与他们的年龄相仿，通俗易懂的讲解很容易就吸引了钟明和孩子们的兴趣，他们毫不迟疑地追随小讲解员的介绍。钟妈妈试图把他拉走，甚至有点不耐烦地说："不是已经看过一遍了吗？"他甩开妈妈的手继续跟着讲解员，解释道："刚刚我都没看懂这些是什么，你先去休息，我一会看完了，你来接我。"一群小孩子跟在小讲解员身后，反而比刚刚的"走马观花"认真多了。经过观察，钟妈妈也觉得这种参观形式比她自己带着孩子更有效。

到了中午，钟明明显精力不济，闹着要回去睡觉，于是他们很快四处溜达了一圈便回家了。回去的路上，钟妈妈表现得很平静，对于此次参观并没有十分上心。反倒是，钟明很兴奋，不断地找姐姐和妈妈唠叨着自己的想法。

二 教育现象深描

上述画图呈现了中产家庭的另一幅群像——对教育的自信和从容。

当他们努力将孩子从过剩的竞争中解放出来时，过犹不及的惯性可能把优质的教育空间一同屏蔽。即便重新将这些空间向其敞开，定型化的教育风格也很可能限制空间的教育价值，孩子的活力无以规范，家长的责任无以明晰。

（一）被耽搁的教育场域

与案例一的"无意识"和案例二的"无时间"不同，钟明家庭所代表的群体表现出一种主动的放弃态度。作为教育空间的场馆是被悬置的，从场馆的教育自觉上看，它又是被耽搁的。之所以被耽搁，主要缘于这部分家长渴望创建一个自由轻松的成长环境，他们不想给孩子过多的压力，努力远离不同形式意图明显的教育影响。这一解释背后又透露着积极的教育预设，即场馆确实被视为某种形式的教育空间。只不过，他们对于形式的理解存在一定程度的误读。场馆的教育表达方式不仅不会增加孩子的负担，而且是对教育压力的积极纾解，更是以轻松的方式让到访者可感、可得、可悟。钟明对书法老师的敬畏以及对小讲解员的热情和吸引即最有力的证明。"一般学习结果理论"所阐释的五个维度也提供了充分的理论支撑。归根结底，他们对场馆的教育功能缺乏完整的认识，选择性偏见阻拦了其深入探知真实场馆价值的冲动。

另外，这部分家庭对教育的减压尝试实质上代表着另一种狭隘化的教育理解。当他们拒绝进入新的教育场域，其不可避免地将孩子固定在学校生活和家庭生活之中，参与更广阔教育生活的机会被剥夺，因为那些生活被误解为"额外的"压力。所以，被耽搁的教育空间是学校与家庭之外的教育空间，而这恰恰是公共生活的领地。如此一来，公共领域知事明理的世界面向、立德修身的公共意识和求知问道的积极教育也被连同洗澡水一并倒掉了。当他们自信地选择一种更为"先进"的教育生活——以"无压"为关键标准，其实却走向了另一种保守，一种将教育空间和教育意义同时窄化的惯习，异质生活的偶然、惊喜、新颖等积极意义被日常生活的常识、习惯、熟识等重复意义所代替。

在中产家庭精心构造的"自由"环境中，表面上看起来孩子是自由的，但是他们看待世界的方式、与世界交流的内容、自我与世界关系的构建等方面受到极大限制。概言之，他们所享受的自由是被圈定之后的自由，而圈外的自由以及走出圈外的自由却是被遮蔽的。根据以赛亚·伯林对自由的划分，他们更偏向于积极的自由（孩子对世界的主动探索），却回避了消极的自由（孩子的活动空间是被限制的）。而且，积极自由的标准又是以孩子的主观悦纳程度为指称。这也导致了孩子在指定空间内的自由放任，例如钟明在博物馆里的任性表现。

中产家庭的自信也让其对教育的理解很难在短时间内改变，除非来自某种权威的声音可以成功说服他们。按照惯常逻辑，场馆应当担起这一责任。然而，场馆对于教育空间的宣传并不主动，甚至场馆自身的理解也会出现偏差，这也耽搁了人们获知整全教育形象的可能。换言之，只有家庭更加包容，场馆更加积极，被耽搁的教育机会才有可能在彼此的相遇中被牢牢抓住。

（二）被释放的教育活力

尽管作为教育空间的场馆处于搁置状态，但是当孩子走入其中，他们的教育活力依然能够得到充分释放。因为，释放出的教育活力是孩子对世界的好奇和热情，这是一种孩子天性的自然释放。在某种意义上，不是场馆选择了孩子，而是孩子选择了场馆，他们让天性的释放具有场馆属性。就场馆而言，这是值得庆幸的相遇，甚至可称之为恩赐。但是，释放的表达背后意味着，教育活力的长时间压制。那么，他们是被什么压制的呢？其实，孩子的活力本身并没有被压制，"快乐至上"的中产家庭教育理念让他们获得了充分的活力释放机会，例如家庭营造的轻松生活环境。所以，活力的内在机制未受影响，真正被压制的是活力的外在释放空间。在现实意义上，压制意味着孩子没有机会进入场馆场域，没有机会进入全新的教育世界。反之，一旦他们获此机会，那么被长期压制的教育活力将在瞬间释放。这也解释了为何钟明在场馆中的行为显得尤其"肆无忌惮"。

活力释放的积极意义恰恰是钟明的"肆无忌惮"，对世界充满热情，不知疲倦地探索周围的新鲜事物。"来回奔跑"不仅意味着认知图式的丰富和个体的积极成长，而且为孩子走向世界提供了源源不断的动力。

中产家庭的明智之处正是在于对孩子"肆无忌惮"的天性的尊重。如果尊重偏离合理的限度，当积攒的教育能量在一瞬间释放，它所带来的风险将是巨大的。其一，不尊重教育规则。孩子的活力很可能冲破公共领域的规则限制，无视公共生活的基本共识，其行为完全依个人喜好和冲动使然。其二，不接受教育指导。他们对于家长的教育干预并不配合，试图挣脱一切意图明显的规训，当然他们尚且无法辨识家长动机的教育深意。在此意义上，被释放的教育活力其实是最原始的一种冲动，单纯地想在新奇的环境里放肆玩耍，教育的影响势必大打折扣。

那么，教育活力又是被谁释放的？究其实质，释放的主体既不是家庭，也不是场馆，而是孩子与环境的关系及其对环境的理解。如果他们对环境十分熟识，自然很难产生强烈的兴致和冲动；反之，只有在陌生环境中，他们才可能瞬间释放巨大活力。因此，若想保持孩子的教育活力，就需要不断将其介绍到更广阔的教育空间当中，让人与环境之间的认知反差转化为走向未知的认知动力。否则，孩子长期囿于自己的方寸之地，很可能丧失探知世界的好奇和勇气。毋庸讳言，教育活力确实需要释放，那么如何才能更好地释放就成为问题的关键。基于上述分析，释放教育活力最有效的方法应该是符合孩子天性的适时引导。尊重天性是理念前提，科学引导是路径方法。前者是为了呵护孩子的活力，后者则是为了合理安置冲动。尽管钟明在妈妈面前表现得"肆无忌惮"，但他对书法老师和小讲解员却充满敬意、言听计从。这也说明符合孩子天性的适时引导不仅具有现实操作性，而且是有效的。

(三) 被遗忘的教育责任

中产家庭家长的"佛系"表征了其教育责任意识的淡薄，确切来说是对教育责任的某种形式的遗忘。遗忘的潜台词是"曾经的记得"，但此处的"曾经"不具有时间意义，更像环顾四周的一种选择。而且，在力所能及的方面，中产家庭的智慧肯定不会让孩子错过优质的教育资源。所以，他们的遗忘其实是主动的行为选择，试图用一种更为"先进"的教育理念遮蔽对这份教育责任的觉识。在此意义上，遗忘又非消极意义的忘却，而是教育责任的置换，使用一种他们所坚信的轻松的教育理解代替步步为营的精致教育设计。甚至可以说，教育责任的遗忘在某种形式上表现了教育理解的进步，遗忘的是旧有的竞争式教育责任，代之以全新的减压式教育责任。无论现实行为是否真正体现进步性，至少家长们对此深信不疑。

那么，家庭在场馆中遗忘的教育责任又是什么？首先，引导孩子认识世界的中介者责任。如前所述，家长是连接孩子与公共世界的桥梁，他们需要带领孩子探索世界，或者将世界介绍给孩子。诚然，离开家长的中介，孩子的认识活动也可能发生，但其在深度、广度、科学性、想象力等方面的或然性风险是没人敢于承担的。其次，与孩子积极互动的陪伴者责任。"陪伴是最长情的告白"的浪漫准确诠释了亲子之间的美好关系。家长是孩子最亲密的情感依恋，只有情感需求得到满足，个体人格才能健全发展。而情感中浸润的安全主要来自亲子间的朝夕相处和频繁互动。家长将孩子放任得越严重，亲子间的情感纽带被拉扯得就越长、越细，其承载的情感浓度也就越稀薄，甚至随时有挣断的可能。最后，参与课程设计的协作者责任。孩子置身的教育空间是他者依据"科学理论"和"个人想象"给定的，只有作为"当事人"的家长参与进来才能让整个场馆课程切实扎根落地。家长的协作意义帮助场馆看清每一个活生生的人，了解他们的真实需求和群体特征。否则，场馆于他们而言永远都是不属于自己的异质空间。

家长的遗忘让孩子获得了充分的自由，整个教育画面看起来更加生动、活泼。换言之，家长的退场是为了创造更为开放的成长环境。看似先进的教育想象背后实质上是家长角色的抽身而出。在教育理论者的思想实验中，无论多么开放的成长环境都离不开家长的参与，表面上的隐身却是以一种更加智慧的形式参与，而且默默付出的努力远超可见的预期。但是，"自以为是"和"自作聪明"的中产家庭并未洞察这种先进教育理念背后的真正深意，仅仅瞥见了浮于表面的幻象就匆匆将其奉为圭臬。因此，他们为孩子构建的理想教育空间看似五彩缤纷，实则全无营养。钟明在奔来跑去中除了获得身体的愉悦，并未与展品形成有意义的教育对话，这在很大程度上是妈妈的"佛性"所致。

其实，对于教育者而言，不怕犯错，只怕"万般皆空"。"佛性"态度在生活哲学上的积极意义是不可否认的，它让人们的生活如"如意"观、如"惬意"观。与此同时，"口耳鼻身意"的"六识"封闭也消弭了人的进取心和功业心。如果万般真的皆成浮云，那么教育在社会结构上的存在意义是否要重新修正。所以，我们不怕犯错的家长，而是怕他们不愿犯错，貌似创建了先进的成长环境，却着实压制了孩子的更大可能和上限。

第五节 懂事的童年与用心的家庭

在场馆熙熙攘攘的人群中，总有一些家庭让人心生艳羡，孩子认真懂事，家长用心负责。懂事是中国语境中最为温婉的伦理规范，是对个人品行的生活化赞许。所谓的懂事又非权威感召下的"听话"能够概括，还包括懂人事、懂世事和懂己事三个方面。所以，懂事既描述了孩子在场馆中的行为状态，也指示了通过场馆的行为指向。此外，孩子的懂事又是被家长的用心所培养，而且它也源源不断地为家长的用心补充心力。在此逻辑下，用心也是状态与指向的兼具，前者指责任的恪守与专注，后者指信心、耐心、童心和爱心的修炼。懂事与用心呈现的群像可以让我们从积极角度洞察家庭与场馆邂逅的美好景象。

一 教育发生画图

糖糖是一位6岁的女孩，还在上幼儿园。妈妈，大专学历，31岁，是汉中某县城食品安全局的普通职工，月工资三千元左右，在当地属于中等水平。糖糖的衣食起居和学习主要由妈妈负责，她对孩子的教育十分上心。除了日常幼儿园学习之外，妈妈还给糖糖报了两个兴趣班——画画和口才训练。通常情况下，妈妈下午6点准时下班，然后去幼儿园接孩子，回家给孩子做饭，整理家务，辅导孩子完成学校布置的一些手工作业或者朗诵作业。最近两年由于扶贫任务重，她经常需要加班或者下乡扶贫。爸爸，本科学历，是汉中某城镇的基层公务员，32岁，月工资三千元左右。他平时工作繁忙,不仅要处理日常工作,还要负责接待领导,洽谈相关事宜,经常应酬到深夜,陪糖糖的时间极其有限。

糖糖非常懂事,早早就知道父母工作不易,尽量不给父母添乱。如果放学后妈妈还没有下班,糖糖不哭也不闹,安静地在幼儿园一边捏橡皮泥一边等妈妈。等到妈妈来接她的时候,糖糖也不会抱怨,还会把自己捏的小蜗牛、小兔子等小玩意送给妈妈。每当糖糖用稚嫩的声音说"妈妈辛苦啦,这是我给你捏的"时候,妈妈都会倍感温暖,觉得工作再累也是值得的。长此以往,糖糖学会了自己安排时间,例如捏橡皮泥、画画等,甚至能够独立制订计划并完成它。

当我(调研员张静)向妈妈提议带孩子去博物馆时,恰巧她打算带孩子去西安的外婆家,所以非常愿意配合,毕竟平时太忙,没有太多时间陪孩子。妈妈转头对糖糖说:"妈妈准备带你去博物馆,博物馆不管是在知识启迪,还是爱国主义教育方面,都是重要的社会教育途径。妈妈想培养你开阔的视野,相信你一定会喜欢的,为你种下一颗学习的小种子。"糖糖表示:"好,我还没有去过博物馆呢,我想去看看。"

妈妈的教育意识敏感、自觉且专业,她不想只是带孩子走马观花似地看看热闹,而是尝试以糖糖的兴趣点为抓手,培养孩子的学习主动性。考虑到糖糖喜欢看《西游记》,妈妈结合小雁塔的历史,决定带糖糖去西安博物院。妈妈对糖糖说:"你喜欢看《西游记》,你知道《西游记》在现实生活中的后续情节吗?其实,在唐朝真的有一位高僧不远万里到天竺求取佛教经卷,然后将这些经卷存放在了长安城的荐福寺。那是一座专门为存放经卷而建的佛塔,小雁塔就是荐福寺的一部分。唐朝末年战事频繁,荐福寺屡遭破坏,寺院毁废,只有小雁塔得以保存。小雁塔现在就在西安博物院里面。所以,你想去西安博物院吗?"糖糖顿时来了兴致,拼命地点头。

第二天早上,我们出发前往西安。在高铁上,好奇的糖糖问了妈妈很多关于博物馆的问题,例如西安只有一个博物馆吗,每个博物馆有不一样的地方吗,不一样的地方在哪里,如此等等。妈妈非常耐心地一一回答了孩子的问题:"西安是十三朝古都,当然不是只有一个博物馆呀。

距离西安博物院很近的陕西历史博物馆的馆藏更加丰富。每个博物馆的种类都不同,有历史博物馆、自然博物馆,还有民族、医学、艺术、地志、军事、科技等博物馆。"

到了博物馆,糖糖站在离入口稍远的位置,反复打量着面前的宏伟建筑:"这个房子看上去,上面圆,下面方。"妈妈听后会心地一笑,解释道:"这寓意着天圆地方,天是圆的,地是方的。"进入中央大厅,糖糖看着左右两边与文物相关的一些小饰品,显示出极大的兴趣,一会儿看看书签,一会儿看看扇子,很是开心。紧接着,妈妈带着糖糖下到地下一层展厅。展厅陈列着一座木制长安城模型,清晰地展示了唐代长安的完整城市样貌。妈妈开始给糖糖介绍一些相关的文化知识,例如唐长安城是由宫城、皇城、外廓城三部分构成,具体包括大明宫、东市、西市、慈恩寺、朱雀大街……这些唐代的街市与建筑,在今天的西安依然留有遗迹,已经成为人们日常生活的一部分。这个模型清晰地向我们展示了唐朝都城的广阔,可以想象当时人们的生活有多么富庶。这对6岁的糖糖来说有点深奥,不太容易理解,但她还是点了点头,好像听懂了妈妈的话。

随后,妈妈带着糖糖参观了博物馆内所有的展厅,仔细欣赏每一件形态各异的藏品。妈妈总是让糖糖自己寻找兴趣点,然后有针对性地引导她思考,帮助她解答。从西周时期的青铜器到唐代最有代表性的唐三彩,糖糖一路上看得非常认真。她对西周的青铜器尤其感兴趣。她问妈妈:"为什么这些东西的颜色感觉有点不一样,上面好像还有字?"妈妈结合西周的历史详细地解释道:"在西周时期,青铜铸造技术已经达到顶峰。西安是当时经济最为繁荣的城市,铸造了数不胜数的青铜器,种类繁多,技术精巧。青铜器上的字被称为铭文,主要为了记载当时的一些生活事件。这可以帮助今天的我们认识西周的历史。"汉唐展览区展示了许多唐三彩,颜色鲜艳美丽,有人形的、骆驼形的,糖糖非常喜欢。她拉着妈妈的手嚷嚷着:"你看,这个好漂亮呀!"为了加强糖糖的印象,妈妈拿出手机搜索了相关资料,然后再给孩子介绍:"这些唐三彩都非常珍贵,具有极高的艺术价值。"

整个参观过程,糖糖表现得十分乖巧,极其配合地跟着妈妈一件展品接一件展品的看,一个故事接一个故事的说。这种专注度远远超过了她实际的年龄。从博物馆出来后,糖糖仍然滔滔不绝地跟妈妈介绍自己喜欢的藏品。她还说:"博物馆真好玩,这些在生活里都看不到,我喜欢这些文物。"到了外婆家,她再次兴奋地跟外婆讲着自己看到的文物,以及妈妈讲过的话。

二 教育现象深描

懂事的童年与用心的家庭共同勾勒了一幅美好的画面,当凝视着场景里的每一个人物,感动、幸福、遗憾、努力、坚持等情绪跃然纸上。透过鲜活的文字,我们能读懂家长的良苦用心,也能读懂孩子的乖巧懂事。同时,我们还看到了糖糖家庭所代表的群体的不畏当下,他们也将感召着更多的人不惧将来。

(一) 被错过的教育场域

与前述的遮蔽、抽象、忽视和耽搁不同,错过是一种意识清醒状态下的被动选择,是生活带来的无奈遗憾。当下的生活节奏越来越快,生活压力愈来愈大,每个家庭都在为某种有意义的生活而奔波忙碌。其中,一部分受教育程度较高的家庭拥有较为先进的教育理念和系统的教育理解,他们非常愿意将最好的资源和最纯粹的情感投入到孩子身上,且为此付出了巨大的努力。然而,由于工作、生活等生存因素的掣肘,他们在家庭教育上往往力不从心,无暇分心兼顾额外的教育探索。通过糖糖妈妈的话语可以发现,即便她深知场馆的教育价值,还是很难找到合适的时间将其兑现。所以,错过不是推诿的借口,而是事实的状态。

当家庭无法回避事实的遗憾,错过就被给予了更加美好的想象。眼前的错过是为了未来的"不错"。他们并不否认凝望未来可能对当下的忽视,但是生存境遇只能让其专注创建优渥成长环境和提供优质教育资源的准备。当然,这种期许又不同于卢梭所批判的为了明天而牺牲孩子的当下,过高的期盼会给孩子带来额外的压力,甚至产生意志绑架的道德风险。此处的错过看不到家长的武断和专制,却能感受到他们的诚心和忧心。这种真挚的情感也让家庭更加珍惜每一瞬间的教育欢愉,让每

◆◆ 场馆中家庭教育的发生考察与机制优化

一次的相处都充盈着浓郁的教育意义。所以，无奈的错过并未造成教育关系的混乱，相反它倒逼着家庭将孩子的教育生活安排得井井有条，例如糖糖的教育生活虽然缺少家长的身影，但她的生活规划非常清晰。

深入分析可见，与错过相伴随的是教育意识的强烈自觉，甚至一次次的错过在不断强化家长的自觉。家庭的教育意识越自觉，错过带来的遗憾感就越强。诚然，错过让孩子失去了一些可贵的教育机会，但也强化了家庭更好利用不被侵扰时间的效率。阿德勒所说的"自卑情节"让他们更加珍惜来之不易的教育时光，即便只有一次场馆教育的机会，他们也会将教育价值发挥得淋漓尽致。糖糖与妈妈之间频繁的交流和互动展现了家庭与场馆相遇所迸发出的最绚丽的教育魅力。

因此，在被动错过的情境下，但凡家庭抓住一次教育机会，他们一定会将其最充分地介绍给孩子。哪怕这种机会一拖再拖，他们总会找到合适的时间兑现教育的承诺。对此，任何人都无权指责，我们能做的只有善意且冷静的提醒。其一，提醒懂事的风险。虽然糖糖的懂事让人心生爱怜，但过早的懂事还是超过了童年所应承载的美好，甚至导致"童年的消逝"。童年的懂事实质上是一种情感的"早熟"，是情感欠缺催生的自我防护型"长大"。孩子无法从家庭中获得足够的情感依恋，为了说服自己接受或摆脱这种不安全感，他们会将逼迫自己"快快长大"作为合理化生存状态的唯一出路。其二，提醒童年的稍纵即逝。教育最佳时机的开放时段是极其有限的，当自以为一切就绪的时候，可能我们已经错过孩子向世界敞开的主动时段。当下的遗憾可以在某个时间点进行弥补，但孩子的成长在转瞬间就成为过去。无论如何，家长都应当投入多点时间陪伴孩子的成长。

（二）被唤醒的教育自觉

教育自觉是主体自觉的教育表达，同属主体性的觉醒和自我主体意识的确立。教育自觉无法像生物本能一样自然展开，它需要被某种努力所唤醒，例如重要他人、环境、自我等。而教育所致力达成的目的即唤醒主体的（教育）自觉。教育自觉是一个人对教育的一种自我意识、自我认识、自我觉悟和自我行动。教育自觉程度是衡量一个人教育素养的重要指标。具有高度教育自觉的人在日常生活中能更为积极地参与教育活动，其主要表现为四类特征，即目的性、自主性、反思性和实效性。[①] 其中，受教育者的教育自觉通常表现为思想自觉和实践自觉，前者说明他/她具有参与教育的积极倾向，后者表明他/她愿意开展教育行动。

教育自觉本身即教育所希冀达成的目的，是马克思所强调的人之自由状态的重要前提。与某些具体的教育目标相比，教育自觉更符合教育的本真意义，这也是杜威所强调的"除教育之外别无其他目的"的目的。通过上述画图可以发现，糖糖的教育意识和教育行动具有较强的自觉性，她不仅主动配合家庭的教育活动，而且能够深度参与其中，甚至可以独立安排教育生活。可见，孩子的懂事表现出思想与行动上的双重自觉性。从结果上看，无论出于何种动机，他们都将自己放置在教育生活当中，并且在整个过程中积极构建多重教育关系（人与人、人与物以及人与环境）。也就是说，他们完全清楚走进场馆是具有教育意义的，所以主动将教育倾向作用于周围环境，向一切"可疑之处"发问，不断吸纳真正有意义的教育影响。

那么，糖糖的教育自觉又是被什么唤醒的呢？卢梭说："教育是随生命的开始而开始的，孩子在生下来的时候就已经是一个学生。"教育自觉不是处于沉睡状态的唤醒，而是对稳定机制的激活。一方面，教育自觉早已嵌入受教育者的基因，它是一种自我唤醒。进入场馆空间，教育自觉会在崭新的教育环境中自然释放，让孩子保持教育上的饥渴感和主动性。此时，教育自觉既是对教育状态的当下描述，又作为中介赋予教育行动更强的专注力、敏感性和投入度。另一方面，教育自觉是被长期的家庭教育生活激活的。尽管家长在教育生活中往往处于隐身状态，但竭尽全力的教育投入依然奠定了坚实的认知基础，并且形塑了教育友好的生活惯习。也正因如此，家庭与场馆才能找到教育共识，孩子的教育自觉才能在私人领域进入公共领域后如鱼得水。此外，对于尚未形成教育自觉的孩子而言，场馆则提供了极好的训练平台，引导他们感受教育的

[①] 王纬虹：《教育工作者的教育自觉》，《中国教育报》2013年9月13日。

魅力，强化自我意识、自我认识、自我觉悟和自我行动。这也意味着，教育自觉不会局限于某一方空间，尽管可能受主体教育倾向的干预，作为概括化的核心素养却可以随时迁移到其他场域。

（三）被补偿的教育意志

匮乏是补偿的逻辑前提，家长的教育补偿正是为了消除匮乏的教育状态。于其而言，由于自己在某些方面的失职，孩子的教育可能缺少了某些重要因素或环节，而这势必影响孩子的健康成长，或者弱化其未来的竞争力。在此逻辑下，家长的补偿心理具有很强的主观性，主要基于个人对教育的判断。无论补偿能否达到预期的教育效果，他们的意志是坚定的，深信匮乏是存在且可以补偿的，而补偿又是必要且有教育意义的。家长的补偿意志其实是一种较为普遍的心理现象，无论他们付出多少，总觉得不够，还可以做得更多。所以，他们时刻保持"警醒"，长期处于补偿教育匮乏的态势，尽管很多时候教育资源是充盈的。在此意义上，补偿心理成为家庭开展教育的关键动因，即因匮乏而致力的教育完善。当然，教育补偿是有限度的，适度补偿有利于孩子成长，而过度补偿则可能适得其反，给亲子双方都造成身体和心理的压力。

被补偿的教育意志又作何指向？在此问题上，家长的思路是清晰且统一的，即"望子成龙"，促进孩子更好更快的发展。"好"是空间维度上全面且优质的发展，"快"是时间维度上具有竞争力的发展。糖糖妈妈就希望孩子"快快成为有出息的人"。教育意志是毋庸置喙的，教育意志的行动表达也是简单明了的，即为实现上述目标创设优质的教育环境。如果家长意识到创设的教育条件处于匮乏状态，那么补偿的心理机制和行动机制将同时发挥作用。由此可见，补偿的直接意义即让孩子获得足够的资源和机会。

家庭的补偿方式又可分为两种。其一，补偿孩子的教育宽度。家长将更广泛的教育空间引入家庭生活，让孩子有机会接触世界的多重面向，例如走进博物馆。宽度是对量的补偿，让家庭的教育生活多样化、多元化。糖糖妈妈会利用各种挤出来的闲暇时间把孩子带出家门"见见世面"。其二，补偿孩子的教育深度。为保证难得一次的教育活动的积极效果，家长们会像糖糖妈妈一样做好充分准备，包括背景介绍、兴趣引导、信息搜集等。在学习过程中，他们不断鼓励孩子思考，频繁与孩子交流互动，尝试对相关内容延伸拓展。归根结底，家长用于补偿的是一颗期待孩子更好的"父母心"。

正是怀着这颗真心，虽然被繁忙的生活"侵扰"，家长依然能找到恰当的方式补偿教育的局限。首先，说明家长具有补偿的意志。他们愿意为曾经的缺席买单，坚信所有付出都是值得的。其次，说明家长具备补偿的能力。他们可以在有限的时间和空间，将错过的教育机会以仿佛不曾错过的形式补偿回来。最后，说明家长的补偿意志能够做到一以贯之。他们可以持之以恒地将补偿渗透到教育生活的点点滴滴，同时以整体教育的逻辑将补偿意志串联成健康成人的美好图景。

第六节 教育叙事的"概念化"反思

五组家庭叙事的教育画图勾勒出五幅不同的场馆教育群像，它们共同拼接成一幅宏大、完整、真实的教育现实画布。教育现象的深描剖析了每一组教育群像背后的动机、结构、关系和环境。将每一种分析按照现实拼接的逻辑进行重新整合的过程即"概念化"的理论解释。这是对教育命题的严谨推演以及对教育现实的整体反思，其将为理想化的教育机制构建提供理论依据和现实参考。

一 家庭与场馆相遇的影响因素

家庭与场馆的相遇受到诸多因素影响，其中家庭相关因素最为显见，而场馆多在被动教育选择中处于隐匿状态。换言之，家庭主导着相遇的发生、过程、形式、程度等。科尔曼认为，家庭分别通过物质资源创造、社会资源利用以及知识学习技巧影响子女的教育成就。[1] 布迪厄则提出

---

[1] James Coleman, "Social Capital in the Creation of Human Capital", *The American Journal of Sociology*, Vol. 94, 1988, pp. 95–120.

文化资本对子女教育的重要影响，包括言传身教、学习氛围、习惯养成等。① 在此基础上，综合前述教育画图，可将影响家庭与场馆相遇的因素概括为五个方面。

（一）空间因素

空间是教育中最基本的地理元素，它在家庭与场馆的相遇过程中扮演着至关重要的角色。空间的教育影响主要表现在距离和距离成本两个方面。距离是横亘在家庭与场馆之间的空间，距离的长短决定着它们是否可以看（听）得见彼此，以及在何种程度上可以看（听）见。如果场馆坐落在家庭日常生活可以辐射的范围，空间的熟识会让家庭更容易或愿意走进场馆。相反，很多家庭，尤其是偏远乡村家庭，未曾见识和听闻场馆及其教育意义，场馆自然很难出现在他们对教育的日常想象当中。同时，人们用脚丈量空间的距离形塑着其看待世界的方式和深度。当距离被轻易跨越，可以接触丰富的教育资源，那么教育的视野就会在生活中被打开。因为，人们看到的事物定义着人的经验、身份和思维。正如那句著名的广告词所说，"心有多大，舞台就有多大"。除物理距离之外，心理意义上的距离，即距离感，同样影响着场馆教育行为。距离感是人们对空间及其关系的理解。距离是客观的，但距离感是主观的、能动的。它影响着人们对距离的理解和作用方式。虽然距离很远，家庭依然愿意走进场馆，可见，距离感能够克服距离的担忧。尽管距离感受距离影响，但又非绝对。当人们对距离保持乐观态度，那么距离感完全可以克服距离对人的拦阻。这也是因何很多家庭可以从遥远的他方专程探访某一场馆。

距离成本是指人们消除空间距离的投入及其程度，包括时间、精力、金钱等，它是家庭选择出行地点的先导因素。距离决定着距离成本，而距离成本又影响着距离感。远距离的成本投入要高于近距离，并在一定程度上形塑着距离感。高昂的距离成本更容易产生负面的距离感，而便

---

① ［法］皮埃尔·布迪厄、［美］华康德：《实践与反思——反思社会学导引》，李猛、李康译，中央编译出版社1998年版，第212页。

宜的距离成本则让家庭更轻松地看待这段距离。如此一来，距离成本就与家庭资本保持了统一，资本越高的家庭，越能轻易承担距离成本的消耗。距离成本背后又透露着家庭对场馆教育的理解，即走进场馆接受教育究竟值不值得投入如此距离的成本。当家庭将场馆教育价值放于更高位置，他们自然愿意投入更多距离成本，反之亦然。所以，距离成本的投入在一定程度上表征着家庭对场馆的教育态度和理解。

（二）时间因素

时间是教育的自然伸展，教育附着于生命的时间线。作为家庭与场馆相遇的必要条件，它让教育成为可能。可见，时间既是一条教育发生线，又是教育发生的条件。在此意义上，时间对家庭与场馆的教育影响主要表现在三个方面。

其一，家庭有没有时间。走进场馆实质上是一种时间的教育消耗，需要占用较长的自由时间，而这通常发生在家庭的闲暇间隙。对于家庭而言，从繁重的工作和紧凑的生活中分配较大比例的闲暇时间用于场馆教育，绝非信手拈来，确需慎之又慎。尽管，有些家庭自由支配的时间充裕，但对另一些家庭更像一种生活的馈赠。在这两种家庭之间，还有迷茫的大多数，时间需要在精细的规划中才能挤出来。

其二，家庭愿不愿意投入时间。无论有没有时间，只有积极的意愿才能让时间在成长中发生教育作用。较之有无，教育的意愿更为不可或缺，它反映了家庭对公共面向以及场馆教育的态度和行动表达。意愿指导有时间的家庭如何安置时间，没有时间的家庭如何对待时间，对时间迷茫的家庭如何选择时间。意愿又存在一项前置条件，即家庭能不能意识到将时间投注场馆，紧接意识之后，他们又愿不愿意将时间做此分配。所以，这种意愿如何在疲于不同正规教育场域之间奔波的家庭中生长出来就显得尤其重要。

其三，家庭投入多少时间。前两者决定教育行为发生，时间投入则决定教育质量。投入程度和时长往往与教育效果存在正相关关系。家庭愿意投入多少时间在此次教育活动当中，直接影响着教育的深度和广度，究竟是走马观花还是深度沉浸。诚然，时间长未必产生积极的结果，但时间短必然会削弱场馆的教育效力。此外，时间分配的比例又受前述教育观念和意愿的影响，如若家庭自觉走进场馆，那么其投入时长往往比较充分。但是，时间长短与家庭经济水平之间的关系比较微弱，案例中工人阶级和中产阶级家庭都有长时和短时现象。

（三）经济因素

经济因素对家庭教育的影响在经济学、社会学、教育学等领域已经被广泛讨论，并形成较为统一的认识，即经济资本直接影响家庭教育质量，两者存在较高程度的正相关。《科尔曼报告》甚至指出，家庭比学校和社区更能影响学生的学习成绩。其中，家庭经济资本是指一个家庭所拥有的与经济有关的资源总和。① 拉鲁在《不平等的童年》中指出，不同阶层家庭教育投入的差异导致子女在发展上的不平等。威利斯在《学做工》中也强调工人阶级在教育资本中存在代际传承现象。经济水平高的家庭可供投入的教育资本更充足，也更容易带来个人发展的成功。因为经济资本可以购买更为丰富的教育资源，也更便于将开阔的世界面向领入孩子的教育生活。在此意义上，经济水平决定着家庭是否可以承担走进场馆的成本，以及是否能看到场馆的教育价值。后者又揭示了经济资本与文化资本的密切关系。因此，经济水平与家庭走进场馆的频次保持着高度一致，经济水平越高的家庭越可能走进场馆。

此外，通过前述教育深描可以发现，尽管经济因素在家庭教育中扮演着重要角色，但是中国家庭在场馆教育选择上并不完全符合这一规律，尤其对于中产家庭而言。经济水平高意味着工作繁忙和闲暇时间少，家庭没有时间投入场馆教育活动。诚然，低收入家庭也面临着相同的困境。但是，与其被动的无可选择不同，中产家庭正主动卷入一种快节奏的生活惯习，"明智"地站在更高的教育立意，以指向未来的教育投资为远景，理性地选择牺牲孩子的公共教育时间。当然，这也不排除他们为了维持和提高阶层身份而被迫放弃。无论如何，经济资本的积累都以一种

---

① 薛晓源、曹荣湘：《文化资本、文化产品与文化制度——布迪厄之后的文化资本理论》，《马克思主义与现实》2004年第1期。

"伪善的面目"被置于教育之上。如此看来,很难说越有钱的家庭,享受场馆教育的机会越多,而是说家庭如何在未来的资本积累和当下的教育成长之间做出真正明智的抉择。

(四) 文化因素

布迪厄认为,文化资本是一种基于对文化资源占有的资本,主要有三种形态:一是内化于身体的形态,体现在人们根深蒂固的性情倾向和外在体态;二是实物的形态,主要体现在书籍、图片、词典、仪器等文化物品之中;三是制度化的形态,主要体现在教育学历。也有学者从最初将文化资本理解为父母的教育程度,逐渐扩展到家庭的文化资源、文化活动参与和文化氛围等。[①] 所以,家庭文化资本主要指家庭及其成员所拥有的知识、技术、气质以及文化背景等资源的总和。[②] 布迪厄进一步指出,一个人从孩童时期就开始学习阶层特有的品味、价值观、互动方式(如礼仪和谈话风格)、自我呈现的模式(如穿衣、说话、肢体语言)和行为方式。[③]

家庭文化资本对场馆教育的影响主要表现在两个方面。一方面,文化资本定义着家庭对教育的理解及其表达。文化资本表征为教育程度的学历积累,掌握较高文化资本的家庭能基本保持相同层次的学识学养,对教育的理解更为全面、先进、科学和系统。他们具备"教育勇气"和"教育见识"让孩子接触广泛的教育可能,而不会全盘托付于学校,这也是拉鲁所说的"协作培养"和"成就自然成长"的区别。此外,文化资本还赋予家庭"教育能力"使之以更为积极、理性和有效的角色参与整个教育过程。简言之,文化资本让家庭看(听)得见场馆,同时具备对话和解码场馆话语体系的资质。另一方面,文化资本形塑着家庭的教育惯习。文化资本涵养着与之相契合的教育气质,而后者又具体化为日

[①] 仇立平、肖日葵:《文化资本与社会地位获得—基于上海市的实证研究》,《中国社会科学》2011 年第 6 期。

[②] 朱伟珏:《"资本"的一种非经济学解读——布迪厄"文化资本"概念》,《社会科学》2005 年第 6 期。

[③] [美] 劳伦·里韦拉:《出身:不平等的选拔与精英的自我复制》,江涛、李敏译,广西师范大学出版社 2019 年版,第 9 页。

常生活的教育惯习。不同生活环境中，孩子获得言传身教的意义也是不同的。文化资本高的家庭更有能力和意愿营造具有教育意义的生活惯习，孩子也更容易在家庭生活中受到启发。所以，文化资本形塑的教育惯习直接演绎为场馆中的教育气质及其行动表达，有效还是无效、深度还是浅层、民主还是专制，等等。总之，场馆教育行为是家庭教育行为的惯习镜像，什么样的家庭生态就会产生与之一致的场馆生态，而家庭生态又是由文化资本决定的。

（五）诱导因素

诱导因素是促使家庭与场馆相遇的外在推动，包括有意推动和无意推动两种。有意推动又可从主体上分为家庭诱导因素和场馆诱导因素。对于前者而言，推动家庭走进场馆的因素是多样的，包括学校任务、广告宣传、导游推荐、景点打卡等。对于场馆而言，推动场馆专注服务家庭的因素主要来自行政任务和社会呼吁。家庭与场馆在这些因素的诱导下被动相遇，即便主体自觉尚未形成。这也说明，当家庭与场馆都缺乏明确教育意识时，诱导因素可以扮演积极的引介角色，帮助两者建立联系。因此，学校、社会、行政单位等因素在推动家庭与场馆相遇中的作用不应被忽视，他们可以主动担承助推者的教育责任。另外，不同主体的诱导产生的教育行为也是不同的，例如学校任务下的专注、游玩推荐下的自由、行政任务下的严谨，等等。诚然，诱导因素增加了家庭与场馆相遇的机会和频次，但这是一种总体规模的浮动，在个体意义上很难保证教育行动的（可）持续性。这也意味着，我们不能像遍地皆是的学术建议那样将所有筹码都压在上述方面，而是应当专注家庭与场馆教育自觉的培养。

无意推动指影响家庭与场馆相遇的偶然因素，这些因素是偶发性的、不可控的，例如躲避寒暑、临时托管孩子、受到他人邀请等，甚至本研究中调研员的作用也属于偶然因素。偶然因素没有任何提前预设，很多时候是临时起意，很难在未来延续。即便此类推动不值得格外提倡，但是如果偶然相遇能够带来让双方满意的惊喜，那么持续的教育关系很可能在未来被激活。如果教育生活中多一点"惊喜"，家庭与场馆很可能会对彼此多一些美好的期待。

二 家庭与场馆相遇的现实挑战

通过教育画图可以发现，家庭与场馆在相遇过程中遭遇了各种各样的挑战。系统间的摩擦俨然成为每组家庭在场馆中的教育日常。虽然他们身处不同困境，但面临的挑战是相同的，它们共同诠释了家庭群体的教育现实。抑或说，这些挑战是所有困境的"概念化"抽象。

（一）"无场"的挑战

场地是人类赖以生存的基础，它为理解教育和阅读世界提供了在地化视角。然而，有学者基于"后批判理论"立场，提出场地是一种"人类中心"（anthropocentric）的表达，[1] 全球化和市场化使地成为"快消品"，人们只是在上面短暂停留，并做出"窥视的姿态"。[2] 场地在这种短暂、快速的"超现代性"（supermodernity）中渐渐消失，留下大量的"垃圾空间"（Junk Space）——由美食街、休息室、歌舞厅等构成的贫瘠的、宏大的、配备空调的场所。[3] 这一空间又被称为无场（non-place）。如果场地被定义为关系的、历史的和身份关联的，那么无场则是与之相反的对应物。它是与人类学意义上的场地相割裂的、去中心化的空间，[4] 一种快速转换的、离身的（disembodiment）、虚拟的形式。[5] 无场是对场地的解构，但它又不是全空的（empty），而是创造性的重构，是场地"消失"之后的重新正常化。

---

[1] Yoshifumi Nakagawa and Phillip Payne, "Educational Experiences of Post-Critical Non-place", *International Journal of Qualitative Studies in Education*, Vol. 30, No. 2, 2017, pp. 147–160.

[2] Yoshifumi Nakagawa and Phillip Payne, "Educational Experiences of Post-Critical Non-place", *International Journal of Qualitative Studies in Education*, Vol. 30, No. 2, 2017, pp. 147–160.

[3] Rem Koolhaas, "Junkspace", *October*, No. 100, 2002, pp. 175–190.

[4] Marc Augé, *Non-places: Introduction to an Anthropology of Supermodernity*, London; New York, 1998, p. 63.

[5] Joy Bertling, "Non-Place and the Future of Place-based Education", *Environmental Education Research*, Vol. 24, No. 11, 2018, pp. 1627–1630.

斯奈德说:"这个世界更多时候是无场的"。① 当场地本身变得瞬时、非存在、不受地域限制,教育又如何才能扎根场地? 纳卡加瓦和佩恩(Nakagawa & Payne)强调,场地无法被不加批判地理解,抑或教条式地强制施加于教育,不将无场应用于教育研究是对"人类中心化"场地的理想主义纵容。② 因此,无场在教育中的价值需要被关注,"无场经验"应当辩证地整合进教育的理想概念和浪漫实践。换言之,如果无场是时间的真正尺度,教育必须予以解释,承担起确认无场的任务。因为,无场认为自我和他者都是"虚拟的",自我是他者的镜像,真实和不真实都是相同的"仿像"(simulacra)。这种"去中心化"身份的本体论阐释让学习者在其创造的教育语境中可以创造性的成长,在弱化人类中心定位的同时,变得更加谦逊、适度和生态。③

然而,欧杰(Augé)又指出,在超现代的社会,没有绝对的场地和无场,只有日渐短暂和神秘的社会化和符号化空间。前者永远无法彻底消除,后者永远无法完全实现。他们更像是在重写本上身份和关系不断被重写的博弈游戏。④ 在此意义上,无场成为合并场地和无场二元性的"元概念",它既是场地,又是无场,反对非此即彼的争论。场地和无场在快速移动的人类身体的表征中交互、碰撞和共谋,从而形成混合的"后现代生态"。⑤ 特里格(Trigg)指出,场地介于现实主义和理想主义之间。⑥ 生态成长(eco-becoming)既要求一块场地确认关系、历史和身份,又渴望一种无场在复杂或矛盾的本体论中解构前者。"我们"被场

---

① Joy Bertling, "Non-Place and the Future of Place-based Education", *Environmental Education Research*, Vol. 24, No. 11, 2018, pp. 1627-1630.

② Yoshifumi Nakagawa and Phillip Payne, "Educational Experiences of Post-Critical Non-place", *International Journal of Qualitative Studies in Education*, Vol. 30, No. 2, 2017, pp. 147-160.

③ Yoshifumi Nakagawa and Phillip Payne, "Educational Experiences of Post-Critical Non-place", *International Journal of Qualitative Studies in Education*, Vol. 30, No. 2, 2017, pp. 147-160.

④ Marc Augé, *Non-places: Introduction to an Anthropology of Supermodernity*, London: New York, 1998, p. 79.

⑤ Yoshifumi Nakagawa and Phillip Payne, "Educational Experiences of Post-Critical Non-place", *International Journal of Qualitative Studies in Education*, Vol. 30, No. 2, 2017, pp. 147-160.

⑥ Dylyan Trigg, *The Memory of Place: A Phenomenology of the Uncanny*, Athens: Ohio University Press, 2012, p. 12.

地定义，同时又被无场解构。人们身上的本土特色在无场化的同质影响下消失殆尽，世界公民成为通行的身份，没人再愿意提起自己曾经出生于哪一座小小的"村落"或"街道"。

当我们置身以抽象化、动态化和去地方化为特征的全球化浪潮当中，场地及其之于人的传统价值必然受到冲击。个人和家庭处于持续的文化流动环境，代际知识传承的稳定性很容易被他们的不断出走或回归打破。而且，信息、观念和价值的全球化所产生的动态、无规则和不确定状态，使保存和强化承载代际知识的地方传统变得尤其困难。从结构上看，代际知识和文化传统更像是"移动拼图"[①]，其不再是再生的情感和实践，而是选择、证实和表征的抽象符号。当年轻人的全部注意力都转向更大、更远的地方，他们很难再真正关心自己生存的场地，悖论恰恰在于这被普遍认为是一种进步。

在此情况下，教育只能依赖抽象的教学表达，让受教育者在间接的文本和图像中"远取诸物"，这种"去情境化"很容易将人从社区生活、内在自我和真实世界中隔离出来。在"无场"推动的全球化浪潮下，家庭如何能守住场地和本土的根脉，不被同质化、庸俗化、抽象化所裹挟，确需极大的努力。场馆是本土的在地化符号，当人们纷纷追求无场化和全球化的红利，场馆教育的纯粹底色和公众吸引力还能保持几成尚不得而知。

(二)"学业"的挑战

"学业"是对学生学习任务和状态的总称。中国自古推崇学业，例如"业精于勤""立身以立学为先""人不学，不知义"，等等。当前，学业通常专指学校的课业，学业话语权往往掌握在学校手中，主要包括学业设计、学业实施、学业评价等工作。在"非学无以广才"传统的长期影响下，学业超越了中性的质地，成为成人成才的重要途径，以及人才选拔的关键指标。在家庭教育生活中，学业是永远无法回避的话题，

---

① Andy Hargreaves, *Changing Teachers, Changing Times: Teachers' Work and Culture in the Postmodern Age*, New York: Teachers College Press, 1994, p. 15.

甚至可能主导亲子的日常交流，例如"学得怎么样""学会了吗""好好学习"等话语被反复言说。在此情况下，家庭将绝大部分精力投入到如何保证学业质量、提高学业成绩上，但凡与学业无关的事项，都可能被剔除出教育生活。尤其，当学校学业任务加重，家庭更是无暇分出时间匀给其他教育活动。对此，2021 年 7 月，中共中央办公厅、国务院办公厅印发《关于进一步减轻义务教育阶段学生作业负担和校外培训负担的意见》（以下简称"双减"政策），旨在破除上述僵化思维。然而，"双减"政策出台后，家庭对学业的迷恋并没有根本缓解，他们转而（秘密）寻找其他的"学业增长点"。其实，家庭还没有完全从学业执着中将孩子解放出来。学业依然是横亘在家庭与场馆之间最大的屏障。它霸占着家庭私人生活和公共生活的时间，让家长觉得走进场馆并无必要，因为它无法直接提高孩子的学业成绩。

进一步分析，学业关注又简化为学业成绩关注。尽管，国家三令五申禁止义务教育阶段公布学生成绩、排列名次，但家长对考试、分数、排名的热情丝毫没有减弱，甚至学校为满足家长的"需求"转而采用"委婉"的方式予以"提醒"。与整体性的学业成长相比，学业成绩更为直观，是家庭看得见的"教育成效"。在此意义上，对学业成绩的执着也说明家庭渴望获得孩子学业发展的知情权，确保学业生活的参与性和可控性。学业成绩属于工业化的数字制式，所以提升成绩最有效的方法即工业化的产品加工模式，例如机械灌输、重复练习、对标考纲等等。反之，那些需要漫长投入且成绩提升不显著的教育方式都被贴上"无效"的标签。场馆与学业成绩之间的关系很难被家庭直接看到，抑或他们没有足够的耐心等到场馆的积极意义在孩子身上显现，那么在家庭的"科学"教育规划中自然鲜见场馆的身影。

另外，学业关注还与"无场"形成共谋。首先，学业更强调抽象的思维训练，很少将场地上的丰富资源介绍进（学校、家庭和社会）课堂。这也导致学业内容与场地的脱节。家庭普遍认为，基于抽象文本的训练比基于场地的实践活动更高效，并贬斥后者为"阳春白雪"，其实质是节省投入的懒惰以及对工业思维的迷恋。毕竟，将孩子"拴"在书桌前更省事。其次,学业更关注遥远的事物,而忽略了身边的存在。学业内容是宏观的统一规划,很难回应五湖四海的场地以及扎根其上的人和故事。它让孩子记忆不属于自己经验范围的文本,却不去注视身边与自己切身相关有血有肉的故事。他们对遥远的事物如数家珍,对身边的存在却知之甚少。其带来的结果是,他们失去了地方身份,不再了解地方文化,也不再对地方心怀认同。最后,学业更追求结果的一致性,无法观照个性化的需求。因为学业内容、教学方法、考评方式等都是统一的,它所培养的人很容易落入模型铸造的窠臼。凡是与这种同质性相悖的结果都会被标记为不合标准。普通家庭无法识别"庸俗化"培养的陷阱,即使个别家庭嗅觉敏锐,他们也不敢妄自跳脱社会认可的游戏规则。那么,结局自然也就明朗了,教育输送着大同小异的芸芸劳动力,没有人是不可替代的。

浸淫"沉迷学业"的教育环境,家庭视野中除了学校,很难再看到场馆,即便看到,他们也不认为这是一种学业延伸,最多是一种学业调剂。在此意义上,"学业"遮蔽了家庭看到更广阔教育空间的可能。

(三)"内卷"的挑战

"内卷"是个公共热词,指同一类资源的过度投入造成的边际效用递减。它是一种文化模式达到某种最终形态以后,既没有办法稳定下来,也没有办法使自己转变到新的形态,取而代之的是不断地在内部变得更加复杂,即系统在外部扩张条件受到严格约束的条件下,内部不断精细化和复杂化的过程。[1] 从本质上说,"内卷"是一个陀螺式的死循环,我们要不断"抽打"自己,让自己陷入空转,每天不断地自己动员自己,它是一个动态的陷阱,非常耗能。[2]

"内卷"生动地刻画了当前家庭的生存状态。"内卷"说到底是一种无效竞争,或者说对竞争的狂热导致了博弈各方的多败俱伤。竞争是"内卷"最直接的表现形式。问题的关键在于,家庭为什么要竞争?

---

[1] 刘世定、邱泽奇:《内卷化概念辨析》,《社会学研究》2004年第5期。
[2] 项飙:《人类学家项飙谈内卷:一种不允许失败和退出的竞争》,《澎湃新闻》2020年10月22日。

看似简单的问题,其实并不好回答。竞争的原因无非是希望获得某种成功或某种便利,比如出人头地、逃离困境、实现自我等。这背后又透露着粗暴的功利逻辑,即成功只能靠竞争才能获得,而竞争又意味着比别人做得更好。那么,为什么只有比别人更好才算是成功,其他评价方式在这里不起作用呢?一方面,社会认定的成功模式是固定的,只有符合既定标准才算成功,比如考上名牌大学、获得"铁饭碗"工作、年薪五十万,不一而足。当成功的标准被固定,走向成功的模式很快会自动形成某种刻板化,越来越多人重复相同的路径,那么比拼的只剩下谁更"殚精竭虑"。如此的话,竞争其实也就失去了活力。所有人都在同一个池子里游泳,水只会越来越浑浊。另一方面,固定模式的成功资源是有限的,所有人都在抢占相同的资源,成功上岸者的数量却是不变的。池里的人越来越多,但池子还是那么大,导致的结果就是没有人游得舒适和开心。而且,随着生活水平的提高和教育意识的觉醒,会有越来越多的人冲向"游泳池",池内只会变得越来越拥挤。可见,"内卷"本质上是一种过度竞争,它会造成产业内的生产能力大面积闲置,阻碍了稀缺经济资源向效率更高的产业部门转移。[①] 然而,对于这种消耗,多数家庭心知肚明,只是他们不敢率先从游泳池里走出来,如此很可能连洗的机会都没有了。而且,他们也抱着一种侥幸,万一自己是成功的那一个呢?

在此情况下,家庭又会选择如何竞争?当目标确定,接下来的问题异常明晰,即如何更好地达成目标。这一问题的回答方式又与学业挑战达成共谋。学业努力被认为是实现成功的关键标准,成功本身也被等同于学业成功。如此一来,竞争方式也变得清晰起来,即努力提高学业竞争力。因此,在内卷的潮流中,所有家庭都在埋头做着相同的努力,追求并保持学业上的优势。然而,由于目标和方式相同,家庭能够比拼的只剩下努力程度,谁比谁做得更极致。这也是"内卷"的根源。随着校

---

① 任保平:《后改革时代的标志、特征及其改革共识的构建》,《学术月刊》2010年第5期。

外学科培训被禁止,家庭无法在课业的校外努力上比拼,[①] 只能转向兴趣班、特长班等综合素质的比拼。无论内容如何改变,竞争的本质并没有改变,争来争去,还是在争未来的竞争力。

遗憾的是,在这场没有硝烟的战场上,场馆既不在学业成功之行,也不在兴趣特长之列。它无法在这场比拼中为家庭增加可供兑换的筹码。而且,在家庭的日常交流中,我们经常听到学了多少技艺的较量,却少有听到去了多少场馆的较劲。所以,场馆被尴尬地放于内卷旋涡之外,只有作为周末阳光下的调剂才会进入家庭的视野。讽刺的是,这种尴尬究竟算是场馆的幸运还是无奈,已经无从权衡。

[①] 家庭在课业竞争上的放弃是战略性的,因为"双减"政策只针对义务教育阶段,高中阶段才是课业竞争的主战场。而且,战略性的退却很可能让家庭的"努力"转为隐蔽,毕竟躲藏在居民楼里的培训机构不在少数。

第六章

展望：场馆中家庭教育的发展与优化

> 未来的教育必须成为一个协调的整体，在这个整体内，社会的一切部门都从结构上统一起来。这种教育将是普遍的和继续的。这种教育将是完整的和富于创造性的，因而也是个别化的和自我指导的。这个教育运动是不可抗拒的和不可逆转的。这是我们时代的文化革命。
>
> ——联合国教科文组织《学会生存——教育世界的今天和明天》

现实与未来之间是风险与机遇并存的。随着社会发展的日新月异，终身学习已经成为未来智慧生活的必要技能，人们对教育的理解和期待也日趋多元和开放，家庭教育和场馆教育在不断演进中势必承担更加重要的责任。场馆境脉中家庭教育的发生过程实质上是一次场馆与家庭的教育合作，是两种系统内各子系统和各要素之间在操作运行中的同步和协调。家庭与场馆分属两种截然不同的教育系统，家庭以亲密性为特征承续私人领域的传统，场馆以公共性为特征遵守公共领域的秩序。两者在走向彼此的过程中不可避免会出现碰撞。在多种张力的互涉中，家庭与场馆需要投注扎根现实的教育努力，明确未来发展的教育向度，优化协同育人的教育机制，在各类场馆的成功案例中，寻找可供直接借鉴的教育经验和启示。

第一节 家庭与场馆教育合作的现实努力

在教育现实中，家庭与场馆的相遇遭到重重阻力，严重制约了两者教育合作的效力。问题的突破口在于如何回应现实的困境与诉求，寻求切实有效、系统科学的合作策略。诚如前文所述，家庭与场馆相遇过程中面临的最大挑战是双方的教育疏失，对教育理解的冲突和相关制度的悬空。因此，教育合作的现实努力应首先化解阻挠两者相遇的障碍。

一 深化家庭教育参与

家庭是教育合作的主导者，他们决定是否进入场馆、进入何种场馆、以何种形式进入、进入多长时间……也就是说，家庭在教育行为发生意义上掌握核心话语权。而且，教育合作的服务对象也是家庭。抑或说，家庭获得的教育收益最大。所以，推动教育合作应首先从家庭入手。在直观意义上，教育效果的改善主要受教育投入程度影响，投入越多，效果越好，反之亦然。那么，家庭的努力自然聚焦于教育参与。教育参与是教育合作发生的前提，是教育意义实现的必要条件。家庭是否参与及参与形式直接影响教育结果，所以提高家庭教育参与是从家庭入手的关键一步。

首先，树立现代化的家庭教育观，深化对场馆的教育理解。在现代化的时代进程中，应建立具有未来指向的家庭观和教育观，深化家庭内涵理解，拓展家庭教育视野，探索亲密、和谐、民主、共生的亲子关系。作为家庭活动的重要场域，场馆不仅开阔了亲子协同行动的空间，而且在丰富的教育资源和崭新的教育逻辑中重构着家庭对场馆的教育理解。对于家庭而言，场馆应当是一种概念清晰的教育实体，并以此为基础形成对场馆资源的教育期待，摆脱模糊和片面的单一功能认识。所以，家庭要提高自身教育理解，正确看待场馆教育功能，科学认识教育之于人的成长意义，以及人在教育中的站立姿态。

在内卷化和绩效化共同裹挟的教育潮流中，家庭需要保持清醒和理性，明确教育初心，坚持教育立场，践行教育理想。恰如杜威所说，教育是没有终点的旅行，一切都处于成长的过程，仅且属于个人，所以标准、成功等僵化概念很难定义教育的本质。我的成功对于"你"可能并无意义，反之亦然。教育专注于服务人的成长，离开人，教育没有任何意义。这也意味着我们不能为了教育而教育，也不能为了教育而改变人。因此，人的成长是我们选择一切教育活动的唯一标准。人的成长是终身性的，教育的过程也永远没有止境。在漫长的人生中，我们需要尽可能多的让人面向不同的教育世界，完成不同维度成长的教育拼图。只有这种教育理解在家庭中生长出来，孩子才有机会走进场馆，才可能在频繁的空间转换中感受教育的多重洗礼。也只有如此，家庭才明白应当让孩子在场馆中做些什么，如何让他们与周围的世界产生联系，以及建立何种对世界的理解和态度。由此可见，教育行动的关键和前提是教育观念的改变，它定义着家庭教育的表达方式。行动即观念的表达，离开思想的改变，盲目地迫使行为发生不仅治标不治本，更可能加剧家庭对场馆的抗拒。

其次，提高教育自觉，加强教育互动的科学性和多样性。家庭理性看待教育和场馆教育之后，还需要将观念转变为行动，将孩子切实带到场馆当中。前者决定家庭是否看到场馆，后者决定家庭看到场馆之后是否愿意驻足，而非仅仅将其作为某种地理上的识别地标。这一切都离不开家庭的行动自觉，自觉既是教育的领悟，又是教育的动力。如果家庭具备教育自觉，他们不仅会带孩子走进场馆，而且会寻找合适的机会让孩子频繁与场馆"亲密接触"。其实，某一次的"亲密接触"很难实现场馆的教育价值，对孩子的教育影响也会很快褪色。教育自觉能让场馆教育行动保持常态化和高频化，只有如此，教育的惊异才能真正显现。此外，进入场馆后，家长的角色需要积极调整和丰富，唤醒家庭生活中某些隐匿或消失的责任，从育养者、照护者扩展到朋友、玩伴、中介、导师等。角色的改变也意味着教育表达方式的多元化，家庭的教育行为不再局限于娱乐、学习，还包括交流、陪伴、休憩、想象，等等。家长在适应每一种角色的同时，还要承担起角色背后的教育责任，包括保护、规范、安慰、陪伴、教导等，避免成为任何形式的旁观者。这又要求家长能够意识到自己可以且应当扮演的角色，并且具备担承角色背后责任的能力。

具体而言,亲子共同探索具有成长意义的教育身份与关系,树立广义"教—学"关系中的身份意识,形成对自我、环境以及联结两者的责任的合理认知。同时,增加亲子互动的频率和多样性,将展品作为亲子交集的学习支点,形塑民主平等的亲子身份与关系。阿仕和威尔斯指出,在非正式情境中与父母经常对话能够促进儿童智力发展。[1] 马丁·布伯认为,对话不仅是说与听的一种方式,而且还是寂静中相互接受的一种方式。[2] 亲子应以语言、行为和情感为媒介,增加彼此之间互动频次,使展品成为触发情绪反应、构建知识和经验的"合理刺激"。与此同时,还要增加亲子互动方式的多样性,拓展成长的向度,提高过程的吸引力和结果的有效力。印第安纳波利斯儿童博物馆提炼出四十五种家庭成员间的互动行为,包括参与(手指展品、使用互动装置等)、合作(遵循讲解员指示、完成某项任务等)和提高(描述家庭记忆或传统等)三个范畴。高频和多样互动的前提是身份与关系的民主平等,所以亲子应以展品作为双方互动的发起点和落脚点,通过信息的持续交换,在知识的饱和浸润状态下寻求最理想的行为模式。

最后,利用多种渠道向场馆表达教育诉求,积极参与场馆话语构建。家庭往往自我定义为或被他者赋予为某种"美好且纯真"的教育享用者——目的盲目、方法盲目、内容盲目和结果盲目。他们顺从地接受场馆提供的资源和服务,在进馆之前,甚至不清楚场馆中有哪些展品和教育项目。对此,很多家庭习以为常,没有半分质疑,他们甚至乐于接受这种"惊喜"。或许因为他们没有意识到自己有参与的可能,又或者他们畏惧自己的"无知"可能"染指"场馆的"神圣",家庭往往是"自我放逐"在场馆之外的。问题在于,每个家庭的关系、特点、需求、构成等差异巨大,相同的"惊喜"是否能引起所有人的积极教育回应,答案是毋庸置疑的。此外,场馆与家庭的立场、专业性、话语体系等方面

---

[1] Doris Ash, Gordon Wells, "Dialogic Inquiry in Classroom and Museum: Actions, Tools and Talk", *Counterpoints*, Vol. 249, 2006, pp. 35-54.

[2] [美]内尔·诺丁斯:《教育哲学》,许立新译,北京师范大学出版社2017年版,第66—67页。

也存在明显差异,场馆想象的"惊喜"在家庭看来是否具有以及在何种程度上具有教育意义也是不得而知的。在此情况下,家庭需要主动声明作为教育参与者的存在感和话语权,积极向场馆传递与自身切身利益相关的教育诉求。可见,家庭首先要具备表达意愿,主动将各自的教育需求反馈给场馆,让对方知道他们究竟希望获得什么,以及场馆可以提供何种帮助。除此之外,家庭能够选择合适且彼此认可的方式参与场馆话语体系构建,包括主题确定、形式编排、内容遴选、技术支持等,为教育服务和项目的开发建言献策。总之,作为教育资源的主要享用者,家庭参与场馆话语构建的合理性是毋庸讳言的,它让"平凡"与"神圣"完美交融,让美好的教育想象真正贴近家庭现实,并在教育生活中生根发芽。

二 挖掘场馆教育价值

场馆是教育服务的供给者,决定着家庭怎样享受或享受怎样的教育,以及教育完成的可能和程度。如果说家庭掌握教育发起意义上的话语权,那么场馆则占有教育发生意义上的话语权。家庭决定教育如何开始,场馆则定义教育怎样结束。场馆的教育功能理解、教育资源编排、教育对象审视等都将影响家庭享用教育服务的效果。因此,场馆应当明确教育身份和职能,创设家庭友好型教育空间,引导亲子开展具有教育意义的深度交流。

首先,正确认识教育功能,积极承担教育责任,以包容的心态向家庭开放。自公共场馆发端,教育就是其不可或缺的组成,并影响其他工作的开展。[1] 面对无数涌入的陌生家庭,场馆究竟如何不辜负"这遭相遇",主要取决于其以何种面貌和姿态出场,不同的选择又直接影响家庭的场馆体验——迷茫、充实、精疲力竭抑或焕然一新……为了恰当安置家庭的信任与精力,场馆应积极担承教育责任,开发教育资源的多元样

---

[1] Institute of Museum Services, *True Needs True Partners: Museums and Schools Transforming Education*, Washington: Institute of Museum Services, 1996, p.10.

态，有创意地履行教育职能。然而，在市场化和功利化的双重加持下，教育渐渐被边缘化，甚至教育部门也沦为不受重视的机构。在此情况下，场馆更应当正视教育身份，践行教育职责，将教育作为各项工作的重心，向社会推送优质的教育服务。麦克·卡森认为场馆的神奇就在于它通过建立人与展品之间的互动而带给人的美感、兴趣、惊喜、刺激或者某种特殊体验，这是其他机构所不具备的。[①] 正因为场馆绝无仅有的"神奇"，它才需要调整姿态，积极适应"后博物馆时代""由物向人"的转向，用教育演绎场馆的"神奇"，兑现服务于人的意义。同时，让教育以一种"实地化"的方式出现在公众面前，凸显地方特色和优势，让更多人能实实在在地享受这场盛宴，在其中寻找文化和生态的理解和认同。家庭是场馆中规模最大的群体，他们理应享受场馆的教育福利。所以，场馆应主动向家庭倾斜，重视家庭的教育需求，包容家庭的群体多样性，将家庭作为重要的服务对象。

其次，开发家庭教育项目，创设亲子友好型布展环境和辅助系统，为科学健康的亲子活动搭建平台。当前，场馆资源是面向所有群体开放的，在教育项目开发和教育资源编排方面并未考虑对象的群体差异，抑或为某一群体提供专属服务。不同人群来到场馆，无论出于何种目的，他们看到的展品是相同的，接受的服务也是相同的，场馆并没有提供针对性干预或指导。如此一来，场馆的教育价值势必大打折扣，因为价值是之于人的，不同主体的教育需求和表达是相异的，如果相同的资源面向不同的人群，那么教育的意义也将变得平庸。这几乎是制约所有场馆的瓶颈，展品摆放在那里，任由观众前来解读，而每个人能读出些什么，好像不再是场馆的责任。基于此，场馆应当根据群体差异开发不同主题的教育项目，以参观者为逻辑编排展览线，对展品进行动态编码。所以，场馆需要收集家庭的需求，分析家庭的特点，以家庭为主题开发教育项目，让家庭走进场馆可以找到与其身份相适的教育服务，包括亲子活动、

---

① Sue Mitchell, *Object Lessons: The Role of Museums in Education*, Edinburgh: HMSO, 1996, p. 55.

父母课堂、儿童乐园等。否则,将家庭与普通观众混淆势必削弱家庭教育在公共空间的自主性。

具体而言,场馆应努力构建指向服务家庭教育需求的友好型空间,以参与、体验和探究为理念,创设学习支持型布展环境和辅助系统,探索亲子主题教育项目,亚特兰大高等艺术博物馆的"格林家庭学习画廊"[①]即最成功的范例。博伦和德里特萨斯(Borun & Dritsas)认为家庭友好型展览包括七类特征:多角度;共时使用;便利;多产出;多模式;可读性;相关性。[②] 这些特征又可归纳为展品信息提取的舒适性,即参观者视角和体验的介入。所以,场馆的家庭友好型设计应当使布展环境和辅助系统更好地促进知识在亲子间充分流动和共享,而不是将其隔离为单向的信息灌输或者湮没在"不见展品"的人流之中。另外,家庭是以被动关系享用场馆资源的供给,在专业的话语编码中,场馆应主动规范干预要素,引导家庭开展积极意义的教育对话。

第一,让空间"空起来",提高对话参与度和舒适度。科学控制单位时间展品配比和单位空间人流数量,鼓励家庭在愉悦的环境中与展品充分对话。第二,让展品"活起来",扩大对话宽度和深度。积极挖掘展品的"故事资源",绘制"叙事图谱",通过体验式互动,使家庭感受展品内在"温度",成为"故事讲述者"。第三,让支持"多起来",增加对话便宜度和完成度。及时更新辅助学习系统,配备智能化数字导览设备和符合专业要求的教育工作者,指导家庭开展深入、完整、有教育意义的对话。

最后,基于家庭立场思考教育表达,开放多种平台,倾听家庭的声音。当前,场馆提供的教育服务主要基于专业逻辑设计,是从博物馆学或策展主题学科出发的专业思考。专业性可以保证场馆资源教育

---

① 格林家庭学习画廊建成于2005年,占地2000平方英尺,主要包括两个活动区域。它专注服务家庭群体,以8岁以前儿童为主,旨在加强亲子之间的情感联系,激活对艺术的好奇和想象,通过亲子互动经验培养孩子的创造性、想象力、同情心和娱乐性。

② Minda Borun and Jennifer Dritsas, "Developing Family-friendly Exhibits", *Curator: The Museum Journal*, Vol. 40, No. 3, 1997, pp. 178 – 196.

表达的严谨、科学和连贯，但也隐含着对观众不友好的前提设定。它让场馆"武装"成专制型的知识空间，若要读懂展品需要具备可与策展人对话的资质，场馆与观众之间升起了一条隐形的专业门槛。因此，场馆很可能沦为自说自话、自娱自乐的专业戏场，读不懂的家庭自然望而却步或铩羽而归。归根结底，场馆缺少一种亲近观众的立场和视角，没有站在受众立场思考其真正需要的是什么。实质上，这也是来自场馆的傲慢，是基于专业权威的知识性不平等的表现。在此情况下，场馆需要"放下身段"，避免陷入专业性专制，通过向家庭开放多种平台认真聆听家庭的声音，例如在线平台、回馈问卷。基于反馈信息的科学分析，推出更接地气（看得懂、喜欢看、愿意看）的教育项目，将教育服务落到家庭实处，不再是悬于空中人迹罕至的楼阁。与此同时，场馆还可以勇敢地继续向前迈一步，向家庭开放话语体系，邀请家庭参与教育项目的开发与设计，真正保证合作双方平等意义的行为交互。这不仅让教育资源走向家庭，而且让家庭获得参与感和认同感，使家庭更愿意走进场馆，也更愿意将自己的想法反馈给场馆，进而促进教育服务的日臻完善。

与家庭相比，场馆努力面临的挑战更大。因为，它涉及两种话语体系的交融，尤其是将一种日常话语习惯介绍进长期处于稳固态的专业话语体系。姑且不论操作上的复杂性，家庭与场馆如何达成教育共识就很可能让双方望而却步。但是，无论遇到多少困难，这一步一定要迈出去，否则场馆永远都是很多家庭一生一次的旅游景点，或此生不及的美好想象。其中，最为关键的一步在于教育立场的确立，以教育的眼光审视场馆持有的珍贵资源，将教育功能发挥到最大。只有如此，橄榄枝才可能从场馆中伸出来。

三 保持教育理念统一

当两个教育系统相遇，各自内嵌的属性、特点、功能需要达成一种均衡态势，让双方的教育作用力保持一致。这也是家庭与场馆教育合作的重要攻坚，因为双方在教育主体、教育影响和教育功能方面差异巨大，尚未形成一致的教育理解，教育行动上也自说自话。教育理解的分歧不仅会削弱教育的影响力，一方的预设被另一方的误解所弱化，而且可能消弭教育发起的冲动，一方不愿向另一方走近。在同一社会中，家庭教育和社会教育的一致性是由家庭、社会的对应性和同质性决定的。这种一致性又是儿童成长和发展需要、家庭稳定和发展的需要以及社会发展的需要。① 只有在一致性上达成共识，家庭与场馆才能真正形成教育合力，场馆中的家庭才能悦纳两种"系统教育作用力"的共时影响。

任何家庭对于要把子女培养成什么样的人，使之具备怎样的品质和能力，都有一定程度的自觉意识。家庭教育是在各家各户分别进行的，由各个家庭的家长实施。每个家庭，究竟要把子女培养成什么样的人，主要由家长全权确定，并取决于家长的意志。② 在现实生活中，虽然不同家庭和家长所追求的教育目的不同，但都是自觉或不自觉地反映社会生活及其在人身上的投影，而不是凭空想象而成。尽管家庭教育的具体目标各异，但总的教育目的都可归为一点，即培养子女成为什么样的人。可见，对于教育子女如何做人这样一个根本问题是存在共识的。进一步分析，对于究竟成为"什么样的人"的回答也存在高度一致性，健康、快乐、有出息等关键词反复被提及。黄河清指出，我国现代家庭教育的目的就是教会子女做人。③ 至于要做怎样的人，尽管每个家庭的答案不同，但在不同的表述中依然可以找到较为清晰的共识，即促进子女身心和谐发展。

从价值指向上看，场馆教育是以自我导向、自我维度和自我进程为逻辑的非线性的学习为主的活动。场馆教育的目的是教会参观者如何建立个人经验与展品之间的联系，其核心是以学习者的价值判断为标准，

---

① 孙俊三、邓身先：《家庭教育学基础》，教育科学出版社1991年版，第29—35页。
② 赵忠心：《家庭教育学：教育子女的科学与艺术》，人民教育出版社2017年版，第145页。
③ 黄河清：《家庭教育学》，华东师范大学出版社2014年版，第92页。

场馆方不应有设计自满。① 早在1594年,弗朗西斯·培根就对场馆的内涵和功能进行了探讨,他将场馆分为图书馆、动植物馆、博物馆和收藏馆四类。图书馆以书籍启迪智慧;动植物馆以自然探寻生命;博物馆以艺术发现美与灵魂;收藏馆以生活反思生活。② 他也率先明确了场馆"博物通识"的本质。胡伯-格林希尔指出,当前我们已经步入后博物馆时代,对博物馆身份创造性的再构想与再加工是后博物馆时代的一大特征。其重要任务是对文化、传播、学习和身份间复杂关系有一个更全面的理解,促进更加平等和公正的社会的形成,接受展示、再生与组成自我身份的文化以及由此带来的社会与伦理责任感。③

由此可见,指向身心和谐发展是家庭教育与场馆教育的共同理念。孩子的成长应当成为家庭与场馆共同努力的方向。当家庭走进场馆,所有眼光都应落在孩子身上,聚焦他们同展品、人和环境的教育关系及其意义的生发。有了共同的教育指向,家庭与场馆的教育共识才能找到着力点。即便双方存在某些方面的理解偏差,也会因为相同的服务对象向彼此靠近,或者在某一时间段、空间点、事件域中找到共识。具体而言,家庭与场馆的教育共识可以概括为五个方面:资源的可利用化,信息、思想和感受的系统化;态度、价值观的改变;文化身份、族群身份和家庭身份的明确;兴趣和创造性的激发,自信心的培养以及美好生活的追求;世界观的改造。④

此外,共识很难在自然状态中达成,它需要家庭与场馆的共同努力。根据努力程度又分为三个层级。第一层级,交流的努力。家庭与场馆积极围绕教育主题开展对话,探知对方的特点、需求和表达方式,将各自的教育意图传递给对方。交流的作用是为了保证彼此的理解和信息的透

---

① Patterson Williams, "Object Contemplation: Theory into Practice", *Journal of Museum Education*, Vol. 9, 1984, p. 10.
② 王乐:《馆校合作研究:基于国际比较的视角》,厦门大学出版社2017年版,第34页。
③ [英]艾琳·胡伯-格林希尔:《博物馆与教育:目的、方法及成效》,蒋臻颖译,上海科技教育出版社2017年版,第1页。
④ John Falk and Lynn Dierking, *Public Institutions for Personal Learning: Establishing a Research Agenda*, Washington, DC: American association of Musuems, 1995, p. 150.

明，引荐双方相互贴近、相熟相知。交流是一种基于信息共享的低级合作形态，往往停留在知觉和意识层面，是否能转化为现实行动还要看后续的努力方向和程度。第二层级，参与的努力。这是对彼此教育生活的实地干预，不再作为旁观者冷眼看待对方的教育展示。一方面，场馆通过不同形式走近家庭，提供教育服务，满足教育需要，例如各类送展项目；另一方面，家庭参与场馆教育的话语编码，贡献不同立场的教育智慧，例如建言献策等。参与是行动的表征，是现实中面对面的接触，是对彼此空间的占有和影响。第三层级，合作的努力。合作是最高层次的交流和参与，是教育互动的自动化、民主化和机制化阶段。家庭和场馆向外界展现民主平等的身份和态度，寻求彼此敞开的稳定教育关系。这种关系又非短暂的对话，而是一种指向未来的可持续合作。同时，合作又离不开完善的机制，它可保证家庭与场馆的教育互动处于稳定、自动的常规模态当中，没有外在因素的推动，两者的教育合作依然可以自行展开。

当然，家庭与场馆的教育共识不是一蹴而就的，需要足够的耐心赢得彼此的信任，需要充足的时间听到对方的声音，需要适当的包容允许摩擦和冲突对机制的打磨。而完成上述努力最为要紧的条件即家庭与场馆的频繁互动，家庭不要停下走进场馆的脚步，场馆更不要关闭面向家庭的大门。

四　推动制度落地见效

2010年以来，国家各部委相继出台了一系列的政策文件，旨在推动家庭与场馆的教育合作。从推行力度上看，不可谓不强；从实施范围上看，不可谓不广；从教育效果上看，又不可谓不弱。通过系统梳理政策文本发现，我国相关法律法规已经日趋完善，完全可以保证此项教育事业有法可依、有制可循。而且，制度支持既可以在"文博类"政策中找到依据，又可以在"教育类"政策中获得肯定。

文博类政策主要面向文化场馆，旨在明确场馆教育责任，肯定场馆教育价值，推动场馆教育实践。2012年2月，文化部推出《博物馆事业

第六章　展望：场馆中家庭教育的发展与优化

中长期发展规划纲要（2011—2010）》，明确提出博物馆是公共文化服务体系的重要组成，把充分发挥博物馆的社会作用作为博物馆发展的根本任务，创新展示教育传播的内容、形式、手段，切实提高博物馆公共文化服务水平，更好地满足人民群众的精神文化需求。同年12月，国家文物局印发《关于加强博物馆陈列展览工作的意见》，要求博物馆强化教育功能，有条件的地方，可建立专门面向未成年人的博物馆（儿童博物馆）或教育类博物馆，增加面向学生的陈列展览项目。见证历史的陈列展览在弘扬爱国主义的同时，应更加重视体现文物、标本的美学价值和审美教育作用，强调对人的审美能力的培养和训练。2015年，国家文物局和教育部联合下发《关于加强文教结合、完善博物馆青少年教育功能的指导意见》，要求加强博物馆教育资源统筹，设置充足的适合开展青少年教育的馆内场地，配套必要的教育设备，配备专业人员，在设计实施基本陈列、展览项目时要充分考虑青少年教育项目的需求。2020年，教育部和国家文物局联合印发《关于利用博物馆资源开展中小学教育教学的意见》，提出博物馆要坚持"展教并重"，策划适合中小学生的专题展览和教育活动，动员馆内策展、文保人员以及专家学者、社会力量参与博物馆教育资源开发，经常性组织开展参与面广、实践性强的博物馆展示教育活动。2021年，中央宣传部等九部委联合发布《关于推进博物馆改革发展的指导意见》，要求博物馆加强对中华文明的研究阐发、教育普及和传承弘扬，加强爱国主义教育和革命传统教育，培育人民文化生活新风尚。制定博物馆教育服务标准，丰富博物馆教育课程体系，为大中小学生利用博物馆学习提供有力支撑，共建教育项目库，推动各类博物馆数字资源接入国家数字教育资源公共服务体系。积极构建公共文化服务体系、服务人民美好生活。

教育类政策主要面向教育主体，旨在唤醒家庭教育的活力和责任，鼓励青少年群体积极参与社会教育，推动家庭与社会建立一体化的教育合作机制。2015年10月，颁布实施的《教育部关于加强家庭教育工作的指导意见》强调，加快形成家庭教育社会支持网络，推动家庭、学校、社会密切配合，与学校、社会共同形成教育合力。努力拓展家庭教育空间，不断创造家庭教育机会，积极主动与学校沟通孩子情况，支持孩子参加适合的社会实践，推动家庭教育和学校教育、社会教育有机融合。推动形成政府主导、部门协作、家长参与、学校组织、社会支持的家庭教育工作格局。组织社会实践活动，定期开展家长和学生共同参与的参观体验、专题调查、研学旅行、红色旅游、志愿服务和社会公益活动。此外，要统筹协调各类社会资源单位。各地教育部门和中小学幼儿园要积极引导多元社会主体参与家庭教育指导服务，利用各类社会资源单位开展家庭教育指导和实践活动，扩大活动覆盖面。依托青少年宫、乡村少年宫、儿童活动中心等公共服务阵地，为城乡不同年龄段孩子及其家庭提供家庭教育指导服务。2016年，全国妇联、教育部等九部委联合发布《关于指导推进家庭教育的五年规划（2016—2020年）》，明确提出统筹推进家庭教育公共文化服务，公共图书馆、博物馆、文化馆、纪念馆、美术馆、科技馆等公共文化服务阵地，每年至少开展两次公益性的家庭教育讲座或家庭教育亲子活动。2017年，国务院印发《国家教育事业发展"十三五"规划》，提出充分利用图书馆、博物馆、文化馆等各类文化资源，广泛开展中华民族优秀传统文化、革命文化、社会主义先进文化教育，培育青少年学生文化认同和文化自信。2019年全国妇联、教育部等九部委再次印发《全国家庭教育指导大纲（修订）》，提出家庭、学校、社会是促进儿童健康成长的共同体，家长要认识到家校社协同育人的重要意义，主动参与家校社协同教育，科学合理利用各种教育资源，促进儿童健康成长。2022年1月1日实施的《中华人民共和国家庭教育促进法》第四十六条明确规定，图书馆、博物馆、文化馆、纪念馆、美术馆、科技馆、体育场馆、青少年宫、儿童活动中心等公共文化服务机构和爱国主义教育基地每年应当定期开展公益性家庭教育宣传、家庭教育指导服务和实践活动，开发家庭教育类公共文化服务产品。

由此可见，国家在推动家庭与场馆相遇过程中付出了极大的智慧和努力，家庭和场馆可以从相关政策中找到充分的制度支持。所以，当前面临的困境并不是"想象"中的制度不完善，而是完善的制度如何在行动中切实落地。为更好地解决这一难题，我们需要从以下四个方面着手。

首先，国家各部门加大政策实施的推行力度，制订完备的监管体系，确保政策可以严格执行、有效落地。其次，地方政府严格贯彻相关政策，适时出台地方性解释条例，提供必要的财政扶持，精准对接各项工作。再次，各类场馆严格执行上级主管部门文件，切实落实主体精神，做好制度思想的实践转换，保证政策的宏观规划真正落地。最后，家庭积极响应国家号召，认真学习法律法规，主动承担教育责任，注重家庭建设，培育积极健康的家庭文化，树立和传承优良家风，弘扬中华民族家庭美德，共同构建文明、和睦的家庭关系，为未成年人健康成长构建良好的教育环境。

第二节 家庭与场馆教育合作的未来向度

家庭与场馆的教育合作是指向未来的事业，是构建一体化教育生态的重要构成，是推动教育现代化的关键要素。家馆教育合作的发展不仅是对教育现实的超越，更是对教育未来的展望。随着社会的发展和教育的进步，家庭与场馆相遇的教育意义势必更加充盈，它也将为适应新的时代要求做出积极调整。这种调整既是对当下的回应，也是对未来的预期，指明了家庭与场馆教育合作的未来方向。

一 从"偶然相遇"走向"持续相遇"

相遇即是"机缘"，也是"蓄谋"。家庭与场馆的相遇可能是"露水情缘"，也可能"山高水长"。当前，二者的遇见很大程度上是偶然的"机缘"，是一次性的教育合作。如教育画图所示，许多家庭生平第一次走进场馆，甚至可能是最后一次。若想提升教育合作的价值，家庭与场馆势必要扭转这一局面，从"偶然相遇"走向"持续相遇"。

第一，时间的持续。时间的持续是指家庭与场馆双方对教育合作投入时间频次和长度的加强。时间频次是家庭到访场馆的频率和次数。增加频次是推动家庭与场馆教育合作最简单且有效的方式。与一次性的教育相遇不同，未来的教育合作应当以常态化和习惯化的样态开展，家庭以固定的频率不断往返于不同的场馆。为回应家庭的积极性，场馆也会增加或改善值得家庭反复前来的教育资源和项目。这也意味着场馆不再只是某种形式的旅游"打卡地"，而是稳定的教育空间。只要有闲暇时间，场馆就会是家庭教育的首要选择。由此可见，频次的增加保证的是教育合作的长期性，是未来时段的反复相遇。

时间长度是家庭投入场馆的教育时长。如现实考察所示，在馆时间与教育效果存在正相关，家庭投入时间越长，教育效果越好。因此，我们应努力延长家庭停留场馆的时间。通过场馆环境、资源、项目、辅助设施等方面的友好型设计，增加馆内行动的舒适度，让家庭"来了就不愿意走"。此外，家庭愿意将更长时间分配到单次场馆参观当中，并能够克服种种限制和困难，专注教育意义的阐发。总之，家庭不再走马观花、来去匆匆，能够每次与某种或某几种资源和项目深度互动，充分挖掘展品深层次的教育价值，真正走进每个展品背后的教育世界。在此意义上，家庭教育的逻辑起点不是场馆及其情境，而是展品本身的故事性。因为，一组家庭很难在一次参观中探知所有展品的故事，领略所有展品的教育魅力，他们只有理性取舍，才能将资源的教育价值最大化。所以，时长的理性增加必然减少单次活动的教育容量，而减少的单次时间容量又可以通过增加总体参观频次予以补偿。如此一来，时间的长度就与时间的频次达成了统一。正如很多场馆教育工作者所说，"一次看不完就多来几次"。

第二，内容的持续。场馆中的教育资源看似零散，却存在内在逻辑串联的可能，只不过该线索并未被清晰的呈现，抑或真的只是随意的零散编排。脆弱的内容联结仅仅停留于教育表达的浅尝辄止，无法深入理解展品承载的深层教育意蕴。家庭与场馆未来的教育合作应当保证内容的持续性，让亲子有想来和再来的必要，让每一次到访都成为构成完整知识网络的重要步骤。所以，内容的持续性又表现为内容的系统性。家庭应当或希望获得的知识远不是碎片化的点缀，某种内在或外在的线索可以把所有的片断合理串联起来，帮助其形成完整的知识图谱。尽管到访的节奏可以被中断，但总的知识线却是完整连贯的。作为资源的持有者，线索的设计主体只能是场馆。在保证线索清晰的同时，教育资源的展示应避免一劳永逸、一成不变，例如很多场馆的展览线数十年如一日。它们应当勇于探索多样化、动态化的线索搭建逻辑，在深思熟虑的前提下，大胆创新。同时，家庭也要具备系统思考的意识和能力，主动寻找和遵循某种线索，并具备线索解码的能力，主要表现为场馆选择的理智、教育行动的自觉和教育规划的清晰。

总而言之，内容的系统性是将家庭教育的动机和行为进行整体性设计，将场馆教育的环境和资源进行结构性编排，将块状的画片拼接为完整的教育图像。所以，系统性尤其强调逻辑为先，明确具有教育意义的线索，指导家庭教育选择和场馆教育开发。此外，内容的逻辑性也是外在线索的嵌入，包括学科逻辑、时间逻辑、任务逻辑等。这既打开了家庭和场馆的思路，从外在任务的角度安排系列化的教育活动，又向两者提出了额外要求，掌握多种逻辑线并能与之保持认知一致。从本质上说，连续性是为了让内容的深层意蕴更好地与人建立真正的内在关联。

第三，保障的持续。家庭与场馆的持续相遇离不开必要条件的保障，这些条件主要包括资金、精力和制度三个方面。首先，资金保障的持续。对场馆而言，开发以家庭为主题的系列教育资源和项目，吸引更多家庭来访且合理安置，亟须的支持即资金，薪金、设备、咨询、网络、维护等无一不仰赖资金。然而，如调查所示，场馆教育部门在财政预算中所获得的资金支持是所有部门中最少的。场馆教育工作者也希望做一些与众不同的事，但苦于没有资金，只能望洋兴叹。所以，无论场馆的总体财政预算，还是来自社会的其他资助，都应当给予教育服务更大的扶持。另外，尽管很多场馆免费向公众开放，但前往场馆仍然需要一定的经济消耗，家庭也应当合理规划预算，为场馆教育开支预留空间。其次，精力保障的持续。开发教育项目以及配套相应服务需要大量具备资质的人力。当前，场馆师资力量相对薄弱，有限的人力资源很难满足庞大家庭群体的实际需求。所以，精力的蓄力在最直接的意义上也意味着人力资本的投入。只有人手足够，才能提供充足的教育服务。与此同时，家庭也需要克服同样的困境，将精力从繁重的生活和工作中适当释放出来，分配一些陪伴孩子的成长。而且，单次时间量并不要求很多，贵在持之以恒。最后，制度保障的持续。无论场馆和家庭都需要完善的制度规范，敦促并保障教育活动的顺利开展。制度可以让整个教育体系更稳定，也能保证教育行为更顺畅，而且制度的影响力也是长效的。诚然，我国已经出台诸多政策，但制度补充的速度需要跟上教育发展的节奏。所以，制度的持续性既指向服务教育的长久效力，又包括制度本身的自我完善，具体包括宏观的法律法规、中观的通知条例和微观的规章纪律。

第四，意识的持续。意志力是行为持续的核心动力，是"持续相遇"最根本的元素。家庭与场馆教育合作的第一步即意识的努力。家庭和场馆在观念上要觉识相遇的价值，并愿意为之付出努力。一方面，双方应当认可持续教育合作的必要和价值。单次相遇不过是一次美好的邂逅，只有将这份美好延续下去才具有真正的教育意义。无论是家庭，还是场馆，观念本身的持续性很可能桎梏行动的持续性，意识觉醒是最顽固的教育努力。他们往往意识不到持续合作的价值，甚至看不到持续合作的前景和可行性。所以，意识唤醒是教育合作最迫切的一步。外界只能通过间接的点醒起到催化作用，最关键的作用主要依靠意识的自我觉醒。而教育观念的改变又依赖于终身学习的努力，包括家庭对教育理解的拓展和场馆对教育理解的深化。另一方面，双方愿意为持续的教育合作诉诸努力。意识到教育合作的价值之后，他们还要具备完成意识转化的意志，即愿意投入时间、资金和精力将教育行为进行到底。所以，这里所说的愿意其实是一种意志力，一种愿意迈出第一步的行动意志。与观念不同的是，它需要克服现实环境的阻力，抑或说行动的意志能够超越教育投入成本，坚定地将教育想象付诸实践。它要求家庭与场馆具备高度的韧性，敢于摆脱现实对行动的种种束缚。总而言之，意识的持续实质上是家庭与场馆教育理解与行动的自觉，无须外界干预，二者会主动向彼此走近，并将双方的合作行为稳定为默契的教育机制。

二 从"遥远相遇"走向"近地相遇"

家庭习惯于将教育指向遥远的未来和抽象的文本，孩子被禁锢在"书房"和学校，为目之不及的美好生活做着"枯燥"的准备。于之而言，未来的美好只能靠抽象的文本企及。有意也好，无意也罢，场馆顺应了家庭的习惯，并没有对此提出质疑和反思，以冰冷、有距离的展出内容和方式回应着家庭对"遥远未来"的期待。然而，当本土意义逐渐显现，在地化的生活方式向人们展示着更为充盈的可能意义，"遥远"开始出现"近地"转身的趋势。反全球化浪潮凸显出本土化的巨大优势，场地、人、文化等纷纷挣脱同质化和商品化的桎梏，教育也更加关心脚下的土地，关心人与土地之间的内生关系。在这种未来可期的趋势中，家庭与场馆的相遇也要投入时代的"空间"转向，从抽象想象走向近身关怀，从"遥远相遇"走向"近地相遇"。家庭走进场馆不再仅仅为追寻"历史足迹"或获具某种未来技能（尽管它也是模糊的），而是拥抱当下的环境、自己和关系。深入分析，"近地"又具有时间上的"近地"和空间上的"近地"两层含义。

时间上的"近地"指家庭与场馆的相遇强调当下之物及其与人之间的教育关系。场馆中的展品往往承载着厚重的文化底蕴，无论是历史博物馆的文物，还是美术馆的艺术品，很多展品与当下生活之间隔着漫长的时间沟壑。场馆尝试将遥远的历史展现在现代生活面前，却没有告诉公众两者之间究竟存在怎样的联系，多数观众又不具备自行填充这些留白的能力。这种遥远的表述方式让观众与展品之间产生了巨大的代沟，观众的经验无法解码展品中隐藏的本土信号。场馆提供的时间线和观众携带的时间线处于彼此平行的位置，两条平行线之间彼此看不到、听不到。家庭可以感受过去的美好，却体悟不到当下的智慧。此外，场馆预埋的时间又指向遥远的未来生活，在类似"以史为鉴，展望未来"的美好想象中，为公众构建一个极富教育意义的规范空间。指向未来的意义是毋庸置疑的。问题在于，如果场馆只勾勒未来的想象，却忽视当下的现实，很可能滋生虚无感以及对生活的不满。这种设计逻辑又与家庭长期坚信的"为了以后更好的生活,再苦也值得"的理念完全一致,这很可能加剧后者在越轨的道路上越走越远。可见,无论回望历史还是展望未来,当下都被放置在巨大的横向时间间隙当中,回望和展望都需要人们高高地"仰起头",其势必错过对当下的"平视",而且这一过程又着实不易。因此,时间上的"近地"是让家庭与场馆从当下出发,构建可以对话的时间经验,让教育更好地观照当下生活。

基于上述分析,家庭与场馆的未来合作应当拉近展品与生活的时间距离,让孩子可以从容地将场馆所得迁移到生活所得。走进场馆,他们不会有强烈的时间疏离感,而会感受到所经历的一切都可能是生活的片断或镜像。如此一来,场馆不再构建指向历史和未来的教育空间,而是以当下为中心勾连起历史与未来,真正实现"以史鉴今,展望未来"。换言之,回望与展望都服务于当下生活,人们不会在回望中沉湎过往,也不会在展望中迷恋未来,一切以我如何过好当下生活为主旨。家庭的教育选择可以从场馆中获得未来发展的资质,但他们更应当享受当下的教育生活。所以,时间上的"近地"又表征着教育方式的现时性,即重视教育的即时体验,将教育沉浸在当次活动的过程,以体验式的方式与展品互动,将展品故事与个人故事在此时建立跨越时间的交流。体验是多种感觉的交互影响,是听觉、视觉、触觉等共同构成的立体感受。体验式教育不仅追求现时感受,而且努力将展品与个人在时间上合二为一。在此过程中,家庭获得的是当下的教育感悟,是将历史与未来共同嵌入现在的开阔,以及以当下智慧输出整体性的成长意涵。

空间上的"近地"指家庭与场馆的相遇强调近身之物及其与人之间的教育关系。人是属地的,是由近身空间孕育而成,对近身知识的忽视是对文化身份的最大背叛。每座场馆都是所在地域的文化符号,它收集着可以代表当地文化的特殊印记,包括文物、艺术品、动植物等,甚至场馆本身也具有文化标示作用,包括建筑、位置等。所以,场馆是最具近身意义的文化空间。然而,当前场馆接待的观众多数来自遥远他方,走进场馆的最大冲动可能是对异域文化的好奇,而且探知异域空间的诉求要远远高于感知所属文化场域中文化符号的兴趣。这也是为什么,人们争先恐后前往其他城市的场馆"打卡",而对本地场馆全无了解。面对如此局面,场馆需要以本土人群为对象,服务周围群众,开发区域文化的教育项目,让同属同片土地的人在场馆中找到归属感和根的意识,让本地人知道"我从哪里来""我携带着怎样的文化记忆"。说到底,场馆是因为地方文化才得以存在,其本质是属于地方的,所以理应预留出一部分空间服务本地群众。那么,家庭走进场馆也应接触到属于附近和地方的文化,寻找和强化人类赖以生存的身份记忆和文化根脉。

除此之外,场馆还要加强与社区之间的联系,积极服务社区建设和发展,形塑社区的公共服务意识和集体生活的凝聚力。在此意义上,场馆不仅要展示具有艺术价值、历史价值、科学价值的展品,还要展出具有生活价值的展品。正如调查中加拿大 Ca-6 博物馆所做的努力:讲好社区故事,弘扬本土文化。一方面,场馆可以收集与本土生活较为密切的文物、艺术品等,向家庭讲述这片土地上曾经发生的故事,将历史与现实有机结合起来。在"历史照进现实"的逻辑中,让家庭在场馆中能够找到清晰的归属感和共鸣感,同时能够从贴近个人记忆的展品中找到当下生活的智慧和启迪。另一方面,场馆可以从社区中选择近地主题,以日常生活讲述为逻辑,征集当下生活的物证,向家庭展示真实生活中的艺术。如此安排并不会降低场馆的教育价值,相反会拉近场馆与公众之间的距离,让后者在熟悉之物中感受文化(艺术、科技、历史、自然等)的熏陶,也可以让他们感受到生活中无处不在的教育价值。最为关键的是,家庭与场馆之间的空间距离将被彻底破除,场馆仿制社区生活的熟悉空间,让家庭有宾至如归的亲近感。而且,场馆所蕴含的教育价值丝毫不会比传统空间少,相反,场馆能激发出家庭更强烈的教育主动性。

三 从"现实相遇"走向"虚拟相遇"

置身信息化、网络化和智能化的"数字时代",在大数据、区块链、

5G、人工智能、物联网等技术的支持下,人们各个方面都在经历着"数字化成长"。①数字化改变了知识的样态,升级了信息传播的途径,也深化了人们对世界的理解。在此环境下,各项教育事业也将面临数字化升级和改造。手机、电脑等互联网终端成为普通家庭的生活必需品,网络构建的虚拟化模式不再只是提供"冲浪式"的短暂体验,而是几乎将大部分的生活内容接入数字端口,比如购物、订餐、出行、社交、娱乐等。家庭教育的方式和内容也被"上传云端",各类在线课程、数字资源纷纷被写入家庭教育的常规计划。而且,家庭教育中数字化比重正日益升高,甚至离开数字化手段很多家庭的教育工作就无从着手。与此同时,场馆教育伴随着数字技术的发展,也在悄然经历一场虚拟化变革。展示空间开始突破传统展览对实体场馆的依赖,逐渐向 WEB 网站、虚拟演播厅、虚拟空间等方向发展。以文本、图像、音频、视频数据处理为基础发展起来的多媒体技术,使观众从多角度(视觉、听觉、触觉等)感知展示对象,并与展示对象的互动,数字展示对象以人的跳跃性思维和联想中心自动展开。②在此技术环境下,人们足不出户即可"近距离"欣赏"国家宝藏",不仅可以随意放大或缩小图像,而且能够了解更为全面的展品信息。观众再也不用担心前文描述的拥挤、环境差、看不懂等问题,可以放心在网络空间畅游。

家庭与场馆的"传统相遇"是扎根固定空间的时序化展开。教育的发生逻辑是叙述性的,即基于时间顺序和内容逻辑,通过个性化理解串联起不同展品和活动的教育理解。家庭与场馆的"虚拟相遇"呈现的则是一个全息的、多维的、多重时空的网关结构,它没有时间和空间的限制,在不同的信息节点之间任意跳跃。从某种意义上说,数字制式打破了传统线性叙述的规则,构建出一个能以多种方式组合,学习者自由定制和选择的开放系统。"虚拟相遇"借助计算机和网络技

---

① [加] 唐·泰普斯科特:《数字化成长(3.0版)》,云帆译,中国人民大学出版社 2009 年版,第1页。

② 陈刚:《博物馆数字化与数字博物馆展示特征分析》,载北京市科学技术协会信息中心《数字博物馆研究与实践》,中国传媒大学出版社 2009 年版,第 128—133 页。

术促进家庭与数字展示内容互动。家庭不仅具有自由选择性,还能对数字展示对象施加影响,按照个性的意愿进行加工和改造。这种互动性既让家庭对展示对象、主题、趋势和寓意产生浓厚兴趣,又让数字展品具有丰富的生命感,通过不断升级维持使用者的参与程度。此外,以数字化技术为基础发展起来的多媒体技术,通过文本、图形图像、音视频等多种技术手段,提供多感知手段支持。家庭可以根据需要自由选择一种或多种感知方式,包括听觉(感知音乐、语音信息)、视觉(图像)、嗅觉和触觉。多媒体技术通过触动各种不同的感官经验,帮助家庭从多种感觉通道去感知同一展示对象的信息,从而获得更加形象、完整、深刻、系统的认识。

家庭与场馆的虚拟相遇主要表现为两种类型:一是将抽象的过程可视化;二是将远离现场的事物临场化。在场馆提供的虚拟场境中,家庭可以借助技术手段(头盔、数据手套、立体眼镜、三维鼠标、环形穹幕等)多感觉地(视觉、听觉、嗅觉、触觉等)与计算机产生的三维世界进行交互。虚拟化可以使场馆在时空上更具延展性——展示对象在时间和空间上得到扩展;参展方式在时间和空间上得到扩展。通过数字化终端设备,任何家庭都可以随时随地不受限制地观察感兴趣的展示对象。

对于场馆和家庭而言,最重要的数字化项目是导览参观的技术性升级。它又包括两个部分:其一,面向互联网家庭的导览展示;其二,面向现场家庭的导览展示。[①] 对于前者,场馆主要将展品进行数字制式转换,通过图片、视频、声音等方式上传网站,供家庭浏览学习。此外,很多场馆也开始尝试使用虚拟现实技术,塑造仿真环境使观众不仅有身临其境的感觉,还可以进行交互式参观。如果对虚拟展厅中的某件藏品感到好奇,通过直接点击按键,就会出现藏品的放大图片、三维模型以及详细资料,为家庭提供一个在互联网上公开访问的渠道。它还可以对现实世界无法实现或再现的事物及环境进行塑造,包括对古代遗址、建

---

① 姚安:《博物馆12讲》,科学出版社2011年版,第234—235页。

筑的复原,文物制作工艺的再现,以及古代生态环境的模拟等。对于后者,现场家庭的导览展示集声音、图像、文字、三维、视频为一体,强化展示手段和个性化导航服务,使其迅速知道自己所在位置,通过触摸屏检索自己感兴趣的信息,了解周围的陈列展示内容,同时提供游戏、知识问答、虚拟场馆等多种互动手段,加强家庭对重点文物及重要事件的认知,达到更好的教育宣传效果。例如,基于参观时间分配、兴趣点分布等信息开发制作多媒体导览系统,通过视频、照片及文字的编排设置不同栏目等。

场馆的虚拟化建设对家庭与场馆的教育合作具有重要意义。首先,为家庭提供了终身学习的便利平台。家庭足不出户就可以享受场馆精心组织的教育资源,而且这种虚拟的优质服务无须支付任何费用。其次,丰富了学习资源的形式,利于激发学习乐趣。图片、音频、视频、全息投像、虚拟空间等不同制式的资源使学习行为不再局限于文本阅读,让家庭真正体会学习的乐趣。再次,深化了家庭的教育理解,保障深层次的学习需求。数字化的资源呈现方式是立体的、全面的,家庭可以进一步探索与主题相关的更广泛的叙事和更深层的内涵,有助于获得对教育的整体理解。最后,使家庭拥有更多的学习自主权。家庭可以根据自己的需要和兴趣,点开相应链接,在不同网页间自由切换,针对性分配学习时间和精力。他们在进入、退出、选择、停留等方面享有完全的自由。

需要补充的是,当教育方式从"现实相遇"走向"虚拟相遇",场馆引以为豪的"物"的逻辑势必受到抑制。数字化的便利性毋庸置疑,但它也让人埋头于虚拟空间,忽略了肉身扎根的现实生活。场地为教育输送的真实感及其教育意涵是无法被虚拟技术替代的。家庭在场馆中感受到的视觉震撼、情感强化、想象激励等很难在数字世界找到与之对等的刺激物,即便可以找到,画面背后的真实性和价值性也不得而知。人被物环绕着,又作为物而存在,所以我们永远无法忽视"物"本身的教育意义。在迈向"虚拟相遇"的路程中,家庭与场馆的教育合作既要保留"物"的底色,又要强调数字化的限度,至少已有的技术水平还不足以支持完全数字化的教育生活。

四 从"公共相遇"走向"定制相遇"

经济的高速发展与生活方式的现代化升级掀起了定制化的潮流，迅速席卷公众生活的各个领域。人们对教育质量的高要求以及对教育理念的现代性理解，也让教育开始从公共服务走向私人定制，即以个体需求为核心的教育服务。层出不穷的定制式私人教育项目纷纷进入千家万户。在某种意义上，最理想的教育样态只能是定制式模式，因为每个学习者有属于自己的节奏，只有个性化方案才能真正满足他们的需求。当定制式生活成为整个社会趋之若鹜的潮流，家庭与场馆的教育合作也将迈入定制化时代，从定制中找到新的灵感。

对于场馆而言，"定制相遇"是一种顺势而为，利用现代化的教育资源，创新教育目的的私人定制，探索教育服务的"P2P"模式。场馆根据家庭的特点、兴趣、需要等个性化倾向，甄选契合、优质的教育资源，提供系统化的教学服务，在最适合的教育体验中，帮助家庭成员成为自己（潜在）希望成为的人。在操作意义上，场馆基于大数据深度挖掘家庭需求，预测和配置教育资源，为人们"量体裁衣"，严格落实可行性、发展性、原创性等原则。此外，私人定制的营利性是不能回避的，但场馆应当严肃拒绝逐利行为，改变功利化的、迎合短期需求的思路，指向可持续的终身学习能力的培养。也就是说，场馆的营利行为应得到尊重，但营利并非其核心诉求，服务公众的教育成长才是其关键使命。

此外，与模式化的"公共相遇"不同，"定制相遇"让家庭可以参与专属的教育项目创建。当前的场馆教育服务是将展品静态地面向所有观众，无论对方有何种诉求，教育资源依然原封不动地展现在他们面前。对观众人类学信息的回避必然将教育效果大打折扣，家庭难以找到适合的教育资源和服务。相反，定制式的教育项目是针对每一类相同群体的家庭专门设计，是基于家庭的背景、特点、结构、需求等因素特殊打造。它能够挖掘家庭深层次的教育需求，满足个性化的教育诉求，将教育对家庭的影响发挥到最大化。在此过程中，场馆积极收集家庭的建议和意见，邀请家庭参与教育项目开发，合力定制符合家庭需要和场馆特色的教育服务。

　　对于家庭而言，定制式教育服务已经不算陌生，家教、校外辅导、在线课程等都属于这一范畴。尽管，部分家庭暂时无法承担定制式教育服务的经济成本，但在不可逆的定制化趋势下，付费门槛会越来越亲民，未来也会有越来越多的家庭寻求这种教育服务。当然，随着国家经济的高速发展和政策制度的日趋完善，未来场馆定制服务很可能将由政府统一购买，家庭安心享用免费化的定制服务即可。这种规划并不遥远，英国、德国等西方国家已经早早迈出了这一步。另外，比成本权衡更重要的是，家庭愿意积极向场馆提出定制化的教育诉求，并将个人信息有效反馈给场馆，从而便于场馆收集客户信息，开发针对性的教育项目。由此可见，定制化教育的前提是家庭对教育理解的开放、深刻。如果家庭依然坚持对学业成绩的执着、对核心课程的专注、对发展方向的瞄准，定制化教育很难真正走进家庭。定制是从孩子的特点、兴趣、需要等个性化因素出发，为其量化打造适合自己节奏和期许的教育服务，它在本质上与传统教育背道而驰。后者追求规模上广泛覆盖的教育同质性，前者则强调因材施教的教育个性化。由于主流教育形态依然采用"公共化逻辑"，家庭必然在"公共相遇"向"定制相遇"的转向中经历不适和阵痛。那么，家庭如何对待这种不适和阵痛将成为行动转向的关键。

　　此外，定制化又与虚拟化形成联动效应。虚拟化加速了定制化的实现，使其以便于操作的形式出现在家庭和场馆面前。数字化时代的突然降临，让教育得以从"实地"走上"云端"，而数字终端的普及则预示着社会教育走向服务化和个人化已经是不可逆的趋势。数字化定制大大减轻了家庭与场馆的经济成本，家庭只需要手机、电脑等设备即可使用，而场馆也只用将实物进行数字化转制，按照某一主题或逻辑将资源、活动等进行程序化包装上传网络平台就可以让私人定制成为可能。从教育服务的申请，到教育服务的使用，再到教育服务的反馈，整个过程全部在线上进行。因为数字化定制能够将珍贵的展品收藏在云端，制作成各种主题的服务包，所以私人定制的内容和范围得到极大拓展，平时无法接近的展品可以轻松放入私人教育资源包。由此，教育资源包的成本被合理压缩。场馆还可以将制作过程流水化,大规模完成教育服务的私人定制。另外,数字化定制也让家庭足不出户就可以通过轻触屏幕享受专属教育服务,每项教育服务都属于一个(类)家庭,以最适合孩子的方式开展最适合的教育,也让没有时间陪伴孩子的家长有了可供替代的选项,这对受教育者而言当真是福音。

与此同时,私人定制又进一步拓展了"学会学习"的内涵。1972年,《学会生存——教育世界的今天和明天》中明确提出,新的教育精神使个人成为他自己文化进步的主人和创造者。自学,尤其是在帮助下的自学,在任何教育体系中,都具有无可替代的价值。[①] 传统的"学会学习"强调获得持续学习的动机,掌握自主学习的能力,鼓励学习者利用一切可以利用的资源开展教育活动,实质是在碎片化的知识中自我摸索和自我成长的过程。然而,私人定制提供了另一幅图景——学习者不再面对杂多的资源,而是面对系统化的服务,是在已经被整合过的"课程系统"中更科学、更有效地学习。所以,新的"学会学习"在赋权给学习者的同时,也认可了服务的重要性,为教育搭建起一个系统、规范的逻辑框架。在此意义上,学习者不仅习得了"学会学习",而且掌握了"如何学会学习"。通过"定制相遇",家庭不再轻易被"学习化"裹挟到漫无目的的场馆探索当中,而能够在规范的教育系统中构建清晰的教育关系、接受科学化的教育内容、获得个性化的教育成长。

第三节 家庭与场馆教育合作的机制优化

教育机制是由教育内、外部与教育活动有关的社会要素和教育要素,在与教育密切联系、相互作用的原则下,有机结合成的一种多维度、多层面、自调控、自平衡、非稳定的社会与教育互动系统和关系结构,它能规范、控制、推动、引导教育按照非此不可的路线、速度、规模、形

[①] 联合国教科文组织编:《学会生存——教育世界的今天和明天》,华东师范大学比较教育研究所译,教育科学出版社1996年版,第251页。

式及趋势运动和发展。[1] 教育机制将教育活动以稳定、系统、自动化的样态固定在精心搭建的框架下。家庭与场馆相遇面临的最大问题即偶然性，缺少教育机制的保驾护航，双方在盲目的试错中摸索着前进。但是，最不允许试错的社会活动就是教育，因为试出来的错可能会根深蒂固地影响人的一生。

20世纪80年代末，美国印第安纳波利斯博物馆提出瑟琳达场馆学习理论（Selinda Model of Visitor Learning），旨在深入了解场馆学习者的经验，探讨如何更好地进行场馆设计，将学习者的学习潜能发挥到最大。而后，派瑞通过长期实验检验和修正，对该理论进行了完善。瑟琳达场馆学习理论包括动机、参与和结果三个维度。[2] 动机维度指对场馆学习具有倾向性影响的心理需要和渴望，包括交流、好奇心、自信心、挑战性、控制力和娱乐性；参与维度指学习者在场馆中所参与的所有学习活动，包括物理、情感、智识和社会四个方面；结果维度指学习者从场馆学习中所获得的某种改变，包括意义、态度与行为、身份和技能。教育合作的本质即不同主体间关系的构建和维护，其既定义了教育的发生结构，又黏合起动机、参与和结果的发生过程。然而，瑟琳达场馆学习理论结果维度的四类划分并不清晰，很难观照家庭教育的现实行动。兰斯特大学"场馆委员会"（MLA）和"场馆研究中心"（RCMG）提出的"一般学习结果理论"则可弥补这一不足。"一般学习结果理论"聚焦场馆学习可能达成的具有普遍意义的学习结果，将其概括为知识与理解，技能，态度与价值观，娱乐性、启发性和创新性，以及活动、行为与成长五个方面。此外，教育的协同又无法脱离外部环境的支持和保障，通过制度、经济、师资和数字化平台四个方面激励着家庭与场馆向彼此走近。综合上述分析，动机、过程、结果、协同和保障共同构成家庭与场馆的教育合作机制，而机制优化也可从发起、参与、反馈、关系和条件五个环节分别完成（如图6-1）。

---

[1] 王长乐：《教育机制论》，吉林人民出版社2001年版，第14页。
[2] Deborah Perry, *What Makes Learning Fun*, Plymouth: Rowman & Littlefield Publishers, 2012, p. 39.

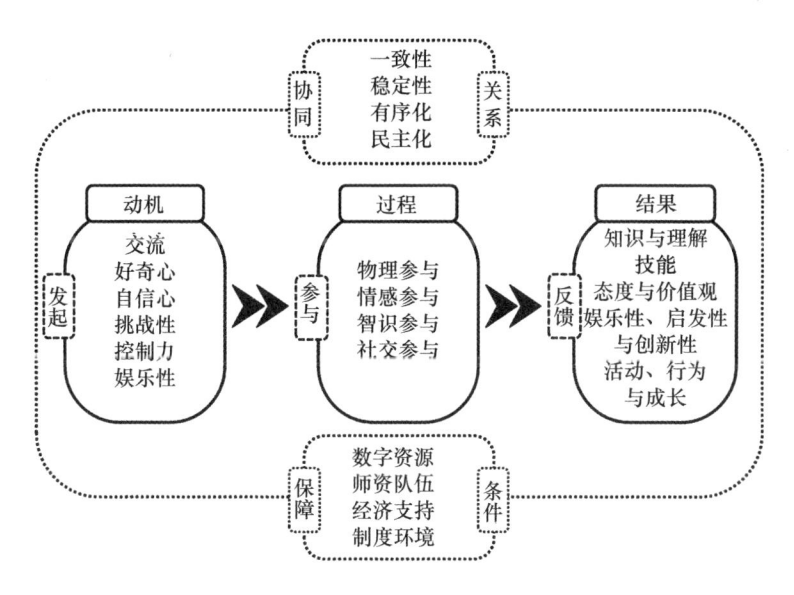

图 6-1　家庭与场馆教育合作机制

一　动机：教育合作的发起优化

动机是家庭与场馆教育合作发起的前提，是推动教育活动开展的关键动力。尽管动机因主体而异，但家庭与场馆的动机指向却是统一的，即人的整全成长。这也为教育合作的发起优化提供了重要契机，双方可以以此寻求共识，继而围绕共识构建系统的教育规划。瑟琳达场馆学习理论将参观者进入场馆的动机概括为六个方面——希望与场馆进行一场成功的对话（交流）；感到惊喜并有兴趣（好奇）；感到安全与聪明（自信）；被挑战且能获得新的思想（挑战）；对经验的控制，可自由选择他们想做什么以及去哪（控制）；可以获得快乐（娱乐）。交流、好奇、自信、挑战、控制和娱乐准确定义了家庭与场馆的共识动机，而教育合作的发起优化也应从这六种动机开始。

（一）交流的优化

交流是人们走进场馆的首要动机，他们渴望与展品交流，也期待人与人之间的互动。所以，交流动机可以划分为物的交流和人的交流两种类型。家庭决定踏入场馆的门槛即昭示着他们愿意与各色展品相遇，进入场馆构建的话语体系。那么,物的交流又表现为直接意义上家庭与展品的交流和间接意义上家庭与场馆的交流。根据互动的范围,人的交流也可以分为家庭内部交流和家庭外部交流两种形式。交流的优化即对物的交流和人的交流的改进。

优化物的交流旨在确保家庭获取展品信息的便捷以及促进家庭与场馆两种话语体系的同频。家庭是为了展品才走进场馆的,但前期的预设不同于盲盒游戏,因为盲盒游戏很可能将深层次的教育意义遮蔽。家庭应当为面对面的交流做足准备,了解展品的相关信息,场馆也要为家庭的探知提供信息获取的便利。也就是说,家庭在保持对相遇期待的同时,还要知道他们期待的究竟是什么。激情式相遇的浪漫往往产生的教育过程是短暂的,留下的教育记忆也极易被时间抹去。此外,家庭与场馆分属两种不同的话语体系,生活性话语与专业性话语的隔阂无法彻底消除。然而,两者之间的距离可以力所能及地缩短,从而确保交流顺畅。家庭的生活话语很难左右,但场馆的专业话语却可智慧地向家庭倾斜,让家庭意识到场馆并非高不可攀的知识殿堂,而是日常的教育空间。

优化人的交流旨在改善主体间的教育关系,提升教育效果。麦克麦纳斯(McManus)指出群体学习一致性与对话的时间和频率存在正相关。派瑞(Perry)也指出,相比独自站在展品前观看,当学习者相互交流时,他们讨论的主题范围会更加广泛,而且意义会更加深刻。[①] 在此意义上,人的交流优化又进一步区分为家庭的内部关系和外部关系。内部关系强调家庭成员之间教育关系的表达惯习,他们应当意识到在私人领域和公共领域的教育身份是统一的,家长集监护者、教师、朋友等角色为一身。孩子对家长的身份期待决定着场馆中教育关系的构建和类型。而且,期待本身也可能成为孩子对家庭亲密生活的美好想象,他们只是想和家人一起而已,去哪都行。外部关系重视家庭成员与场馆工作人员之间的关系预设。场馆教育工作者是沟通两种话语体系的桥梁。无论家

---

① Deborah Perry, *What Makes Learning Fun*, Plymouth: Rowman & Littlefield Publishers, 2012, p. 236.

庭还是场馆，都应当期待这些中介者可以更充分地参与其中，帮助他们将教育效果发挥到最佳状态。

(二) 好奇心的优化

布鲁纳认为，我们是带着天生的好奇心来到这个世界上的，这是一种对自然探索以及社会求知的天然欲望。家庭对场馆的选择很大程度是受好奇心的推动，希望探知隐藏在建筑背后的"国家宝藏"。好奇心的优化旨在从诸多动机中澄清并甄选更利于孩子教育成长的那份冲动，并借助场馆的教育资源激活、稳定和内化积极的好奇。瑟琳达场馆学习理论将好奇心分为感觉好奇、认知好奇和兴趣三个层级。

感觉好奇指人被外在因素吸引的感官刺激，包括影像、光线、声音、味道等。感觉好奇涉及的吸引变量会随着外在因素的改变而变化，其通常被理解为"对照刺激变量"（Collative Variables）。这种好奇难以为个人所控制，它更偏向人的自然生理反应（好感或反感）。场馆或展品的新奇、躲避寒暑、放松身心等都属于这一范畴。感觉好奇是最不需要解释的冲动，它追求的是身心最直接意义的舒适。认知好奇是基于对某一知识的匮乏和渴望而主动激活的冲动。简言之，认知好奇即学习的冲动。人们有构建完整认知结构的内部需求，而教育的环境可以激起人们的好奇，使其相信他们已有知识结构并不完整。[1] 布鲁纳也认为，人们有不断学习的好奇，从而使自身的认知结构生长得更完整、更清晰。[2] 兴趣是好奇的稳定态，它将冲动以持续的形式存续于某一具体的指向当中。作为最好的老师，兴趣让家庭向场馆的侧目更具专注力，他们知道自己想看的是什么，也让目光的停留更持久，并会为此持续投之热情。总而言之，三者是依次递进的关系，感觉好奇唤起身体反应，认知好奇激活学习热情，兴趣则将身体反应与学习热情内化为稳定的倾向。

好奇心的优化是对上述三种冲动的分别改进。首先，场馆应继续丰

---

[1] Deborah Perry, *What Makes Learning Fun*, Plymouth: Rowman & Littlefield Publishers, 2012, p. 80.

[2] Deborah Perry, *What Makes Learning Fun*, Plymouth: Rowman & Littlefield Publishers, 2012, p. 114.

富藏品，完善基础设施建设，将其打造成身体友好型教育空间，设置更多的感觉好奇刺激源。其次，积极向孩子抛出问题，通过提供"不完整的信息"（incomplete information）和"不完全解释"（leave some things unsaid），激发认知好奇，鼓励其自主寻找答案。最后，培养孩子对某一事物的热情和专注，在系统的规划中保证热情与专注的持续性。此外，上述三者的分配比重也是不同的，家庭与场馆应将重心放在认知好奇与兴趣上，尽量弱化感觉好奇对教育活动的影响。这也意味着，我们期待看到家庭为了学习和兴趣而来，而不希望家庭只是为单纯地追求某种生理刺激而来。

（三）自信心的优化

为了增强自信心而走进场馆的动机看似牵强，但场馆教育的成功经验确实可以带来成功体验以及延续成功体验的自信与意愿。吉伦海尔（Gyllenhaal）认为，当学习者体验到成功之后，他们更愿意继续参与。[①] 所以，自信的动机实质上是寻找心理安全和满足的倾向。相较于其他教育空间，场馆没有固定的成功标准，它能让学习者更容易体验到个体意义的成功感，同时也乐于享受整个学习过程。简言之，场馆体验可以为家庭提供安全感和能力的自我认可。正因如此，许多孩子才会争先恐后地涌入场馆。

对自信心的优化可概括为专注孩子对场馆教育的前期体验和价值预设。前期体验是成功经验的积累，只有拥有积极的场馆教育记忆，孩子才有信心再次走入场馆。其工作逻辑在于希望复制曾经的成功体验即自我感知的强化，"我还想再经历一次曾经的美妙体验"。这里的限制性条件也十分明显，即已经有过类似的场馆经历，并且留下美好的回忆。否则，他们不会再愿意经历一次"磨难"，更不用说自信的强化。对于许多没去过场馆的家庭而言，乐观的价值预设也能提前赋予孩子一种自信，即情感上高度期许的回应型满足。这就要求家长一方面向孩子详细介绍

---

① Deborah Perry, *What Makes Learning Fun*, Plymouth: Rowman & Littlefield Publishers, 2012, p. 352.

场馆的相关信息，保证前期知识准备的充分，另一方面向孩子描绘一场浪漫美好的邂逅，保持对场馆教育的高期待度，恰如糖糖妈妈所做的努力。自信心的优化其实在于让孩子怀有对即将到来的场馆教育的美好想象。

（四）挑战性的优化

作为知识空间的场馆充满着各式各样的挑战（认知、情感、意志等），走向场馆也意味着直面挑战。教育的真谛即超越已知，指向未知。引导学习者寻找、创造、克服挑战是教育最直接的任务。挑战是能力与目标之间的平衡，维果斯基将其解释为"最近发展区"。挑战为教育活动指明了方向，赋予学习者内在动力，也保证了扎扎实实的教育效果。有些家庭正是带着这份直面挑战的勇气选择场馆。从作用方向上分析，家庭的挑战又表现为期待的挑战和不确定的挑战两种类型。期待的挑战是指家庭对当次场馆经历可能出现的挑战的兴奋感，例如我终于可以去场馆了、我会看到从来没见过的展品、我会参加有趣的体验活动等。这是始于人类天性的占有欲和征服欲。不确定的挑战是指场馆空间的开放性和多样性产生的对教育活动无法控制的未知感，例如我不知道会遇到什么、我不知道里面有什么等。诚然，未知感能够让到访者体验不一样的惊喜，但它也增加了教育活动的难度。总之，期待的挑战是一种主动的心理准备，而不确定的挑战则是一种被动的物理限制。

挑战性的优化主要通过增加期待的挑战和调节不确定的挑战两个方面来实现。期待敦促着家庭走进场馆，赋予完整教育行动足够的韧性。作为行为的动力，期待将无的放矢的参观活动升级为有的放矢的教育活动。所以，家庭应当设法增加孩子的期待感，敢于与不曾经历的挑战相遇。这又取决于家长如何将场馆介绍给孩子，究竟是一场简单的玩乐，还是一次充满刺激的探险。另外，虽然场馆的不确定性会像盲盒一样，加深记忆的痕迹，但是其留下的印迹是短暂的、不系统的，难以将新的经验整合到已有的知识结构当中。当然，家庭很难避免不确定性的挑战，因为场馆向公众敞开的尺度是有限的。在此情况下，家庭与场馆更应当控制不确定性的负面影响，努力将打开盲盒的惊喜融入期待的挑战当中。

（五）控制力的优化

控制力是指学习者对学习本身的自由选择，具有较强的显性或隐性意义上的个人主导性。与其他教育空间相比，场馆的优势在于向公众自由敞开的开放性。尽管，场馆也有显性的制度规约和隐性的节奏暗示，但观众依然可以主导整个教育进程。在此意义上，家庭可以决定是否进入场馆、停留在哪个位置、每个位置分配多少时间、采用何种方式与展品互动、何时走出场馆……对控制力的自觉可以激发学习者的自主性。当一切选择都可以被自己掌握，他们更愿意进入这一自由环境，充分行使选择的权力。对于孩子而言，场馆的乐趣可能也在于他们能自由自在地玩耍，家庭故事的教育画图也证实了这一判断。

控制力的优化本质上是对自由选择的赋权。对于家庭而言，要让孩子拥有充分的自主权，让他们意识到自己对整个教育活动具有较大的掌控力。当然，这种许诺又非某种意义的"画大饼"，而是真正对自由权的肯定。如此一来，孩子才能对场馆教育心存向往，也才愿意将自我控制注入教育实践。对于场馆而言，其教育理念应当是"给观众想象留白"，在空间设计和主题布展上，为家庭预留足够的选择自由，不让其感受外在的压力。无论是增加场馆干预，还是创设自由活动，选择权可以被家庭自主掌控。当然，自由是有限度的，控制力也需要合理规范和引导，它最终服务于教育行动的整体效果。

（六）娱乐性的优化

场馆的娱乐功能是无法被忽视的，而且它也不应当被视作洪水猛兽予以禁绝。娱乐活动不仅可以为身心补充能量，而且是创造性思维训练的绝佳机会。夸美纽斯认为，游戏是发展多种才能的智力活动，是扩大和丰富儿童观念范围的有效手段。马卡连柯也强调，游戏在儿童生活中具有极其重要的意义，具有与成人活动、工作和服务同样重要的作用。毋庸讳言，多数家庭是为了"玩"才走进的场馆，甚至娱乐性有可能是所有动机中的首选。由于教育理解中存在一种"反娱乐化"的倾向，将教育与娱乐完全对立，认为教育是反娱乐的，而娱乐也不具有教育意义。所以，"玩"的动机要么被主动隐藏，要么被彻底放纵。

娱乐性优化的关键是对娱乐的态度,即如何理解娱乐的教育功能。家庭要形成健康的娱乐观,理性看待孩子对娱乐活动的投入,引导其积极享受场馆的娱乐功能。场馆应借助极具吸引力的资源,寓教于乐,使家庭在潜移默化中获得某种感悟和收获。总之,孩子的娱乐天性需要精心呵护,要借助科学的方式将娱乐导引向更高层次的教育意义。此外,纯粹的娱乐体验也是人之成长中不可或缺的组成,家庭和场馆都要有足够的胸怀为孩子窗开一片"空地",他们可以在里面"为所欲为"。当然,娱乐又可分为"雅乐"和"俗乐",家庭和场馆在激发和创建孩子对娱乐活动的想象过程中,应谨慎培养其对"雅乐"的向往,避免陷入"俗乐"的消耗。

二 过程:教育合作的参与优化

场馆教育的意义转化必然落实在家庭的现实参与中,即在行动中汲取"展品"的教育价值。在家庭与场馆的教育合作中,孩子的参与内容、形式、状态和程度是预设教育目的实现与否的关键,具体包括如何在时空上实现互动,如何在认知上参与,如何经历艺术、敬畏和情感体验以及如何开展相互之间的互动等。斯克里芬认为,场馆教育意义实现的关键是将目标和方式从单方面的信息传达向激励学习者主动参与的转化。[①] 毫无疑问,丰富而有意义的行动参与将产生丰富而有意义的经验和价值。无论从何种意义上看,参与过程的优化都是家庭与场馆教育合作机制完善的重中之重。瑟琳达场馆学习理论将参与维度划分为物理、情感、智识和社交四个方面,而参与过程的优化也可以此为基础展开。

(一)物理参与的优化

物理参与指家庭在场馆中的感观投入,是学习者与周围环境的直接互动。它不仅包括可见的互动,例如触摸动物、参与游戏、体验展品等,还包括潜在的互动,例如观看某一展品的视觉互动、阅读简介的语言互

---

① Chan Screven, *Visitor Studies Bibliography and Abstracts*, Chicago: Exhibit Communicatioins Research inc. 1999, p. 115.

动等。而且，它也涉及一些非期待的干扰互动，例如嬉戏打闹、喧哗争吵等。总之，物理参与是家庭与场馆最基础的互动，也是最普遍的互动。这也让物理参与成为场馆教育中必不可少的环节，而家庭教育的改进自然以物理参与为重。

一方面，增加物理参与的多样性。感观互动的方式极其丰富，包括看、听、触、嗅、品等。当前，视觉和听觉主导着场馆教育的参与形式，其不可避免地限制了家庭的教育表达和想象。相较于看和听，触、嗅、品等体验性互动更容易吸引家庭参与。它们所构建的教育理解远比"看一看""听一听"更深刻，留下的教育记忆也更持久。由于场馆中藏品的特殊性，国家宝藏也好，奇珍异兽也罢，视觉和听觉的间接性更符合保存的逻辑。反之，其他互动方式的保存难度可想而知。这也向场馆提出了更高的要求，积极利用智慧想象和现代化技术，让家庭参与场馆教育具有更多可能性。除此之外，多样性的参与样态会帮助家庭形成生动且立体的教育理解，画面、声音、触感、味道等共同构成有生命质感的教育体验。

另一方面，提高物理参与的有效性。场馆中的物理参与无处不在，但凡家庭进入场馆，基于视觉、听觉等形式的互动就会自然发生。问题的关键不在于是否有物理参与，而在物理参与是否有效。诚如现实考察和教育画图所示，无效的对话、行动、干预等物理参与随处可见。如若这般，有或没有物理参与已然无所区别，最终结果都是无效的。所以，当下的努力应当减少无效互动，增加物理参与的有效性，包括明确参与意图、加强参与程度、拓展参与内涵、明晰参与规范和保证参与效力。让每一眼交流都清晰、生动、深刻；让每一次聆听都悦耳、完整、启发；让每一次对话都适度、灵活、丰富；让每一次体验都有趣、创意、投入。总之，家庭在场馆中的物理参与不仅要丰富多彩，还要实实在在，一颦一笑都不荒废这难能可贵的相遇。

(二) 情感参与的优化

情感参与是家庭在场馆中的情感表达以及与环境交互的情感反应。场馆作为情感充盈的教育空间，家庭的情感参与无不渗透其中。情感是人之成长的重要维度，也是推动其他维度发展的催化剂。所以，情感参与不仅让人的成长更完整，而且让人的发展更健康。一项在伊利诺伊布鲁克菲尔德动物园开展的研究显示，人们在参观动物园时的情感体验包括美感、尊重、好奇、平和、关心、专注、娱乐、归属、爱、同情、惊奇、恐惧、反感、生气、尴尬等数十种。可见，家庭的情感参与是极其丰富和细致的，既有积极的情感表达，也有消极的情感反应。此外，场馆空间的开放性又让家庭的情感参与同时表现出群体性和个体性两类特征。一方面，大部分家庭会对同一刺激物产生相同的群体情感共鸣；另一方面，由于每个家庭的特点不同，这些情感在强度、类型和方向方面又相互区别。

在此意义上，情感参与的优化主要表现为三种努力。其一，努力丰富情感的表达和反应。场馆应将情感激活作为一项重要的指标，在策展、管理等方面鼓励家庭表达情感，从不同方面刺激家庭的情感反应。情感是细腻的，场馆应满足情感参与的丰富性需求，让家庭能够经历多种可能的情感体验。其二，努力包容情感的全部样态。人之情感，喜怒哀乐。无论积极情感，还是消极情感，都是人之常情，也是人之为人不可或缺的体验。家庭和场馆鼓励积极情感的出现，但也要尊重消极情感的积极意义。这也是情感教育的难得机会，以此引导孩子认识情感、表达情感、反思情感和控制情感。其三，努力突显情感的个体意义。尽管场馆能够催生群体情感体验，但情感归根结底是属人的，每个人的情感表达和反应都是不同的。在既定的情感预设中，场馆应当悦纳与之相悖的情感表达和反应，尊重个人的情感选择，突显个体意义的情感属性。

（三）智识参与的优化

智识参与是家庭在场馆中认知和思维上的参与方式，包括观察、假设、比较、分析、推理、识记、反思、想象等。在传统教育惯习的影响下，智识参与往往被作为最重要的教育形式，甚至被理解为最高级别的学习样态。在某些家庭看来，只有在场馆中"学到东西"，才真正不虚此行。同时，场馆构造的实物空间也处处在提示着智识参与的必要，例如展品说明、讲解员、导览器等。然而，上述话语背后存在着智识窄化的风险,即将智识等同于识记,场馆教育就是为了见识、了解、记忆与展品相关的信息。在此情况下,智识参与的优化旨在解决智识内涵窄化以及价值表面化的问题。

一方面,要转变智识参与观念,拓展智识参与形式。智识的外延是开阔的,可以覆盖所有的认知与思维活动,所以智识参与的形式也是多样的,它不是惯习和模式的延续,而是生发于环境的创意。智识参与无固定标准和边界,其本身即向外突破,不断生成的过程。智识参与的形式无法量化,它因人而变、因情境而变,而且越变越多。变的背后取决于持有何种智识观念,只有接受开放的智识观,智识参与形式的变才有可能发生。

另一方面,要深挖智识参与内涵,发挥智识参与价值。每一种智识表现形式的内涵都是复杂的、深刻的,例如识记、推理、反思等,它们都需要精心的投入才能发挥教育价值。智识参与最大的阻碍就是浅尝辄止,走马观花也好,简问简答也罢,表面上的智识参与很难触及对象的深层教育意涵,更无法在学习者心底留下清晰的印记。所以,每一次的智识参与都应当是完整的、系统的和通透的,将每一种智识的本体价值和工具价值都充分体现,识记要完整、推理要严谨、反思要深刻……

(四) 社交参与的优化

社交参与指家庭在场馆中的人际互动,包括内部社交参与和外部社交参与两种类型。家庭是最小的共同体,他们在场馆中的身影也是以集体为单位的。内部社交参与是家庭成员之间的互动,旨在服务和强化物理参与、情感参与和智识参与,同时提高亲子之间的亲密性和凝聚力。外部社交参与是家庭与其他人员之间的互动,包括场馆工作人员、其他参观群体等,同样承担着服务与强化的功能,并促进孩子的社会化。社交参与的媒介是多元的,包括语言、肢体、眼神等,而且每种媒介所传达的意义和效果各不相同。在交互过程中,人们无法做到仅用一种媒介交流,各种媒介通常根据环境的变化交替或共同出现。

社交参与的优化主要通过三个方面完成。首先,社交内容清晰,保证社交质量。社交的核心目的即信息的有效传递,所以社交参与应强调对事

第六章　展望：场馆中家庭教育的发展与优化

物的辨识（罗列）、对抽象特征的讨论（分析）、对共同特性的概括（综合）以及对以上三种方法的综合（解释），确保信息传接的清晰、顺畅。其次，提高亲子互动频次，促进亲子亲密交流。作为最亲密且最不平等的学习共同体，家长承担着教育子女的社会责任，所以理应增加交流频率，重视商谈型交流，丰富交流内容类型。通过高频次的交往互动，让孩子感受来自家长的关爱，从而获得情感上的安全。最后，勇敢与周围群体互动，培养社会化的协作意识。场馆中的社交参与是开放的，它允许到访者随时随地与任何人建立交往关系，例如一次询问或一个微笑。家庭应对此抱有开放的态度，鼓励孩子主动问询、示意、介绍、邀请、争论……这不仅具有工具性价值，还能让孩子获得一种社会化的协作意识。

三　结果：教育合作的反馈优化

结果是可观测的产出，它与目标具有相似的意义，但更强调当事者能够达成的可能。学习结果是一种在学习活动中，对学习者将会获得以及能够获得的意义的声明，包括知识、技能、态度、情感等方面。学习结果是基于"做"的情态性表达，即可能实现的"做"。家庭与场馆教育合作的结果是家庭在场馆中"可能的做"的最终产出。它既是对教育状态的客观呈现和记录，又蕴含着对实施效果的反思，而且两者统一于教育向内和向外的反馈，并表征为教育评价和教育反思两项功能。与其他教育形态相比，场馆教育的独特之处在于学习结果的多元性、开放性和不确定性。难怪多数场馆教育领域的学者习惯引用加德纳的多元智能理论作为教育的落脚点。由此生长出的 GLO 理论正是对场馆教育特殊性的回应。一方面，旨在重构场馆教育的理解——对学习者经验的关注；学习是终身的意义生成；学习包括情感、技能、态度、价值观等多方面的发展；学习是个动词，而非名词；愉悦、启示、惊喜为学习提供重要的动机；学习是身份构建的过程；学习既是个人意义，又是社会意义。[①]

[①] Research Centre for Museums and Galleries, *Measuring the Outcomes and Impact of Learning in Museums, Archives and Libraries*, Leicester: Research Centre for Museums and Galleries, 2003, p. 10.

另一方面，GLO 理论具有适用所有非正式教育空间的"普世意义"，并表现出多用户、多结果、多形式、可用性和经验关联五类特征。在此基础上，GLO 理论既可作为工具，编辑、评价、改进场馆教育服务，又可作为分析框架，解释并优化场馆教育行为。

（一）知识与理解的优化

第一，遇见事物。教育始于遇见。家庭与场馆的相遇既表征教育的开始，又预设基于表象识别的结果的产生。遇见事物是家庭直面展品、活动等行动的即时状态，其构成对学习对象的初步认识。内在于"遇见"的逻辑是对遇见什么和如何遇见的思考。因此，美好的教育生活应肇始于遇见方式的合理和遇见对象的清晰。

第二，理解事物。遇见之后，方能走近。场馆中的理解主要涉及所遇事物的属性（怎么样）、名称（是什么）、功能（做什么）等内容。作为结果的理解本质即身份识别，获知对象信息。家庭能够借助可供使用的辅助系统（标签、解说员、数字化设备等）准确了解关于某一主题的基本信息。

第三，意义生成。通过自我意识参与的经验改造，家庭根据已有经验加工信息，构建新的认知图式。场馆使家庭原先的抽象经验在实景和实物的融合过程中更加真实和丰满。那么，两种经验的可对话性即成为意义生成的关键。两种话语需要向彼此靠近，寻找双方都可理解并具有"最近发展"意义的表达方式。

第四，深化理解。走出感觉依赖阶级，家庭需要进一步抽象（归纳、演绎等）教育内容，概括基本规律和意义，强化已有认知图式。问题探究、启发诱导、项目合作等是深化理解的必要途径，其也要求家庭和场馆在环境设计、资源开发、人员配置、教育理念等方面做出积极努力。

第五，获知机理。场馆教育的工作机制遵循透明化原则，而这更便于学习者对学习过程的体察，即元认知的发展。家庭可以随时监测教育过程，了解学习因何、如何、为何开展。在实物充盈的友好环境中，机理的反思要求家长和场馆教育工作者循循善诱，提醒孩子对行动及时反思。

第六章　展望：场馆中家庭教育的发展与优化

第六，信息再认。场馆的教育影响不会封闭在展厅当中，对馆外生活同样具有指导作用。信息再认是场馆教育的馆外结果，其表征了场馆经历对生活经验的改变和丰富。这一结果既是个体意识的自动化，又依赖家长的教育引导。所以，需要场馆开发教育资源时兼顾对生活的观照，以及家长对教育的长期规划。

第七，提取关系。知识与理解的最高阶段是抽象概括各类事物的个性和共性，抽取其中存在的种属、因果、冲突等关系。这里的关系是一种类的关系，是超越事物本身的群体抽象，依赖教育者智慧的精心设计、参与和指导，帮助孩子建立更为宏大的思维视角。

（二）技能的优化

第一，认知策略。场馆创设的以实物和活动为主的学习环境酝酿的获取知识的方式与其他教育场域差异较大，其涵养的认知策略主要以直观感知和互动体验为特色，并将厚重的（科技、历史、艺术、自然等）文化底蕴融入其中。其实质是一种浸润式的自我任务驱动和激励的"问学"方式。所以，针对不同参观对象的兴趣和需要，场馆应创设多种形式的开放学习情境，向家庭发出认知策略训练的暗示，或者直接激活某种认知策略的使用。

第二，智识。这里的智识指代一般技能，例如听、说、读、写、批判思维、逻辑运算等。场馆教育提供的并非某项技能的专项训练，而是将多种能力同时融入教育的完整过程，并且各种能力之间是平等的，无孰先孰后之分。综合、平等、多样的智识培养理念应当写入场馆的后台工作，也应指导家庭的前台努力。

第三，元认知。作为认知过程的反思和调节机制，场馆的元认知训练在鼓励自我反思和调节的同时，尤其强调场馆的特殊"元处理"，即通过提供"他人"创造的或承载"他人"历史的展品，使学习者抽象出主体身份，在"自我"和"他者"的角色间转换。场馆需要创设多重观察视角，重构展品、活动和空间的呈现方式，推动角色切换。

第四，社会交往。社会交往是人与人的沟通。开放的空间和交互的系统为沟通提供了极大的便利。而且，场馆情境中的社会交往不局限家

◆◆ 场馆中家庭教育的发生考察与机制优化

庭内部的亲密交往，还侧重家庭外部的公共交往。所以，家庭和场馆应努力消除沟通的隔阂，让交流在人与人之间自然发生，必要时予以鼓励。

第五，言语交流。此处的言语交流不是作为社会交往的途径，而是对有效对话方式及其意义的强调。孩子能准确表达自己的观点，并与他人展开有效对话。所以，场馆应提供舒适的交流空间和可供交流的内容，而家长需要主动参与其中，并鼓励孩子积极表达。

第六，肢体运动。好动是孩子的天性，场馆的空间是对身体的包容，孩子们可以跑来跑去。除此之外，场馆的体验式设备和精心设计的活动也可供其舒展筋骨。场馆的优势是让身体扎根实地，能够满足孩子身体的基本需要。

（三）态度与价值观的优化

第一，个人感受。场馆是情感充盈的空间，在纷至沓来的情感洗礼中，家庭感受着不同的"物"的冲击，或惊喜、或失落、或自豪、或愤怒。孩子对场馆最深刻的记忆并非他们看到或做了什么，而是那时那刻所流露的情感，这对于每个孩子来说都是独一无二的。[1] 个人的丰富感受，积极也好，消极也罢，需要被生成它的主体和环境尊重和呵护。

第二，自我态度。场馆是对展品故事的诉说，展品所记载的挑战、挫折、追求、抗争等向家庭展示着不同时空的镜像，从而帮助其认识自我、反思自我。这种倾向性的价值判断即自我态度，通常表现为自尊、自信、动机、毅力等特质。场馆的努力应当使家庭在深刻的人格镜像中反求诸己，形成客观、健康、积极的自我认知。

第三，外在态度。场馆向人们显露着不易被察觉的世界，并提供一种解读世界的"物"的视角。对"全新世界"的观察和参与影响着人们如何看待生存空间以及其中的人和物，进而内化为世界观、宇宙观。所以，场馆需要提供一种"有态度"的世界和观察视角，并致力于积极态度的引领，而且"态度"的阐释可以委婉，但必须清晰。

---

[1] Inez Wolins, et al., "Children's Memories of Museum Field Trips: A Qualitative Study", *Journal of Museum Education*, Vol. 17, No. 2, 1993, pp. 17–27.

第四，自我解释。比自我态度更进一步，自我解释是对自我的深度剖析，包括性格、行为、价值观等。它可能浮现在自我行为的观视，也可能显露在他人交往的说明。在以家庭为单位的集体活动中发生频率更高，通常表现为对行为动机和合理性的解释。所以，家庭应当增加内部互动，开展反思型交流，引导孩子切己体察。

第五，外在解释。外在解释也是外在态度的升级，是在观察世界的基础上对其内在结构、机制和规律的深度分析以及如何更好改造世界的理性思考。场馆呈现的不仅是异质场域的"新"世界，而且是世界如何形成的（时间和空间）线索。家庭看到了世界的样子，也体悟着世界运行的规则。因此，场馆应当将对世界的解释强有力地推荐给所有到访者。

（四）娱乐性、启发性和创新性的优化

第一，愉悦。愉悦是人类本能追求的身心舒适状态，它让人体验到难以言说的自我满足。愉悦又可以作为桥梁，协助人们更容易实现其他方面的成功。正如皮亚杰所说："儿童的娱乐活动直接反映其智力发展，也为了解周围世界提供途径。"[1] 娱乐是场馆的重要功能，已有设计能够为人们带来巨大的愉悦体验，这种吸引力甚至成为家庭走进场馆的核心诉求。创造性火花往往出现在与愉悦相伴随的酣畅瞬间，所以娱乐性不仅为家庭带来了欢乐，更向其提供了自由思维的空间。因此，我们对娱乐不应讳莫如深，它是人之健康发展不可或缺的组成。场馆要精心创设娱乐环境，开发娱乐项目，编排娱乐内容，从满足家庭的愉悦需求出发，引发广泛教育吸引力的骨牌效应。

第二，启发。启发是在刺激物提示下的联想能力，其本质上是思维广度和深度的激活。启发通常与新奇感关联，而新奇感是我们面对陌生事物和事件的自然反应。对家庭而言，场馆中的展品是新奇而陌生的，它们更容易给人以启发。韦尔（Weil）将场馆称为"创造性的宝库"。面对馆内种种陌生事物，人的好奇会自然而然激发。环境心理学家斯蒂

---

[1] Ageliki Nicolopolou, "Play, Cognitive Development, and the Social World: Piaget Vygosky, and Beyond", *Human Development*, Vol. 36, No. 1, 1936, pp. 1–23.

芬和瑞秋（Stephen & Rachael）指出，好奇心是决定环境吸引力和学习参与效率的关键因素。[①] 此外，与正规教育的抽象启发不同，场馆是由"物"生发出的直观启发，其发生的概率更高、效力更强。虽然启发可以在物的环境中自然激活，但其自然性很难保证，而且自然的向度也不得而知。当有生命的人遇到"无生命"的物，激活启发的关键在于"死"的物是否能引发"活"的人的好奇和思考。所以，场馆应当努力拉近两种话语的距离，确保启发性的行之有据。

第三，创新。创新是一种解读世界的意识，是最不易察觉的成长指标，其无法在短期成就，只能在漫长的生活中点滴涵养。创新意识离不开广阔的资源空间和自由的思维环境，只有如此，无所羁绊的思行才能畅通，并保证创造灵感泉涌而出。场馆内鲜活生动的资源，精心设计的活动，自由开放的场域，以及配置完备的技术和人员为创新意识的涵养提供了完美的空间。到访者可以自由自在的表达、天马行空的思考、独立自主的选择，这些弥漫于场馆的特质为创新意识的培养创造了活跃的机会。在此意义上，创新优化只能通过条件改善实现，具体表现为创新友好型的环境改善、创新特质融入的资源改善和创新体验的活动改善。

（五）活动、行为与成长的优化

第一，活动。活动是面向他人（物）的教育生命形态，是通过与他人（物）的互动生成人与人的社会关系和谐以及人与物的自然关系和谐。场馆是人居与社会的缩影，它编织着人与人之间的各种关系网。通过展品之中的公共秩序和展品之后的价值理念，场馆尝试向家庭介绍社会关系和谐的样态和意义。场馆也是自然万物的收藏地，它呈现了世间百态的生命符号。神奇、美妙、鬼斧神工的自然恩典引导人们思考人与自然的关系，以及自然之于人的意义。人类的生存法则不再是"取之于斯，用之于己"，而是"取之于己，用之于斯"。万物和谐的活动观只能从"人类命运共同体"和"自然生态共同体"中生长出来，用天人和谐

[①] John Falk and Lynn Dierking, *Learning from Museums: Visitor Experience and the Making of Meaning*, Walnut Creek, CA: Alta Mira Press, 2000, p. 115.

的自然观诠释人对环境的责任和义务,这也是场馆与家庭共同努力的方向。

第二,行为。行为是面向自我的教育生命形态,通过参与明确责任对于个体存在的意义。个体责任是在场馆构建的时间线上的分别展开:历史纬度上表现为对曾经行为的责任;现实维度上表现为对当下行为的责任;未来维度上表现为对可能行为的责任。多脉络的主题历程提供了历史指向的行为反思(在历史的经验中寻找规律,规避失误),多形式的资源平台提供了现实指向的行为自觉(在广泛的当下资源面前意识到个体对环境的责任),多结果的事件分析提供了未来行为的可能假定(通过已有的证据推断社会的发展走向,并意识到自己所扮演的角色)。所以,行为优化的关键即在"多"的努力——多脉络的主题梳理、多形式的资源开发和多结果的事件挖掘。

第三,成长。成长是面向生命本身的教育生命形态,是人对存在价值的积极思考,包括"为何存在"和"如何存在"。场馆试图通过实物勾勒出一幅绚丽的(人和自然)社会发展画卷,丰富的展品和精彩绝伦的故事解释了人之存在的价值,振聋发聩的教训和直抵人心的真实也回应了人将何以存在的选择。漫步场馆的过程不仅是对(人和自然)生命历程的完整见证,也是对自我生命的反省体悟,进而认识责任、和谐和存在对于人之成长的意义。所以,场馆铺设的画卷不能停留于表象的自我陶醉,应当探求更为深刻的成长意涵及其教育实现的可能。

四 协同:教育合作的关系优化

教育合作是双方或多方为实现教育价值最大化而建立的协同关系。家庭与场馆的教育合作本质上是两者为促进孩子更好发展而做出的协同努力。与单方行动相比,合作行动的难度和挑战更大,其产生的教育影响也更强。所以,促成教育合作需要优先满足两项条件——价值层面的共赢导向和现实层面的稳定状态。根据赫兹对馆校合作的理解,家庭与场馆教育合作的两项条件又可以细化为十二个方面:管理层的一致支持;前期接触,向彼此阐明目的、内容和意义,创建理解、尊重、信任的对话环境；了解家庭的需求；创建共同的目标和愿景；了解并认同双方不同的文化和结构；通过精心设计，确立现实、具体的目标，将评价和计划融入合作，构建完整的合作框架；人力资源和资金的合理分配；角色和责任的明晰；加强对话和开放式沟通；提供家庭可直接使用和获益的资源和方式；鼓励灵活性、创新性和实验性；鼓励多主体的参与。[①] 上述十二项条件又可提炼出民主、有序、稳定和一致四类特征，而家庭与场馆教育合作的关系优化也应由此展开。

(一) 关系的民主化

家庭和场馆是两种完全不同的教育单位，它们的教育理念、逻辑、表达和诉求往往大相径庭。合作的意义正是在于将横亘在两者之间的"天生异质"消弭在关系的民主化之中。行动上有缓急之别，身份上却无轻重之分。家庭与场馆的平等关系不应被权威、专业、供需等因素所掩盖，它是内在于结构之中的教育理念。此处的平等凸显价值意义上的民主共享，而非形式上的资源均衡，其实质是关系民主化的表征，致力于实现互惠互利的"纳什均衡"[②]。

优化家庭与场馆民主关系的核心在于内外两个维度上对系统因素的协同编配，即自由结构中合作效用的最大化。内在协同是由场馆的资源系统和家庭的教育系统共同构建的自由运作体系。这种合作系统是动态的、包容的、耗散的，其获准所有关联变量介入，进而在系统内完成自适应。场馆可以接纳任何结构、动机、形式的家庭，家庭也可以选择任意主题的场馆、展厅、活动，从而自然生成以家庭为特征的独特教育关系。开放参与、友好设计、空间拓展等定义了场馆的民主性，自主选择、行动主导、教育理解等声明了家庭的民主性。此外，在开放的学习环境中，孩子、家长、场馆工作人员、其他管理人员等诸多主体间的关系也遵循民主化原则，提问、解答、探索、制作、体验、合作、参与、思考等各类行动可在主体间自由开展。外在协同是由作为教育主体的场馆和

---

① Institute of Museum Services, *True Needs True Partners: Museums and Schools Transforming Education*, Washington: Institute of Museum Services, 1996, p. 46.

② 纳什均衡是一种策略组合，使得每个参与人的策略是对其他参与人策略的最优反应。

家庭共同构成的民主关系。合作地位上,两者平等,不存在孰重孰轻,彼此尊重对方的观念、职能、文化和特点。发生过程中,既不卑微,也不傲慢,基于行动需要和特点呈现民主关系的不同形态。合作功用上,两者相互补充,以彼之长补己之短,寻求彼此间的价值认可。场馆的丰富资源补偿家庭的教育内容,家庭的亲密关系启发场馆的教育表达。

家庭与场馆之间的民主关系主要通过对话来实现。哈贝马斯认为,对话是达成平衡状态的关键。真正意义的合作允许多种声音出现,愿意倾听对方意见。同时,双方均有信心在公开、融洽、透明的氛围中,维持一种舒适的平衡感。所以,家庭和场馆需要表明自己的立场,勇于向对方表达期望和要求,在反复推敲和协商中,找到最佳的平衡点。

(二) 关系的有序化

根据耗散理论的复杂系统自组织理论,合作是"一个涉及从无序到有序的自组织的问题"[1]。在外部能量流和物质流的作用下,远离平衡态的复杂系统可以自组织形成一种有序的状态。然而,这又是一种动态的相对稳定状态,在不断地"耗散"中,稳定性也随之被打破和重构。如此一来,公共地悲剧[2]无可避免,在抢占资源过程中,合作关系很可能演变成竞争关系。家庭与场馆的合作也可能遭遇相同的困境。一方面,"公共地"使场馆之间和家庭之间出现"抢占资源"的竞争局面,比如同一场馆中许多家庭抢占空间的冲突。另一方面,场馆与家庭也会因话语体系差异而出现矛盾,比如场馆对占有资源的不公开处理与家庭的公共教育诉求之间的冲突。

在一个稳定的合作系统中,合作提供者的数量和供给与合作接受者接收的信息量是高度不对等的,现实的合作极有可能是一个非对称的系统。场馆持有的有限资源与家庭不断生长的无限需求之间永远无法达到某种绝对的平衡状态。在此情况下,合作的最优结果需要一种"有序"

---

[1] 吴彤:《生长的旋律——自组织演化的科学》,山东教育出版社1996年版,第111页。
[2] 如果系统内公共资源或空间是有限的,能提高合作接受方适合度的合作者将也可能随着自身数量或收益的增加而导致公共资源的减少,因而合作方将可能与合作接受方发生竞争或冲突,从而导致合作系统的解体。这就是至今还未能有效解决的悖论——"公共地的悲剧"。

作为前置条件。因为，非对称与有序并不矛盾，后者要求的是各因素配合上的默契，而非结构上的对称。有序在合作中表现为职责清晰、结构合理、逻辑明确、进程顺畅。因此，有序的合作关系需要各系统之间保持结构化的存续样态。此外，面对"公共地悲剧"的竞争风险，家庭与场馆应当积极规避可能出现的冲突，为彼此让渡适度"空间"，努力构建共识、共赢和共进的伙伴关系。

（三）关系的稳定性

合作的本质是构建以共赢为目的的稳定关系。稳定是基于结构牢固而维持的长期存续状态。家庭与场馆关系的稳定性旨在确保教育合作在时间上的长效性，以及结构关系的牢固。时间的长效性又包括纵横两个维度。纵向整体时间的稳定是合作机制对时间的保障，主要体现在合作周期的高频性和持续性。家庭和场馆需要构建长期的合作关系，保证活动频度处于较高运转状态。整体时长的充足无疑将增加主题、内容和形式的选择空间以及教育深度，为优化教育合作的质量提供契机。从关系本身上看，频繁的合作将提升家庭与场馆之间的教育默契。横向具体时间的稳定指每次教育合作时间的合理配置，即单位时间在每个节点的科学使用。它追求的是时间效率，而非物理长度。所以，横向时间与教育空间的科学设计密切相关，设计越科学、越友好，时间的效率值越高。

另外，时间的长效性又得益于结构关系的牢固。身份与职能是结构关系的主要表征，家庭与场馆"各得其所"的确认成为维持结构关系的关键。作为教育享用者，家庭是教育作用力的落脚点，是教育价值的最终实现；作为教育供给者，场馆是教育作用力的生产者，是教育价值的催化剂。在教育的供求关系中，双方都应明晰各自的身份，并以此恰当履行相应的职能。此外，双方身份与职能的合法性又是交互式的证成，是一种相互依存的彼此成全。只有家庭表示出教育诉求，场馆资源的教育价值才能体现；反之，只有场馆提供教育服务，家庭行为才能找到教育依据。

（四）关系的一致性

合作不仅仅是形式上的相互配合，更重要的是观念、意识和态度上的彼此求同、认可和共识。威尔森指出，合作发生的前提条件是两个或

第六章 展望：场馆中家庭教育的发展与优化

多个主体在共同利益的基础上愿意围绕某一项目齐心协力，彼此分享资源、时间、金钱等。[①] 关系的一致性是合作的必要条件。满足该项条件的合作主要表现出以下特征：共同的需要和兴趣；进展的时间承诺；合作的精力；沟通；丰富的资源；单方控制权力的让渡；过程中的不断反思；耐心、毅力和分享的品格。由此可见，一致性的努力实质上是一种趋同，合作双方很难达成完全同步，只能向彼此靠近。家庭与场馆关系的一致性正是双向趋同的努力，而做此努力的前提又是一致的，即教育诉求的共识——促进人更好的发展。基于这一共识，在目的论的指导下，家庭和场馆将形成对彼此教育理念和内涵充分尊重的共同体，相互体谅、理解和肯定，甚至为了关系和谐暂时搁置争议。

在此过程中，家庭和场馆各自习惯的教育路径被成功打通，它们不再以"他者"立场审视彼此，双方都是关系情境的诠释者。教育行动的边界不再泾渭分明，它既属于场馆教育，又属于家庭教育。家庭是人之育养的发端，并伴随一生之成长，其教育理念以爱为径、以序为擎、为化为径；场馆是文化性的社会教育场所，借助所持有的展品资源和空间优势，实施具有强烈现实和时代关照意义的教育活动。场馆尊重家庭的教育属性，家庭肯定场馆的教育表达。当家庭和场馆同意建立合作关系时，这也意味着他们达成了一种共识，即彼此都可能是这项"服务"的提供者和接收者。[②] 作为提供者，家庭依赖于组织何种规模的活动以及怀有何种教育动机，场馆依赖于拥有怎样的收藏以及愿意或者能够提供怎样的服务。作为接受者，家庭和场馆共同致力于发挥展品的教育意义和文化影响，完成"人之发展"的使命和责任。

五 保障：教育合作的条件优化

从表面上看，家庭走进场馆是一种自然而然的教育行动，选择的

[①] Brent Wilson, *The Quiet Evolution: Changing the Face of Arts Education*, Los Angeles: The Getty Education Institute for the Arts, 1997, p.191.

[②] Gaynor Kavanagh, "Museums in Partnership", in Eilean Hooper-Greenhill, eds. *Museum, Media, Message*, London and New York: Routledge, 1995, p.124.

偶然性遮蔽了外部因素的干预和支配。家庭教育和场馆教育的弱结构属性也增加了自然表象的迷惑意味。但是,随着教育体制走向"家校社一体化",家庭和场馆逐渐形成规范的教育结构。这种规范结构在增强教育效力的同时,也生成了教育对环境的绝对依赖,缺少环境的支持,教育无以用力。在此情况下,家庭与场馆教育合作的环境也从流动性走向可控性,其迫切需要一个秩序井然、保障有力的环境。对环境的控制旨在为教育合作的顺畅运行保驾护航,其实质是一种由外向内的条件机制。由于合作涉及多种系统的协调,对环境秩序的控制离不开多方面的努力。

首先,优化教育合作运行的制度环境。优化是相对已有体系的完善度而言,但其并不否认制度环境的成绩和努力。与其说我们没有配套的政策或行政支持,不如说支持的着力点和方式亟待调整。回首过去三十年,教育、文化、家庭、场馆等领域的法规政策相继出台,家庭与场馆教育合作的关键词频繁出现,甚至地方性规章制度中也增加了相关条目。毋庸置喙,政策文本的制定发布充分体现了国家对家庭教育和场馆教育的重视。这确实让人充满期待。即便如此,制度环境依然具有完善的必要,其改进方向在于制度的实践亲和力,即制度对接实践过程中的现实指导性和可操作性。及时用具体、细致、合逻辑的操作性说明解释"高瞻远瞩"的"统筹规划",增加实践层面的指导性文件,完善合作主体的规章制度,加强家庭与场馆教育合作的具象化处理。简言之,制度环境优化的核心在于制度与实践的张力,以及如何将其限定在合理的距离。这又向制度的微观环境提出了进一步的要求,即教育实践的管理。制度环境的实践落地可具体化为空间的管理,即对主体、情境和行动的规范。家庭与场馆教育合作管理优化的主体是场馆,强调场馆通过教育资源开发、教育形式设计、教育秩序规范、教育宣传推广等管理行为,满足家庭的教育需求,将教育价值最大化。

其次,提供充足的经济支持。巧妇难为无米之炊。资金是阻遏家庭与场馆走向彼此的主要障碍。家庭无力或不愿承担公共空间的消费,场馆缺乏教育项目开发的经济投入。相较于家庭的经济负担,场馆的经济压力更大。在欧美国家,政府或社会福利机构会通过不同渠道为家庭和场馆提供资金扶持,资助比重往往可以覆盖活动所有费用或者占到百分之八十左右。西方的经验为我们提供了明朗的启示。政府部门可以利用资金申请、间接购买（免费交通）、转移支付（教育项目投资）等多种途径资助教育合作。资助份额和模式可根据当地政府的经济实力和话语方式,依据相应比例合理划拨和配置。此外,调动各类社会组织的主动性,积极向家庭的社会教育服务倾斜,同时赞助场馆开发教育主题的项目。对于家庭而言,经济水平在区域上和个体上的差异十分明显,乡村家庭难以跟城市家庭望其项背,贫困家庭不可与富裕家庭同日而语。所以,经济支持应当主要针对偏远地区和弱势家庭,帮助其享受同等的教育服务。对于场馆而言,重视教育功能,提高部门地位,增加教育预算比重,大力支持家庭教育项目开发,为家庭到访预留充足的财政空间。

再次,加强师资队伍建设。场馆中家庭教育放任和教育服务供给不足的根本原因在于师资问题。当前,师资队伍建设已经成为场馆教育工作的最大短板。师资数量匮乏、师资质量贫乏、师资待遇微薄、师资配置不均衡等问题严重影响了场馆教育功能的发挥。对此,场馆应努力扩大师资规模,补充高质量的教育人才,合理配置师资结构,提高师资薪金福利,保障师资队伍的稳定性。其中,资金又是师资队伍建设的基础,"因为没有钱,全国场馆教育工作者的流失率非常严重"。所以,经济支持是师资问题解决的前提条件。除此之外,场馆还要进一步完善师资培训体系。师资培训是提高教师质量和专业性的必由之路。师资培训应邀请教育类专家主持,以教育教学知识讲授和技能训练为主,具体包括教学语言的使用、教学活动的设计、教学资源的编排、家庭特点的分析以及独立教学行为的实施。同时,建立师资培训规范化、常态化、免费化和全员化的完整体系。教育部门统一组织,场馆积极配合参与、权责明晰、体制健全,形成规范化的管理模式;定期开展,板块教学,内容体系化,保证培训常态化;政府扶持,社会资助,建立免费的培训体系;加大宣传力度,鼓励场馆积极参与,实现教师培训的全员覆盖。

最后,合理开发和利用场馆的数字化资源。信息化的发展为家庭与场馆合作开辟了新天地,越来越多的研究者开始探讨数字化场馆和个性化移动工具对家庭教育可能带来的改变。同时,信息化并非仅仅停留于视频、音频以及多媒体等传统手段,而是转向资源开发、信息探索、多平台沟通以及经验记录等更具现代化意义的高精尖工具。场馆应当顺势而为,在时代发展的进程中积极进行数字化改造,利用信息化技术升级传统展览平台,将静态"博物之馆"改造为动态"教育之馆"。家庭不仅可以利用互联网随时随地访问场馆的数据库,获取教育资源,而且可以进入场馆的技术空间体验数字生活。场馆的数字化为家庭创设了一个将实体场馆与虚拟场馆相结合的教育终端。它将学习空间延伸到场馆的围墙之外,也在现实和虚拟之间搭建一个资源共享平台。在俯拾即是的智慧生活冲击下,场馆的数字化升级很容易陷入盲从潮流的旋涡,人云亦云地草率完成数字转制,而不去思考数字背后的教育规律和表达方式。典型的后果即展品只是换了身"数字装束"出现在官网上,没有结构化的包装,也没有教育故事的深度呈现。所以,场馆数字化资源的开发和利用要充分尊重教育规律,以场馆的具体环境为基础,以家庭的教育需求为旨归,综合协调不同兴趣、动机、先前经验和学习风格,寻找数字资源的内在逻辑,尽量适应不同类型家庭的特点和需要,彰显智慧教育的现代化魅力。

第四节　家庭与场馆教育合作的案例展演与启示

理论构型主要基于理想化的教育想象,实践反思则指向有血有肉的教育启示。理论之后,我们还需要回到有"实践感"的案例。此处的案例不再重复基于人的家庭行动,而专注基于资源的场馆项目,即场馆组织的家庭教育实践。尽管家庭与场馆的教育合作在现实中遭遇诸多挑战,但成功案例并不鲜见。而且,相较于前,这些珍贵的正向经验更容易催

第六章　展望：场馆中家庭教育的发展与优化

生理论与实践之间的"实践感"。为保证理论与实践之间的贯通，本节将以案例的"原汁原味"呈现为基础，提炼可供推介的启示。

一　"稚趣博物馆"

（一）亲子课程方案①

中国国家博物馆是代表国家收藏、研究、展示、阐释能够充分反映中华优秀传统文化、革命文化和社会主义先进文化代表性物证的最高机构，是国家最高历史文化艺术殿堂和文化客厅。场馆建筑面积20万平方米，是世界上单体建筑面积最大的博物馆，拥有藏品数量140万余件，涵盖古代文物、近现代文物、图书古籍善本、艺术品等多种门类。馆展包括基本陈列、专题展览、临时展览三大系列，构成涵盖主题展览、基本陈列、专题展览、临时展览的立体化展览体系。"稚趣博物馆"是中国国家博物馆开发的系列亲子课程。

本课程以传承中华传统文化、传播中华先进文明为出发点，立足4—6岁幼儿的认知水平和心理特征，依托"古代中国"基本陈列等国宝级资源，引入"生活教育""启发教育""实践教育""审美教育"等理念，让家长带着小朋友走进博物馆，用精美的展品、精心的讲授、精巧的体验激发幼儿观众的学习兴趣，启蒙想象力和探索力，引导他们立足今天的生活，理解中国源远流长的历史、感悟博大精深的文明，以春风化雨、润物无声的方式，帮助孩子形成正确的历史观、世界观、价值观。

课程一：金丝玉片话玉柙

从古人奉行的事死如事生，到现今看重的追思别离人，活着的人们都是怎样面对失去和离别，又是如何为死去的人准备和祭奠的呢？本活动中，我们将从一个与生命相关的绘本故事开始，

---

① 中国国家博物馆：《"稚趣博物馆"系列课程》，（2021年10月1日），http：//www.chnmuseum.cn/fw/ggjy/jyhdjs/gyjt/201903/t20190323_84647.shtml。

缓慢而轻柔地进入这个相对沉重的话题。进入古代中国展厅，认识"金缕玉柙"和它背后深刻的含义，从一个生命的终止延伸到大自然生命的流转和轮回，并在这一过程中着重关照孩子幼小而纯净的内心世界，让他们能够珍惜我们所拥有的生命，乐观面对生命的自然展开。回到体验区，认识与主题相关的节日——"清明"以及相应的习俗。最后，制作传统蝴蝶风筝，带着明朗的心情，沿袭清明的风俗，寄情于物，让一切负面信息随着风筝，飞向天边。

课程二：俭以养德话扑满

小朋友，你有自己的存钱罐吗？你都见过什么样的存钱罐呢？在古代，人们将存钱罐称为"扑满"。除了"扑满"，古代人还使用过"贮贝器"来存放货币，你觉得古人为什么会给存钱罐取这些名字呢？本课程通过教会小朋友认识人民币，并模拟超市购物体验，培养节约与储蓄的意识。通过展厅参观，了解古代货币与古人的存钱罐，理解古今差异，认识勤俭节约的好习惯自古就有。最后，让小朋友们动手制作属于自己的存钱罐，在寓教于乐的活动中树立正确的理财观念。

课程三：琼楼金尊话宴饮

本课活动的主题为汉代宴饮。在展厅通过交流互动的方式，引导小朋友们观察学习三件与宴饮有关的文物，包括汉代宴饮的场所、宴饮器皿以及宴饮歌舞。通过绘画、穿着汉服、表演等活动让小朋友们感受汉代宴饮的华丽以及宴饮活动中古人对礼仪的重视，认识到自己在日常生活中也要注意文明礼貌。

课程四：农耕渔猎话鱼米

每天三顿饭是再平常不过的事情，但是小朋友，你有没有想过我们吃的东西是怎么来的？它们是怎样从野外来到餐桌的？古人得到食物的方法又和我们有什么不同呢？距离我们今天约2000年前的东汉时期，在四川地区有着这么一群勤劳勇敢而又非常有趣的人，他们在这片土地上辛勤劳作、努力生活。让我们通过本次课程了解一下他们的生活吧！活动分为展厅学习和互动体验两个部分。展厅部分，博物馆老师将带着小朋友们认识陶俑、画像砖和石田塘等文物。体验区互动部分，为小朋友们准备了动画短片赏析、亲子互动《文物排排序》、手工制作《小小餐桌我来做》等活动。

课程五：前世今生话秦俑

本课程设定三个环节：游戏环节"钱币对对碰"，让孩子了解先秦货币；角色体验环节，让孩子们追随秦始皇兵马俑"阿翔"的脚步，通过他的故事了解"秦始皇兵马俑"相关的文物知识及"秦统一六国"的历史知识；手工制作环节，让小朋友们提高动手能力，喜欢博物馆、爱上博物馆！

课程六：南船北马话交通

随着我国交通的飞速发展，交通工具也发生了巨大的变化，它已经成为我们生活中必不可少的一部分。小朋友，你知道我国最早的水陆交通工具都有哪些吗？它们都是什么样子呢？古代人使用和乘坐的交通工具与我们今天的交通工具有什么不同呢？我们日常生活中常见的交通工具有什么特点？我国的交通工具发生了哪些巨变？不同的地理环境所使用的交通工具有什么不同？本课程会带领大家一起了解交通工具从古至今的变化，体会交通工具的变化与发展，感受交通工具的变化给人们带来的便利。

（二）案例启示

课程是由一定的育人目标、特定的知识经验和预期的学习活动方式构成的一种蕴含着丰富、基本而又有创造性与潜质的一套计划与设定。课程方案是指教育机构为实现教育目的而制定的有关课程设置的文件。[1] 课程不专属学校，不同教育机构可以开发与其职能相契合的课程和课程方案。场馆课程开发是场馆教育实施的核心内容，课程方案科学与否直接影响场馆教育的效果。由于场馆课程内容的特殊性——实物性、耗散

---

[1] 王道俊，郭文安：《教育学（第七版）》，人民教育出版社2016年版，第121—122页。

性、情境性和丰富性，家庭与场馆教育合作的现实困境恰恰在于课程方案的缺失或者不科学，而"稚趣博物馆"项目则提供了课程方案设计的三点智慧。

1. 故事性

孩子主要通过身体和想象理解世界，在身体与外部世界的接触过程中，想象在头脑中生成着一段段栩栩如生的故事。作为通达世界的渠道以及更高层次思维训练的基石，故事是孩子能够和乐于接受的形式。良善的教育需要积极顺应孩子的心理特点，为其提供具有成长价值的故事，抑或将其放置在精心设计的故事线当中。与正规教育抽象出的思维故事不同，场馆教育展演的是有血有肉的实物故事。然而，场馆的实物故事并非直接向孩子们讲述，它隐藏在一件件无法言说的展品背后，若无讲述者，展品仅仅是"没有生命"的物件，它承载了多少故事，却无从得知。所以，这就需要场馆基于孩子的视角和需要，将故事从展品中提炼出来，采用主动讲述或被动参与的逻辑，引导孩子与故事相遇。"稚趣博物馆"课程方案的特色正是致力于讲好展品故事，不仅增加课程内容的故事性，而且构建故事讲述的儿童视角。但是，在场馆中凸显故事性并非易事，只需环顾周围惜字如金的展品说明即可知晓。它要求场馆具有发现故事的敏锐、重构故事的智慧、讲述故事的才情以及拓展故事的开阔视界。

2. 生活性

教育是生活的重要组成，生活是教育的最终归诉。教育离不开生活，生活也不能没有教育。教育始于生活，更要回应生活。怀特海指出，教育只有一种教材，那就是生活的一切方面。当前，教育面临的最大挑战即"去生活化"的教育理念，将教育与生活生生割裂开来，好像但凡能扎根生活的内容都无法促进孩子"理智的精熟"，"理智的精熟"也被粗暴地理解为教育的唯一目的。为此，学校教育正努力将生活纳入其中，例如劳动教育、五育融合、综合实践活动、"三生"教育等方面的改革。杜威也认为，"学校科目相互联系的真正中心不是科学，不是文学，不是历史，不是地理，而是儿童本身的社会活动"。① 然而,学校教育的传统只允许其为生活让渡部分空间,绝大部分专注力依然投入到思维的训练。在此情况下,场馆的实物资源更容易将生活引入个体经验,或者促进个体经验的生活迁移。场馆是生活的符号,尽管时间、地域、物种等增加了生活与展品的距离,但其可以通过教育缩短或消除。这就要求教育能够建立展品、人和生活三者之间的对话。"稚趣博物馆"正是用生活逻辑搭建起课程结构,在展品中挖掘生活价值,用生活回应展品的意义。如此方能弱化孩子对场馆空间的陌生感,他们反而会觉得周围的事物与自己息息相关,愿意投入更多的兴趣和热情。

3. 启发性

孔子说:"不愤不启,不悱不发。"启发性是对学习主体性的激活,引导学习者经过积极思考与探究自觉地掌握科学知识,学会分析问题和解决问题,树立求真意识和人文情怀。② 启发的本质即引发学生自主地探究、反思、领悟、觉醒与解决问题。恰如《学记》所载:"道而弗牵,强而弗抑,开而弗达。"问题是启发的核心,以问题为引、以问题为径、以问题为向。这也是苏格拉底所坚持的"产婆术",他说:"一个坏的教师奉送真理,一个好的教师则教人发现真理。"③ 在某种意义上说,启发性是制约场馆教育的瓶颈之一,因为场馆习惯于将"结果"直接展示在到访者面前,受众的主体性很难在其中显现。他们无法左右看什么,只能选择看或不看。这就要求场馆向观众抛出问题线,引导他们沿着预设的思路抽丝剥茧,分析问题,解决问题。"稚趣博物馆"的亮点恰在于此,它为孩子们铺排开一系列的问题,引导他们解锁一个个关卡。场馆在创设完有吸引力的问题情境之后,退居幕后,让孩子主导整个教育过程,充分发挥其主体性。此处的问题又不是孤立的,而是由完整的故事串联起的问题团,并最终形成逻辑清晰的教育项目。所以,问题驱动的

---

① [美]约翰·杜威:《学校与社会·明日之学校》,赵祥麟等译,人民教育出版社2005年版,第9页。
② 王道俊、郭文安:《教育学(第七版)》,人民教育出版社2016年版,第196页。
③ 张焕庭:《西方资产阶级教育论著选》,人民教育出版社1964年版,第367页。

落脚点是一体化的场馆课程方案。

二 "文物动物园"

(一) 策展人手记

广东省博物馆是一座省级综合性场馆，总建筑面积 6.7 万平方米，拥有藏品 17.27 万件，包括历史馆、自然馆、艺术馆和临展馆四个展区。"文物动物园"是其开发的特色家庭教育项目，广受社会认可和欢迎。项目策展人受邀详细介绍"文物动物园"的开发和实施情况，他提供的手记让我们得窥项目运行台前幕后的心路历程。

> 随着我国文化事业的繁荣发展，儿童的成长成为国家关注的重要课题。博物馆作为社会公益机构，在培养儿童兴趣、满足儿童需求、探索儿童教育方面起着至关重要的作用。因此，不同学科背景的人聚在一起，秉着一个共同的梦想"让儿童爱上博物馆"，广东省博物馆组建了一个想为儿童策展的团队，通过反复推演博物馆和藏品如何才能合理有效地为我们的孩子服务，达到非强制性教育目的，促进儿童及家庭代际交流，历经三年七易文本大纲，终成此展。
>
> 展览策展伊始，从抽样调查得出的儿童需求出发，选取动物形文物，构建文本，设立故事线，以儿童熟悉的动物园作为大场景，选用文物、图形、互动装置和展教结合等多种方式，构建沉浸式展览体验，有效回应儿童期望。作为一个明确的教育性专题展览，策展与陈展方式既要能有效传递文物应传达的教育信息，也要借此立体地培育儿童鉴赏力、思考力和创造力。明确展览所承担的儿童教育目的，对儿童年龄段进行分层，构建适合不同年龄段的内容，使儿童通过与文物、熏染环境的互动自主建构知识。
>
> 让文物有效联结儿童还真是有难度。以一单元展出馆藏"晋·虎子"为例。我们试图让儿童联想自然界的老虎，为什么是这样的艺术造型，有什么功用，能讲什么样的故事。我们把这个单元命名为"谁敢在老虎嘴里撒尿""谁敢在老虎背上睡觉"，希望孩子可以

第六章 展望：场馆中家庭教育的发展与优化

带着好奇心开展探索学习。以此类推其他文物，寓教于乐，激发儿童的学习兴趣和参与感。

策展团队经过反复的虚拟搭建及论证，科学设计主次展线、文物展位与互动装置，既注重文物安全，也重视目标观众的需求，平衡儿童展览空间中"学与玩"的比重。沿展线将文物、交互装置等与展览故事线巧妙融合，并在参观流线上设置背景音乐、视频、动画、互动游戏、多媒体拓印体验站、树洞问答等项目，鼓励他们参与互动学习，带着问题游戏，全方位感受展览并获取知识。策展团队根据展前观众调查数据和儿童认知习惯，划分展览单元与展线，根据儿童心理需求与人体工学原理，设计展览色块，研发卡通形象。作为广州美院毕业设计课题，开展馆校合作专题，研发十余种交互体验项目。

一切均从儿童视角出发，选择儿童喜欢的色彩，构建儿童钟爱的画风，根据文物造型专门绘制72种文物卡通形象、22幅场景插画，对展柜、地面以及隔墙进行装饰，营造出儿童喜爱的主题场景。实践证明，策展团队花费了大量时间和精力在这些方面，是非常正确的。以图形开发为基础，形成了展览文物视觉图形信息、图文版面系统、视觉动画主角、展览宣传符号、视觉导览图、出版物、流动展览图块等共计7套展览图形可视化展览信息传递系统，更好地吸引了儿童注意力以及激发探索兴趣。

以展览三单元中展出的山西博物院馆藏"商·鸮卣"为例，这是一个在展出当年被话题化的文物。展览团队以此为契机，通过话题构建文物与儿童之间的连接点，将单元顺应当时网络赋予该文物的别称——商代的"愤怒的小鸟"，拉近观众与文物之间的距离。在构建文物知识对于目标观众的有效影响方面，使用多元化信息传达系统，在文物展标中设置相应问题，在展品隔壁安装互动电子装置，运用H5后台页面的"带鸮卣回家"游戏、鸮卣动画、鸮卣拓印和听树洞故事等形式回应展标中提出的问题。运用不同形态的互动游戏向观众阐释鸮卣的文物信息与故事。通过看、摸、听、玩等多元化展览信息传达方式，综合调动儿童全部感官，激发学习热情，以达到展览目标。展教结合模式也是"文物动物园"的一个亮点，运用儿童教育中戏剧代入手法，鼓励儿童在玩中学习，全方位感受展览，获取信息，激发好奇，启发儿童自我探索。

打造以博物馆为核心的社区文化，与广州地铁、广州动物园和太阳新天地购物中心，一起构建和谐邻里关系，提升城市综合体文化价值。与地铁合作在广州塔站、动物园站举办延伸展，定制一辆主题地铁专列，在广州少年宫、广州动物园及广州太阳新天地购物广场举办流动展览，首开行业先河，打造"无边界的展览"，走向市民生活的公共空间。

展览广泛整合社会资源，展览期间，邦宝积木公司提供大量物料，协助搭建各种动物形象积木作品，深受孩子喜爱。粤大明照明公司提供了专业的照明指导，香港银河灯具公司赞助的专业灯具，营造出一个适合孩子的良好氛围。在筹备展览的时候，很多同事很担心，一个在传统博物馆中从未有过的天马行空的概念能否落地？他们不知道这个展览会成什么样子？别的展览是拍照片、出图录，你为什么要画卡通形象？还要制作那么多多媒体互动项目？什么是多媒体项目付费标准？我们也是不断在一头雾水中寻找答案。几经周折，经朋友介绍，找到一家著名的动漫公司，希望能得到支持与合作，对方的答复却是我们完全无法承受的价格，当时特别悲愤地走出他们的办公室，眼中噙着难以按捺的泪花！后来，我们与广州美术学院工业设计学院交互设计工作室的师生合作，以毕业设计合作课程的形式创作了5项多媒体，花费仅11万。在经费短缺的情况下，动员社会参与，协助解决了一些问题，但儿童需要更好的体验，因为经费紧张，只能因陋就简，布置了大场景，不敢奢望进一步立体空间的设计和体验项目，也留了很多遗憾！

(二) 案例启示

策展人手记是策展人对策展过程的完整记录，它真实描述了策展的

第六章　展望：场馆中家庭教育的发展与优化

发生和发展，也揭示了策展人自身的心路历程。通过类似民族志的自我叙事，我们可以获得审视教育现场的第一视角，如实呈现教育展开的完整画面，感知隐藏在文字背后的情感和节奏。

1. 整合资源

教育不是一件简单的事，既因其人学属性，又因教育材料之庞杂。将资源转换成教育可用之物并在培养人的一致性上整合为"一股绳"绝非易事。尤其之于非正规范畴的场馆教育更是如此。抑或说，场馆教育之所以复杂正是因为多种资源的整合和表达。尽管，展品本身的教育价值具有一定的自我表达功能，但是它依然离不开展柜、灯光、说明、设备等工具的辅助。除此直接的物理关涉之外，在教育项目开发过程中，资源整合的必要性将进一步提升，而且资源覆盖的范围和类型也将继续扩大。换言之，家庭教育项目需要整合的资源更多，整合的难度也更高。这一点在"文物动物园"项目中体现得淋漓尽致，涉及不同的机构、公司、团队、场所等。但是，他们依靠审慎的思考、精巧的编排和不懈的努力顺利克服了资源整合的瓶颈，将看似不相关的材料、设施、空间等全部整合进"文物动物园"的主题。而且，完全看不出任何突兀，彼此相得益彰。其中，最难能可贵的是策展团队抱定的信念，虽然遭遇种种困难，他们并没有产生任何畏惧和退缩，反而越挫越勇，坚持到底，将最完美的项目呈现在家庭面前。

2. 走出围墙

场馆是封闭型教育空间，展品被"摆放"在即定位置，公众只有获准进入方可得见。展品是场馆教育的逻辑起点，是一切教育设计的开始。场馆的教育功能是围绕固定展品在封闭空间内展开的。所以，场馆教育的习惯表达是邀请公众走进场馆。在管理意义上，如此设计是科学的和必要的，可以更好地保护藏品。与此同时，它也束缚了场馆的教育意义。因为，教育是对空间的突破，是将所有空间都纳入"教育之眼"予以审视。理论上看，作为社会教育重要组成的场馆教育理应承担空间突破的责任，但是场馆的管理属性却限制了上述教育想象，场馆的教育职能依然被规限在围墙之内。"文物动物园"项目的最大特色正是打造了"行业首创"的"无边界的展览",将场馆资源送入市民生活的公共空间,包括地铁站和专列、商业中心、市民活动中心等。当然,也有些场馆早早就开展"送展大篷车"项目,将展品和服务送到千家万户。但是,"无边界的展览"又与"送展大篷车"对空间的突破不同,后者是临时的、流动的、非系统的,而前者则是对馆外固定空间的深耕。也就是说,它突破的不仅仅是物理空间之间的隔阂,而是扎根异质空间,并努力从中生长出场馆教育自己的枝蔓。这些布展仿佛已经成为公共空间的一部分,在潜移默化中对家庭施以教化。作为城市中一道亮丽的风景线,它也被作为城市明信片向外界推介。

3. 形式先进

空间的开放和资源的丰富赋予场馆教育形式独特的多样性,而这也成为场馆引以为傲并向外积极推介自己的资本。但是,形式的多样性不会从场馆空间自然生长出来,它需要专业智慧和不懈努力的加持。当前,场馆教育形式的单一也源于这两种素养的缺乏。"文物动物园"项目展示了策展团队的专业性和专注力,也让我们看到场馆教育形式天马行空的想象力和想象价值。这也昭示了项目本身的先进性,不局限于既定形式,大胆创新。除此之外,教育形式的先进性还体现在技术创新上,尝试将最先进的技术手段移介到场馆教育项目当中,利用现代化手段丰富教育表达,例如电子互动装置、多元化信息传达系统、多媒体动画等。同时,他们又未止步于移介阶段,而是积极邀请专业团队开发全新交互系统,寻找最符合自身特色的教育表达方式。最后,儿童友好型设计是"文物动物园"项目先进儿童观的重要表征。从策展伊始到项目推出,他们都将孩子摆在首要位置,从孩子的视角、体验、特点、喜好等出发,探索最能为孩子所接受和喜爱的形式,包括动画故事、视觉图形、沉浸式展览氛围等。先进的教育形式离不开教育理念的先进性,策展团队先进的儿童观和教育观是赋予"文物动物园"项目持久生命力的关键。

第六章 展望：场馆中家庭教育的发展与优化

三 "野孩子的实用家长手册"

（一）项目开发说明①

上海自然博物馆隶属上海科技馆，建筑面积4.5万平方米，展览教育服务面积3.2万平方米，拥有29万余件藏品，涵盖植物、动物、古生物、地质和人文五大类。场馆以"自然·人·和谐"为主题，通过"演化的乐章""生命的画卷""文明的史诗"三条主线，呈现了起源之谜、生命长河、演化之道、大地探珍、缤纷生命、生态万象、生存智慧、人地之缘、上海故事、未来之路10个常设展区及临展厅、4D影院、探索中心等配套功能区域。2019年6月1日，上海自然博物馆正式推出原创幼儿教育活动品牌"野孩子"（yeah kids），希望孩子能回归自然，发现自然野趣。在此基础上，为帮助家长更科学地陪伴孩子"玩"在博物馆，继而推出"野孩子的实用家长手册"（以下简称"家长手册"）。

"家长手册"的目标群体是3—6岁学龄前儿童的家长，旨在帮助家长更好地了解如何将博物馆的教育资源应用于孩子的学习，更新家长理念，帮助亲子家庭最大化地利用博物馆资源。"家长手册"是一份理论与实践相结合的指导手册，在理论层面，目标是帮助家长了解儿童心理学、教育学等相关理论和研究成果，从理念上了解为什么来参观以及如何参观；在实践层面，利用丰富的案例为家长提供普适性的参观指南，引导家长了解如何针对不同特点的儿童选择恰当的导览策略，在不同情境下如何引导儿童参观等。

基于"家长手册"的目标定位，手册内容的选择从家长视角出发，以博物馆参观过程规划为主线，包括参观前的选择和规划、参观中的互动和体验、参观后的收获和拓展等内容。"家长手册"包括六个主题内容：为什么要带孩子参观博物馆；孩子在博物馆会有

---

① 邓卓、舒琛：《自然博物馆中家长手册的设计与实践——以〈野孩子的实用家长手册〉为例》，《中国校外教育》2021年第4期。

哪些体验和收获；如何制订参观计划；参观过程中如何引导孩子；参观中可以进行哪些有趣的互动活动；如何利用博物馆资源培育孩子的探究能力。

"为什么要带孩子参观博物馆"主要阐述博物馆对学龄前儿童学习体验的价值，包括提供实物体验、鼓励各种不同的学习方法、提供多感官体验、创造自我发展和自我表达的机会、促进整合式学习、鼓励协助和团队合作六个方面。这一主题的目的是让家长充分了解博物馆学习体验的价值。

"孩子在博物馆会有哪些体验和收获"通过案例的形式呈现孩子在博物馆中的学习体验和收获，比如孩子能够充分发挥想象力，将闪闪发光的矿物想象成"童话之家"；孩子能够感受展览传递的情感信息，认为海龟的壳如此闪亮、如此珍贵等。这一主题的内容阐释希望家长能够关注儿童在博物馆中的表现，给予更多的引导，感受他们的情感体验。

"如何制订参观计划"通过理论阐述和实践操作介绍如何制订一份博物馆参观计划。理论部分包括"一逛，二聊，三拟"："逛"博物馆的微博、微信、官网、官方APP获取信息；与孩子一起"聊一聊"参观计划；按照一定的顺序"拟订"参观计划。实践操作部分则提供一张参观计划表，帮助家长确定参观主题，进行参观前、参观中和参观后的规划。希望通过该主题的介绍帮助家长了解制订参观计划的重要性，并且能够在参观前有目的地做计划。

"参观过程中如何引导孩子"聚焦于博物馆参观过程中家长对孩子的有效引导，主要从理念层面给家长一些建议，比如给孩子选择的自由、根据孩子喜欢的学习方式给予指导、和孩子建立共同注意、有效利用提问、分享参观收获等。这一主题的目的是让家长能够在参观过程中更科学地指导孩子。

"参观中可以进行哪些有趣的互动活动"结合学龄前儿童的学习特点和博物馆资源，从实践操作层面列举参观过程中可以进行的亲子互动活动，比如观察表演、讲故事、"寻宝"活动、想象力游

第六章 展望：场馆中家庭教育的发展与优化

戏等。通过该内容的分析与举例，希望家长在参观过程中可以与孩子一起实施这些活动，能够使参观过程更有趣且更有收获。

"如何利用博物馆资源培育孩子的探究能力"根据美国《学前科学探究活动网络系列资源的教师指南》中提到的儿童科学探究能力培养框架——观察、预测、调查、分类和交流，结合博物馆的资源和案例，概述家长如何利用好博物馆这个"资源宝库"，培养孩子上述五方面的科学探究能力。

在确定"家长手册"的主要内容之后，如何以恰当的形式进行组织，以最有利于家长阅读和使用的方式呈现内容，是"家长手册"开发中的一个难点。因为"家长手册"的主要框架和内容来源于已有文献中关于亲子参观等相关内容的论述，学术性较强，用词较专业。为此，"家长手册"主题内容的呈现主要从以下三方面着手。

首先，"家长手册"呈现和解析了理论观点。不同于普通的参观导览手册，"家长手册"的内容融入了教育学、心理学相关理论、专有名称或概念，以此来解释现象或回答家长关心的问题。例如，"家长手册"利用"多元智能理论"解释儿童在博物馆中表现出的兴趣、参观学习方式差异，说明博物馆的优势在于不同的孩子都能找到喜爱的内容，引导家长了解儿童的特点。这些理论内容也以名词解释的方式在文章结尾呈现，方便家长查阅。

其次，"家长手册"分析和解读了相关研究案例、数据等。"家长手册"梳理了国内外有关"儿童学习""博物馆儿童教育""博物馆中的家庭群体"等主题的书籍、研究论文、政策文件中的相关研究案例和数据，在文中利用这些案例和数据佐证观点。例如，在论述儿童观察力的特点时，引入有关儿童注意力时间的研究，3—4岁儿童持续观察某一事物的时间大致为6分钟，随年龄增加会有所延长，6岁时可达12分钟。用注意力时间的数据提醒家长从不同角度、采用不同方式引导儿童观察展品，有意识地锻炼儿童的注意力。

最后，利用实践案例"手把手"教家长如何带儿童参观博物馆。"家长手册"在阐述观点的同时不仅列举了不同博物馆的展示手段、展品展项案例,还将家长在博物馆中可以利用的教育活动资源进行总结。例如,在介绍如何制订参观计划时,以"恐龙"主题为例,参观前可以玩一玩博物馆网站上的相关小游戏,参观中可以利用博物馆的恐龙学习单玩搜寻游戏,模仿恐龙模型姿态,参观后动手搭建一座恐龙博物馆。

为了增强"家长手册"内容的吸引力和趣味性,在整体的语言风格和图片内容呈现上也进行了统一规划。文中与家长的对话采取了第二人称的叙述方式。利用一些过渡性语言,以对话式的方式呈现,增加亲切感,拉近与家长的距离。比如"你有没有观察过你的孩子是怎么学习的""在参观前,你有制订周密的博物馆参观计划吗"等类似的表达和叙述。同时,增加图片、漫画等内容,项目团队一方面从不同博物馆的网站上搜索符合文章中案例的展品、教育活动图片;另一方面构思用漫画的形式呈现文章中的一些概念和现象。通过图文结合的方式使一些比较枯燥的理论和概念更容易被家长理解。

(二)案例启示

项目开发说明是对项目开发理念、思路、过程、内容等方面的结构性解释。此处的项目开发说明不同于通常意义上的项目方案,它是从理论和实践两种逻辑对项目的共同构建。这也意味着,对项目开发说明的分析不仅可以揭示项目何以展开,而且能够探知其因何确立。通过项目开发说明可见,"野孩子"项目的成功绝非偶然,其中三点值得我们关注。

1. 理论性

没有人会否认理论与实践之间不可分割的关系。马克思说:"人应该在实践中证明自己思维的真理性,即自己思维的现实性和力量,自己思维的此岸性。"然而,在教育领域一直存在理论与实践的对峙。有人认为,教育是一门基于经验的艺术,技艺的精熟无需理论的过多干涉;也有人认为,教育发端于哲学,只有理论的完善才能生长出健康的实践。这也导致理论与实践在教学现场的二元分离。如此便有了"教育理论不懂教育实践"和"教育实践不懂教育理论"的彼此抱怨。场馆教育长期沉浸在博物馆学和策展主题学科的话语惯习,更加剧了教育实践与教育理论的分野。简而言之,它强调实践意义上如何更好地服务观众,却忽略了理论意义上服务本身的价值合理性。这也是为什么很多场馆的教育形式看似五彩缤纷,实质上只是"新瓶装旧酒"而已,缺乏真正的理论创新。"家长手册"项目创建伊始即秉持理论与实践相结合的宗旨,从教育理论中生长出实践框架,用教育实践践行理论想象。极富创新意义的教育实践恰恰源于对理论内涵的深挖,如此才能避免陷入热热闹闹的嘈杂。同时,教育实践的大胆探索也是对教育理论的突破和创新,基于"循证"逻辑丰富既有理论的内涵。因此,家庭教育项目应保证充分的理论厚度,以此为基础创新实践的多样表达。

2. 针对性

与正规教育的结构化对象不同,场馆教育通常意义上无法将对象结构化,开放的空间允诺一切到访者享受平等的教育服务。将群体结构化并提供针对性服务是场馆教育面临的重要挑战之一,例如馆校合作教学进展的步履缓慢。与之相比,家庭与场馆教育合作的难度有过之而无不及。因为,家庭是分散的,而其结构、特征和需求又是各异的,抽象出共同的教育作用点且能适应整个家庭群体着实不易。"野孩子"项目对此进行了精细的处理。首先,对象群体被限定在3—6岁学龄前儿童,大大降低了抽象教育作用点的难度。策展团队也准确总结出该群体的身心发展特征和需求,并据此投送与之相适的教育服务。其次,从服务对象中进一步拆解出家长群体,专门为其开发"家长手册",提供精准指导。指导内容既包括如何参与"野孩子"项目,又涉及家庭教育的综合训练。最后,根据场馆资源重新梳理项目线索和结构。受制于空间、资金、安全等因素,除了临时展厅,常设展厅的展品、路线、辅助设施等都是固定的。为每个项目重新搭建一个展厅完全不现实。所以,"野孩子"项目并未打破既有的空间布局,而是通过重构路线和展品的内涵及其表达方式，来完成主题预设的任务。概言之，针对性的实质是将对象和资源精细化为具有可操作性的教育实体。

3. 系统性

对很多家庭来说，场馆更像是"一锤子买卖""来一次就够了"。很大一部分原因在于场馆没有给予他们"再来一/几次"的理由，数十年如一日的展厅，陈列着只标注名字的"国宝"，来再多次也难有新的收获。而"再来"的理由只能由系统的规划提供，这也是场馆所欠缺的。系统性的优势主要表现在两个方面：微观意义上保证教育行动的严谨性；宏观意义上保证教育行动的持续性。这两点充分体现在"野孩子"项目的设计思路当中。通过项目开发说明可以发现，项目是经过严格论证、精细规划、合理编排后的成果。只有系统性设计才能演绎出系统性行动，让家庭知道应该做什么、应该先做什么、应该怎么做，这也被清楚地写入"家长手册"。行动的严谨并不与场馆的开放相抵牾，其恰恰是为了释放场馆教育更大的活力和潜力。此外，"野孩子"是一个大的项目主题，其内涵是包罗万象的，基于每个维度又可以生成若干子项目。而这种树状结构的项目群不仅深化了主题的教育价值，而且保证了家庭与场馆教育合作的延续性。家庭每次到访都可以围绕相同主题体验不同服务，两者之间的合作关系也将被持续的吸引力稳定下来。场馆的智慧不仅在于能让家庭渴望参与项目，而且在于能让其不得不持续投入其中。

结　语

天下之本在家。自古以来，家庭教育"教人诚孝，慎言检迹，立身扬名"（《颜氏家训》）的地位就无所撼动。从血脉相亲到伦理持家再到科学教养，家庭教育的理念和内涵随时代发展而不断进步。2022年1月1日，《中华人民共和国家庭教育促进法》正式实施，标志着家庭教育迈入崭新的历史阶段。代际传承有了法律法规的加持，"以传而教"必须辅之"以法而教"。在此背景下，家庭教育获得前所未有的社会关注，也确立无微不至的制度保障。教育不再是推诿或转嫁，而成为每个家庭最为忧心的事业，是无数父母日日夜夜的身心羁绊。他们竭尽所能为孩子创造优质的教育环境，希望把最好的教育资源送呈给孩子，自己也想方设法参与到这份终身教育事业当中。至此，家庭、学校和社会共同组成的协同育人机制方才初露端倪。家庭不再是拴住孩子"躁动"的枷锁，家长在时代的激流中终于领悟教育的真谛，他们开始将孩子的"躁动"引向更广阔的空间，通过直面世界"教天地人事，育生命自觉"。

教育是嵌入场馆基因的本质功能，是场馆之所以存在的合法前提。场馆担承着将展品、活动和空间教育化转制并作用于人之成长的终身使命。场馆的教育责任是或然性的，需要人的生命来成全。离开人的参与，展品只是摆在展柜里的物件、圈养起来的生物、画架上的随意泼墨……当它们失去与人的联系，隐藏其中的故事也就失去了诉说对象，故事随之淡忘在展品背后的遥远记忆深处。故事没了，意义自然也就没了。所以，场馆需要讲好每件展品的故事，邀请多多益善的人前来倾听，重拾身边几近消失的记忆，在教育传承中圆满展品的意义。因此，对教育资源的挖掘和教育表达方式的探索应当成为场馆努力的方向。另外，教育在场馆项目中处于优先地位，但是关于这可能意味着什么还没有统一的看法。场馆作为教育机构的角色以及教育在场馆体制结构中的角色仍然在公众心目中模糊不清，对于人们如何在场馆环境中进行最好的学习还没有清晰的理解——这对考虑场馆教育项目数量和质量的今天是一种讽刺。[1]

家庭与场馆的相遇是教育的自然流溢，家庭的教育需求可以由场馆满足，场馆的教育任务离不开家庭的在场。家庭是场馆中规模最大的参观群体。家庭与场馆的教育合作是惠及千家万户的民生事业。它满足了家庭对广阔天地的向往，也澄清了场馆之于公众的角色。当家庭走向社会寻求教育支持时，场馆无疑是最显眼的选择；当场馆履行教化民众的责任时，家庭必然是最重要的群体。家庭与场馆之间的相互成就推动着双方向彼此靠近。这项看似平平无奇的教育事业将家庭与社会两大教育系统真正结合起来，补齐了"家校社"协同育人机制中重要的一环。其中，育人目标的共识以及达成共识的引导性方式向协同育人机制的整体构建提供了积极启示。然而，家庭与场馆的天然亲和力尚不足以抵消或解除双方真正走向彼此的阻力。很多场馆将家庭归入普通观众一类等闲视之，无意或无力提供专项教育服务；不少家庭也因意愿、时间、距离、资金等因素避场馆而远之。场馆中隐藏的教育财富远远没有得到充分的开发和利用。未来家庭与场馆的教育合作还有很长的路要走。

场馆虽小，却蕴含着鉴古辨今的教育能量；家庭虽小，却启蒙着人之成长的教育发端；论域虽小，却折射出现实世界的教育理解。虽以微小的问题入手，或可有巨大的启迪。

---

[1] ［英］艾琳·胡伯-格林希尔：《博物馆与教育：目的、方法及成效》，蒋臻颖译，上海科技教育出版社2017年版，第3—5页。

参考文献

一 经典文献

《马克思恩格斯全集》(第二十五卷),中共中央马克思恩格斯列宁斯大林著作编译局编译,人民出版社2001年版。

《马克思恩格斯全集》(第二十六卷),中共中央马克思恩格斯列宁斯大林著作编译局编译,人民出版社2014年版。

《马克思恩格斯全集》(第四十六卷),中共中央马克思恩格斯列宁斯大林著作编译局编译,人民出版社2003年版。

二 中文文献

(一) 中文著作

包亚明:《现代性与空间的生产》,上海教育出版社2003年版。

北京博物馆学会:《博物馆社会教育》,燕山出版社2006年版。

毕诚:《中国古代家庭教育》,商务印书馆1997年版。

陈向明:《质的研究方法与社会科学研究》,教育科学出版社2000年版。

陈元晖:《教育与心理辞典》,福建教育出版社1988年版。

单中惠:《西方教育思想史》,教育科学出版社2007年。

邓佐君:《家庭教育学》,福建教育出版社1997年版。

段勇:《当代美国博物馆》,科学出版社2003年版。

费孝通:《生育制度》,天津人民出版社1981年版。

高兆明:《黑格尔〈法哲学原理〉导读》,商务印书馆2010年版。

贺来:《边界意识和人的解放》,上海人民出版社2007年版。

黄河清：《家庭教育学》，华东师范大学出版社 2014 年版。

姜涛、俄军：《博物馆学概论》，兰州大学出版社 2013 年版。

李淑萍、宋伯胤：《博物馆历史文选》，陕西人民出版社 2000 年版。

李天燕：《家庭教育学》，复旦大学出版社 2007 年版。

联合国教科文组织编：《反思教育：向"全球共同利益"的理念转变?》，联合国教科文组织总部中文科译，教育科学出版社 2017 年版。

联合国教科文组织编：《教育：财富蕴藏其中》，联合国教科文组织总部中文科译，教育科学出版社 2014 年版。

联合国教科文组织编：《学会生存——教育世界的今天和明天》，华东师范大学比较教育研究所译，教育科学出版社 1996 年版。

刘豪兴、朱少华：《人的社会化》，上海人民出版社 1993 年版。

吕建昌：《博物馆与当代社会若干问题的研究》，上海辞书出版社 2005 年版。

马继贤：《博物馆学通论》，四川大学出版社 1994 年版。

马镛：《中国家庭教育史》，湖南教育出版社 1997 年版。

缪建东：《家庭教育》，北京师范大学出版社 2015 年版。

皮连生：《教育心理学》，上海教育出版社 2004 年版。

宋向光：《物与识——当代中国博物馆理论与实践辨析》，科学出版社 2009 年版。

苏尚锋：《学校空间论》，教育科学出版社 2012 年版。

孙俊三、邓身先：《家庭教育学基础》，教育科学出版社 1991 年版。

孙林叶：《休闲理论与实践》，知识产权出版社 2009 年版。

孙周兴选编：《海德格尔选集》，上海三联出版社 1996 年版。

王道俊、郭文安：《教育学》，人民教育出版社 2016 年版。

王道俊、扈中平：《教育学原理》，福建教育出版社 2013 年版。

王宏钧：《中国博物馆学基础》，上海古籍出版社 2001 年版。

王乐：《馆校合作的理论与实践》，科学出版社 2018 年版。

王乐：《馆校合作研究：基于国际比较的视角》，厦门大学出版社 2017 年版。

王利器：《颜氏家训集解》，上海古籍出版社1980年版。

吴奇程、袁元：《家庭教育学》，广东高等教育出版社2002年版。

严建强：《博物馆的理论与实践》，浙江教育出版社1998年版。

姚安：《博物馆12讲》，科学出版社2011年版。

叶澜：《教育概论》，人民教育出版社2006年版。

曾昭燏：《曾昭燏文集·博物馆卷》，文物出版社2009年版。

张謇研究中心、南通市图书馆编：《张謇全集》，江苏古籍出版社1994年版。

张尧均：《隐喻的身体：梅洛-庞蒂身体现象学研究》，中国美术学院出版社2006年版。

赵忠心：《家庭教育学：教育子女的科学与艺术》，人民教育出版社2017年版。

周婧景：《博物馆儿童教育：儿童展览与教育项目的双重视角》，浙江大学出版社2017年版。

（二）译著

［奥］阿德勒：《儿童的人格教育》，彭正梅、彭莉莉译，上海人民出版社2014年版。

［澳］克里腾登：《父母、国家与教育权》，张东辉译，教育科学出版社2009年版。

［德］阿莱达·阿斯曼：《回忆空间：文化记忆的形式和变迁》，潘璐译，北京大学出版社2016年版。

［德］斐迪南·滕尼斯：《共同体与社会》，林荣远译，商务印书馆1999年版。

［德］福禄培尔：《人的教育》，孙祖复译，人民教育出版社1991年版。

［德］哈贝马斯：《公共领域的结构转型》，曹卫东等译，学林出版社1999年版。

［德］哈贝马斯：《在事实与规范之间——关于法律和民主法治国的商谈理论》，童世骏译，生活·读书·新知三联书店2003年版。

［德］海德格尔：《存在与时间》，陈嘉映、王庆节译，生活·读书·新

知三联书店1987年版。

［德］约瑟夫·皮珀：《闲暇：文化的基础》，刘森尧译，新星出版社2005年版。

［法］昂利·柏格森：《创造进化论》，肖聿译，华夏出版社1999年版。

［法］保罗·朗格朗：《终身教育引论》，周南照、陈树清译，中国对外翻译出版公司1985年版。

［法］布尔迪厄：《国家精英：名牌大学与群体精神》，杨亚平译，商务印书馆2004年版。

［法］布尔迪约、帕斯隆：《再生产——一种教育系统理论的要点》，刑克超译，商务印书馆2002年版。

［法］亨利·列斐伏尔：《空间的生产》，刘怀玉等译，商务印书馆2021年版。

［法］卢梭：《爱弥儿》，李平沤译，商务印书馆1978年版。

［法］莫里斯·梅洛－庞蒂：《知觉现象学》，姜志辉译，商务印书馆2001年版。

［古希腊］柏拉图：《斐多：柏拉图对话录之一》，杨绛译，辽宁人民出版社2000年版。

［古希腊］柏拉图：《理想国》，郭德和、张竹明译，商务印书馆1986年版。

［古希腊］亚里士多德：《物理学》，张竹明译，商务印书馆1982年版。

［古希腊］亚里士多德：《政治学》，颜一等译，中国人民大学出版社2003年版。

《马卡连柯全集》（第三卷），文颖译，人民教育出版社1957年版。

［美］阿伦特：《人的境况》，王寅丽译，上海人民出版社2009年版。

［美］爱德华·索杰：《第三空间：去往洛杉矶和其他真实想象地方的旅程》，陆扬等译，上海教育出版社2005年版。

［美］爱德华·亚历山大：《美国博物馆：创新者和先驱》，陈双双译，译林出版社2016年版。

［美］安妮特·拉鲁：《不平等的童年：阶级、种族和家庭生活》，宋爽、

张旭译，北京大学出版社2018年版。

[美]彼得·圣吉：《第五项修炼——学习型组织的艺术与实务》，郭进隆译，生活·读书·新知三联书店2001年版。

[美]德鲁克：《卓有成效的管理者》，许是祥译，机械工业出版社2009年版。

[美]菲利浦·贝尔等编著：《非正式环境下的科学学习：人、场所与活动》，赵健、王茹译，科学普及出版社2014年版。

[美]菲利普·库姆斯：《世界教育危机》，赵宝恒等译，人民教育出版社2000年版。

[美]杰弗瑞·戈比：《你生命中的休闲》，康筝译，云南人民出版社2000年版。

[美]劳伦·里韦拉：《出身：不平等的选拔与精英的自我复制》，江涛、李敏译，广西师范大学出版社2019年版。

[美]罗恩·阿什克纳斯：《无边界组织》，姜文波译，机械工业出版社2005年版。

[美]曼蒂等：《闲暇教育理论与实践》，叶京等译，春秋出版社1989年版。

[美]内尔·诺丁斯：《批判性课程：学校应该教授哪些知识》，李树培译，教育科学出版社2015年版。

[美]内尔·诺丁斯：《学会关心：教育的另一种模式》，于天龙译，教育科学出版社2011年版。

[美]乔治·瑞泽尔：《古典社会学理论》，王建民译，世界图书出版公司2014年版。

[美]史蒂芬·威尔：《博物馆重要的事》，张誉腾译，台北：五观艺术2015年版。

[美]托马斯·古德尔、杰弗瑞·戈比：《人类思想史中的休闲》，成素梅等译，云南人民出版社2000年版。

[美]休·吉诺威、琳恩·爱尔兰：《博物馆行政》，林洁盈译，台北：五观艺术管理有限公司2007年版。

［美］约翰·凯利：《走向自由——休闲社会学新论》，赵冉译，云南人民出版社 2000 年版。

［日］佐藤学：《学校的挑战：创建学习共同体》，钟启泉译，华东师范大学出版社 2010 年版。

［苏］苏霍姆林斯基：《帕夫雷什中学》，赵玮等译，教育科学出版社 1983 年版。

［英］艾琳·胡伯-格林希尔：《博物馆与教育：目的、方法及成效》，蒋臻颖译，上海科技教育出版社 2017 年版。

［英］保罗·威利斯：《学做工——工人阶级子弟为何继承父业》，秘舒、凌旻华译，译林出版社 2013 年版。

［英］洛克：《教育漫话》，郎悦洁译，武汉出版社 2014 年版。

（三）论文

陈同乐：《知识生产和文化传播使命下的绘画展强策展趋势——基于美术馆与博物馆的对比研究》，《东南文化》2020 年第 2 期。

单霁翔：《博物馆的社会责任与城市文化》，《中原文物》2011 年第 1 期。

单霁翔：《博物馆的社会责任与社会教育》，《东南文化》2010 年第 6 期。

费孝通：《文化自觉的思想来源与现实意义》，《文史哲》2003 年第 3 期。

高清海：《主体呼唤的历史根据和时代内涵》，《中国社会科学》1994 年第 4 期。

高志敏：《关于终身教育、终身学习与学习化社会理念的思考》，《教育研究》2003 年第 1 期。

龚良：《从社会教育到社会服务——南京博物院提升公共服务的实践与启示》，《东南文化》2017 年第 3 期。

何克抗：《21 世纪以来教育技术理论与实践的新发展》，《现代教育技术》2009 年第 10 期。

胡振京：《论现代性教育时间构建》，《教育研究》2014 年第 8 期。

扈中平：《"人的全面发展"内涵新析》，《教育研究》2005 年第 5 期。

兰维：《文化认同：博物馆核心价值研究》，《中国博物馆》2013 年第 1 期。

李风华：《何以为家：一种基于共同人身所有权的命运共同体》，《探索与争鸣》2019 年第 12 期。

刘旭东、马丽：《提升边界的渗透度：教育的实践性诉求》，《教育研究》2012 年第 6 期。

秦素银：《蔡元培的博物馆理论与实践》，《中国博物馆》2007 年第 4 期。

屈志仁、毛颖：《博物馆策展人：学者、艺术鉴赏家、展览组织者——屈志仁先生专访》，《东南文化》2011 年第 1 期。

沈辰、何鉴菲：《"释展"和"释展人"——博物馆展览的文化阐释和公共体验》，《博物院》2017 年第 3 期。

沈辰、毛颖：《西方博物馆展览策划的理念与实践：从策展人谈起——以皇家安大略博物馆为例专访沈辰先生》，《东南文化》2017 年第 2 期。

史吉祥：《博物馆观众研究是博物馆教育研究的基本点——对博物馆观众定义的新探讨》，《东南文化》2009 年第 6 期。

苏东海：《博物馆演变史纲》，《中国博物馆》1988 年第 1 期。

苏东海：《什么是博物馆——与业内人员谈博物馆》，《中国国家博物馆馆刊》2011 年第 1 期。

苏东海：《中国博物馆的哲学》，《中国博物馆》1994 年第 4 期。

谭维智：《互联网时代教育的时间逻辑》，《教育研究》2017 年第 8 期。

王乐：《利用场馆资源开展馆校合作教学中英比较研究——基于武汉与格拉斯哥的实证调查》，《比较教育研究》2017 年第 5 期。

王乐、孙瑞芳、任鹏辉：《场馆境脉中亲子教育的话语分析——扎根×博物馆的质性考察》，《东南文化》2020 年第 5 期。

王乐、涂艳国：《场馆教育引论》，《教育研究》2015 年第 4 期。

吴向东：《论马克思人的全面发展理论》，《马克思主义研究》2005 年第 1 期。

辛儒：《休闲经济背景下博物馆的经营与管理》，《河北大学学报》（哲学社会科学版）2006 年第 11 期。

燕海鸣：《博物馆与集体记忆——知识、认同、对话》，《中国博物馆》2013 年第 3 期。

杨丹丹:《"互联网+博物馆教育"的新思考》,《东南文化》2017年第5期。

叶浩生:《身体与学习:具身认知及其对传统教育观的挑战》,《教育研究》2015年第4期。

叶澜:《社会教育力:概念、现状与未来指向》,《课程·教材·教法》2016年第10期。

尹凯:《博物馆教育性格的养成——从〈美国博物馆:创新者和先驱〉一书谈起》,《东南文化》2016年第6期。

张军:《共同体意识下的家国情怀论》,《伦理学研究》2019年第3期。

张天宝:《试论主体性教育的基本理念》,《教育研究》2000年第8期。

郑旭东,李洁:《经验、教育与博物馆:走近杜威的博物馆教育思想》,《现代远程教育研究》2019年第1期。

郑旭东、李志茹:《新兴信息技术在场馆学习中的创新应用:现状、趋势与挑战》,《现代教育技术》2015年第6期。

郑旭东、孟丹:《教育技术学视野中的场馆学习:回顾与展望》,《现代教育技术》2015年第1期。

郑旭东、王婷:《场馆学习中的家庭行为模式:表征元素、形成机制与基本类型》,《中国电化教育》2017年第9期。

郑旭东、王婷:《家庭行为、身份认知与经验建构:场馆学习理论的解读与启示》,《开放教育研究》2015年第8期。

郑奕:《论教育工作者在博物馆策展团队中的作用》,《东南文化》2013年第5期。

[加]大卫·安德森、王乐:《场馆教育的前沿问题与热点探讨——访英属哥伦比亚大学大卫·安德森教授》,《自然科学博物馆研究》2020年第5期。

三 英文文献

Anna Johnson et al., *The Museum Educator's Manual*, Lanham: Altamira Press, 2009.

Beverly Serrell, "Paying Attention: The Duration and allocation of Visitors' Time in Museum Exhibitions", *Curator: The Museum Journal*, Vol. 40, No. 2, 1997.

Catherine Eberbach and Kevin Crowley, "From Seeing to Observing: How Parents and Children Learn to See Science in a Botanical Garden", *Journal of the Learning Sciences*, Vol. 26, No. 4, 2017.

Christian Heath, et al., "Interaction and Interactives: Collaboration and Participation with Computer-Based Exhibits", *Public Understanding of Science*, Vol. 14, No. 1, 2005.

Colleen Bourque, et al., "Free-choice Family Learning: A Literature Review for the National Park Service", *Journal of Interpretation Research*, Vol. 19, No. 1, 2014.

Cristine Legare, David Sobel and Maureen Callanan. "Causal Learning is Collaborative: Examining Explanation and Exploration in Social Contexts", *Psychonomic Bulletin & Review*, Vol. 24, No. 5, 2017.

David Anderson and Keith Lucas, "The Effectiveness of Orienting Students to the Physical Features of a Science Museum Prior to Visitation", *Research In Science Education*, Vol. 27, No. 4, 1997.

David Anderson, Keith Lucas and Ian Ginns, "Theoretical Perspectives on Learning in an Informal Setting", *Journal of Research in Science Teaching*, Vol. 40, No. 2, 2003.

David Anderson, *A Common Wealth: Museum in the Learning Age*, Norwich: Her Majesty's Stationery Office, 1999.

David Chang, "Diminishing Footprints: Exploring the Local and Global Challenges to Place-based Environmental Education", *Environmental Education Research*, Vol. 23, No. 5, 2017.

David Gruenewald, "Foundations of Place: A Multidisciplinary Framework for Place-Conscious Education", *American Educational Research Journal*, Vol. 40, No. 3, 2003.

David Gruenewald, "The Best of Both Worlds: A Critical Pedagogy of Place", *Educational Researcher*, Vol. 32, No. 4, 2003.

David Sobel, *Beyond Ecophobia: Reclaiming the Heart in Nature Education*, MA: The Orion Society and The Myrin Institute, 1996.

David Sobel, *Place-Based Education: Connecting Classroom & Communities*, MA: The Orion Society, 2004.

Deborah Perry, *What Makes Learning Fun*, Plymouth: Rowman & Littlefield Publishers, 2012.

Dylyan Trigg, *The Memory of Place: A Phenomenology of the Uncanny*, Athens: Ohio University Press, 2012.

Eilean Hooper-Greenhill, *Museums and Education: Purpose, Pedagogy, Performance*, London: Routledge, 2007.

Eilean Hooper-Greenhill. *Museum and Gallery Education*, Leicester: Leicester University Press, 1999.

Emily Pringle, *Learning in the Gallery: Context, Process, Outcomes*, London: Engage, 2006.

Gaea Leinhardt and Kevin Crowley. *Museum Learning As Conversational Elaboration: A Proposal to Capture, Code, and Analyze Talk in Museums.* Learning Research & Development Center of University of Pittsburgh, 1998.

Gaea Leinhardt, Kevin Crowley and Karen Knutson, *Learning Conversations in Museums*, Mahwah, NJ: Lawrence Erlbaum Associates, 2002.

George Hein, *Learning in the Museum*, New York: Routledge, 1998.

Gert Biesta, *The Rediscovery of Teaching*, New York: Routledge, 2017.

Gregory Thomas and David Anderson, "Parents' Metacognitive Knowledge: Influences on Parent-Child Interactions in a Science Museum Setting", *Res Sci Educ*, Vol. 43, 2013.

Hannah Arendt, *Crisis of the Republic*, New York: Harcourt Brace Jovanovich, 1972.

Heather Zimmerman, et al., "Family Sense-Making Practices in Science

Center Conversations", *Science Education*, Vol. 94, No. 3, 2010.

Heather Zimmerman, et al., "Tree Investigators: Supporting Families' Scientific Talk in an Arboretum with Mobile Computers", *International Journal of Science Education*, Vol. 5, No. 1, 2015.

Henri Lefebver, *The Production of Space*, Oxford: Basil Blackwell Ltd. 1991.

Jiao Ji, et al., "Chinese Family Groups' Museum Visit Motivations: A Comparative Study of Beijing and Vancouver", *Curator: The Museum Journal*, Vol. 57, No. 1, 2014.

John Falk and Lynn Dierking, *How Free-Choice Learning Is Transforming Education*, Walnut Creek: AltaMira Press, 2002.

John Falk and Lynn Dierking, *Learning from Museums: Visitor Experience and the Making of Meaning*, Walnut Creek, CA: Alta Mira Press, 2000.

John Falk and Lynn Dierking, *Public Institutions for Personal Learning: Establishing a Research Agenda*, Washington, DC: American association of Musuems, 1995.

John Falk and Lynn Dierking, *The Museum Experience*, Washington, DC: Whalesback Books, 1992.

John Falk, Joe Heimlich and Kerry Bronnenkant, "Using Identity-Related Visit Motivations as a Tool for Understanding Adult Zoo and Aquarium Visitor's Meaning Making", *Curator: The Museum Journal*, Vol. 51, No. 1, 2008.

John Falk, *Identity and The Museum Visitor Experience*, Walnut Creek, CA: Left Coast Press, 2009.

Joshua Gutwill and Sue Allen. "Facilitating Family Group Inquiry at Science Museum Exhibits", *Science Education*, Vol. 94, No. 4, 2010.

Joy Bertling, "Non-Place and the Future of Place-based Education", *Environmental Education Research*, Vol. 24, No. 11, 2018.

Kaleen Povis, *Designing for Family Learning in Museums: How Framing, Joint Attention, Conversation, and Togetherness are at Play*, Ph. D. Dissertation, University of Pittsburgh, 2016.

Karen Goodlad and Anne Leonard, "Place-Based Learning across the Disciplines: A Living Laboratory Approach to Pedagogy", *In Sight: A Journal of Scholarly Teaching*, Vol. 13, 2018.

Kenneth Hudson, *A Social History of Museums: What the Visitors Thought*, London: The Macmillan Press, 1975.

Kenneth Hudson, *Museums of Influence*, London: Cambridge University Press, 1987.

Kirsten Ellenbogen, Jessica Luke and Lynn Dierking, "Family Learning Research in Museums: An Emerging Disciplinary Matrix?", *Science Education*, Vol. 88, No. 1, 2004.

Leilah Lyons, David Becker and Jessica Roberts, "Analyzing the Affordances of Mobile Technologies for Informal Science Learning", *Museums & Social Issues*, Vol. 5, No. 1, 2010.

Lynn Dierking, "The Family Museum Experience: Implications from Research", *The Journal of Museum Education*, No. 4, 1989.

Marc Augè, *Non-places: Introduction to an Anthropology of Supermodernity*, London: New York, 1998.

Margaret Somerville, "Place Literacies", *Australian Journal of Language and Literacy*, Vol. 30, No. 2, 2007.

Michael Tscholl and Robb Lindgren, "Designing for Learning Conversations: How Parents Support Children's Science Learning within an Immersive Simulation", *Science Education*, Vol. 100, No. 5, 2016.

Robert Yin, *Case Study Research and Applications: Design and Methods (Sixth Edition)*, Los Angeles: SAGE, 2018.

Sasha Palmquist and Kevin Crowley, "From Teachers to Testers: How Parents Talk to Novice and Expert Children in a Natural History Museum", *Science Education*, Vol. 91, No. 5, 2007.

Sue Mitchell, *Object Lessons: The Role of Museums in Education*, Edinburgh: HMSO, 1996.

Yoshifumi Nakagawa and Phillip Payne,"Educational Experiences of Post-Critical Non-place", *International Journal of Qualitative Studies in Education*, Vol. 30, No. 2, 2017.

附　　录

附录一　家长访谈提纲

1. 您为什么带孩子来博物馆？您认为博物馆的功能是什么？

2. 您经常带孩子来博物馆吗？一般多久一次？这是第几次来××博物馆？来之前，您有没有做些功课，比如博物馆里有什么、希望孩子学习什么？

3. 刚刚在展馆里面，您都做些什么？孩子又做些什么呢？

4. 在参观过程中，您和孩子互相交流的多吗？一般都交流些什么呢？

5. 您会主动给孩子讲解一些展品吗？孩子愿意听吗？如果孩子不听，您怎么办？

6. 孩子有没有主动问您一些问题呢？您都如何解答？如果不懂，怎么办？

7. 您认为家长在博物馆中应该做些什么？家长和孩子是一种什么样的关系？

8. 您觉得在博物馆里，对于孩子而言，您更像哪一种角色，父亲/母亲、教师、朋友、讲解员、"保姆"还是其他角色？

9. 您认为在这次参观学习中，哪些内容对孩子有帮助？

10. 您对××博物馆满意吗？它还有哪些地方需要改进？

11. 这次参观学习对您自己有什么收获？对孩子有什么收获？

附录二　孩子访谈提纲

1. 你喜欢博物馆吗？为什么？
2. 你是喜欢和"家人"一起在博物馆参观，还是喜欢"家人"在外面等着，你一个人参观呢？为什么？
3. 刚刚你们在里面都做了些什么呢？能给我们讲一下吗？
4. 这次有没有让你印象深刻的东西呢？能不能给我们介绍一下？
5. 你最希望"家人"陪你在博物馆里做什么？你最希望家人不要做哪些事呢？
6. 你希望"家人"在博物馆里像朋友、老师、"家长"、讲解员、保姆等哪个人物多一些呢？为什么？
7. 你还想再来××博物馆吗？为什么？

附录三　国内场馆教育者访谈提纲

1. 您认为博物馆的教育功能是什么？它的教育功能是如何实现的？
2. 博物馆如何保证教育功能的实现？在此过程中，博物馆应当扮演什么角色？
3. 您认为博物馆的教育资源有没有被很好利用？为什么？
4. 您认为博物馆之于家庭是一种什么角色？它应当承担怎样的责任？
5. 您认为家庭为什么来博物馆？他们的期待和博物馆的期待是一样的吗？为什么？
6. 家庭通常在博物馆中做什么？
7. 博物馆会为家庭提供什么服务？
8. 您希望他们在博物馆中做什么？
9. 您认为他们很好地利用了博物馆吗？
10. 家庭遇到的最大挑战是什么？

11. 博物馆应当如何更好地服务家庭群体？

12. 您认为，在博物馆的未来发展中，教育功能将如何演化和体现？

附录四　加拿大场馆教育者访谈提纲

1. What do you think the educationalfunction of the museum are? How does the function work? How do you make sure this function work well? What roles do museum educators play in the process?

2. Do you think the educational resources of the museum are being well utilized? Why?

3. What's the role of museums for families?

4. Why do families come to museums? Are families' expectations in accordance with museum's expectations?

5. What do families do usually in museums?

6. What did you do for the family group? Do you think they utilized the museum well?

7. How do you want them to use the museum?

8. What are challenges for them?

9. What do you think the museum should do to better serve families?

10. What do you think the developmental trends of museum and museum education in future? How can we prepare for it?

附录五 观察记录表

编号_____ 参观方式_____ 家庭构成_____

观察内容	身份	频次	汇总
手指展品	父母		
	孩子		
拍照	父母		
	孩子		
手机查资料	父母		
	孩子		
玩手机	父母		
	孩子		
阅读展品说明	父母		
	孩子		
主动解释	父母		
	孩子		
询问彼此	父母		
	孩子		
询问他人	父母		
	孩子		
作记录	父母		
	孩子		
闲聊	父母		
	孩子		
闲逛	父母		
	孩子		
四处张望	父母		
	孩子		

续表

观察内容	身份	频次	汇总
不聆听	父母		
	孩子		
争执	父母		
	孩子		
积极情绪	父母		
	孩子		
消极情绪	父母		
	孩子		
角色主导	父母		
	孩子		

附录六　个人意涵图

请写下与主题相关的字词、语句、图画等个人理解。

陶瓷/青铜器

后　　记

当这句话敲定的时候，儿子已经 8 个月了。为人父母总希望孩子以后能有"大出息"，我也概不能外。所以，对于子女教育这件事，我如同千千万万父母一样，谨慎再谨慎，生怕因为自己的怠惰耽误了孩子。看着孩子一天一天地长大，这种焦虑会与日俱增。每每静下来时，我也会反思这种焦虑究竟从何而来，毕竟我自认并不属于"内卷型""虎爸"。思之再三，我的忧虑大概可以归为一种对自我和教育环境的不信任。一方面，我担心自己不能成为称职的父亲；另一方面，我也担心外部环境无法提供足够的教育支持。自我怀疑很大程度上是天下父母"发乎情"的通症，例外者少之又少，甚至可以说，恰恰因为这种患得患失才成就了为人父母的责任。但是，对教育环境的质疑则多半缘于一种消极认知——外部缺乏值得信任的教育空间或者已有的教育空间不值得信任。当整体教育空间不断扩张，我们的选择理应更加多元，而随之带来的信任更加坚定才是。遗憾的是，对教育理解的肤浅和偏颇遮蔽了我们看到更大教育空间的视线，与此同时教育空间自身的价值也未能被充分表达。这也难怪父母们宁愿将孩子"拴在书房"，因为他们无处可去，又或不知道去哪。

我国场馆事业蓬勃发展，一座座崭新的场馆相继拔地而起。作为开放、丰富、生动、科学的教育空间，场馆为家庭提供了一处安心的教育选择。这本应打消我的顾虑，相信多数人和我一样，对场馆充满敬意和期待。但是，当我去过很多场馆之后，内心的失望却一点点加重。在熙熙攘攘抑或冷冷清清的展厅中，展品总是安安静静地摆在"柜台"，一

后　记

切都对孩子格外不友好，仿佛场馆的门槛就是为了通过提高"专业性"（枯燥性）来驱赶他们。没有孩子愿意在看不懂的展品面前逗留太久。当然，我也遇到过惊喜，实属凤毛麟角。而且，这种失望不仅存在于各地普普通通的场馆，甚至发生在所谓的"国家队"。要求每座场馆的策展都服务于孩子是不切实际的，但是作为一种教育机构，重点关注未成年人应该合情合理，至少要为他们规划一处专门的教育区域。即便如此，我依然对未来场馆与家庭的教育合作保有信心，这可能是越来越有心的父母、越来越专心的场馆教育者以及越来越上心的制度政策给我的底气。

其实，在孩子出生之前，我就开始畅想以后如何教育他。写作这本书则让我的畅想更加专注。我希望以后的场馆有很多家庭教育项目，我可以随时带着孩子选择某个感兴趣的主题全身心参与。我也希望以后可以经常带孩子去往场馆，不会被各种借口、繁忙、推诿所阻拦。我还希望以后孩子可以在场馆中获得最全面的成长，智识、欢愉、想象、创意、道德、合作、共情等都会浮现。最后，我希望这份福音可以传递给千千万万个家庭，所有父母和孩子都能对场馆心存向往，对教育心存期许。

本书的出版要感谢很多人。感谢家人对我倾心倾力的支持，尤其是王玄一小朋友的到来时刻提醒着我的文字应当带着一种谨慎的责任感；感谢学部领导和同事一如既往的扶持，让我在自由的学术氛围中深耕自己的一亩三分地；感谢"乐山乐水"学习共同体全体同学勤勤恳恳的投入，亦师亦友的关系让我受益匪浅；感谢调研场馆和对象毫无保留的配合，让我得以窥见真实的教育现状；感谢中国社会科学出版社的信任，让本书付诸出版，更要感谢高歌老师的认真修改，弥补了我许多疏漏；最后要感谢恰逢其时的时代，让我能够重新审视看似普通的教育现象，并具有重构它们价值的勇气。

王　乐
2022 年 6 月